AF566141

Basiswissen Sicherheitstests

Dr. Frank Simon ist in der Zurich Gruppe Deutschland für die IT-Security verantwortlich. Das Aufgabenfeld reicht dabei von der sicheren Softwareentwicklung, über prozessorale, technische und organisatorische Sicherheitsvorgaben bis hin zu gesamtheitlichen Bedrohungsanalysen. Dabei bringt er 30 Jahre Erfahrung im Bereich der holistischen Qualitätssicherung verschiedener Qualitätseigenschaften ein und berücksichtigt hier insgesamt besonders technische Aspekte wie Architekturen und Bad Smells. Darüber hinaus ist er Mitglied des German Testing Boards (GTB), in dem er die Leitung des Business Development und der Security AG inne hat.

Dr.-Ing. Jürgen Großmann ist Teamleiter im Geschäftsbereich System Quality Center (SQC) am Fraunhofer-Institut FOKUS. Er ist verantwortlich für die Durchführung von Forschungsprojekten zur Validierung und Verifikation von vernetzten und eingebetteten Softwaresystemen im Spannungsfeld zwischen Wissenschaft und Industrie. Seine Schwerpunkte sind modellbasierte Softwareentwicklung, modellbasiertes Testen sowie Testautomatisierung. Ergänzend dazu arbeitet er als Experte für IT-Sicherheit im Bereich kritischer Anwendungen der Automobilindustrie und im Finanzsektor.

Dipl.-Math. Christian Alexander Graf ist freiberuflich tätiger Berater und Trainer. Seit mehr als 17 Jahren beschäftigt er sich beruflich mit Themen rund um Datenanalyse, Planungssysteme, Kennzahlen, Qualitätssicherung, Prozessanalyse und -optimierung, Softwaretest und Validierung. An der Dualen Hochschule Baden-Württemberg in Mannheim unterrichtet er in den Fächern Mathematik, Operations Research und Informatik und im Studiengang technische Informatik das Fach IT-Security. Er ist aktives Mitglied in der American Statistical Association und im Verein Deutscher Ingenieure.

Prof. Dr. Jürgen Mottok (ZD.B-Forschungsprofessor) lehrt Informatik an der OTH Regensburg und ist wiss. Leiter des Laboratory for Safe and Secure Systems (LaS^3). Seine Lehr- und Forschungsgebiete sind Software Engineering, Real-Time Systems, Functional Safety und IT-Security. Er ist Träger des Preises für herausragende Lehre, der vom Bayerischen Staatsministerium für Wissenschaft, Forschung und Kunst vergeben wird.

Prof. Mottok ist in Programmkomitees zahlreicher wiss. Konferenzen vertreten, Vorstandsmitglied des Bayerischen IT-Sicherheitscluster e.V. und Vorstand des Lehren von Software Engineering e.V.

Dipl.-Inform. Martin A. Schneider ist wissenschaftlicher Mitarbeiter (Senior) am Fraunhofer-Institut FOKUS. Er beschäftigt sich mit analytischen Methoden zur Qualitätssicherung von nichtfunktionalen Qualitätseigenschaften und fortgeschrittenen Testmethoden und -techniken, insbesondere modellbasierte Testtechniken zur Prüfung von IT-Sicherheitsaspekten, basierend auf verschiedenen Fuzzing-Techniken, IT-Sicherheitstestmustern und -metriken im Rahmen unterschiedlicher industrieller Domänen mit speziellem Fokus auf komplexe vernetzte Systeme, cyber-physische Systeme und dienstorientierte Architekturen.

Frank Simon · Jürgen Grossmann · Christian Alexander Graf ·
Jürgen Mottok · Martin A. Schneider

Basiswissen Sicherheitstests

Aus- und Weiterbildung zum ISTQB® Advanced Level Specialist – Certified Security Tester

Frank Simon · *Frank.simon@zurich.com*

Jürgen Grossmann · *juergen.grossmann@fokus.fraunhofer.de*

Christian Alexander Graf · *cg@qasta.de*

Jürgen Mottok · *juergen.mottok@oth-regensburg.de*

Martin A. Schneider · *martin.schneider@fokus.fraunhofer.de*

Lektorat: Christa Preisendanz
Copy-Editing: Ursula Zimpfer, Herrenberg
Satz: Birgit Bäuerlein
Herstellung: Stefanie Weidner
Umschlaggestaltung: Helmut Kraus, *www.exclam.de*
Druck und Bindung: mediaprint solutions GmbH, 33100 Paderborn

Fachliche Beratung und Herausgabe von dpunkt.büchern zum Thema »ISTQB® Certified Tester«:
Prof. Dr. Andreas Spillner · *Andreas.Spillner@hs-bremen.de*

Bibliografische Information der Deutschen Nationalbibliothek
Die Deutsche Nationalbibliothek verzeichnet diese Publikation in der Deutschen Nationalbibliografie; detaillierte bibliografische Daten sind im Internet über *http://dnb.d-nb.de* abrufbar.

ISBN:
Print 978-3-86490-618-3
PDF 978-3-96088-617-4
ePub 978-3-96088-618-1
mobi 978-3-96088-619-8

1. Auflage 2019

Wieblinger Weg 17
69123 Heidelberg

Hinweis:
Dieses Buch wurde auf PEFC-zertifiziertem Papier aus nachhaltiger Waldwirtschaft gedruckt. Der Umwelt zuliebe verzichten wir zusätzlich auf die Einschweißfolie.

Schreiben Sie uns:
Falls Sie Anregungen, Wünsche und Kommentare haben, lassen Sie es uns wissen: *hallo@dpunkt.de*.

5 4 3 2 1 0

Vorwort

»Mit dem Wissen wächst der Zweifel.«

Johann Wolfgang von Goethe, Maximen und Reflexionen

Bereits im Herbst 2015 waren mit dem Start des Beta-Reviews des ISTQB® Security-Tester-Lehrplans die Weichen gestellt: »ISTQB goes Security.« Im Sommer 2016 wurde dann der Syllabus in der finalen Version veröffentlicht. Im German Testing Board (GTB), dem deutschen Repräsentanten des ISTQB®, war bereits nach der Bekanntgabe der Kursankündigung schnell klar, dass dies ein höchst logischer Schritt zur bedarfsgerechten Erweiterung des gesamten Schulungsportfolios war. Als dann der finale Syllabus mit 86 Seiten erschien, kamen die ersten **Zweifel**: Was für eine umfangreiche Themensammlung! Wie aufwendig wird eine Lokalisierung für den deutschen Markt sein?

Und doch: Das German Testing Board hat sehr bald eine eigene Security-Arbeitsgruppe gegründet, um initial erst einmal die entsprechenden Experten zusammenzubringen. Sie sollten den Inhalt verstehen, in einen deutschen Lehrplan überführen, für spätere Zertifizierungen die entsprechenden Fragen erstellen und ggf. sogar ein begleitendes Buch verfassen. Als dann die ersten Einladungen verschickt waren, kamen die nächsten **Zweifel**: Jeder Security-Experte ertrinkt seit Jahren in Arbeit, kann hervorragende Tagessätze abrufen und hat darüber hinaus noch fortwährend die Aufgabe, sein Wissen kontinuierlich irgendwie aktuell zu halten. Und dann kommt noch die Einladung, sich innerhalb eines »Testing-Vereins« ehrenamtlich zu engagieren? An Abenden und Wochenenden? Für Ruhm und Ehre?

Und doch: Es hat sich eine schlagkräftige Gruppe gefunden, die sich der Übersetzung angenommen hat. Schnell wurde klar, dass das mehr als eine einfache Übersetzung ist und die Lokalisierung im Vordergrund steht: Schon über die Frage, wie denn »Security-Tester« übersetzt werden kann, lässt sich trefflich streiten. Ebenso wie über die Vielzahl nationaler/europäischer Normen und Vorgaben, die gerade für den Sicherheitstester in Deutschland relevant werden würden. Erneut kamen **Zweifel** auf, ob das »Cross-Site-Scripting« tatsächlich mit »webseitenübergreifenden Skripten« übersetzt werden sollte? Ob das »Salting« tatsächlich mit »Salzen« übersetzt werden kann? Ob »Social Engineering« tatsächlich dasselbe ist wie »soziale Manipulation«?

Und doch: Im Oktober 2018 konnte nach einem umfangreichen Beta-Review mit vielen späteren Trainingsanbietern der finale, übersetzte und lokalisierte Syllabus zum »Sicherheitstester« veröffentlicht werden. Er lässt sich seitdem kostenlos über die Internetseite des German Testing Board herunterladen. Doch mit 104 Seiten Umfang wuchsen wiederum die **Zweifel** daran, ob dieser Kurs, dessen Thema allgegenwärtig in der Presse präsent ist, mit seinem enorm breiten Themenspektrum von den Interessenten akzeptiert wird? Einem Spektrum, das von Risikomanagement über Testprozesse und Sicherheitsprozesse bis hin zu spezifischen Sicherheitstesttechniken, entsprechenden Werkzeugen und regulatorischen Vorgaben reicht?

Und doch: Bereits Mitte 2018 fanden sich fünf Security-Begeisterte, die genau diese Herausforderung annahmen: Das extrem umfangreiche Sicherheitstester-Material so weit in einem entsprechenden Buch aufzubereiten, dass sowohl der Prüfungsinteressierte sich hiernach vorbereiten kann als auch der nur Themeninteressierte in diesem Werk ein gutes Kompendium rund um dieses Thema findet. Viele Beispiele sollten es sein, mit einer hohen Praxisrelevanz. Je konkreter die ersten Seiten wurden, desto mehr **Zweifel** kamen abermals auf: Wie viel Wissen kann beim Leser vorausgesetzt werden? Ist der ISTQB®-Testprozess bereits bekannt? Darf angenommen werden, dass der Leser C oder Java beherrscht? Dass dem Interessierten die Institution BSI und das IT-Grundschutz-Kompendium wenigstens grob bekannt sind? Wie viele tausend Seiten würde das Buch benötigen?

Und doch: Nach unzähligen Telefonkonferenzen, Wochenendmeetings, E-Mail-Schlachten und Sharepoint-Versionsabenteuern ist es im Januar 2019 so weit: Über 400 Seiten geballtes Wissen rund um das Sicherheitstesten stehen bereit, angereichert mit unzähligen Beispielen, fachlichen Exkursen, Referenzen und Erläuterungen. Komplexen Themengebieten wird man nicht dadurch gerecht, dass man sie kleinredet, sondern ihnen angemessen begegnet. Erneut kamen **Zweifel**, ist der Leser nach der Lektüre nun ausgewiesener Sicherheitstester? Kann er die heute immer schnelllebigeren IT-Systeme wirkungsvoll absichern? Wohlwissend, dass die Hacker vermutlich schon einen Schritt weiter sind?

Und doch: Mit dem Wissen in diesem Buch wird hoffentlich auch Ihr Zweifel wachsen: 100%ige Sicherheit? Vollständiges Beseitigen aller Schwachstellen? Keine Risiken mehr? **Zweifel!** Aber die werden nicht dadurch ausgeräumt, dass man etwas nicht weiß, sondern dadurch, dass man lernt und fortwährend besser wird.

Viel Spaß beim Sicherheitstesten wünschen die fünf Autoren!

Danksagung

Ein Buch zu schreiben bedeutet für nicht hauptberuflich tätige Autoren wie uns, einen großen Teil der Freizeit zu opfern.

An allererster Stelle möchten wir uns daher bei unseren Partnern und Familien für ihr Verständnis und ihre wundervolle Unterstützung und Ausdauer bedanken. Ohne diese wäre dieses Buch nicht möglich gewesen, denn unsere Freizeit ist eigentlich die Zeit mit ihnen.

Unser Dank gilt ebenfalls dem German Testing Board (GTB), das durch die Gründung der AG Security auch die Autorengruppe selbst zusammengebracht und bei ihrer Arbeit unterstützt hat. Unser Dank gilt ganz besonders den weiteren Mitgliedern der AG Security und den Reviewern des deutschen Sicherheitstester-Lehrplans.

Beim dpunkt.verlag bedanken wir uns herzlich für die umfangreiche Unterstützung in allen organisatorischen und technischen Fragen rund um das Buch und insbesondere, dass der Verlag uns die Gelegenheit gab, dieses Buch überhaupt zu schreiben.

An Professor Dr. Andreas Spillner sei an dieser Stelle ein herzliches Dankeschön gerichtet und ein großes Lob für seine hilfreichen Anmerkungen und Verbesserungsvorschläge bei der Entstehung des Buches.

Frank Simon, Jürgen Großmann, Christian Alexander Graf,
Jürgen Mottok, Martin A. Schneider

P.S.: Zu guter Letzt bedanken sich Christian Alexander Graf, Jürgen Mottok, Martin Schneider und Jürgen Großmann ausdrücklich bei Frank Simon für die hervorragende Projektleitung, die vielen Reviews und die professionelle Organisation und Moderation von Telkos und Autorentreffen. Ohne dich, Frank, wäre dieses Buch wahrscheinlich auch 2020 noch nicht fertig.

Inhaltsübersicht

Inhaltsverzeichnis

Einleitung

»The only truly secure system is one that is powered off, cast in a block of concrete and sealed in a lead-lined room with armed guards – and even then I have my doubts.«

Gene Spafford

»Und um genau in solchen Zweifelsfällen maximale Transparenz zu bekommen, bedarf es der Sicherheitstests.«

Die Autoren

Was ist heute der mit Abstand wichtigste Aspekt einer IT-Strategie? Eine verbesserte User Experience? Eine bessere funktionale Qualität? Die Nutzung von Cloud? Die Einführung neuer Vorgehensweisen wie »Agile« oder »DevOps«?

Es ist die IT-Sicherheit!

Der World-Quality-Report 2018/2019 [CapGemini et al. 18] hebt deutlich hervor, dass die IT-Sicherheit heute das entscheidende Qualitätsmerkmal schlechthin ist und über eine entsprechende IT-Strategie gefördert werden muss. Gute Gründe dafür sind:

- Der eigene Schutz und der Schutz der Kunden sowie die damit verbundene Fähigkeit, am Markt nachhaltig bestehen zu können.
- Die Außenwahrnehmung, um als verantwortungsbewusster und professioneller Anbieter angesehen zu werden und darüber Wettbewerbsvorteile darstellen zu können.
- Die Notwendigkeit, gesetzliche Vorgaben zu erfüllen.

Unabhängig von den konkreten Gründen zeigt sich jeweils schnell, dass die Sicherheit kein reines Technikthema ist: Sicher kennt jeder die Hacker-Sessions auf Konferenzen und Ausstellungen, in denen meist junge Hacker eindrucksvoll demonstrieren, wie technische Schwachstellen in IT-Systemen leichtgewichtig und live ausgehebelt werden können. Aber ebenso sollte heute klar sein, dass die beste Technik kaum hilft, wenn sie nicht in die entsprechenden Prozesse eingewoben ist, die von Organisationen mit geschulten Menschen genutzt wird. Sicherheit ist ein extrem vielschichtiges Qualitätsmerkmal, dessen Gesamtstatus durch das schwächste Glied der Kette definiert ist, das häufig wiederum beim Menschen selbst liegt. Das auch heute immer noch weltweit meistgenutzte Passwort als Zeichenfolge »123456« belegt dies eindrucksvoll (vgl. z.B. [HPI 18]).

Eine bisher wenig im Rampenlicht stehende Teildisziplin ist hier das Sicherheitstesten, also das systematische Prüfen, inwieweit die Sicherheit eines Systems angemessen ist und durch entsprechende Konzepte nachhaltig garantiert werden kann. Oder andersherum das Aufzeigen, wo eben die schwächsten Glieder in einer gesamten Organisation liegen und wie diese abgesichert werden können.

Dieses Buch ist genau diesem Thema gewidmet. Als inhaltlicher Leitfaden dient hierbei der Syllabus »Sicherheitstester« des German Testing Board (GTB), der seinerseits die Lokalisierung des Syllabus »Security Tester« des International Software Testing Qualifications Board (ISTQB®) darstellt. Dass eine Lokalisierung mehr als eine reine Übersetzung ist, zeigt bereits die Schwierigkeit des Begriffs *Security*: Während im englischsprachigen Raum eine klare Abtrennung zur *Safety*, also dem Schutz der physischen Unversehrtheit, existiert, subsumiert der deutsche Begriff Sicherheit umgangssprachlich meist beide Facetten. In diesem Buch möchten die Autoren trotzdem den Begriff des Sicherheitstesters alias Security Tester etablieren, auch um sich nicht zu weit vom De-facto-ISTQB®-Standard zu entfernen.

Der Vorteil dieser inhaltlichen Nähe ist dann auch die Möglichkeit, sich mit diesem Buch aktiv auf die entsprechenden Prüfungen zum »ISTQB® Certified Tester – Advanced Level Specialist – Security Tester« vorzubereiten. Der Nachteil ist, dass es kaum Möglichkeiten gibt, bestimmte Aspekte wegzulassen, neue Aspekte hinzuzufügen oder ggf. in einem ganz anderen Kontext zu erläutern: Die Struktur des Buches ist eng am Syllabus angelegt, die durch klar definierte Rollen der Autoren beleuchtet und letztlich angereichert wurde:

- Die wissenschaftliche Seite, vertreten durch Prof. Dr. Jürgen Mottok, Professor für sichere und zuverlässige Systeme an der Ostbayerischen Technischen Hochschule Regenburg, zeigt auf, was heute als Stand der Wissenschaft grundsätzlich überhaupt möglich ist (und was nicht).
- Die forschende Anwendungsseite, vertreten durch Dr. Jürgen Großmann und Martin Schneider des Fraunhofer-Instituts FOKUS, bringt die Praktikabilität wissenschaftlicher Techniken als Stand der Technik ein.

- Die Anwendungsseite, vertreten durch Dr. Frank Simon von der Zurich Versicherungsgruppe Deutschland, steuert den Stand der Praxis und die typischen Herausforderungen existierender Systeme für die Gegenwart und die Zukunft bei.
- Die pädagogisch-didaktische Seite, vertreten durch Christian Graf als langjährigen Trainer unterschiedlicher Schulungen, trägt Best Practices im Bereich der Vermittlung nicht trivialer Inhalte wie Sicherheitstesten bei.

Trotz dieser vielschichtigen Expertise und gerade wegen des speziellen Themas kann dieses Buch nur einen Impuls geben, sich mit dem Thema Sicherheitstesten intensiv zu beschäftigen. Es wäre fahrlässig zu behaupten, nach der Lektüre ausgewiesener Sicherheitstester zu sein. Nicht ohne Grund verlangen die GTB/ISTQB®-Statuten für den Sicherheitstester, dass als Vorbedingung einer entsprechenden Prüfung mindestens zwei Jahre Praxiserfahrung im Bereich des Testens vorgewiesen werden müssen. Und selbst dann sorgt die extrem hohe Dynamik im Bereich der Sicherheit dafür, dass einmal erlerntes Wissen jederzeit obsolet werden kann, ggf. modifiziert werden muss oder durch vollständig neue Aspekte erweitert werden sollte. Dieses Buch will und kann hier nur einen initialen Anstoß für eine hochspannende Reise in viele einzelne tiefe Bereiche des Sicherheitstestens geben.

Konkret nähert sich dieses Buch dem Thema Sicherheitstesten über neun Kapitel:

- Kapitel 1 beginnt mit der grundlegenden Notwendigkeit für das Sicherheitstesten, den Sicherheitsrisiken. Außerdem wird hier das Konzept der Informationssicherheitsrichtlinien vorgestellt, das sich in der Praxis diesen Sicherheitsrisiken entgegenstellt. Das Sicherheitsaudit, dem der Sicherheitstest zuarbeiten kann, analysiert letztlich das nach Bereinigung der Wirkung der Richtlinien verbliebene Sicherheitsrisiko.
- Kapitel 2 wendet sich dann konkret dem Sicherheitstest zu: Neben einem Überblick über typische Sicherheitslücken werden Zweck und Ziele von Sicherheitstests an Beispielen erläutert und deren notwendige Verknüpfung mit Unternehmenszielen aufgezeigt. Außerdem werden hier erste Ideen zu Vorgehensweisen von Sicherheitstests sowie deren Erfolgsmessung aufgezeigt.
- Kapitel 3 fokussiert dann genau diese Vorgehensweisen über die Beschreibung konkreter Sicherheitstestprozesse. Hierbei wird die Nähe zum klassischen ISTQB®-Testen und zum Testprozess begründet und auf die jeweiligen Folgeschritte Planung, Entwurf, Ausführung

und Bewertung für den Sicherheitstest wird ausführlich eingegangen.

- Kapitel 4 projiziert den Sicherheitstest und den zugrunde liegenden Prozess dann auf den Softwareentwicklungsprozess. Die dortigen Phasen Anforderungsermittlung, Entwurf, Implementierung, Test und Betrieb werden hier um wichtige Aspekte des Sicherheitstestens angereichert.
- Kapitel 5 beschäftigt sich mit den Kernthemen des Sicherheitstestens, der Überprüfung klassischer Sicherheitstechniken: Wie können IT-Systeme bezüglich der Sicherheit getestet werden, wie können Authentifizierungs-, Autorisierungs- und Verschlüsselungsmethoden geprüft werden, wie sehen effektive Infrastrukturen wie Firewalls und Netzwerkzonen aus? Kontrastiert wird dies durch das Testen mittels aufdeckender Technologien wie Angriffserkennungen, Malware-Scans und Datenmaskierungen sowie durch die Erläuterung der Wichtigkeit präventiver Arbeit in Form von Schulungen.
- Kapitel 6 untersucht die menschlichen Faktoren beim IT-Sicherheitstest: Warum und wie denken und arbeiten Angreifer? Wie funktioniert Social Engineering und welche Rolle spielt das allgemeine Sicherheitsbewusstsein von Mitarbeitern für eine möglichst hohe IT-Gesamtsicherheit?
- Kapitel 7 beschreibt, wie Sicherheitstests ausgewertet und die Ergebnisse in Abschlussberichten aufbereitet sein sollten und welche besonderen Anforderungen an die Sicherheitstestergebnisse bezüglich der Berichterstattung gestellt werden.
- Kapitel 8 zeigt einige typische Beispiele von Sicherheitstestwerkzeugen und beschreibt praxiserprobte Methoden zur Werkzeugauswahl.
- Kapitel 9 beschließt dieses Buch mit einer Einführung in für den Sicherheitstester besonders relevante Standards und Branchentrends. Es gibt darüber hinaus eine Übersicht, über welche Informationskanäle welche Arten von Informationen ein Sicherheitstester erlangen kann und sollte.

Nach dem Lesen und Durcharbeiten dieser Kapitel sollte es möglich sein, sowohl eine Prüfung zum Certified Sicherheitstester erfolgreich abzulegen als auch nur einen guten Überblick über den Themenbereich Sicherheitstester insgesamt zu bekommen. Das umfangreiche Quellenverzeichnis sowie der Index erlauben zudem auch das punktuelle Einarbeiten und Nachschlagen, wenn es um den aktuellen Stand der Technik im Bereich des Sicherheitstestens für bestimmte Themenblöcke geht.

1 Grundlagen des Testens der Sicherheit

»Man kann und darf wohl sein eigenes Leben für eine Sache riskieren, aber nie das Leben eines anderen.«

Sir Karl Raimund Popper

Eine maximale Sicherheit ist in den heutigen IT-Systemen wirtschaftlich sinnvoll nicht möglich und technisch höchst anspruchsvoll. Für das Abwägen, wie viel Sicherheit dennoch nötig ist und wie viel Restrisiko akzeptabel ist, spielt die Risikobewertung der wesentlichen Business-Assets eine fundamentale Rolle: In diese fließen unterschiedliche, möglichst alle Risiken abdeckende Parameter im Vorfeld von Sicherheitstests ein. Sie bestimmt nach Festlegen von Sicherheitsstufen pro Asset die Planung von Sicherheitsmaßnahmen und Sicherheitstests. Hierunter fallen auch proaktive Maßnahmen in Form von Sicherheitsrichtlinien, die klare Handlungsanweisungen vorgeben, um inhärent sichere Systeme zu erstellen. Die Wirksamkeit solcher Richtlinien muss allerdings alleine aufgrund stetig ändernder Sicherheitsgefährdungen regelmäßig mittels Sicherheitsaudits geprüft und bei Bedarf durch aktuelle Sicherheitstests nachgeschärft werden. Das gesamte prozessorale und technische Zusammenspiel aus Richtlinien, Sicherheitstests sowie dem Berücksichtigen zukünftiger möglicher Gefährdungen bei fortwährender Wirksamkeitsoptimierung wird durch Sicherheitsaudits analysiert und systematisch verbessert.

1.1 Sicherheitsrisiken

1.1.1 Die Rolle der Risikobewertung beim Testen der Sicherheit

Schon das klassische funktionale Testen basiert auf einer Vielzahl von projekt- und unternehmensspezifischen Elementen: So sind z. B. Anforderungen, Anwendungsfälle und mögliche Risiken hinter identifizierten Abweichungen von einem Soll individuell zu berücksichtigen: Eine angepasste Testplanung wird ihren Fokus meist auf solche Anwendungsfälle legen, deren Ausfall massiven Schaden (z. B. wirtschaftlicher Schaden durch entgangenen Umsatz) hervorrufen kann, oder auf solche, die besonders häufig genutzt werden (und bei denen eine Abweichung eher effektiv wird). Die Testtiefe wird dann jeweils entsprechend diesem Fokus festgelegt.

Sicherheitstests verfolgen einen ähnlich risikobasierten Ansatz, fokussieren aber pro Anwendungsfall deren Sicherheitsaspekte und mögliche Gefährdungen: Diese müssen nicht nur technisch sein, sondern berücksichtigen auch

- Verhaltensmuster von Angreifern, wenn sich etwa Angriffshäufungen für bestimmte Industrien, Regionen oder Techniken abzeichnen,
- prozessorale Lücken, wenn etwa eingerichtete Zutrittskontrollen aus Bequemlichkeit umgangen werden, und
- organisatorische Unstimmigkeiten, wenn Anweisungen für z.B. Passwortrücksetzungen nicht zentral verantwortet werden.

Die Ziele von Sicherheitstests richten sich nach bestehenden Sicherheitsrisiken, also Risiken, die durch eine ungenügende Sicherheit auftreten können. Kann keinerlei direkter oder indirekter Schaden hervorgerufen werden, so sind Sicherheitstests aus wirtschaftlichen Gründen nicht angezeigt.

Sicherheitstests folgen einer Risikoanalyse, nicht umgekehrt.

Existierende Risiken sind also eine notwendige Vorbedingung für Sicherheitstests. Diese Risiken werden üblicherweise im Rahmen einer Sicherheitsrisikobewertung ermittelt. Allgemeine Risikomanagementtechniken werden bereits aus dem normalen, meist funktionalen Kontext heraus in [GTB CTFL 18] und [GTB CTAL TM 12] beschrieben: Denn auch dort gilt, dass ein Testen einer Funktionalität, deren Fehlverhalten oder vollständiges Ausfallen keinen Schaden anrichtet, wirtschaftlich nicht angezeigt ist.

International weit verbreitet sind die Risikomanagementtechniken der Standards ISO 31000 [ISO 31000] und ISO 27005 [ISO 27005] sowie der Richtlinie NIST 800-30 [NIST SP 800-30 02]. Während die ISO 31000 den allgemeinen Ablauf des Risikomanagements beschreibt, und damit auch außerhalb der IT angewendet wird, fokussiert die ISO 27005 speziell Informationssicherheitsrisiken. NIST 800-30 hat insbesondere für den nordamerikanischen Markt eine große Bedeutung.

1.1.1.1 ISO 31000

Die ISO 31000 (vgl. [ISO 31000]) bietet eine übersichtliche und gut verständliche Risikomanagementtechnik, die wie in Abbildung 1–1 dargestellt werden kann.

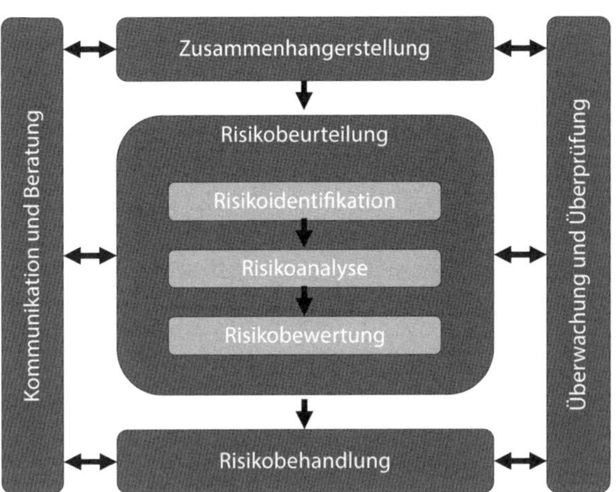

Abb. 1–1
Schematische Darstellung der ISO 31000

Sie ist dabei hinreichend generisch, um auch in tagtäglichen Situationen risikobasiert vorzugehen. Dies soll anhand eines Szenarios verdeutlicht werden.

Die ISO 31000 beschreibt einen eingängigen, universell einsetzbaren Risikomanagementprozess.

Beispiel: Risikomanagement

Beispiel: Risikomanagement

Das folgende Beispiel ist bewusst dem Nicht-IT-Bereich entnommen und soll den universellen Charakter des Risikomanagements aufzeigen. Im konkreten Beispiel geht es um die Abschätzung, ob man abends ein Bier trinken sollte, wenn man anschließend noch mit dem Auto selbst nach Hause fahren muss.

Eine allgemeingültige Sicht auf eine solche Risikoanalyse ist in Abschnitt 1.1.3 weiter unten beschrieben. Das konkrete Beispiel wird im Folgenden entlang des beschriebenen Risikomanagementprozesses betrachtet:

1. **Zusammenhangerstellung**
   Auch wenn die schädliche Wirkung der Zutat Bier außer Frage steht, gibt es weitere Parameter aus einem konkreten Kontext, die für die Folgeabschätzung relevant sind: Handelt es sich beim potenziellen Trinker um eine Schwangere, muss anschließend noch Auto gefahren werden, gibt es gruppendynamische Effekte und Einflüsse usw.
2. **Risikoidentifikation**
   In diesem Abschnitt werden für den konkreten Kontext (vgl. vorheriger Schritt) die einzelnen Risiken identifiziert. Die Abhängigkeit zum Kontext ist hier wichtig: Erzeugt eine Schwangere z.B. Risiken für sich und das ungeborene Kind, so gefährdet ein Mann ggf. nur sich (aber Achtung: Straßenverkehr).
3. **Risikoanalyse**
   In diesem Schritt werden die einzelnen Risiken detailliert analysiert: Wie groß ist der mögliche Schaden, welche Art ist der Schaden (monetär, gesundheitlich, reputationsbezogen usw.), wie wahrscheinlich ist er usw. Im konkreten Fall könnten medizinische Studien herangezogen werden, Ver-

kehrsstatistiken oder auch soziologische Studien für den Fall, dass ein Nicht-Trinken zur Gruppenisolation führt.

4. **Risikobewertung**
   In diesem Schritt findet ein Abgleich der Ergebnisse der Risikoanalyse mit dem eigenen Risikoappetit statt: So können zwei Menschen in einem sehr ähnlichen Kontext trotz sehr ähnlicher Risikoanalysen immer noch völlig unterschiedliche Bewertungen erzeugen; äußern kann sich das im nächsten Schritt der Risikobehandlung als ein unbekümmertes Trinken oder ein entsetztes Ablehnen des Getränkeangebotes.
5. **Risikobehandlung**
   Dieser Schritt bedeutet die eingeleitete Aktivität auf Basis der Bewertung. Die ISO sieht hier vier verschiedene Arten vor:
   - Das Risiko akzeptieren, was in dem konkreten Beispiel zum Trinken des Bieres führen würde.
   - Das Risiko vermeiden, was zum Ablehnen des Getränkes führen würde.
   - Das Risiko vermindern, was durch eine Reduktion der Trinkmenge oder des Alkoholgehaltes (Radler) erreicht werden kann.
   - Das Risiko delegieren, was im Falle des Autofahrers bedeuten könnte, den Autoschlüssel seinem ebenfalls mittrinkenden Kollegen zu geben.

Auch wenn dieser Prozess wenig komplex ist und damit evtl. eine einfache Anwendbarkeit suggeriert, so soll bereits hier nicht unerwähnt bleiben, dass eine Risikoanalyse eine höchst anspruchsvolle Aufgabe ist. Häufig werden hier bekannte Risiken vergessen, oder es dominieren eigene Gewohnheiten (»ich trinke immer ein Bier vor dem Nach-Hause-Fahren«) und eigene Risikobereiche (»nachts fahre ich sehr ungern«), oder die Risiken basieren auf unreflektierten Expertenmeinungen. Es benötigt meist sehr viel Erfahrung, wirklich vollständige und objektive Risikoanalysen durchzuführen.

Ohne Risiken bedarf es keiner Risikoanalyse.

Der Sicherheitstest, bei dem geprüft wird, wie sicher ein IT-System ist, lässt sich entlang dieses Standards im Bereich der Risikoidentifikation und der Risikoanalyse verorten. Der Sicherheitstest hilft also, existierende Risiken weiter zu analysieren, und zeigt ggf. weitere auf.

1.1.1.2 Das Risiko im Detail

Um eine detaillierte Risikoanalyse durchführen zu können, muss der Begriff Risiko weiter präzisiert werden:

> **Definition: Risiko**
>
> Ein Risiko ist ein Faktor, der zu negativen Konsequenzen in der Zukunft führen könnte, gewöhnlich ausgedrückt durch das Schadensausmaß und die Eintrittswahrscheinlichkeit. [GTB Glossar 18]

Beide Faktoren werden in der Praxis häufig quantifiziert (s. hierzu u.a. weiter unten Abschnitt 1.3.2) und für die Risikokalkulation multipliziert. So kann ein Risiko, das mit einer 1%igen Wahrscheinlichkeit einen Schaden von 1.000 Euro bedeuten kann, als identisch zu einem anderen Risiko angesehen werden, bei dem mit einer 10%igen Wahrscheinlichkeit ein Schaden von 100 Euro erzeugt werden kann. Das kalkulierte Risiko ist in beiden Fällen 10 Euro.

Beide Faktoren sind in der Praxis häufig nicht leicht und nachvollziehbar analysierbar:

- **Eintrittswahrscheinlichkeit**
  Häufig fehlen entsprechende Analysen, sie sind zueinander nicht konsistent oder lassen sich nur bedingt auf einen konkreten Kontext anwenden.
- **Schaden**
  Wie lassen sich Reputation, Marktdominanz oder auch gesundheitliche Schäden und Tod quantifizieren? Wie viel ist eine Beziehung »wert«, die z.B. aufgrund einer falsch zugestellten E-Mail zerbricht?

Um dennoch die Ermittlung von Eintrittswahrscheinlichkeit und Schaden durchführen zu können, existieren für den Bereich der IT-Sicherheit spezielle Risikomodelle (vgl. hierzu Abschnitt 1.3.2).

CIA der Security: Vertraulichkeit (Confidentiality=C), Integrität (Integrity=I) und Verfügbarkeit (Availability=A)

Informationssicherheitsrisiken sind nun solche Risiken, die die Sicherheit von Informationen eines Systems gefährden. Diese Definition ist eine Vereinfachung der Definition innerhalb der ISO 27001 [ISO 27001]:

Definition: Informationssicherheitsrisiko

»Als Informationssicherheitsrisiko wird das Potential bezeichnet, dass eine Bedrohung ausgenutzt werden kann und der Organisation so Schaden zugefügt wird.« [Klipper 15]

IT-Sicherheit ist folglich der Zustand, in dem Vertraulichkeit, Integrität und Verfügbarkeit von Informationen und Informationstechnik durch angemessene Maßnahmen geschützt sind (vgl. [BSI Glossar 13]).

Abb. 1–2
CIA-Dreieck der Sicherheit

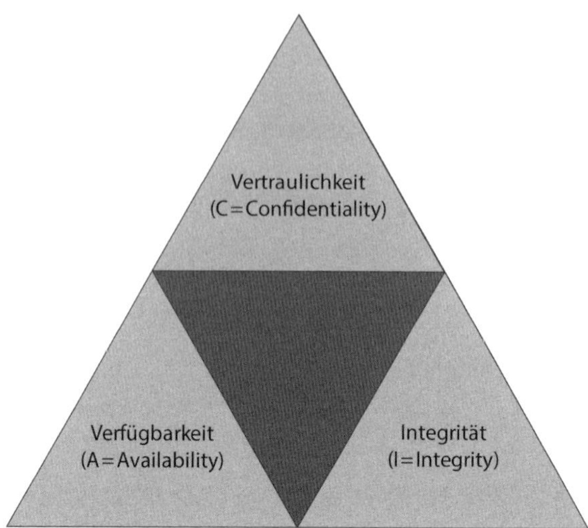

Der Verlust der IT-Sicherheit bedeutet folglich den Verlust von Vertraulichkeit, Integrität oder Verfügbarkeit von Informationen oder Informationssystemen. Die Risiken hängen ganz wesentlich von den potenziellen schädlichen Auswirkungen auf betriebliche Vorgänge (z.B. Ziele, Funktionen, Image oder Reputation), betriebliche Assets, Individuen, andere Unternehmen sowie ein gesamtes Land ab [NIST SP 800-30 02]. Der Schaden wird dabei wiederum stark vom Kontext des Systems bestimmt:

Schadenshöhen hängen vom Kontext ab.

- Ist die Vertraulichkeit eines einfachen, öffentlichen Webservers verletzt, so ist der Schaden gering, da die Informationen per se für jeden gedacht waren. Bei einem internen Schadenssystem einer Versicherung ist ein solcher Verlust dagegen verheerend.
- Ist die Verfügbarkeit eines öffentlichen Warenbestellsystems nicht mehr gewährleistet, so beginnt direkt nach der ersten Sekunde der Nichtverfügbarkeit der Schaden durch Umsatzausfall zu wachsen. Die Nichtverfügbarkeit eines Druckers kann dabei bei Ausfällen von einigen Sekunden meist ignoriert werden.
- Ist die Integrität eines Wahrsageportals nicht gewährleistet, so kann dies – je nach Grad der Integritätsverletzung und der subjektiven Einstellung zu Wahrsagungen – durchaus vernachlässigt werden. Die Nichtintegrität von Systemen im medizinischen Bereich kann dagegen tödliche Folgen haben.

Im Rahmen einer Sicherheitsrisikobeurteilung, bestehend aus den drei Schritten der ISO 31000 – Risikoidentifikation, Risikoanalyse und Risikobewertung –, kann ein Unternehmen systematisch ermitteln, welche Bereiche und Assets einem Risiko ausgesetzt sind und welchen

Schweregrad die einzelnen Risiken haben. Für Sicherheitstester kann eine Sicherheitsrisikobewertung eine ergiebige Informationsquelle sein, auf deren Grundlage sich Sicherheitstests planen und konzipieren lassen. Idealerweise fokussieren Sicherheitstests dabei die besonders großen Risiken. Je größer ein Risiko, desto tiefer die Sicherheitstesttiefe. Die Sicherheitsrisikobewertung hilft also bei der Priorisierung von Sicherheitstests.

Ergebnisse der Sicherheitstests fließen dabei in eine verbesserte Sicherheitsrisikobewertung wieder ein. Sicherheitstests liefern also weitere wichtige Informationen, die für die Bewertung relevant sind.

Einen guten Überblick über die verschiedenen Möglichkeiten, wie Sicherheitsrisikobewertung und Sicherheitstesten sich im Rahmen einer umfassenden Sicherheitsbewertung ergänzen, erlauben die Norm ETSI 203-251 [ETSI 203-251 15] sowie ein technischer Bericht der ETSI mit einigen konkreten Fallbeispielen [ETSI TR 101 582 14].

1.1.1.3 Grenzen der Risikobewertung

Risikobewertung als eine fortwährende Aufgabe

Jede Risikobewertung (ob sicherheitsbezogen oder nicht) ist nur eine Momentaufnahme der berücksichtigten Parameter und fußt auf limitierten Informationen.

Beispiel: Geänderte Parameter einer Risikobewertung

Beispiel: Geänderte Parameter einer Risikobewertung

- Geänderte Gesetze
  Die Neufassung der Datenschutz-Grundverordnung kann dazu führen, dass eine Vielzahl von Risikobewertungen ungültig geworden ist.
- Neue Nutzungsszenarien
  Der zunehmende Einzug von meist unverschlüsselten Messenger-Diensten in kommerzielle Prozesse führt zu einer Neubewertung der Risiken.
- Neue Marktanforderungen
  Die zunehmende Sensibilisierung der Gesellschaft für Datenmissbrauch und die mit einem Sicherheitsvorfall aktuell verbundene negative Presse kann zu neuen Risikobewertungen führen.

Daher müssen Sicherheitsrisikobewertungen in regelmäßigen Abständen wiederholt werden. Das genaue Zeitintervall für die Durchführung von Sicherheitsrisikobewertungen variiert in Abhängigkeit vom Unternehmen und vom Grad der Veränderungen der Parameter. Manche Unternehmen führen alle drei bis sechs Monate Sicherheitsrisikobewertungen durch, andere einmal jährlich. Besondere Ereignisse wie z.B. die Einführung neuer Gesetze (vgl. die neue DSGVO 2016 [DSGVO 16]) sollte in jedem Fall zu einer flächendeckenden Neubewertung führen.

Die Anwendung und meist auch Dokumentation systematischer Risikobewertungen hat entgegen subjektiver Ad-hoc-Maßnahmen viele Vorteile:

- Nachvollziehbarkeit einer Entscheidung
- Bessere Vollständigkeit der Risiken sowie das Erkennen von Zusammenhängen zwischen Risiken. Grundsätzlich gilt, dass die gefährlichsten Risiken diejenigen sein können, die übersehen werden. Systematiken liefern hiergegen Hilfestellungen.
- Systematische Vorgehen lassen sich lernen und können zu Expertentum führen. Subjektivität wird dadurch reduziert, dass Hilfsmittel der Systematik wie Checklisten, Brainstorming, Modellierung oder Stakeholder-Management angewendet werden. Auch die bedarfsgerechte Verwendung formalisierter und formaler Techniken wie Fehlerbäume, Ursache-Wirkungs-Analysen oder Monte-Carlo-Simulationen zählen hierzu. Eine ausführliche Liste von Techniken zur Risikobewertung findet sich in der ISO 31010 [ISO 31010].

1.1.2 Ermittlung der Assets

Assets: wesentliche Güter in einem Unternehmen

Sicherheit bezieht sich vor allen Dingen auf die relevanten Güter eines Unternehmens, die sogenannten Assets: Diese Güter kommen heute im Wesentlichen in zwei Ausprägungen vor [Clement & Schreiber 13, S. 46]:

- **Non-digitale Güter**
  Hierzu zählen vor allen Dingen klassische physische Assets wie Maschinen, Gebäude oder IT-Hardware. Allerdings liegen auch viele informationsbasierte Assets heute non-digital vor: Beispiele hierfür sind kopierte Unterlagen, Verträge, Pläne, schriftliche Notizen, notierte Anmeldedaten und Passwörter. Da ihr Wert allerdings primär durch den Informationsgehalt der Träger (z.B. Papier, Mikrofilm) geprägt ist, werden sie auch als semiphysische Assets bezeichnet.
- **Digitale Güter**
  Diese Güter lassen sich vollständig »mit Hilfe von Informationssystemen entwickeln, vertreiben oder anwenden« (vgl. [Clement & Schreiber 13, S. 44]). Beispiele sind Dateien in der Cloud, Musikstücke auf dem Smartphone oder Wirtschaftspläne in Excel.

Ohne Assets keine systematische Risikoanalyse

Für eine Risikoanalyse gilt es, in einem ersten Schritt die relevanten Assets zu ermitteln, um dann jeweils anschließend festzustellen, welche davon in digitaler Form vorliegen und damit im Fokus eines möglichen Sicherheitstests liegen. Diese Gesamtsicht auf die Assets ist aber in jedem Fall wichtig, um überhaupt IT-Sicherheitstests zu motivieren:

Liegen die besonders relevanten Assets physisch vor (z.B. Maschinen und Materialien), so führt ein Risikomanagement zuerst zu physischen Maßnahmen wie Zutrittsschutz, bevor IT-Sicherheit betrachtet wird.

Es ist offenkundig, dass mit jeder Änderung der Menge betrachteter Assets auch die Risikoanalyse wiederholt werden muss. Aktuell verändert sich in der Industrie die Menge digitaler Assets am schnellsten, sodass diese Änderungen gleichzeitig Haupttreiber regelmäßiger Risikoanalysen sind:

> *»[...] für die einzelne Bank bringt die Digitalisierung neue Risiken. Denn die Zahl der schützenswerten Güter ist gewachsen; neben Geldvermögen sind inzwischen auch persönliche Daten und damit der Zugang zu Dienstleistungen im Cyberspace gespeichert.«* [Bundesbank 15]

Beispiele für digitale Güter sind:

- Kundendaten
- Businesspläne
- Proprietäre Software, die vom Unternehmen entwickelt wurde
- Systemdokumentation
- Bilder und Diagramme, die Eigentum des Unternehmens sind
- Geistiges Eigentum (z.B. Prozesse, Geschäftsgeheimnisse)
- Mitarbeiterdatensätze
- Steuererklärungen

Beispiel: Datenschutz-Grundverordnung

Beispiel: Datenschutz-Grundverordnung

Auch die aktuelle Datenschutz-Grundverordnung (DSGVO) legt für die dort mit dem Fokus auf personenbezogene Daten beschriebenen Sicherheitsrisiken einen Fokus auf Assets als ersten Schritt: Dabei wird dort angenommen, dass die wesentlichen Werte in heutigen Unternehmen durch die Kernprozesse gegeben sind. Dort heißt es konkret: »*Jeder Auftragsverarbeiter und gegebenenfalls sein Vertreter führen ein Verzeichnis zu allen Kategorien von im Auftrag eines Verantwortlichen durchgeführten Tätigkeiten der Verarbeitung.*« Das geforderte Verfahrensverzeichnis (Artikel 30 der DSGVO) ist also eine besondere Sicht auf digitale Assets, die im weiteren dann noch um die eigentlichen Daten-Assets, also insbesondere »*Kategorien personenbezogener Daten*«, verfeinert werden. Die DSGVO fordert für dieses Verfahrensverzeichnis eine Vollständigkeit, da dies die Ausgangsbasis für eine strukturierte Risikoanalyse darstellt [DSGVO 16].

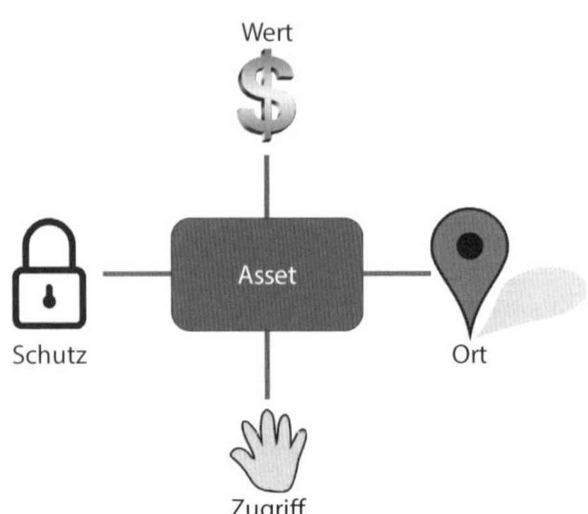

Abb. 1–3
Relevante Aspekte eines Assets für die Risikoanalyse

Für beide Arten von Assets, hier aber vor allen Dingen für digitale Assets, müssen grundsätzlich als Teil einer Risikobewertung folgende Fragen beantwortet werden:

- **Wert**
  Wie wertvoll ist das Asset?
- **Ort**
  Wo liegen die Assets?
- **Zugriff**
  Wie erfolgt der Zugriff auf die Assets?
- **Schutz**
  Wie sind die Assets geschützt?

1.1.2.1 Wert eines Assets

Assets: Je wertvoller, desto mehr Sicherheitsschutz ist notwendig.

Der Wert eines Assets entscheidet später ganz wesentlich, wie sicherheitsbedürftig es ist: Kaum werthaltige Assets stehen daher für einen Sicherheitstester meist viel weniger im Fokus als solche, die sehr wertvoll sind, zumindest, solange die Eintrittswahrscheinlichkeit eines Schadens ähnlich ist. Die Wertermittlung ist dabei häufig nicht leicht: Am einfachsten zu bestimmen sind hier noch materielle Werte, die vor allen Dingen für non-digitale Güter relevant sind: So hat eine Maschine einen Wert, der dadurch gekennzeichnet ist, wie teuer ihre Beschaffung war (häufig abzüglich eines Abnutzungsfaktors).

Schwieriger sind solche Assets zu beurteilen, deren Wert sich primär an den Kosten und Folgen ihres Verlustes orientiert. Dies gilt für manche non-digitalen Güter (z.B. Prototypen) und für alle digitalen Güter.

Beispiel: Ein digitales Angebot als Asset

Beispiel: Ein digitales Angebot als Asset

Ein schriftliches Angebot in Form eines PDF-Dokumentes hat keinen materiellen Wert, wohl aber einen Wert, der sich darin bemessen lässt, wie viel Umsatz möglicherweise verloren ginge, wenn das Angebot nicht pünktlich zum Ausschreibungsende vorhanden wäre. Ein anderer Wert für dasselbe Asset könnte dadurch bestimmt werden, was ein Mitbewerber für einen wirtschaftlichen Vorteil hätte, wenn er das Angebot bekäme.

Digitale Assets: schwierig in der Werteermittlung

Der Wert gerade für viele digitale Güter lässt sich meist nicht präzise bestimmen, sodass häufig grobe Abschätzungen oder vergleichbare Erfahrungswerte herangezogen werden.

Beispiel: Ermitteln des Wertes digitaler Assets

Beispiel: Ermitteln des Wertes digitaler Assets

Typische Fragen zu Informationen, im Folgenden wiederum bezogen auf den Verlust des digitalen Assets eines Angebotes – z.B. durch das Nutzen unverschlüsselter E-Mail-Kommunikation –, können bei der Wertermittlung des Assets helfen.

- Der zukünftige Umsatz, den das Asset verspricht, für das Angebot also der hinterlegte Angebotswert.
- Der Wert für einen Mitbewerber, der Kenntnis des Assets erhält und damit wirtschaftliche Vorteile gegenüber dem ursprünglichen Asset-Inhaber bekommt. Im Fall des Angebotes ist dies für Standardangebote entlang wohldefinierter Preistafeln (z.B. Kfz-Versicherungen) irrelevant. Im Fall von Angeboten, in denen individuelle Preisabsprachen, ggf. Umsetzungsdetails und Planungsdetails enthalten sind, kann diese Wertdimension durchaus erheblich sein.
- Der für die Erstellung oder die Neuerstellung des Assets aufgewendete bzw. nötige Zeit- und Aufwandsrahmen. Ein Angebot, für dessen Erstellung z.B. teure Experten hinzugezogen wurden, zeigt in dieser Wertedimension einen deutlichen Ausschlag.
- Strafen, die im Falle des Unvermögens, das Asset bei Bedarf vorweisen zu können, anfallen. Im Beispiel des Angebotes kann dies relevant werden, falls es – z.B. aufgrund des Verdachtes von Preisabsprachen oder datenschutzrechtlichen Befunden – nicht möglich ist, das Originalangebot für ein Audit oder Gerichtsverfahren vorzuzeigen.
- Strafen für den Verlust und vor allen Dingen die Weitergabe von datenschutzrechtlichen Daten. Sind im Angebot z.B. hochsensible Daten enthalten, kann die Offenlegung dieses Assets zu sensiblen Strafen führen, die letztlich auch als möglicher Wert des Assets herangezogen werden können.

1.1.2.2 Der Ort eines Assets

Nur bekannte Orte können geschützt werden.

Der Schutz eines Assets bedarf der Kenntnis, wo das Asset liegt. Dies gilt auch für digitale Assets, die klassischerweise auf Servern, Computern oder Speichermedien wie externen Festplatten oder CDs gespeichert werden. Es ist gerade für digitale Assets wichtig zu erkennen, dass ein Asset durchaus mehrere Orte haben kann. So hat jedes wertvolle Asset üblicherweise wenigstens zwei Orte: Einmal im produktiven Rechenzentrum und einmal in einem angeschlossenen Backup-System. Und selbst innerhalb des produktiven Rechenzentrums haben Assets meist mehrere Orte, da z.B. hochverfügbare Systeme in der Regel Daten fortwährend auf mehrere Festplatten und Systeme verteilen.

Die Menge von Orten nimmt aktuell aufgrund der Verbreitung von USB-Laufwerken, Smartphones und Tablets kontinuierlich zu. Wird einer der Orte im Kontext der Sicherheitsherstellung vergessen, besteht das Risiko, dass für diesen Ort das Sicherheitsniveau ungenügend ist. In der Vergangenheit haben sich gerade portable Orte alias Medien wie USB-Sticks und Speicherkarten als höchst riskant erwiesen. Als »Ort« von kritischen Assets werden sie zu schnell vergessen, obwohl der Wert ggf. außerordentlich hoch ist.

In 2018 wurden hochvertrauliche Daten des sächsischen Verfassungsschutzes, also einer Institution, der ein hohes Risikobewusstsein zugesprochen wird, auf einen USB-Stick kopiert. Dieser Stick als neuer Ort des Assets wurde von einem Mitarbeiter »aus Neugierde« mit nach Hause genommen und unterlag damit nicht mehr dem nötigen Schutz. [Leipziger Volkszeitung 18]

Der Ort von Assets, die in der Cloud abgelegt werden, ist je nach Cloud-Typ unterschiedlich schwer zu bestimmen. In öffentlichen Clouds obliegt der Ort häufig dem Cloud-Anbieter selbst und der konkrete Ort ist dem Asset-Besitzer nicht transparent. Hier kann dann nur die gesamte Cloud als Ort betrachtet (und später abgesichert) werden.

1.1.2.3 Der Zugriff auf ein Asset

Neben dem Wert und dem Ort ist eine weitere wichtige Frage, wie der Zugriff auf das Asset erfolgt. Grundsätzlich gilt hier, dass hierfür jeder Ort eines Assets betrachtet werden muss, da hier der Zugriff erfolgen muss. Während dies bei non-digitalen Gütern fast immer eine physische Präsenz voraussetzt – z.B. um Aktenordner einzusehen –, können digitale Assets deutlich mehr Zugriffsmöglichkeiten bieten:

Am verbreitetsten sind hierfür die folgenden Zugriffsmethoden:

- Zugriff per Computer über ein LAN- (Local Area Network), über ein Wi-Fi-Netz oder lokale Netze (Personal Area Network, PAN, z. B. via Bluetooth). Hierbei müssen sich der Zugriffsinitiator und der Asset-Ort im selben physischen Netz befinden.
- Zugriff aus der Ferne auf einen Asset-Ort, entweder über ein VPN- (Virtual Private Network) oder ein Cloud-Laufwerk. Der Zugriffsinitiator und der Asset-Ort befinden sich hierbei in unterschiedlichen physischen Netzen.
- Direkte Weitergabe physischer Datenspeicher (CDs, DVDs, USB-Laufwerke) von Person zu Person.
- Verschicken oder Teilen von Assets über unterschiedliche Plattformen (via E-Mail, WhatsApp, SnapChat usw.).

1.1.2.4 Der Schutz von einem Asset

Jeder Zugriff auf einen oder mehrere Orte eines Assets kann unterschiedlich geschützt sein. So kann der Zugriff auf ein digitales Asset auf einem USB-Stick dadurch erschwert werden, dass der Stick in einem Tresor eingeschlossen ist. Für die Zugriffsart des Auslesens des USB-Sticks kann wiederum Verschlüsselung eine wichtige Schutzrolle übernehmen.

Der Schutz von Assets und ihren Zugriffen im Allgemeinen kann vor allen Dingen über drei Aspekte erfolgen (vgl. hierzu auch Kap. 5):

Assets können durch eine angemessene Authentifizierung, Autorisierung und Verschlüsselung geschützt werden.

- **Authentifizierung**
  Jeder Zugriff ist nur nach einer Identifikation des Asset-Interessenten erlaubt. Der Fingerabdrucksensor eines modernen Smartphones ist eine typische Authentifizierungsmaßnahme, um den Anwender eindeutig zu identifizieren.
- **Autorisierung**
  Welche Berechtigungen hat ein authentifizierter Nutzer für das Asset? Darf er es nur lesen oder auch schreiben und löschen.
- **Verschlüsselung**
  Die Verschlüsselung bezieht sich vor allen Dingen auf die Form der Abspeicherung sowie die Form der Übertragung.

1.1.3 Analyse von Verfahren der Risikobewertung

Sicherheitsrisikobewertungen ähneln sehr stark einer standardmäßigen Risikobewertung.

Die Bewertung der speziellen Sicherheitsrisiken ähnelt sehr stark einer standardmäßigen Risikobewertung. Ergebnisse einer Sicherheitsbewertung fließen gerade in größeren Unternehmen in eine allgemeinere Risikobewertung ein. Beispiele allgemeinerer und damit nicht mehr in den Bereich der IT-Sicherheit fallender Risikobewertungen sind Währungsrisiken, Unwetterrisiken und politisch-gesellschaftliche Risiken.

Eine Sicherheitsrisikobewertung sollte die Perspektiven möglichst vieler interner und externer Stakeholder (Schlüsselpersonen) einnehmen. Je ganzheitlicher diese Perspektiven ausgewählt werden, desto vollständiger wird die Risikoidentifikation und -beurteilung sein.

Je mehr Perspektiven eine Sicherheitsbewertung berücksichtigt, desto ganzheitlicher ist sie.

Zu typischen Stakeholdern für eine Sicherheitsbewertung zählen neben der Organisation selbst, die die Assets verwaltet:

- **Kunden und Benutzer**
  Aus dieser Perspektive können typische Anwendungsfälle betrachtet werden, insbesondere IT-Infrastruktur (da z.B. gerade Privatkunden nicht die modernste IT verwenden) und fahrlässige Verhaltensweisen (z.B. ein und dasselbe Passwort für verschiedene Systeme). Diese Perspektive hilft auch bei der Risikobewertung, da gerade Kundendaten häufig im Fokus von Risikoanalysen stehen.
- **Öffentlichkeit und Gesellschaft**
  Auch die Öffentlichkeit und Gesellschaft kann für eine Analyse herangezogen werden. So sind z.B. regelmäßig geänderte Datenschutzbestimmungen technisch und juristisch problemlos möglich, werden aber von der Öffentlichkeit in der Regel als störend wahrgenommen. Hilfreich sind hier repräsentative Studien, die einen guten Eindruck über die Gesamtstimmung vermitteln. Ein plakatives Beispiel ist die teilweise sehr ernüchternde Wahrnehmung der Sinnhaftigkeit der neuen DSGVO (vgl. [Woll 18]). Auch die Planung von Kommunikation z.B. im Falle von Sicherheitsvorfällen muss diese Stakeholder berücksichtigen, da ansonsten trotz aller technischen und legalen Konformität die Reputation gefährdet sein kann.
- **Aufsichtsbehörden**
  Diese Stakeholder sind durch Vorgabe von Mindestanforderungen an das Sicherheitsmanagement ganz wesentlich. In Deutschland ist hier z.B. für den Bereich der Banken und Versicherungen die Bundesanstalt für Finanzdienstleistungen (BaFin) ein wichtiger Stakeholder, für kritische Infrastruktur ist das Bundesamt für Informationssicherheit (BSI) zuständig. Aufsichtsbehörden sind notwendig für die Gewährleistung der Konformität mit geltenden Gesetzen bezüglich der Informationssicherheit.

Der gesamte Prozess einer Risikobewertung und damit auch einer spezielleren Sicherheitsbewertung erfolgt in der Regel in drei Schritten, wie in Abbildung 1–4 dargestellt.

Abb. 1–4
Drei Schritte einer Risikobewertung

Diese High-Level-Darstellung lässt sich ebenfalls problemlos auf die ISO 31000 abbilden (vgl. Abb. 1–1): Die Planung wird dort als Zusammenhangerstellung, die Durchführung als Risikobeurteilung und der Schritt Kommunikation und Maßnahmen als Kommunikation und Beratung beschrieben.

Risikobewertung bedarf einer klaren Planung.

Die Planung (bzw. eben die Zusammenhangerstellung) besteht hierbei vor allen Dingen aus folgenden Aktivitäten und orientiert sich meist am organisatorischen Gesamtrahmen (in der Norm NIST 800-30 selbst als »Organizational Risk Frame« bezeichnet; für Deutschland ist hier häufig der sehr ähnliche BSI-Standard 200-3 maßgeblich [BSI 200-3 17]):

- Ermittlung des Zwecks der Bewertung: Erfolgt die Bewertung proaktiv, um das gesamte Gefährdungspotenzial abzuschätzen, oder reaktiv, um z.B. bei Bekanntwerden einer Sicherheitslücke das spezifische von dieser Lücke für ein Unternehmen ausgehende Risiko zu ermitteln.
- Ermittlung des Umfangs der Bewertung: Dies kann von einigen wenigen Stunden für einen Mitarbeiter bis hin zu Monaten und Jahren für ganze Teams reichen. Ein gutes Beispiel für einen großen Umfang ist z.B. das vom neuen Regulativ der Datenschutz-Grundverordnung [DSGVO 16] ausgehende Risiko im Falle der Nichteinhaltung. Hier haben einige Unternehmen mehrköpfige Teams über mehrere Jahre eingesetzt.
- Ermittlung der Annahmen und Randbedingungen im Zusammenhang mit der Bewertung. Möglich sind hier z.B. die Nennung von gültigen Gesetzen oder Annahmen über Nutzerprofile.
- Ermittlung der Informationsquellen, die als Eingangsquelle für die Bewertung genutzt werden. Möglich sind hier z.B. öffentliche Informationsquellen wie das BSI oder auch Analystenreports wie von Gartner und Forrester.
- Ermittlung des Risikomodells und der analytischen Konzepte (d.h. Bewertungs- und Analysekonzepte), die bei der Bewertung zu nutzen sind. Hier sind vor allen Dingen Angaben darüber zu machen,

wie die Werte der digitalen Assets ermittelt werden, wie die Risikowahrscheinlichkeiten abgeschätzt wurden, wie Aussagen über mögliche Schadensauswirkungen abgeleitet wurden und welche Risikotoleranz bzw. welchen Risikoappetit ein Unternehmen hat, wie also »*Ertrag und Risiko in der Vorbereitung unternehmerischer Entscheidungen gegeneinander abgewogen werden sollen*« [Gleißner & Wolfrum 17].

Die Durchführung von Risikobewertungen umfasst folgende spezifische Aufgaben und orientiert sich sehr eng an der ISO 31000 und den dort formulierten Schritten (vgl. Abschnitt 1.1.1.1, [NIST SP 800-30 02] und [BSI 200-3 17]):

- Ermittlung der Gefährdungsquellen, die für das Unternehmen relevant sind. Hierzu zählen grundsätzlich alle Quellen, die eine mögliche Gefährdung auf Assets darstellen. Möglich sind hier z.B. Eingangsbereiche, elektronische Zugänge (WLAN, VPN) oder auch Spionage eigener Mitarbeiter.
- Ermittlung der Gefährdungsereignisse, die von diesen Quellen ausgehen können. Der Eingangsbereich kann z.B. blockiert oder für Diebstähle missbraucht werden. Ein elektronischer Zugang kann z.B. gekappt oder abgehört werden.
- Ermittlung von Schwachstellen im Unternehmen, die von Gefährdungsquellen mittels konkreter Gefährdungsereignisse ausgenutzt werden könnten. Nicht jedes Gefährdungsereignis jeder Gefährdungsquelle kann tatsächlich zu einer Ausnutzung verwendet werden. Gibt es z.B. ein elektronisches Zutrittssystem, so kann ein unbefugter Zutritt je nach konkreter Umsetzung verhindert oder wenigstens gemindert werden. Auch eine Kappung des elektronischen Zugangs kann nur dann ausgenutzt werden, wenn keine Notfall-Stromversorgung existiert. In diesem Schritt geht es darum, solche Schwachstellen zu identifizieren, für die es konkrete Gefährdungsereignisse über bestimmte Gefährdungsquellen gibt.
- Ermittlung der Wahrscheinlichkeit, mit der ermittelte Gefährdungsquellen spezielle Gefährdungsereignisse initiieren, sowie der Erfolgswahrscheinlichkeit von Gefährdungsereignissen.
- Ermittlung von schädlichen Folgen (Auswirkungsanalyse, Impact-Analyse) für betriebliche Vorgänge und Assets, Einzelpersonen (z.B. auf ihre körperliche Unversehrtheit), andere Unternehmen/Organisationen und ggf. das gesamte Land, die aus der Ausnutzung von Schwachstellen durch die Gefährdung herrühren.

Die Kommunikation und der Informationsaustausch stellen in die eine Richtung sicher, dass die Ergebnisse der Risikobeurteilung auch entsprechend bekannt gemacht werden, um ggf. notwendige Maßnahmen zur Risikobewältigung abzuleiten. In die andere Richtung liefert sie wichtige Informationen für die Risikobewertung selbst.

Der konkrete Kommunikationsplan orientiert sich dabei eng an den Festlegungen des ersten Schrittes »Planung«. Erfolgt die Risikobeurteilung für den Zweck eines Gutachtens einer außenstehenden Instanz (z.B. im Kontext von Due-Diligence-Analysen oder zum Beleg bestimmter Compliance-Anforderungen), so beschränkt sich die Kommunikation ggf. auf den Informationsaustausch mit der außenstehenden Instanz. Erfolgt die Risikobeurteilung vor dem Hintergrund einer effektiven Ist-Stand-Erhebung mit anschließender Toleranzprüfung (im Sinne eines »ist dieses Gesamtrisiko für ein Unternehmen noch tragbar«), so wird dem Informationsaustausch ein konkreter Schritt folgen, um Maßnahmen zur Risikoreduktion abzuleiten.

1.2 Informationssicherheitsrichtlinien und -verfahren

1.2.1 Verstehen von Informationssicherheitsrichtlinien und -verfahren

Der Begriff der Richtlinie ist bereits aus dem klassischen funktionalen Testen bekannt:

Die Informationssicherheitsrichtlinien: ähnlich zur klassischen Testrichtlinie

Testrichtlinie

Ein Dokument, das auf hohem Abstraktionsniveau die Prinzipien, Vorgehensweisen und wichtigsten Ziele einer Organisation in Bezug auf das Testen zusammenfasst. [GTB Glossar 18]

Eine solche Richtlinie ist üblicherweise deutlich mehr als eine Sammlung von solchen Prinzipien und Vorgehensweisen: Anders als eine Leitlinie, die grundsätzlich eher empfehlenden Charakter hat, fordert eine Richtlinie normativ etwas. Während eine Leitlinie durchaus in begründeten Fällen explizit nicht angewendet wird, ist dies für Richtlinien in der Regel nicht möglich (vgl. [Huber 13]). Richtlinien sollten daher auch Aussagen darüber enthalten, was passiert, wenn sie nicht eingehalten werden.

Sicherheitsrichtlinien sind in Organisationen ähnlich positioniert: Sie geben für unterschiedliche Schlüsselrollen (z.B. IT-Nutzer, Administratoren oder Manager) verbindliche Prinzipien, Vorgehensweisen und die wichtigsten Ziele der Organisation hinsichtlich der Sicherheit vor.

Genauso vielschichtig, wie Sicherheit in den Unternehmen wirkt (vgl. z.B. oben die Vielfalt schützenswerter Assets, die Vielfalt möglicher Risiken und auch die Vielfalt möglicher Angriffe), genauso vielschichtig sind auch die Sicherheitsrichtlinien, die in Unternehmen gültig sind und damit im Idealfall von allen angesprochenen Personenkreisen eingehalten werden müssen.

Richtlinien basieren auf einer Sicherheitsrisikobewertung.

Die Grundlage von Sicherheitsrichtlinien sollte eine Sicherheitsrisikobeurteilung sein: Da Sicherheitsrichtlinien präventiv wirken, indem sie ex ante per Vorgabe bestimmte risikobehaftete Aktionen verbieten, das Risiko also vermieden wird, sind sie am effektivsten dort einzusetzen, wo die größten Sicherheitsrisiken in einem Unternehmen identifiziert werden können.

Besitzt ein Unternehmen primär schützenswerte digitale Assets (vgl. Abschnitt 1.1.2), so sind Richtlinien zum Zutrittsschutz nicht sehr wirksam. Demgegenüber existieren gerade in diesem Bereich für militärische oder reaktortechnische Gebäude besonders strenge Sicherheitsrichtlinien.

Richtlinien müssen regelmäßig aktualisiert und kommuniziert werden.

In jedem Fall ist eine wichtige Vorbedingung jeder Richtlinie, dass sie dem intendierten Kreis gegenüber bekannt, verstehbar und praktikabel sein muss. Da sich gerade Sicherheitsrichtlinien fortwährend ändern – z.B. um Verfahren zum Schutz neuer Asset-Orte vorzugeben, vgl. Cloud oder Smartphone –, muss diese Kommunikation gegenüber den Personen, für die sie gedacht sind, regelmäßig wiederholt werden.

Im Folgenden werden einige typische Klassen von Sicherheitsrichtlinien aufgeführt [Jackson 10]. In der Praxis müssen für eine Organisation nicht für alle Klassen Sicherheitsrichtlinien realisiert werden. Außerdem können aufgrund besonderer Risiken weitere Klassen existieren.

IT-Nutzungsrichtlinie

IT-Nutzungsrichtlinie: Was darf ein normaler Nutzer in IT-Systemen machen?

In einer IT-Nutzungsrichtlinie werden Vorgaben gemacht, wie ein typischer Nutzer von Computersystemen mit diesen zu arbeiten hat, um ein akzeptables Sicherheitsniveau zu erreichen und es zu halten. In ihr wird üblicherweise geregelt, wie ein Nutzer mit digitalen Ressourcen wie Netzwerk, Websites und Daten akzeptabel umgeht.

Die heutigen IT-Nutzungsrichtlinien geben in den meisten Fällen vor:

- ob und in welchem Maße das Internet für private Zwecke verwendet werden darf,
- wo relevante Unternehmensdaten abgelegt werden dürfen (häufig z.B. nicht auf tragbaren USB-Geräten oder in öffentlichen Clouds),

- wie sensible Daten verarbeitet, weitergegeben und gedruckt werden dürfen,
- wie und ob individuelle Software auf der Firmeninfrastruktur betrieben werden darf.

Sie werden heute häufig bereits am ersten Tag einer Einstellung einem neuen Mitarbeiter übergeben und gehören damit zu den wichtigsten Sicherheitsrichtlinien.

Berechtigungsrichtlinie

Berechtigungsrichtlinie: Wer benötigt was wirklich für seine Arbeit?

In einer Berechtigungsrichtlinie werden für Administratoren, aber auch für Nutzer Vorgaben gemacht, wie Zugriffsrechte vergeben und welchen grundlegenden Zielen sie gehorchen müssen. Meist fußt der grundlegende Charakter solcher Berechtigungsrichtlinien auf dem Mindestmaß an Zugriffsrechten (need-to-know): Dieses ist definiert als die kleinste mögliche Menge von Zugriffsrechten, die für die Ausführung der einer Person zugeordneten Aufgaben nötig sind. In dieser Richtlinie sind auf der einen Seite für den Administrator Verfahren beschrieben, nach denen eingehende Änderungen dieser Berechtigungen umgesetzt werden dürfen (z. B. in Form einer inhaltlichen Freigabe eines Vorgesetzten). Auf der anderen Seite werden hier für den Anwender auch die Wege dargestellt, die für anstehende Änderungen von Berechtigungen zu beschreiten sind.

Beispiel: Kumulative Rechte bei einzelnen Personen

Beispiel: Kumulative Rechte bei einzelnen Personen

Auszubildende, die meist Einblicke in mehrere Einheiten bekommen, und »alte Hasen« haben in einer Organisation ohne Berechtigungsrichtlinien häufig die meisten Berechtigungen. Sie bekommen in jeder Abteilung neue Rechte und sammeln diese über die Zeit, da es häufig keine entsprechenden Rechterücknahmen gibt.

Netzwerkrichtlinie

Netzwerkrichtlinie: Wie ist mit den unterschiedlichen Netzwerken und den jeweils enthaltenen Geräten umzugehen?

Eine Netzwerkrichtlinie definiert Kriterien für den Zugriff auf verschiedene Arten von Netzwerken wie z. B. LANs oder WLANs. Hier wird vorgegeben, welche Geräte grundsätzlich an welche Netze angeschlossen werden dürfen (z. B. ausschließlich von der Firma bereitgestellte Laptops oder eben auch private, wie dies entlang des Bring-your-own-Device-Konzeptes üblich ist), welche Vorbedingungen zu erfüllen sind (z. B. Mindestanforderungen an den Softwarestand) und was der Nutzer jeweils zu tun hat, um ein Netzwerk zu nutzen (z. B. Eingaben bestimmter Authentifizierungsdaten).

Des Weiteren kann diese Netzwerkrichtlinie Vorgaben machen, was während der Nutzung eines speziellen Netzwerkes zulässig ist und was nicht.

Typische normative Forderungen von Netzwerkrichtlinien verbieten heute Folgendes:

- Das Verbinden von privater Netzwerkhardware (z.B. Router, Hotspots) via LAN
- Die Nutzung von Sniffern, also spezieller Software zum Ausspähen einer stattfindenden Kommunikation, im firmeneigenen WLAN
- Die Nutzung von Smart-Home- bzw. intelligenten persönlichen Assistenzgeräten im Firmennetz (wie z.B. Amazons Alexa auf den Echo-Geräten).

Fernzugriffsrichtlinie

Fernzugriffsrichtlinie: Wie darf von außen mit den internen Systemen gearbeitet werden?

In einer Fernzugriffsrichtlinie wird geregelt, ob ein Fernzugriff auf firmeninterne Systeme möglich ist, welche Funktionalitäten jeweils von außen anwendbar sind und welche Voraussetzungen für die Gewährung des Fernzugriffs für bestimmte Nutzerkreise (z.B. eigene Mitarbeiter und externe Berater) erfüllt sein müssen.

Sie regelt heute meist die Nutzung von VPN als De-facto-Standard des Fernzugriffs auf firmeninterne Systeme:

- Wer darf es nutzen (interne Mitarbeiter, externe Berater)?
- Von wo aus darf es aufgerufen werden (z.B. häufig nicht von außerhalb der EU)?
- Welche Hardware- und Softwarevorbedingungen müssen erfüllt sein (z.B. ist es meist nicht erlaubt, VPN-Verbindungen von öffentlich verfügbaren Rechnern wie in Internetcafés oder Hotellobbys zu initiieren)?

Internetrichtlinie

Internetrichtlinie: Wie darf sich ein Nutzer im Internet bewegen?

Die Internetrichtlinie, die häufig auch Teil der allgemeinen IT-Nutzungsrichtlinie ist, definiert die zulässige Nutzung des Internets durch verschiedene Mitarbeiter und Gäste eines Unternehmens. Das umfasst meist klare Vorgaben, welche Internetseiten und -services nicht genutzt werden dürfen. In größeren Organisationen werden diese Vorgaben der Internetrichtlinie meist automatisch erzwungen, indem zentrale Blacklists gepflegt werden, auf die grundsätzlich kein Zugriff vom Firmennetz aus möglich ist.

Darüber hinaus werden in der Internetrichtlinie auch immer häufiger sogenannte Netiquette-Vorgaben gemacht:

»Darunter versteht man die unverbindlichen Regeln, die die Nutzung des Internets für alle Menschen angenehm machen sollen: Die guten Umgangsformen im Ausdruck, das Bemühen, Inhalte für alle gewünschten Adressaten technisch zugänglich zu halten, die Einhaltung von Sicherheitsstandards bei der Übertragung vertraulicher Daten, die Respektierung des Urheberrechts u.v.a.m.« (Definition Netiquette im [BSI Glossar 13]).

In Unternehmen dient die Internetrichtlinie im weitesten Sinne dazu, auf der einen Seite einen fairen Umgang der Ressource Internet zu gewährleisten, auf der anderen Seite aber gleichzeitig sicherzustellen, dass die Reputation des Unternehmens niemals gefährdet sein darf.

Eine Internetrichtlinie umfasst diesbezüglich häufig folgende Punkte:

- Erläuterungen zum korrekten Umgang mit Internetinhalten (z.B. Lizenzbestimmungen von Bildern)
- Das Verbot, sich über das Firmenkonto auf fachfremden Social-Media-Kanälen anzumelden oder etwa den Firmennamen im eigenen auch privaten XING-Profil zu verwenden.
- Das Verbot, über das Internet das Darknet zu betreten oder Internetservices über das eigene Intranet anzubieten.

Benutzerkontenrichtlinie

Benutzerkontenrichtlinie: Über welche Verfahren werden Benutzerkonten systematisch verwaltet?

Die Benutzerkontenrichtlinie definiert meist gerade für die Administration die Vorgaben, wie mit der Erstellung, Pflege und Löschung von Benutzerkonten unternehmenskonform umzugehen ist. Grundsätzlich gilt, dass jedes Benutzerkonto einer realen, dem Unternehmen angehörenden oder wenigstens über Verträge verbundenen Person zuzuordnen ist. Die Benutzerkontenrichtlinie beschreibt die Verfahren, die zum Erreichen dieses Zieles notwendig sind.

Häufig wird in dieser Richtlinie daher auch das Verfahren einer regelmäßigen Benutzerkontenrezertifizierung beschrieben, also die Prüfung der Gültigkeit der Zuordnung natürlicher Personen zu Benutzerkonten.

Auch die Verwaltung von sogenannten privilegierten Benutzerkonten, das sind solche Konten, die für privilegierte Berechtigungen verwendet werden, ist in dieser Richtlinie meist geregelt. »*Privilegierte Berechtigungen umfassen weitergehende Zugriffsmöglichkeiten auf IT-Systeme oder Software-Komponenten, als für normale Benutzer erforderlich sind*« [BSI Glossar 13].

Datenklassifizierungsrichtlinie

Datenklassifizierungsrichtlinie: Wie können Schutzbedarfe von Daten klassifiziert werden?

Daten sind eine sehr allgemeine Form physischer oder digitaler Assets. Jede Art von Daten wird entlang der Risikobewertung einen besonderen Schutzbedarf haben. Im ISTQB®-Syllabus Sicherheitstester wird auf oberster Ebene dann von sensiblen Daten gesprochen, wenn Daten in irgendeiner Weise schutzbedürftig sind.

Eine Richtlinie zur Datenklassifizierung geht meist noch einen Schritt weiter, indem gefordert wird, dass alle Arten von Daten nicht nur dahingehend bewertet werden müssen, ob sie sensibel sind oder nicht, sondern auch, wie stark der Schutz für sensible Daten auszufallen hat. Das Hauptschutzziel dieser Daten liegt entlang des CIA-Konzeptes hierbei meist auf der Vertraulichkeit, d.h. der Frage, welche Personenkreise die Daten einsehen dürfen und wie streng diese Erlaubnis eingefordert wird.

Damit hier nicht jeder Autor von Daten seine eigene Skala entwirft und anwendet, wird in der Datenklassifikationsrichtlinie eine feste Klassifikation vorgegeben. Jede Klasse repräsentiert hierbei eine bestimmte Schutzklasse. Letztere regelt dann operativ ganz konkret, ob ein Dokument mit den entsprechenden Daten z.B. ausgedruckt, per E-Mail verschickt oder im Internet veröffentlicht werden darf.

Eine typische Datenklassifikation ist in Abbildung 1–5 dargestellt.

Abb. 1–5
Datenklassifikation mit vier Schutzklassen

Diese Datenklassifikation lässt sich wie folgt jeweils mit Beispielen veranschaulichen:

- **Öffentlich**
  Daten dieser Klasse bedürfen keines besonderen Schutzes (hier in Bezug auf Vertraulichkeit). Öffentliche Daten sind folglich solche, die jeder einsehen darf. Typische Beispiele solcher Daten sind Pressemitteilungen, Webauftritte und Beiträge auf öffentlichen Konferenzen. Auch öffentliche Produktkataloge (z.B. Amazon, Ebay) haben diese Datenklassifikation.
- **Intern**
  Informationen mit dieser Datenklassifikation sind für einen Mitarbeiterkreis innerhalb einer Organisation gedacht. Jeder im Unternehmen, unabhängig von seiner Rolle, soll diese internen Informationen einsehen dürfen. Bei sehr großen Organisationen wird diese Stufe intern gelegentlich um einen Organisationbereich erweitert, z.B. »Intern Sales« oder »Intern Produktentwicklung«. In jedem Fall dürfen solche Informationen den Organisationsrahmen nicht verlassen, da sich hieraus mögliche Nachteile für die Organisation ergeben können.
- **Vertraulich**
  Informationen dieser Klasse sollen nur einem ausgesuchten Kreis von Personen zugänglich sein, da ansonsten ein nicht unerheblicher Schaden eintreten kann. Ein typisches Beispiel sind Gehaltsdaten oder interne Geschäftsberichte: Gelangen solche Dokumente in die falschen Hände, so können ggf. externe Personen daraus Vorteile ziehen oder es können datenschutzrechtliche Verfahren eingeleitet werden.
- **Streng vertraulich**
  Informationen dieser Klasse benötigen den höchsten Schutzbedarf, da im Falle einer Nichtbefolgung ein großer oder kritischer Schaden droht. Typische Informationen dieser Klasse sind Gesundheitsdaten von Personen oder auch Jahresabschlussberichte, die erst zu einem klar definierten Zeitpunkt veröffentlicht werden, um für alle Aktionäre einen gleichen Wissensstand zu ermöglichen. Der Verlust von streng vertraulichen Daten geht neben juristischen Folgen häufig eng einher mit einem großen Reputationsverlust: Kunden einer Firma, der streng vertrauliche Daten abhandengekommen sind, ziehen sich häufig direkt nach Bekanntwerden des Vorfalls aus dem Business dieser Firma zurück.

Beispiel: Equifax Datenleck

Beispiel: Equifax Datenleck

Eines der größten bekannt gewordenen Datenlecks, über das streng vertrauliche Daten entzogen wurden, hat Ende 2017 das Unternehmen Equifax getroffen:

- *»Bei einem Hackerangriff auf den US-Finanzdienstleister Equifax haben die Täter in großem Stil Kundendaten erbeutet. Die Attacke sei von Mitte Mai bis Juli dieses Jahres erfolgt und betreffe womöglich 143 Millionen US-Verbraucher, teilte die Wirtschaftsauskunftei mit. In Hunderttausenden Fällen hatten die Kriminellen demnach Zugriff auf sensible Daten wie Sozialversicherungs- oder Kreditkartennummern.«* [Spiegel 17a]
- *»Neben großen Aktieneinbrüchen und öffentlichen Anklagen erforderte dieser Vertrauensverlust u.a. auch den Rücktritt des Firmenchefs«* [Spiegel 17b].

Datenklassifikationen können zu fein- und zu grobgranular sein.

Die Anzahl von Klassen der Datenklassifikationen kann von Unternehmen zu Unternehmen stark variieren. In [Tipon & Krause 07] ist ein eigener Abschnitt diesem Thema gewidmet, in dem folgende Empfehlungen gegeben werden:

> *»Too many classifications will be impractical to implement; most certainly will be confusing to the data owners and meet with resistance. The team must resist the urge for special cases to have their own data classification. The danger is that too much granularity will cause the process to collapse under its own weight. (...) On the other hand to few classes could be perceived as not worth the administrative trouble to develop, implement, and maintain. A perception may be created that there is no value in the process, and indeed the critics may be right.«*

Als konkretes Beispiel wird dort eine Dreier-Stufung angegeben. Diese wird normalerweise für eine europäische Organisation zu grobgranular sein. Hintergrund ist hier die Bestimmung der Europäischen Datenschutz-Grundverordnung [EUDSG-VO 16] sowie der nationalen Datenschutzgesetze wie dem Bundesdatenschutzgesetz [BDSG 18]. Die dort adressierten Anforderungen gelten explizit für personenbezogene Daten: Hierunter werden Einzelangaben über persönliche oder sachliche Verhältnisse einer bestimmten oder bestimmbaren natürlichen Person verstanden. Hierzu zählen u.a. Name, Alter, Familienstand, Anschrift, Kreditkarteninformationen, Gesundheitsdaten. In diesem Sinne sind Kundendaten und Personaldaten personenbezogene Daten, für die allein aufgrund datenschutzrechtlicher Anforderungen besondere Schutzmaßnahmen nötig sind und es daher sinnvoll ist, für diese Daten eine neue Datenklassifikationsebene einzuziehen. Ein Beispiel für eine noch schärfere Klassifikation können je nach Unternehmen die Daten sein, die von sogenannten Berufsgeheimnisträgern, insbesondere von Ärzten, Rechtsanwälten und Krankenversicherungen, verarbeitet werden. Deren besonderer Schutz ist in §213 Strafgesetzbuch explizit gefordert und hat bis ins Jahr 2017 für diese Daten jegliche Cloud-Verarbeitung unmöglich gemacht (vgl. [Riedel 17]).

Konfigurations- und Änderungsmanagementrichtlinie

Konfigurations- und Änderungsmanagementrichtlinie: Über welche Verfahren dürfen Systeme im Betrieb geändert werden?

Diese Richtlinie ist vor allen Dingen für den Betrieb eines Systems relevant und regelt, wie Änderungen am System zu managen und durchzuführen sind, um fortwährend einen Mindestlevel an Security zu gewährleisten. Ohne eine solche Richtlinie ist es ohne Weiteres möglich, dass durch reine Fehlkonfiguration eines Entwicklers die Sicherheit eines ansonsten sicheren Systems gefährdet ist. In der Richtlinie sind daher Maßnahmen festgelegt, wie im laufenden Betrieb bestimmte Änderungen durchzuführen sind (ggf. unter Auflagen wie bestimmte Genehmigungsprozesse oder auch das einfach umzusetzende Vier-Augen-Prinzip) und ab wann ein Abschalten, ein kompletter Regressionstest und ein Wiederhochfahren vorgeschrieben sind. Diese Richtlinie wird im Allgemeinen für alle Systeme und Services eines Unternehmens je nach Kritikalität unterschiedliche Vorgaben machen: So wird die Änderungsmanagementrichtlinie für das Kantineninformationssystem deutlich leichtgewichtiger sein als die entsprechende Richtlinie für das Kernsystem einer Bank.

Ein eindrucksvolles Beispiel für die Wichtigkeit einer Konfigurations- und Änderungsmanagementrichtlinie sowie deren konsequente Umsetzung demonstriert ein großer Sicherheitsvorfall bei der Deutschen Post im Jahr 2017:

> *»Im Rahmen eines Sicherheitsupdates unseres Umzugsportals umziehen.de ist eine Kopie der Datenbankeinträge erstellt worden, die im Anschluss des Updates entgegen unserer Sicherheitsstandards aufgrund menschlichen Versagens nicht gelöscht wurde und anschließend für Nutzer mit Expertenwissen zugänglich war.«* [Böck 17]

Server-Sicherheitsrichtlinie

Server-Sicherheitsrichtlinie: Wie kann serverseitig eine fortwährend hohe Sicherheit garantiert werden?

Die Server-Sicherheitsrichtlinie definiert die erlaubten und erforderlichen Aktivitäten beim Installieren, Konfigurieren und beim Betrieb von Servern, insbesondere auch von darüber verfügbaren Services. Hierzu zählen z. B.:

- Absicherungen gegen eine mögliche Überlast (etwa durch das Vorschalten entsprechender Gateways)
- Mindestanforderungen an das Loggen von kritischen Meldungen inklusive des jeweiligen Status
- Das nachgewiesene Ausschalten jeglicher Debug-Services und Meldungen
- Angaben zur Sicherung und Wiederherstellung des Systems nach einem Ausfall
- Das nachgewiesene Ausschließen von Testzugängen, Testnutzern und Testszenarien

Sicherheitstestrichtlinie

Sicherheitstestrichtlinie: Was darf ein Sicherheitstest wie machen, um die erwartete Sicherheitstransparenz zu erzeugen?

Diese Richtlinie wird detailliert in Kapitel 2 erläutert, da dort die Wichtigkeit von Leitplanken für Sicherheitstests bei der Erarbeitung von deren Zweck, deren Ziele und Strategien naturgemäß besonders offenkundig wird.

Mobilgeräterichtlinie

Mobilgeräterichtlinie: Welche Aktionen darf ein mobiles Gerät mit welchen kritischen Daten durchführen?

Für mobile Geräte gelten besondere Sicherheitsbelange, da mit ihnen grundsätzlich von überall aus auf schützenswerte Daten zugegriffen werden kann, ohne besondere Anforderungen an den Kontext überprüfen zu können. Darüber hinaus sind diese Geräte naturgemäß so klein und leicht, dass sie ohne Weiteres entwendet werden oder auch verloren gehen können. Die Verortung von darauf abgelegten Assets ist daher naturgemäß eher schwer. Dazu kommt in jüngster Zeit eine zunehmende Sensibilität für das Schadpotenzial der entsprechenden mobilen Betriebssysteme.

Eine Analyse des Antivirensoftware-Herstellers GData liefert zum aktuell meist genutzten mobilen Betriebssystem Android z. B. folgende Einsichten (vgl. [Lueg 18]):

- *»Jede Stunde wurden in 2017 rund 343 neue Android-Schadprogramme entdeckt«. »Mit über 3 Millionen neuer Android-Schaddateien war die Gefahrenlage damit weiterhin hoch.«*

- »*Allein 841 Schwachstellen entdeckten Entwickler und Forscher bei den verschiedenen Versionen des Google-Betriebssystems im Jahr 2017.*«
- »*Allein im vergangenen Jahr entdeckten Google und AV-Hersteller über 700.000 Apps, die gegen die Richtlinien des Play Stores verstießen.*«

So gilt heute trotz aller Gegenmaßnahmen immer noch, dass »*Android bei Experten der klare Spitzenreiter ist, wenn es um Sicherheitslücken geht.*«

In der Sicherheitsrichtlinie für mobile Geräte sind daher je nach Kritikalität der darauf verfügbaren Daten unterschiedliche Regeln und Vorkehrungen möglich. Dies beinhaltet u.a.:

- Die zwangsweise Verschlüsselung der im mobilen Gerät abgelegten Daten
- Besondere Mindestanforderungen an Authentifizierung (z.B. mittels Fingerprint) und Passwortstärke
- Das Verbieten der Verarbeitung besonders schützenswerter Daten
- Das Recht zum bewussten und unwiederbringlichen Löschen des gesamten Gerätes für den Fall des Verlustes oder eines Diebstahls
- Restriktive Vorgaben an die Geräte sowie die darauf installierbaren Applikationen. Hierzu zählen insbesondere klare Regelungen zu der Möglichkeit, private Geräte beruflich zu nutzen (Bring Your Own Device, BYOD) oder umgekehrt Diensthandys privat mitnutzen zu dürfen.
- Deutliche Verbote der Anwendung von sogenannten Jailbreaks auf den Geräten, d.h. der Erlangung von Administrationsrechten auf den Geräten, obwohl dies vom Hersteller nicht vorgesehen und teilweise sogar verboten ist (vgl. z.B. Jailbreak in [BSI Glossar 13]).
- Die Möglichkeit, Geräte ohne eigenes Hinzutun zu orten.

Gastzugangsrichtlinie

Gastzugangsrichtlinie: Welche IT-Services dürfen Gäste wie nutzen?

Gerade große Unternehmen haben häufig eine Vielzahl von Gästen im Haus, die jeweils ihre eigene Hardware mitbringen und für unterschiedliche Zwecke einen Netzzugang benötigen. Neben dem klassischen Internetzugang, um auf in der Cloud abgelegte Präsentationen zuzugreifen, kann dies auch den Zugriff auf einen im Netz befindlichen Drucker oder Beamer bedeuten. Die Gastzugangsrichtlinie definiert hierfür die erlaubten Aktivitäten, die für den Schutz des Unternehmens zu befolgen sind, wenn Gäste sich in den Netzwerken des Unternehmens bewegen.

Die Gastzugangsrichtlinie wird häufig beim Anmelden der Gäste mit ausgehändigt, eventuell mit einem separaten WLAN-Zugang. Die Bestätigung der Kenntnisnahme erfolgt teilweise durch Unterschrift oder durch das Bestätigen des Lesens der Gastzugangsrichtlinie per Mausklick.

Die Gastzugangsrichtlinie kann auch jegliche Nutzung des Unternehmensnetzes ausschließen, wenn keine effektiven Schutzmaßnahmen möglich sind. Häufig findet auch eine deutliche Trennung zwischen Gastnetz und Firmennetz statt: Auch wenn dadurch die Sicherheit des Firmennetzes unangerührt bleibt, bedarf es einer Gastzugangsrichtlinie, in der z.B. Aspekte einer legalen Internetnutzung (vgl. Internetrichtlinie) eingefordert werden.

Physische Sicherheits- bzw. Zutrittsrichtlinie

Zutrittsrichtlinie: Wie wird der physische Zutritt abgesichert?

Je mehr physische Assets mit einem Schutzbedarf ein Unternehmen hat, desto relevanter ist die Zutrittsrichtlinie, in der geregelt wird, welche Mittel der Zutrittskontrolle für welche Arten von Räumlichkeiten nötig sind. Mögliche Maßnahmen sind hier:

- Das offensichtliche Tragen von Firmenausweisen
- Das Abgeben mobiler Geräte vor dem Betreten eines Raumes
- Das Ausschalten von Videomöglichkeiten (z.B. durch offizielle Aufkleber auf etwaig eingebauten Videokameras in Laptops)
- Das für Gäste ausschließlich begleitete Bewegen im Gebäude

Physische Sicherheitsrichtlinie: Wie wird die physische Sicherheit des Menschen bei der Arbeit abgesichert?

Auch weitere Maßnahmen zur physischen Sicherheit wie z.B. das Tragen von Helmen, Geiger-Müller-Zählern (in potenziell radioaktiv belasteten Gebäuden) oder Atemschutzgeräten gehören je nach Kontext in diese Richtlinie, die damit deutlich über den engen Bereich der IT-Sicherheit hinausgehen kann.

Allgemein bekannt in diesem Bereich sind noch Regeln zum Brandschutz (»*kein Rauchen, kein offenes Feuer*«), allgemeine Evakuierungspläne (ausgehängte Lagepläne und beleuchtete Exit-Zeichen) und Vorgaben zum Verhalten in Notfallsituationen (etwa im Fahrstuhl).

Passwortrichtlinie

Die Passwortrichtlinie ist ein wichtiges Dokument, in dem für unterschiedliche Arten von Nutzerkonten festgelegt wird, welche Anforderungen jeweils an die Passwörter gestellt werden. Diese Richtlinie berücksichtigt folglich die Balance zwischen Komfort (je einfacher ein Passwort, desto leichter ist dies einzugeben und je weniger häufig wird es vergessen) und Sicherheit (je kryptischer ein Passwort, desto sicherer), wie in Abbildung 1–6 dargestellt.

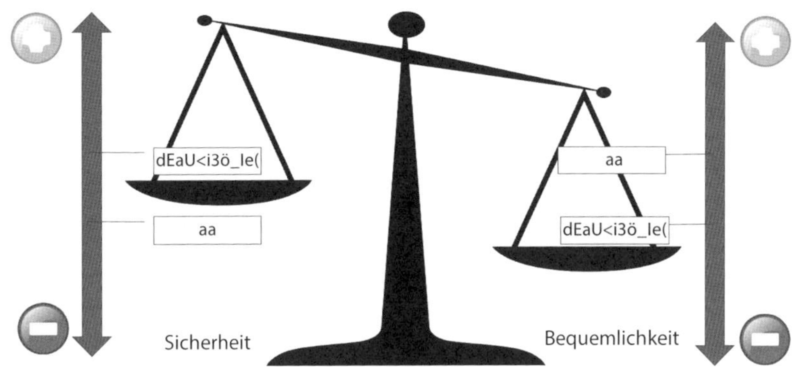

Abb. 1–6
Die Passwortrichtlinie berücksichtigt die Balance zwischen Sicherheit und Bequemlichkeit (hier mit Beispielpasswörtern).

Passwortrichtlinie: Welche Mindestanforderungen gelten für Passwörter?

Neben allgemeinen Vorgaben wie die maximale Verschwiegenheit (»*teilen Sie das Passwort nie auch auf Rückfrage einer dritten Person mit*«) und Angaben zur Nutzung automatischer Passwortspeicherungen (z.B. im Browser) umfassen die Richtlinien zumeist die folgenden Aspekte (vgl. [Stanek 09]):

- **Passworthistorie**
  Hier wird festgelegt, wie häufig ein Passwort innerhalb welcher Zeiträume wiederverwendet werden kann. Windows Server 2008 bietet z.B. die Möglichkeit, die letzten 24 Passwörter für diesen Aspekt der Passwortrichtlinie zu berücksichtigen.
- **Maximales Passwortalter**
  Hierbei wird festgelegt, wie lange ein einmal vergebenes Passwort maximal Gültigkeit behalten kann, bevor es verändert werden muss. Üblich sind hier einige Wochen bis hin zu Monaten.
- **Minimales Passwortalter**
  Hierbei wird festgelegt, wie alt ein vergebenes Passwort mindestens sein muss, bevor ein neues Passwort vergeben werden darf.
- **Minimale Passwortlänge**
  Hier werden Vorgaben zur Mindestlänge eines Passwortes gemacht. Üblich sind hier wenigstens 8 Zeichen.
- **Passwortkomplexität**
  Hier werden an das Passwort selbst bestimmte Komplexitätsanforderungen gestellt. Beispiele hierfür sind das Ausschließen bekannter Begriffe (z.B. aus einem Wörterbuch) und Namen (z.B. aus anderen Nutzerdaten), Mindestanforderungen an Zeichenarten wie Sonderzeichen oder Groß- und Kleinschreibung.

Gerade die Passwortrichtlinie muss allerdings die Balance zwischen Bequemlichkeit und Sicherheit berücksichtigen: Natürlich ist ein 256 Zeichen langes Passwort, das täglich geändert wird und maximal komplex ist, aus Sicherheitsaspekten wünschenswert, allerdings für den Anwender nicht praktikabel. Die dann häufig verwendeten Maßnahmen zur Wiedererlangung einer gewissen Bequemlichkeit (etwa das Aufschreiben von Passwörtern auf Post-its) unterwandern teilweise die ursprüngliche Motivation einer Passwortrichtlinie.

Schadsoftwarerichtlinie

Schadsoftwarerichtlinie: Wie können Wahrscheinlichkeit und Auswirkungen von Schadsoftware reduziert werden?

Diese Richtlinie definiert notwendige Maßnahmen und Verhaltensweisen, um die Ausführung und weitere Verbreitung von Schadsoftware zu verhindern, und gibt gleichzeitig klare Anweisungen, wie im Falle einer möglichen Infektion vorzugehen ist, um den Schaden zu minimieren.

Beispiele: Maßnahmen als Folge einer Schadsoftwarerichtlinie

Beispiele: Maßnahmen als Folge einer Schadsoftwarerichtlinie

- Keine Anhänge in E-Mails von unbekannten Absendern öffnen.
- Keine fremden USB-Sticks verwenden.
- Die automatische Makroausführung in Office-Produkten ausschalten.
- Grundsätzlich nur mit eingeschaltetem VPN das Internet betreten, um die firmeneigene Sicherheitsinfrastruktur zur Abwehr von Schadsoftware zu nutzen.
- Die eigene Firewall niemals ausschalten.
- Die Anforderung, sofort bei Verdacht einer Infizierung das Netzwerkkabel zu entfernen und den Rechner auszuschalten.

Störfallrichtlinie (Incident Response)

Störfallrichtlinie: Wie kann in kritischen Sicherheitssituationen effizient vorgegangen werden?

Ein Störfall ist, anders als eine Abweichung oder Fehlfunktion, ein gerade für die Sicherheit sehr relevantes Ereignis, das unmittelbar und strukturiert angegangen werden muss, um den Schaden zu beschränken und die Ursache möglichst zügig auszuschalten.

Das BSI schlägt als Definition eines Störfalls (dort Sicherheitsvorfall genannt) folgende noch für einen Kontext zu verfeinernde Definition vor:

> »*Als Sicherheitsvorfall wird [...] ein Ereignis bezeichnet, das die Vertraulichkeit, Verfügbarkeit und Integrität unserer Informationen, Geschäftsprozesse, IT-Dienste, IT-Systeme oder IT-Anwendungen mit hohem oder sehr hohem Schutzbedarf derart beeinträchtigt, dass ein großer Schaden für unser Unternehmen/Behörde/Kunden/Geschäftspartner entstehen kann.*« (Sicherheitsvorfall in [BSI Grundschutz 16], unter M 6.122)

Die Störfallrichtlinie beschreibt nun konkret, wie bei einem solchen sicherheitsrelevanten Störfall reagiert werden muss. Dies umfasst sämtliche technische und organisatorische Maßnahmen, die notwendig sind, um den Schaden zu begrenzen, die Ursache abzuschalten und den Betrieb möglichst zügig wieder aufzunehmen.

Die technischen Gegenmaßnahmen können z. B. sein:

- Trennen des betroffenen Systems von anderen Komponenten, um mögliche Folgeschäden zu vermeiden
- Einspielen einer älteren Softwareversion mit älterem Datenbestand
- Umgehende Informierung des Servicedesks, damit dieses auf eingehende Anfragen kompetent und korrekt antwortet.
- Gegebenenfalls Kommunikation des Störfalls an entsprechende Institutionen (z. B. an das BSI, den Landesdatenschutzbeauftragten oder die BaFin)
- Einschalten von Strafverfolgungsbehörden

Da solche Störfälle normalerweise in Unternehmen selten passieren, die Richtlinie aber genau für diesen seltenen Fall maximal konkrete Vorgaben machen muss, ist es üblich, solche Störfälle zu üben: Ähnlich der klassischen Brandschutzübung wird hier ein Sicherheitsvorfall vorgetäuscht, um so die in der Störfallrichtlinie hinterlegten Verfahren anzustoßen. Die abschließende Analyse solcher Übungen wird dann wiederum verwendet, um die Störfallrichtlinie zu verbessern.

Auditrichtlinie

Auditrichtlinie: Welcher Prüfer darf für welche Prüfung welche Systeme einsehen?

Je stärker ein Markt reguliert ist, desto mehr Kompetenz erhalten prüfende Instanzen für den Fall einer Prüfung. In dieser Richtlinie wird klar geregelt, welche Prüfer Zugriff auf welche Systeme anfordern können, um ein Audit durchzuführen. Der Auditor benötigt hierfür häufig Zugriff auf sehr vertrauliche Daten wie z. B. Protokolldaten, Logdaten oder Inhalte privater Ordner.

Die Auditrichtlinie wird in den meisten Fällen stark fremdbestimmt, indem die regulativen Organisationen qua Arbeitsanweisungen die Befugnisse, die dann im Idealfall Einzug in die Auditrichtlinie halten, selbst bestimmen.

So definiert im neuen Datenschutzgesetz z. B. die Aufsichtsbehörde für die Prüfung datenschutzrechtlicher Forderungen selbst ihre Rechte, die dann im Idealfall weiter detailliert in die Auditrichtlinie einfließen:

> *»Jede Aufsichtsbehörde verfügt über sämtliche folgenden Untersuchungsbefugnisse, die es ihr gestatten, […] von dem Verantwort-*

lichen und dem Auftragsverarbeiter Zugang zu allen personenbezogenen Daten und Informationen, die zur Erfüllung ihrer Aufgaben notwendig sind, zu erhalten.« [DSGVO 16, Artikel 58]

Softwarelizenzierungs-Richtlinie

Softwarelizenzierungs-Richtlinie: Welche Lizenzanforderungen sind wie sicherzustellen?

Software ist zumeist das Ergebnis kreativer, zeit- und kostenintensiver Arbeit und wird als solche – genauso wie Bücher, Musik und Filme – durch das Urheberrechtsgesetz geschützt. Eine Softwarelizenz stellt »*das Einverständnis des Softwareherstellers zur Installation und Nutzung seiner Software auf einem Computer dar*« [BSA 14].

Die Softwarelizenz knüpft dieses Einverständnis an Bedingungen, die die Nutzung der Software regeln, insbesondere den Umfang der Lizenzrechte sowie alle anderen diesbezüglichen Einschränkungen, zum Beispiel den Zweck oder Ort der Nutzung. Werden diese Bedingungen nicht eingehalten, erlischt die Lizenz und jede weitere Nutzung der Software stellt eine Verletzung des Urheberrechts dar.

Die Softwarelizenzierungs-Richtlinie legt nun auf Unternehmensebene fest, wie Software überhaupt erworben wird, welche Lizenzen erlaubt sind und wie Software installiert und deinstalliert wird.

Je restriktiver die Softwarelizenzierungs-Richtlinie, desto effizienter kann sichergestellt werden, dass z.B. keine unsichere und nicht regelmäßig aktualisierte Software installiert wird. Die umgekehrte Situation, bei der jede Software mit einer x-beliebigen Lizenz von jedem Nutzer direkt installiert werden kann, ist ein nicht mehr zu beherrschendes Risiko. Meist wird in dieser Richtlinie daher ausdrücklich untersagt, nicht zentral genehmigte Software herunterzuladen und zu installieren.

Ein besonderes Augenmerk gilt in jüngster Zeit, wenn auch nicht primär aus Sicherheitsgründen, der Vielzahl von Open-Source-Lizenzen: Auch diese Software, die teilweise ein hohes Risiko in die Unternehmen bringt, hat Bedingungen, die zu erfüllen sind.

Überwachungs- und Datenschutzrichtlinie

Überwachungs- und Datenschutzrichtlinie: Welche Maßnahmen darf eine Organisation zur Durchsetzung von Kontrollpflichten einsetzen?

Diese Richtlinie regelt weniger, was der einzelne Mitarbeiter in einem Unternehmen machen darf, sondern erläutert, was andere organisatorische Instanzen zur Durchsetzung bestimmter Pflichten machen.

So wird ein Unternehmen viele der oben aufgeführten Richtlinien an alle Mitarbeiter kommunizieren. Formal juristisch ist es darüber hinaus aber auch verpflichtet, Teile dieser Richtlinien zu überprüfen: So genügt es z.B. meist nicht, in der Internetrichtlinie darauf hinzuweisen, dass pornografische oder illegale Inhalte nicht aufgerufen werden dürfen, sondern das Unternehmen muss die Nutzung bis zu einem bestimmten Grad auch überwachen.

In der Überwachungs- und Datenschutzrichtlinie erfährt jeder Nutzer ausführlich, welche Maßnahmen eine Organisation zur Erfüllung dieser Pflichten durchführt. Mögliche Maßnahmen sind:

- Abspeichern von IP-Adressen, Zeitpunkten und aufgerufenen Webinhalten
- Abspeichern von E-Mail-Headern (mit jeweils Daten zum Absender, zum Adressaten und zur Überschrift)
- Analysieren von Speicherplatzbelegungen zur Umsetzung von Maximalgrenzen
- Archivieren von Druckjobs

In Deutschland sind in diesem Kontext insbesondere die arbeitsrechtlichen Regelungen sowie der Datenschutz [EUDSG-VO 16; DSGVO 16] zu berücksichtigen. In größeren Organisationen ist auch der Betriebsrat mitbestimmungspflichtig, um sicherzustellen, dass die Maßnahmen ausschließlich für den Zweck der Durchsetzung von Pflichten und nicht etwa zur Leistungsmessung von Mitarbeitern verwendet wird.

Eine Informationssicherheitsrichtlinie nutzt mehrere Sicherheitsmechanismen.

Für alle diese Informationssicherheitsrichtlinien gilt: Je konkreter sie Vorgaben machen, desto weniger Interpretationsspielraum lassen sie zu und umso zuverlässiger werden sie umgesetzt werden.

Hierbei ist es hilfreich, für die Implementierung einer Informationssicherheitsrichtlinie möglichst präzise die Sicherheitsmaßnahmen zu beschreiben: Diese definieren dann die einzelnen Schritte, die im Kontext der Richtlinienerfüllung umzusetzen sind.

Ein Sicherheitsmechanismus wird durch mehrere Sicherheitsmaßnahmen umgesetzt.

Richtlinien, Standards und Leitlinien beschreiben meist auf einer darüber liegenden Abstraktionsebene allgemeinere Sicherheitsmechanismen, die vorhanden sein müssen. Die Sicherheitsmaßnahme beschreibt dagegen die Einzelheiten.

So beschreibt die ISO 27001 mehrere Sicherheitsmechanismen im Bereich der Verschlüsselung, so z. B. symmetrische, asymmetrische und proprietäre. Für die Umsetzung bedarf es dann aber noch der konkreten Sicherheitsmaßnahmen, also konkrete Instanzen, ggf. auch aus mehreren Schritten bestehend, die gefordert werden. Hier könnten dann konkrete Verschlüsselungsprodukte und -algorithmen gefordert werden.

Das Zusammenspiel zwischen einer Informationssicherheitsrichtlinie, einem Sicherheitsmechanismus und einer Sicherheitsmaßnahme kann entlang des folgenden Beispiels visualisiert werden:

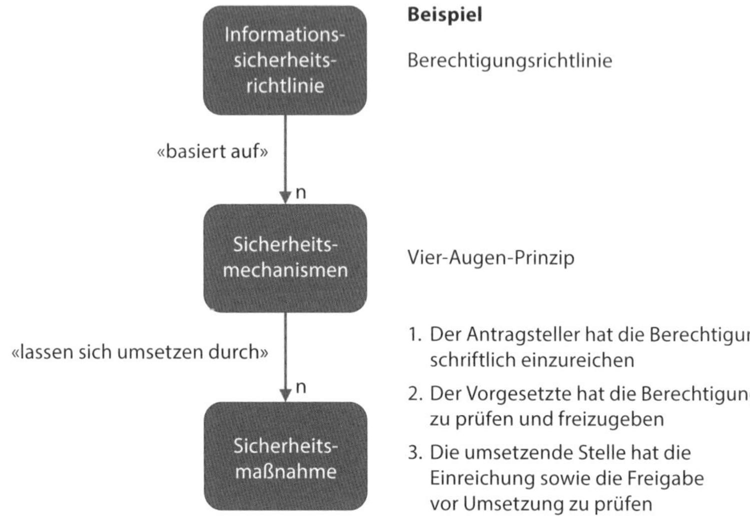

Abb. 1–7
Zusammenspiel zwischen Richtlinie, Mechanismus und Maßnahme

1.2.2 Analyse von Sicherheitsrichtlinien und -verfahren

Richtlinien: Schon die Beschäftigung damit schafft Sensibilität für Sicherheit.

Die Informationssicherheitsrichtlinien geben verbindliche Prinzipien, Vorgehensweisen und die wichtigsten Ziele der Organisation hinsichtlich der Sicherheit vor. Die bloße Erstellung dieser Richtlinien ist alleine schon ein Wert für viele Organisationen, da sie hilft, grundsätzlich für das Thema Sicherheit zu sensibilisieren und über den Katalog von Sicherheitsrichtlinien innerhalb eines Unternehmens die Vielschichtigkeit von Sicherheit zu belegen.

Doch wie lässt sich ermitteln, ob die Sicherheitsrichtlinien einem Unternehmen wirklich helfen? Oder ob manche Sicherheitsrichtlinien völlig am Ziel vorbeigehen oder sogar über das Ziel hinausschießen?

Jeder Katalog von Sicherheitsrichtlinien muss daher regelmäßig wenigstens gegen die folgenden beiden Fragen gespiegelt werden:

- **Sind genau die richtigen Sicherheitsrichtlinien erstellt?**
  Die positive Beantwortung dieser Frage bedeutet, dass jede weitere Sicherheitsrichtlinie keinen weiteren Mehrwert bezüglich der Sicherheit bringt und durch das Weglassen einer Richtlinie höhere Sicherheitsrisiken entstehen können.
- **Sind die jeweiligen Sicherheitsrichtlinien richtig erstellt?**
  Die positive Beantwortung dieser Frage bedeutet, dass die Richtlinie effektiv wirkt, d.h. einen Sicherheitsgewinn bewirkt, ohne die Komfortabilität zu sehr zu gefährden.

Beide Fragen sind jeweils sehr stark vom jeweiligen Kontext abhängig. Dies ist auch einer der wesentlichen Gründe, warum es keine grundsätzlich gültigen Richtlinienkataloge gibt. Selbst die in Standards wie der ISO 27001 genannten Richtlinienkataloge bedürfen jeweils einer konkreten Analyse, inwieweit etwas in einem konkreten Kontext anwendbar ist (dort als »*Statement of Applicability*« in Form eines Schlüsseldokuments formuliert, das angibt, welche Richtlinien und Maßnahmen für ein Unternehmen überhaupt werthaltig, d.h. in diesem Kontext der Sicherheit zuträglich sind).

Im Idealfall lässt sich ein gegebener Sicherheitsrichtlinienkatalog entlang dieser beiden Fragen in der Schnittmenge der beiden Mengen »Was« und »Wie« lokalisieren:

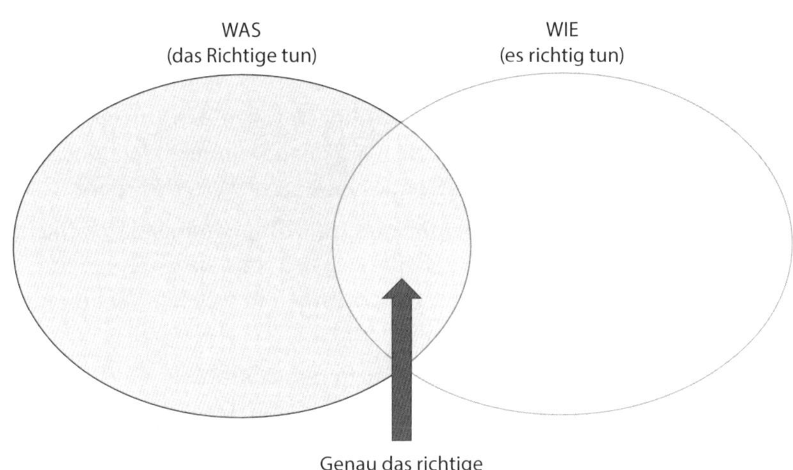

Abb. 1–8
Das Richtige richtig tun

Sicherheitsrichtlinien sind stark kontextbezogen.

Vor jeder Prüfung der Sicherheitsrichtlinien muss daher festgelegt werden, welche Ziele eine Prüfung hat und mittels welcher Kriterien die Angemessenheit der Sicherheitsrichtlinien überprüft werden kann. Häufig helfen hier initial etablierte Standards wie COBIT für Informationssicherheit [COBIT 12], ISO 27001 [ISO 27001], BSI IT-Grundschutz [BSI Grundschutz 16], [BSI 200-1 17], [BSI 200-2 17] und [BSI 200-3 17], allerdings wohnt allen diesen Standards die Notwendigkeit inne, die oberen beiden Fragen für einen konkreten Kontext zu beantworten.

Für eine Analyse eines Richtlinienkatalogs sowie der darin enthaltenen konkreten Richtlinien müssen wenigstens die folgenden Fragen beantwortet werden:

- Welche Mitarbeiter und Ressourcen (z.B. Werkzeuge) werden bezüglich der Frage nach Kompetenz und Wissen für zu prüfende Bereiche benötigt? In größeren Organisationen kann es durchaus unterschiedliche Richtlinienkataloge mit einer jeweils eigenen Gültigkeit geben. Eine Analyse hat im Vorfeld zu prüfen, um welchen Bereich es geht, und demnach Mitarbeiter und Ressourcen auszuwählen. Neben den Personen gilt ein besonderes Augenmerk den Werkzeugen. Diese können allgemein die Einrichtung eines ISMS unterstützen und z.B. dabei helfen, die Vollständigkeit des Richtlinienkatalogs zu analysieren (vgl. z.B. [Windhorst & Pirzer 12]). Auf der anderen Seite gibt es viele kleine Werkzeuge, die bezüglich einer Anforderung einer Richtlinie den Status quo ermitteln und damit Aussagen zur Wirksamkeit einer Richtlinie erlauben.

- Wie wird die Angemessenheit der Richtlinien und Verfahren für einen Kontext bestimmt und somit die Antwort auf die Frage ermittelt, ob das Richtige getan wird?
- Anhand welcher Kriterien und Messungen sollen Aspekte wie Wirksamkeit, Benutzbarkeit im Sinne einer noch komfortablen Nutzung oder auch Wirtschaftlichkeit gemessen und bewertet werden?
- Wo – im Sinne von Netzlaufwerken, Kooperationsplattformen, lokalen Festplatten u.Ä. – befinden sich die zu analysierenden Richtlinien und Verfahren im Unternehmen in welcher Version und wie sind diese für jeden aufzufinden?
- Um die Ergebnisse nachvollziehbar und wiederholbar zu erzeugen, ist noch eine Checkliste für die Analyse und Bewertung erforderlich. Sie dient als Leitfaden für den Prüfer und hilft ihm, keine vorher definierten Aspekte zu vergessen, und ermöglicht eher eine objektive Analyse.

Grundsätzlich lassen sich die einzelnen Aktivitäten hinter einer Analyse unterscheiden in statische Analysen, die jeweils das Richtlinienportfolio analysieren und ihre Angemessenheit für ein Unternehmen bewerten (WAS), und dynamische Analysen, die über separate Überwachungsprozesse (vgl. folgender Abschnitt über Kontrollmechanismen) fortwährend und kontinuierlich das Richtlinienportfolio und dessen Effektivität analysieren (vgl. hierzu auch Key Performance Indicators in Abschnitt 2.7).

Die statischen Analysen können vielerlei Gestalt annehmen. Im Folgenden sind einige mögliche Ausprägungen aufgeführt:

- Nach einer Sichtung der Systemdokumentation ist ungefähr klar, inwieweit bestimmte Sicherheitsrichtlinien eingehalten wurden und wo ggf. mögliche Angriffsvektoren relevant sind. Im Idealfall gibt es für jeden dieser Bereiche eine entsprechende Richtlinie, die den grundlegenden Aktionsraum dieses Bereiches definiert. Besitzt das

System z.B. Schnittstellen an mobile Endgeräte, so wäre vermutlich eine »Mobilgeräterichtlinie« hilfreich, deren Einhaltung dann wiederum in der Systemdokumentation geprüft werden könnte. Benötigt das System eine eigene Authentifizierung, so sollte eine Passwortrichtlinie helfen, hier möglichst sicher vorzugehen. Werden Business-relevante Daten verarbeitet, so sollte eine Datenklassifizierungsrichtlinie helfen.

Nach Interviews mit Beteiligten eines IT-Systems sollte ungefähr klar sein, welche Richtlinien idealerweise helfen, eine sichere Nutzung zu gewährleisten. Ist das System nur in bestimmten Räumen verfügbar, so hilft eine physische Sicherheitsrichtlinie. Kann das System auch von außerhalb bedient werden (z.B. für Homeoffice), so hilft eine Fernzugriffsrichtlinie.

Die Analyse von Protokollen und Berichten ist hilfreich, um darüber Hinweise über bereits erkannte Sicherheitsrisiken zu erhalten, die idealerweise konstruktiv durch entsprechende Richtlinien kontrastiert werden. Finden sich in den Berichten z.B. mehrere Systemstandzeiten aufgrund eingespielter Patches, so kann eine detaillierte Konfigurations- und Änderungsrichtlinie als Leitplanke helfen. Fallen bei der Betrachtung der Nutzerkonten viel Gastzugriffe auf, so sollten hier mittels der Gastzugangsrichtlinie weitere Sicherheitsmaßnahmen gefordert werden. Und ist ein System in der Vergangenheit bereits Opfer von Schadsoftware geworden, so hilft im Idealfall eine effektive Schadsoftwarerichtlinie.

Abb. 1–9
Visualisierte Kontrollmechanismen zur Erhöhung der physischen Sicherheit

Kontrollmechanismen/Sicherheitsmaßnahmen

Sicherheitsmaßnahmen helfen, Sicherheitsrisiken zu reduzieren.

Entgegen des statischen Charakters von Portfolioanalysen, die punktuell die Angemessenheit eines Richtlinienkatalogs oder auch die Effektivität einzelner Richtlinien analysieren, sind sicherheitsrelevante Kontrollmechanismen idealerweise »fortwährend gelebte und eingeforderte Richtlinien«. Kontrollmechanismen, die häufig auch als Sicherheitsmaßnahmen bezeichnet werden, werden vom BSI wie folgt definiert:

Definition: Sicherheitsmaßnahmen

»Mit Sicherheitsmaßnahmen [oder Kontrollmechanismen, Anm. d. Autoren] werden alle Aktionen bezeichnet, die dazu dienen, um Sicherheitsrisiken zu steuern und um diesen entgegenzuwirken. Dies schließt sowohl organisatorische, als auch personelle, technische oder infrastrukturelle Sicherheitsmaßnahmen ein. [..] Im englischen Sprachraum wird neben »safeguard« außerdem häufig der Begriff »control« verwendet.« [BSI Glossar 13]

Ziel der Kontrollmechanismen ist, die Gefährdung der Sicherheit von Daten oder Systemen aufgrund von Angriffen auf mögliche Schwachstellen (d.h. Sicherheitsrisiken) zu verhindern oder zu minimieren [Northcutt 09]. Kontrollmechanismen geben als Sicherheitsmaßnahmen also verschiedene Arten der Kontrolle an, die in einer entsprechenden Richtlinie gefordert und durch den Kontrollmechanismus durchgeführt oder gegeben sein müssen.

Weitere Beispiele für Kontrollmechanismen aus dem IT-Bereich sind:

- **Zutrittskontrolle**
  In der physischen Sicherheits- bzw. Zutrittskontrolle sollte das grundlegende Konzept beschrieben sein, das dann über einen Kontrollmechanismus eingefordert und gelebt wird. Mögliche Kontrollmechanismen sind Separierungsanlagen, ausweisbasierte elektronische Türen oder Fingerabdruckleser für den Zutritt auf besonders kritische Bereiche.
- **Zugriffskontrolle**
  In der Berechtigungsrichtlinie sollten die grundsätzlich zu vergebenden Berechtigungen für IT-Systeme beschrieben werden. Die Zugriffskontrolle setzt diese nun in der IT um, indem z.B. ein Active Directory die einzelnen Benutzer gruppiert und pro Gruppe bestimmte Zugriffe erlaubt und andere ausschließt.
- **Eingabekontrolle**
  Werden in der Passwortrichtlinie bestimmte Passwortstärken gefordert, so kann die Eingabekontrolle neue Passwörter direkt daraufhin überprüfen, ob die Passwortrichtlinie eingehalten ist.

In der Praxis sind Eingabekontrollen heute häufig direkt live bei der Passworteingabe durch Passwortstärke-Indikatoren dargestellt: Das Kontrollfeld signalisiert hierbei durch eine Farbskala, ab wann ein Passwort den Anforderungen genügt.

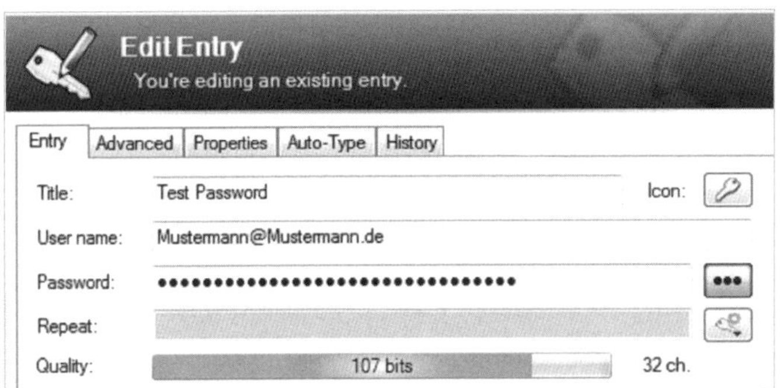

Abb. 1–10
Eingabekontrolle mit Qualitätsindikator

Präventive, aufdeckende und wiederherstellende Kontrollmechanismen

Kontrollmechanismen können grundsätzlich drei unterschiedliche Wirkungsweisen haben:

- **Präventive Kontrollmechanismen** helfen, die Sicherheitsrichtlinien einzuhalten und damit präventiv Risiken zu vermeiden oder zu reduzieren. Die Eingabekontrolle in Abbildung 1–10 ist ein typischer präventiver Kontrollmechanismus, da präventiv unsichere Passwörter entlang der Passwortrichtlinie schlichtweg nicht eingegeben werden können.
- **Aufdeckende Kontrollmechanismen** helfen, Risiken wie z.B. durch die Nichteinhaltung bestimmter Richtlinien frühestmöglich zu erkennen. Der sogenannte Quarantänebereich vieler E-Mail-Programme, in denen vermeintlich risikobehaftete E-Mails abgelegt werden, gehören in diese Kategorie, da kritische E-Mails in diesem Moment schon verschickt, übertragen und zugestellt sind. Das mögliche Risiko ist allerdings aufgedeckt und der Nutzer kann entsprechend reagieren (z.B. Löschen der E-Mail).
- **Wiederherstellende Kontrollmechanismen** helfen, die Auswirkungen aufgetretener Risiken dadurch zu minimieren, dass das betroffene System möglichst zügig wiederhergestellt wird. Ein Beispiel eines wiederherstellenden Kontrollmechanismus ist in physischen Bereichen z.B. die Sprinkleranlage oder die Luftabsauganlage. Im Bereich der IT können hier als Beispiele die heute häufig eingesetzten Kontrollen zum Ändern von Passwörtern nach einem möglichen Einbruch angesehen werden, indem für solche speziellen Situationen Sicherheitsabfragen und weitere Faktoren (z.B. mobile Tan) greifen.

Für die Einrichtung von Kontrollmechanismen gibt es eine Vielzahl von Vorschlagskatalogen. Im deutschen Raum stellt z.B. das Bundesamt für Sicherheit in der Informationstechnik (BSI) mit den IT-Grundschutz-Katalogen [BSI Grundschutz 16] eine Menge vordefinierter und systematisch aufbereiteter Kontrollmechanismen zur Verfügung. Diese sind allumfassend und haben personellen, technischen oder infrastrukturellen Charakter. Auch die ISO 27002 [ISO 27002] aus der ISO-27000-Familie liefert einen Beispielkatalog für Kontrollmechanismen unterschiedlichster Art. In allen Fällen gilt aber: Der Kontrollmechanismus muss für ein Unternehmen relevant sein und die dahinterstehende Anforderung in einer Richtlinie verankert sein. Ein Kontrollmechanismus, der nicht durch eine Richtlinie legitimiert wird, bleibt ein Fremdkörper und der Zweck des Mechanismus wird nicht klar. Dieser Zusammenhang ist extrem wichtig und ist noch einmal in Abbildung 1–11 dargestellt.

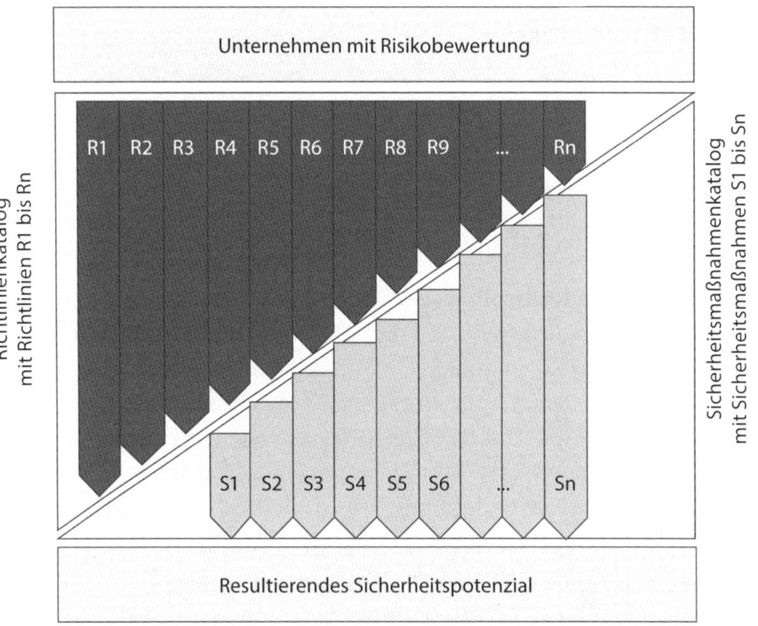

Abb. 1–11
Zusammenspiel zwischen Richtlinien, Sicherheitsmaßnahmen und resultierendem Sicherheitspotenzial

Dort ist deutlich zu erkennen, dass die Sicherheitsmaßnahmen von den Richtlinien abgeleitet sind. Das ist üblicherweise keine 1:1-Beziehung (jede Sicherheitsmaßnahme ist genau von einer Richtlinie abgeleitet), sondern klassischerweise eine 0:n-Beziehung: Es gibt Richtlinien, die nicht durch Sicherheitsmaßnahmen unterfüttert werden können, und es gibt Richtlinien, die von mehr als einer Sicherheitsmaßnahme gestützt werden. Am Ende führen der Richtlinienkatalog zusammen mit den getroffenen Sicherheitsmaßnahmen zu einem resultierenden Sicherheitspotenzial, das von einer Unternehmung individuell zu bewerten ist: Ist das resultierende Sicherheitspotenzial nicht hoch genug, so müssen weitere Sicherheitsmaßnahmen und/oder Richtlinien etabliert werden.

Sicherheitstests

Sicherheitstests zeigen die Wirksamkeit einer Richtlinie.

Der Fokus von Sicherheitstests liegt nicht auf der Analyse der Angemessenheit des Richtlinienkatalogs, sondern auf der Überprüfung der Wirksamkeit einer Richtlinie. Damit wird mit Sicherheitstests vor allen Dingen das Risiko einer Scheinsicherheit aufgedeckt: Dieses suggeriert durch die Präsenz einer entsprechenden Richtlinie einen hohen Sicherheitslevel, der allerdings effektiv gar nicht gegeben ist, da die Richtlinie zumeist ignoriert wird. Damit ist der Schutz eines Assets nicht mehr gegeben.

Wichtig ist auch hier, dass ein Sicherheitstestergebnis nicht beliebig lange gültig ist: So wie sich die Assets verändern und damit auch die Richtlinien, so müssen auch die Sicherheitstests regelmäßig wiederholt und aktualisiert werden. Gerade beim Überprüfen, ob eine Sicherheitsrichtlinie ausgehebelt wird, also eine Scheinsicherheit entsteht, hilft es daher immer wieder, diesen Test aus der Sicht eines Angreifers vorzunehmen.

1.3 Sicherheitsaudits und ihre Rolle beim Testen der Sicherheit

Sicherheitsaudits bewerten die Effektivität von Sicherheitsmaßnahmen.

Das Zusammenspiel von Sicherheitsrichtlinien und Sicherheitsmaßnahmen hat zum Ziel, das Sicherheitsrisiko eines Unternehmens auf ein akzeptables effektives Maß zu beschränken (vgl. Abb. 1–11).

Die objektive Feststellung, ob dies für ein konkretes Unternehmen effektiv funktioniert, wird als Sicherheitsaudit bezeichnet.

Definiert ist dieser Begriff bereits im ISTQB®-Glossar:

Definition: Sicherheitsaudit

Sicherheitsaudit: Ein Audit zur Bewertung von Sicherheitsverfahren [hier synonym zu Sicherheitsmaßnahmen, Anm. d. Autoren] und Infrastruktur eines Unternehmens. [GTB Glossar 18]

Das Audit selbst ist wiederum wie folgt definiert:

Definition: Audit

Ein unabhängiges Testen von Softwareprodukten und -prozessen, um die Konformität mit Standards, Richtlinien, Spezifikationen, und/oder Prozeduren basierend auf objektiven Kriterien zu bestimmen. [GTB Glossar 17]

Sicherheitsaudits können sowohl manuell als auch werkzeugbasiert durchgeführt werden. Ein typisches Beispiel eines manuellen Sicherheitsaudits ist die Überprüfung von prozessoralen Vorgaben, z.B. die Überprüfung, dass alle neuen Mitarbeiter die Internetrichtlinie zur Kenntnis genommen und dies mit einer Unterschrift bestätigt haben. Auf technischer Seite kann mittels Werkzeugen z.B. die Sicherheitsmaßnahme zur Unterstützung der Passwortrichtlinie überprüft werden, indem versucht wird, nicht der Passwortrichtlinie entsprechende Passwörter zu vergeben.

100%ige Sicherheit gibt es nicht.

Genauso wie ein Test niemals die Abwesenheit von Fehlern belegt, so können auch noch so feingranulare und präzise Richtlinien und die sie unterstützenden Sicherheitsmaßnahmen sowie noch so häufig durchgeführte Sicherheitsaudits in Summe keine 100%ige Sicherheit garantieren. Alle Aktivitäten helfen allerdings, Risikofelder zu identifizieren, zu bewerten und ggf. mit weiteren Maßnahmen zu unterfüttern. Das Hauptziel des Sicherheitstests besteht in der Offenlegung existierender Risiken und in der Risikoreduktion, indem entsprechende Maßnahmen aufgesetzt werden.

Sicherheitstests können Teil eines Sicherheitsaudits sein.

Ein Sicherheitsaudit kann punktuell Sicherheitstests beinhalten, geht aber meist in Umfang und Ganzheitlichkeit der unterschiedlichen Sicherheitsrisiken deutlich darüber hinaus: Sicherheitsaudits überprüfen möglichst viele Verfahren, Richtlinien und Sicherheitsmechanismen. Entlang der Abbildung 1–11 beziehen sie meist alle Richtlinien und Sicherheitsmaßnahmen ein. Der Sicherheitstest fokussiert meist dagegen »nur« die Technik, indem z.B. bestimmte Verschlüsselungsverfahren geprüft oder Firewall-Einstellungen getestet werden.

Wird die obere Klassifikation der Sicherheitsmaßnahmen zur Vereinfachung der Abbildung 1–11 verwendet, resultiert die in Abbildung 1–12 dargestellte Übersicht für ein Sicherheitsaudit.

Abb. 1–12 *Sicherheitsaudit im Gesamtkontext von Sicherheitsrichtlinien und -maßnahmen*

Dabei sind die wiederherstellenden Maßnahmen verfeinert in reaktive Maßnahmen und wiederherstellende Maßnahmen, da die Reaktion nicht nur aus der Wiederherstellung des Systems, sondern insbesondere zuvor aus der Beseitigung der Ursache eines Sicherheitsvorfalls besteht.

Die Wiederherstellung selbst hat über die reine Wiederherstellung des Systems die Aufgabe, den gesamten Wirkungskreis erneut zu durchlaufen, da offenbar im Reaktionsfall wenigstens die präventiven Maßnahmen optimierbar sind. Je nach konkreten Ergebnissen eines Vorfalls können auch weitere Verbesserungen im Erkennungs- und Reaktionsbereich nach einem konkreten Vorfall identifiziert werden.

1.3.1 Zweck und Beispiele eines Sicherheitsaudits

Sicherheitsaudit: Trockenübung von Richtlinien und Sicherheitsmaßnahmen

Ein Sicherheitsaudit hat demnach die Aufgabe, als Trockenübung die Wirksamkeit von Richtlinien und Sicherheitsmaßnahmen dahingehend zu überprüfen, ob das effektive Sicherheitspotenzial für ein System oder ein Unternehmen tragbar bzw. akzeptabel ist, oder ob weitere Maßnahmen ergriffen werden müssen.

Beispiel: Typische durch ein Sicherheitsaudit aufgedeckte Schwachstellen

Beispiel: Typische durch ein Sicherheitsaudit aufgedeckte Schwachstellen

Als Ergebnis einer physischen Sicherheits- bzw. Zugangsrichtlinie wird als Sicherheitsmaßnahme eine Vereinzelungsanlage am Haupteingang eingerichtet. Diese stellt sicher, dass jeder Mitarbeiter einzeln vor Betreten des Hauses sich mittels des Firmenausweises ausweisen muss und nur dann Eintritt in das Gebäude erhält, wenn es seine Aufgaben verlangen. Das Sicherheitsaudit kann nun feststellen, dass ein Großteil der Besucher durch die Tiefgarage das Gebäude betritt und von dort direkt mit dem Fahrstuhl in die jeweiligen Stockwerke fährt. Damit ist die Effektivität der Sicherheitsmaßnahme gering und gleichzeitig die präventive Wirkung der entsprechenden Richtlinie vermindert, da offensichtlich jeder, der diesen Sicherheits-Bypass kennt, in die Räume eintreten kann.

Die Passwortrichtlinie, nach der nur Passwörter mit einer spezifizierten Stärke erlaubt sind, kann durch eine entsprechende Sicherheitsmaßnahme unterfüttert werden, die unsicherere Passwörter nicht erlaubt. Ein Sicherheitsaudit kann nun feststellen, dass viele Nutzer lediglich den Domainnamen als Passwort eingeben, da dieser gerade die Anforderungen erfüllt: So würde die Domain »Check-25« sowohl Zahlen, Groß- und Kleinbuchstaben sowie Sonderzeichen enthalten. Eine von diesem Audit abgeleitete Maßnahme, die immer häufiger angewendet wird, wäre demnach das Sperren (Blacklisting) firmenspezifischer Begriffe (Firmennamen, Firmendomain, Firmensitz usw.).

Die Netzwerkrichtlinie regelt meist sehr genau, welche Geräte mit dem Unternehmensnetzwerk verbindbar sind. Entsprechende Device-Access-Control-Mechanismen stellen die Einhaltung dieser Richtlinie sicher, indem dort nicht registrierten Rechnern schlichtweg die Zuweisung einer IP-Adresse verwehrt wird. Dadurch sind in den meisten Unternehmen per Netzwerkrichtlinie private Laptops nicht verwendbar. Sicherheitsaudits stellen nun immer wieder fest, dass auf solchen Geräten dennoch sicherheitskritische Daten verarbeitet werden, indem etwa die zu bearbeitenden Dateien via USB-Stick übertragen oder via E-Mail verteilt werden. Auch wenn die Sicherheitsrichtlinie durchaus effektiv sein kann, ist die Richtlinie, nach der sicherheitskritische Daten das firmeneigene Netzwerk mit den firmeneigenen Rechnern niemals verlassen dürfen, damit verletzt. Mögliche Maßnahmen sind die häufig vorzufindenden Abschaltungen von USB sowie die Verpflichtung von Clientzertifikaten beim Verbinden mit dem E-Mail-Server. Durch Letzteres wird sichergestellt, dass zumindest E-Mails vom Firmen-E-Mail-Server nur auf Firmenhardware vorliegt. Es wird allerdings dadurch noch nicht sichergestellt, dass sicherheitskritische Informationen per E-Mail an nicht schützbare private E-Mail-Postfächer weitergeleitet werden.

1.3.2 Risikomodelle für den praktischen Umgang mit Sicherheitsrisiken

Risikomodelle: Gefahr des Übersehens

Das Sicherheitsaudit versucht, möglichst ganzheitlich das Sicherheitsrisiko einer Unternehmung zu bewerten. Bereits bei der Einführung des Einzelrisikos wurde auf die Schwierigkeit hingewiesen, Eintrittswahrscheinlichkeit und mögliche Schadenshöhe abzuschätzen (vgl. Abschnitt 1.1.1.2). Diese Schwierigkeit wird umso größer, je mehr Einzelrisiken mit betrachtet werden und je höher die Wahrscheinlichkeit ist, auch einzelne Risiken zu vergessen. Dies kann sich auf vergessene Assets, auf vergessene Richtlinien, Sicherheitsmaßnahmen und natürlich vergessene Ziele beziehen.

Risikomodelle zur Beherrschung der vielfältigen Risikomöglichkeiten

Hilfestellungen leisten hier sogenannte Risikomodelle, d.h. Annahmen innerhalb eines Unternehmens, die dabei unterstützen, ein Gesamtrisiko zu bewerten. Allgemeine Risikomodelle können wie folgt definiert werden:

Definition: Risikomodelle

Ein Risikomodell ist ein stochastisches Modell, das mittels stochastischer Verfahren messbare Risiken der betrachteten Gesellschaft und ggf. des gesamten Konzerns abbildet. Dabei sollte es über die unternehmensinterne Modellierung der stochastischen Geschäftsgrößen die signifikanten negativen Auswirkungen konsistent quantifizieren und Abhängigkeitsstrukturen zwischen allen Risikogrößen berücksichtigen. (Risikomodell nach [DGVFM 08, S. 5])

Risikomodelle sind insbesondere in der Versicherungs- und Finanzwirtschaft weit verbreitet, um die Komplexität der auf sie wirkenden Risikolandschaft beherrschbar zu machen. Allerdings ist hervorzuheben, dass es sich hier jeweils um Modelle auf Basis stochastischer Kenngrößen handelt, die (hoffentlich) einen starken Bezug zur Realität haben. Die Banken-Finanzkrise wird z.B. in großen Teilen ungenügenden Risikomodellen zugesprochen (vgl. z.B. [FAZ 05]).

Risikomodelle spielen auch für die Sicherheit eine wichtige Rolle. Sie modellieren u.a. die sogenannten Risikofaktoren, also einzelne Eintrittswahrscheinlichkeiten und Schäden, und die Zusammenhänge zwischen diesen. Für den Sicherheitstester sind besonders solche Risikofaktoren interessant, die Einfluss auf die Sicherheit haben können.

Sicherheitsrisikofaktoren

Sicherheitsrisikofaktoren: Risikofaktoren, die durch Sicherheitsverletzungen Gefährdungen verursachen können.

Sicherheitsrisikofaktoren sind also spezieller als die allgemeinen unternehmerischen Risikofaktoren. Zu letzteren gehören z.B. Währungsschwankungen, gesellschaftliche Krisen oder Naturkatastrophen. Die Sicherheitsrisikofaktoren beschränken sich auf solche Gefährdungen, die durch Sicherheitsvorfälle möglich sind.

Die wesentlichen Bestandteile von Sicherheitsrisikofaktoren sind:

- Gefährdungen wie z.B. externe Hackerangriffe oder Stromausfall
- Schwachstellen

Solche Risikofaktoren können dann in den Risikomodellen noch weiter differenziert werden, indem das Schadensausmaß und die Eintrittswahrscheinlichkeit des Schadens weiter detailliert werden. In jedem Fall ist genügend gutes empirisches Material eine wichtige Grundlage hierfür.

Beispiel: Risikomodelle in der Medizin

Beispiel: Risikomodelle in der Medizin

Risikomodelle sind gerade auch in der Medizin weit verbreitet und sind meist höchst diskutabel. In vielen Risikomodellen ist ein Risikofaktor z.B. das Rauchen, ein anderer Risikofaktor der Herzinfarkt. Im Risikomodell werden beide Risikofaktoren einzeln (z.B. rauchen knapp 27% der Bevölkerung) und zusammen mit stochastischen Größen modelliert (z.B. sind 76% der Menschen, die einen Herzinfarkt erlitten haben, Raucher). Bereits hier wird deutlich, welche Komplexität Risikomodelle einnehmen, denn der Mensch hat weitere »Schwachstellen« (z.B. Krebs und Schlaganfall), auf die jeweils nicht nur das Rauchen als Risikofaktor, sondern auch weitere Risikofaktoren einwirken (z.B. Stress und ungesunde Ernährung).

Der Zusammenhang zwischen Risikofaktoren in Form von Bedrohungen, Gefährdungen und Schwachstellen sowie von Schadensausmaß und Wahrscheinlichkeit ist noch einmal in Abbildung 1–13 visualisiert.

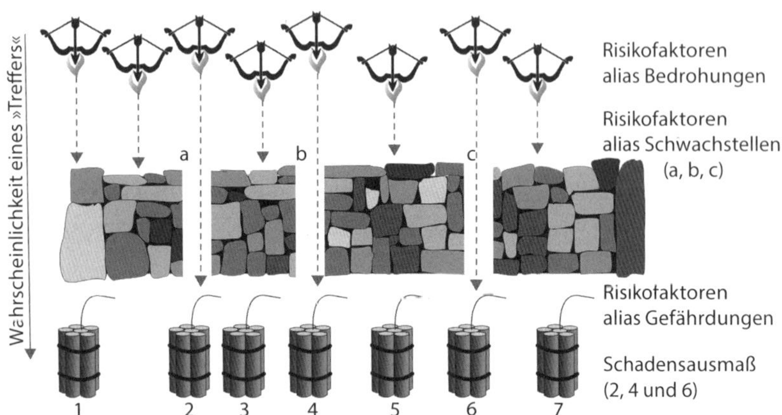

Abb. 1–13 *Zusammenhang zwischen Risikofaktoren (brennende Pfeile), Schadensgröße (explodierbares Dynamit) und Wahrscheinlichkeit (durchkommende Pfeile)*

Für das Business von Banken und Versicherungen existieren eine Vielzahl standardisierter und häufig auch regulativ eingeforderter Risikomodelle. Ein typisches Beispiel ist hier Solvency II für »*weiterentwickelte Solvabilitätsanforderungen für Versicherer, denen eine ganzheitliche Risikobetrachtung zugrunde liegt*« [BaFin 16].

Hilfreich für Risikomodelle: Wiederverwenden existierender Rahmenwerke

Speziell für den Bereich der Sicherheit existieren einige wertvolle Rahmenwerke, die bei der Erstellung individueller Risikomodelle helfen können: So beschreiben Standards wie die ISO 31010 [ISO 31010] verschiedene generische Bewertungsmodelle für Risiken. Für den Bereich der Sicherheitsrisikobewertung finden sich Spezialisierungen in der ISO 27005 [ISO 27005], in BSI 200-3 [BSI 200-3 17], im NIST-Dokument 800-30 [NIST SP 800-30 02] sowie in der OWASP-Risiko-Rating-Methodik [OWASP 16b] bei der OWASP.

Risikofaktoren: Bedrohungen, Schwachstellen, Gefährdungen

Die Betrachtung von Risikofaktoren kann von wenigstens zwei Seiten aus erfolgen:

- Bedrohungen von außen auf das System. Außen ist hier nicht auf außerhalb des Unternehmens beschränkt, sondern auf mögliche Einwirkungen von außerhalb des Systems auf das System.

  Bedrohungen können zu Schäden führen.

  Eine Bedrohung ist wie folgt definiert:

  Definition: Bedrohung

  »Eine Bedrohung ist ein Umstand oder Ereignis, der oder das die Verfügbarkeit, Integrität oder Vertraulichkeit von Informationen [in Form digitaler Assets, Anm. der Autoren] beeinträchtigen kann, wodurch dem Besitzer bzw. Benutzer der Informationen ein Schaden entstehen kann.« [BSI Glossar 13]

- Schwachstellen im System und dessen Perimeter (z.B. von Sicherheitsinfrastruktur wie Firewalls und Zutrittsschutz)

  Eine Schwachstelle (engl. Vulnerability) ist wie folgt definiert:

> **Definition: Schwachstelle**
>
> »Eine Schwachstelle ist ein sicherheitsrelevanter Fehler eines IT-Systems oder einer Institution.« [BSI Glossar 13]

Schwachstellen ohne Bedrohung sind keine Gefährdung.

Bedrohungen und Schwachstellen existieren erst einmal unabhängig voneinander. Typische Bedrohungen im Bereich der IT-Sicherheit sind:

- **Cyberangriffe**, d.h. der aktive, bewusste Versuch, über das Internet Schäden anzurichten.
- **Malware**, d.h. durch das Ausführen von Programmen Verbreitung der Malware vergrößern, um anschließend Schäden anzurichten.
- **Physische Angriffe** auf Gebäude oder Infrastruktur

Typische Schwachstellen im Bereich der IT-Sicherheit sind:

- Fehlende oder falsch konfigurierte Firewalls vor Systemen mit schützenswerten Assets
- Kein aktualisierter Schutz gegen Malware
- Fehlender Zutrittsschutz zu Gebäuden

Gefährdungen sind ausgenutzte Schwachstellen.

Erst wenn eine aktive Bedrohung auf eine passende Schwachstelle trifft, entsteht eine Gefährdung.

> **Definition: Gefährdung**
>
> »Eine Gefährdung ist eine Bedrohung, die konkret über eine Schwachstelle auf ein Objekt einwirkt. Eine Bedrohung wird somit erst durch eine vorhandene Schwachstelle zur Gefährdung für ein Objekt.« [BSI Glossar 13]

Ein typisches Beispiel für eine Bedrohung, die durch die Existenz einer entsprechenden Schwachstelle zur Gefährdung wird, wird im Folgenden beschrieben:

Beispiel: Wie aus einer Bedrohung eine Gefährdung wird

Beispiel: Wie aus einer Bedrohung eine Gefährdung wird

Es gibt viel mehr Bedrohungen als Gefährdungen.

Eine akute Virenwelle als Bedrohung ist für einen Rechner mit der Schwachstelle, keinen Virenschutz zu haben, keine Gefährdung, solange er ohne Internetverbindung betrieben wird. Die Gefährdung und die Schwachstelle existieren unabhängig voneinander. Sobald der Rechner online geht, wird die Bedrohung zur Gefährdung, da die Schwachstelle ausgenutzt werden kann. Sollte klar sein, dass die Virenwelle Windows-Rechner adressiert und der

Rechner ausschließlich ein anderes Betriebssystem verwendet (z.B. Linux), bleibt die Gefährdung wieder aus und die Bedrohung bleibt eine Bedrohung.

Es gibt unterschiedliche Möglichkeiten, die Vielzahl von Bedrohungen und Gefährdungen zu klassifizieren. Die beiden verbreitetsten sind:

- **Klassifikation nach Ziel**, d.h., unterschiedliche Arten der Bedrohung werden je nach bedrohtem Typ zusammengefasst: »Cybercrime umfasst die Straftaten, die sich gegen das Internet, Datennetze, informationstechnische Systeme oder deren Daten richten« [BKA 18]. Social Engineering ist eine andere Klasse von Gefährdungen, die den Menschen angreifen.
- **Klassifikation nach Quelle**, d.h. nach den Verursachern der Bedrohung. Beispiele sind hier die Klassifikation »Bedrohungen von innen« und »Bedrohungen von außen«: »Von innen« bedeutet hierbei, dass die Bedrohung von Mitarbeitern (oder Unterauftragnehmern) desselben Unternehmens ausgeht, das das bedrohte System verwendet. Aktuell liegt die prozentuale Verteilung der Bedrohungen zwischen »Innentäter« und »Außentäter« je nach Report jeweils bei ca. 50%:50% (vgl. z.B. [Schneider 17]).

Risikofaktoren: Schwachstellen und auslösende Bedingungen

Jeder Bedrohung geht eine Schwachstelle voraus, sie ist sozusagen eine notwendige Vorbedingung dafür. Ohne eine Schwachstelle kann es auch keine Bedrohung geben.

Eine 100%ige Sicherheit gibt es nicht.

Allerdings sind Systeme ohne Schwachstellen in der Praxis kaum zu finden. Die Aussage, dass eine 100%ige Sicherheit nicht existiert, resultiert genau aus diesen beiden Erkenntnissen:

- Es wird immer Bedrohungen geben.
- Jedes noch so intensiv getestete und auf Sicherheit bedachte System hat Schwachstellen.

Die Bedrohungen verändern sich hierbei über die Zeit ebenso wie die Schwachstellen, beide sind höchst volatil: Es ist meist nur eine Frage der Zeit, bis eine akute Gefährdung existiert.

Um insbesondere die Volatilität der Schwachstellen besser zu verstehen, ist es wichtig zu erkennen, dass sich in von Organisationen betriebenen IT-Systemen fortwährend alle relevanten Parameter ändern können (vgl. hierzu das »European Foundation for Quality Management«-(EFQM-)Modell z.B. in [Kamiske & Sommerhoff 18]). Jede dieser Änderungen kann dazu führen, dass automatisch neue Schwachstellen entstehen, die, wenn sie nicht erkannt werden, häufig über lange Zeit für Bedrohungen zugänglich sind.

- **Organisatorische Änderungen**
  Jede größere Organisation ändert regelmäßig ihren internen Aufbau. Der Grund sind häufig personelle Veränderungen (Weggänge, Zugänge), geänderte Verantwortlichkeiten und Reaktionen auf von außen geforderte Arbeitsschwerpunkte.

  Bei solchen Veränderungen kann es immer wieder vorkommen, dass Verantwortlichkeitsübergaben nur unvollständig erfolgen. Dadurch laufen IT-Systeme ohne klare Verantwortungen und damit z.B. auch ohne Treiber, um wichtige Sicherheitsupdates einzuspielen oder sich um den wiederkehrenden Test von Übungen zu Disaster Recovery (DR) und Business Continuity Management (BCM) zu kümmern.

  In Zeiten von Einsparungen werden immer wieder ganze Organisationsteile freigesetzt. Hierdurch können schwergewichtige Wissensdefizite für einige IT-Systeme entstehen, sodass in Folge durch Falschbenutzung unbewusst schwergewichtige Schwachstellen entstehen.

- **Prozessorale Änderungen**
  Auch die Prozesse, d.h. die Frage, mit welchen Aktivitäten in welcher Reihenfolge was geleistet wird, ändern sich regelmäßig. Die Gründe lassen sich häufig auf organisatorische Änderungen, die Einführung neuer IT-Systeme oder neue regulatorische Vorgaben zurückführen.

  Auch diese Änderungen können sehr leicht zu neuen Angriffsvektoren führen: Ist z.B. ein System bisher rein intern im Intranet verwendet worden, so kann eine Prozessänderung dazu führen, dass plötzlich auch außerhalb des geschützten Intranets Personen mit diesem System arbeiten müssen. Die Exponierung der entsprechenden Schnittstellen ohne angemessene Sicherheitsmaßnahmen stellt damit automatisch eine große Schwachstelle dar.

  Auch Sicherheitsmaßnahmen verlieren häufig durch Prozessänderungen ihre Effektivität: So ist ein fest installiertes Zutrittssystem mit Vereinzelungsanlage nur so lange effektiv, bis z.B. ein hinzugemieteter Nebenbau den ungesicherten Zutritt ermöglicht.

- **Neue Ergebnistypen**
  Jedes Unternehmen ist fortwährend gefordert, sein Ergebnisportfolio kundenorientiert zu optimieren. Heute höchst lukrative Produkte können morgen bereits vollständig vom Markt verschwunden sein. In diese Klasse fallen auch Änderungen von (Zwischen-) Produkten einzelner Abteilungen.

Auch diese Änderungen können sehr einfach neue Schwachstellen erzeugen: Hat eine Abteilung z.B. bisher als Arbeitsergebnis Prototypen für ein möglichst frühes Nutzerfeedback erzeugt, so kann dieser Prototyp plötzlich als frühes Produkt am Markt vertrieben werden. Dadurch, dass der bisherige Ergebnistyp allerdings keine kritischen Produktivdaten beinhaltete, der neue aber genau damit am Markt Umsatz erzeugen will, entstehen automatisch neue Schwachstellen.

Jede Schwachstelle hat folglich eine oder mehrere sie auslösende Bedingungen. Diese sind allerdings potenziell auf alle möglichen Aspekte eines Unternehmens (vgl. EFQM-Modell oben) verteilt. Es ist daher aus Sicht einer IT-Sicherheit fundamental wichtig, über Sicherheitsaudits regelmäßig und fortwährend die Effektivität von Richtlinien und Sicherheitsmaßnahmen sowie den jeweiligen Risikoappetit (vgl. Abschnitt 1.1.3) zu beurteilen.

Schadensausmaß von Risikofaktoren

Schäden: negative Folgen einer Gefährdung

Sollte eine Gefährdung die Sicherheit eines Systems und der von ihm verarbeiteten Informationen (CIA) bedrohen, so kann ein Schaden entstehen. Dieser beschreibt die Schwere der Auswirkung. Grundsätzlich sind mehrere Schäden bei einer Gefährdung möglich (z.B. der Schaden, der durch die Nichtverfügbarkeit eines Systems entstehen kann, und der Schaden, der durch das Verletzen der Vertraulichkeit entsteht), für ein System wird hierbei allerdings meist das sogenannte »Maximum-Konzept« angewendet.

Definition: Maximum-Prinzip

Nach dem Maximum-Prinzip bestimmt der Schaden bzw. die Summe der Schäden mit den schwerwiegendsten Auswirkungen den Schutzbedarf eines Geschäftsprozesses, einer Anwendung bzw. eines IT-Systems. [BSI Glossar 13]

Von Schäden können nicht nur alle relevanten Personen des Systembetreibers betroffen sein, sondern insbesondere auch die Personen, deren Datensicherheit kompromittiert wurde. Bei einer monetären Betrachtung von Schäden müssen diese beiden Aspekte summiert werden:

- Im Falle von datenschutzrechtlichen Verletzungen kann die Organisation (und damit alle relevanten Stakeholder) von entsprechenden Regulationsbehörden zu Strafzahlungen herangezogen werden. Im Falle der neuen DSGVO kann dies z.B. bis zu 4% des jährlichen Umsatzes bedeuten.

- Ungeachtet dieser Strafe kann jeder persönlich Geschädigte weitere Regressforderungen gegen das Unternehmen geltend machen.

Das Schadensausmaß muss im Kontext der Kritikalitätsbetrachtung und damit der Festlegung des Schutzbedarfes für jedes System klar definiert werden. Hilfreich sind hier einheitliche Berechnungsvorschriften, eine klare Dokumentation und die explizite Nennung von externen Parametern, da sich bei deren Änderung durchaus das Schadensausmaß ändern kann. So hat alleine die Anhebung der Maximalstrafe im Kontext der neuen DSGVO-Vorgabe eine in vielen Unternehmen vollständig neue Schutzbedarfsfeststellung ergeben.

Wahrscheinlichkeit von Risikofaktoren

Risikofaktoren haben eine Wahrscheinlichkeit, mit der sie eintreten.

Risikofaktoren sind Bedrohungen, für die es in einem System entsprechende Schwachstellen gibt. Für das Risikomanagement müssen diese Risikofaktoren entlang des Schadensausmaßes (vgl. vorherige Seiten) und der Eintrittswahrscheinlichkeit bewertet werden. Die Eintrittswahrscheinlichkeit von Risikofaktoren beschreibt folglich die Wahrscheinlichkeit, mit der eine Gefährdung in einen Schaden mündet. Sie ist selbst noch unabhängig von der Schadenshöhe (vgl. vorherige Seiten).

Während die Gefährdung also eher eine technische, ungewertete Sicht auf Bedrohungen und Schwachstellen ist, erfolgt bei der Überführung von Gefährdungen in das Risikomanagement eine individuelle Bewertung.

Definition: Abgrenzung zwischen Gefährdung und Risiko

»Im Unterschied zu »Gefährdung« umfasst der Begriff »Risiko« bereits eine Bewertung, inwieweit ein bestimmtes Schadensszenario im jeweils vorliegenden Fall relevant ist.« ([BSI Glossar 13], Unterschied zwischen Risiko und Gefährdung, unter Risiko)

Die Eintrittswahrscheinlichkeit eines Risikofaktors beschreibt folglich die Wahrscheinlichkeit, mit der ein Gefährdungsereignis in einen effektiven Schaden mündet, unabhängig vom Ausmaß des zu erwartenden Schadens.

Für die Wahrscheinlichkeitsanalyse hilft eine Ursprungsanalyse der Bedrohung.

Für diese Wahrscheinlichkeitsanalyse hilft häufig eine Bewertung des Ursprungs der Bedrohung entlang der Frage: Wer will mit welchen Fähigkeiten was?

- Wer
  Von wem kommt die Bedrohung? Handelt es sich um eine vorsätzliche Bedrohung, bei der ein Angreifer einen konkreten Bezug zum Unternehmen, zum System oder zu damit verbundenen Menschen

hat? Oder handelt es sich um Skript-Kiddies, die relativ ziellos im Netz nach Schwachstellen suchen? Oder sind es Robots, die nach bestimmten Schwachstellen im Netz suchen, um dann Standardangriffe zu starten?

Grundsätzlich gilt: Je fokussierter und intelligenter das Wer, d.h. der Initiator eines Risikofaktors, ist, desto höher ist die Eintrittswahrscheinlichkeit eines Schadens.

- **Welche Fähigkeiten**
  Wie gut kann der Initiator der Bedrohung die Schwachstelle ausnutzen? Die oben bereits genannten Skript-Kiddies werden hier nach bekannten Mustern vorgehen. Schwergewichtiger sind hier Angriffe von Insidern, die das angegriffene System sehr gut kennen und damit maximale Fähigkeiten für die Herbeiführung von Schaden besitzen.
- **Was**
  Was ist die hinter der Bedrohung stehende Intention? Geht es nur um reine Machbarkeitsanalysen, oder geht es tatsächlich um finanzielle Interessen hinter der Bedrohung. Im schlechtesten Fall ist es die Idee, Daten aktiv zu entwenden, um sie entweder anderweitig zu monetarisieren oder das Unternehmen zu erpressen.

Risikofaktor: Kündigung von Systemadministratoren

Ein in der Praxis immer wieder heikler Risikofaktor ist die nicht friedliche Kündigung von Systemadministratoren: Wenn von einem solchen ehemaligen Mitarbeiter eine Bedrohung ausgeht, ist anzunehmen, dass auch entsprechende Schwachstellen existieren und ihm bekannt sind.

Beispiel: Wahrscheinlichkeitsanalyse für die Kündigung eines Systemadministrators

Beispiel: Wahrscheinlichkeitsanalyse für die Kündigung eines Systemadministrators

Bezüglich der Wahrscheinlichkeitsanalyse lässt sich dann Folgendes festhalten:

- Der Angreifer (wer) hat es genau auf seinen ehemaligen Arbeitgeber abgesehen. Er wird also keine Standardbedrohung erzeugen und nach Systemen suchen, die dafür eine Schwachstelle bieten, sondern umgekehrt vorgehen: Er wird seine Bedrohung individuell auf ein Unternehmen und damit verbundene Systeme ausrichten.
- Der Angreifer wird seine Zielsysteme sehr gut kennen (Fähigkeiten) und sehr gezielt vorgehen können. Neben bekannten Aktionen, die hinter einer Schwachstelle möglich sind, wird er weitere, sehr spezifische Möglichkeiten ausschöpfen.
- Ein häufiges Motiv ist Rache (was), begründet durch Vorfälle zu Zeiten der Anstellung und der Kündigungsphase. Bezieht sich die Rache auf einzelne Personen, so ist ein mögliches Szenario, dass die Sicherheit von Daten und Systemen genau dieser Person durch den Angriff gefährdet ist. Bezieht sich

Computing

Stand: 12/2018

M. Inden

Java 9 – Die Neuerungen

Syntax- und API-Erweiterungen und Modularisierung im Überblick

Michael Inden bietet einen fundierten Überblick über die Neuerungen in JDK 9. Einen weiteren Schwerpunkt bilden die Erweiterungen in diversen APIs, etwa in den Klassen Optional und Stream. Im Bereich Concurrency wurde die Klasse CompletableFuture ergänzt und Reactive Streams werden unterstützt.

2018, 376 Seiten, Broschur, € 26,90 (D)
ISBN 978-3-86490-451-6

M. Inden

Der Weg zum Java-Profi

Konzepte und Techniken für die professionelle Java-Entwicklung. Aktuell zu Java 9.

Diese umfassende Einführung in die professionelle Java-Programmierung vermittelt das notwendige Wissen, um stabile und erweiterbare Softwaresysteme auf Java-SE-Basis zu bauen. Die Neuauflage wurde durchgehend überarbeitet, aktualisiert und erweitert. Natürlich darf Java 9 nicht fehlen.

4., überarbeitete und aktualisierte Auflage
2018, 1416 Seiten, Festeinband, € 49,90 (D)
ISBN 978-3-86490-483-7

H. Mössenböck

Sprechen Sie Java?

Eine Einführung in das systematische Programmieren

Dieses Buch zeigt von Grund auf, wie man Software systematisch entwickelt. Es beschreibt Java in allen Einzelheiten und vermittelt darüber hinaus allgemeine Programmiertechniken: algorithmisches Denken, systematischer Programmentwurf, moderne Softwarekonzepte und Programmierstil.

5., überarbeitete und erweiterte Auflage
2014, 360 Seiten, Broschur, € 29,90 (D)
ISBN 978-3-86490-099-0

G. Oelmann

Modularisierung mit Java 9

Grundlagen und Techniken für langlebige Softwarearchitekturen

Dieses Buch zeigt, wie man mit Java 9 Anwendungen auf Basis von Modulen entwickelt. Der Leser erfährt, wie er schlanke Java-Laufzeitumgebungen erzeugen kann und welche Rolle aktuelle Themen wie Microservices, Self-Contained Systems und Container-Technologien in diesem Zusammenhang spielen.

2018, 330 Seiten, Broschur, € 32,90 (D)
ISBN 978-3-86490-477-6

J. Bloch

Effective Java

Best Practices für die Java-Plattform

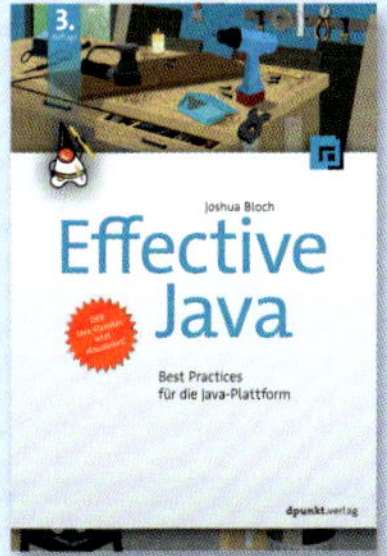

Dieser Klassiker wird oft als Pflichtlektüre für Java-Entwickler bezeichnet und liegt jetzt endlich auch in deutscher Sprache vor. Joshua Bloch taucht mit Best Practices und in verständlicher Sprache in die Tiefen der Sprach- und Bibliotheksfunktionen von Java ein – inklusive der Neuerungen von Java 8 und 9.

3. Auflage
2018, 410 Seiten, Broschur, € 36,90 (D)
ISBN 978-3-86490-578-0

D. Bader

Python-Tricks

Praktische Tipps für Fortgeschrittene

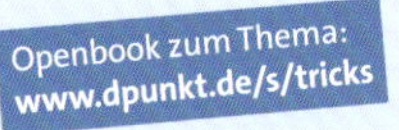

Wenn du schon eine Weile in Python programmierst und bereit bist, in die Tiefe zu gehen, deine Kenntnisse abzurunden und deinen Code pythonischer zu machen, dann ist dieses Buch genau das Richtige für dich. Du wirst einen wahren Schatz an praktischen Tipps und Entwurfsmustern finden, die dir helfen, ein noch besserer Python-Programmierer zu werden.

2018, 210 Seiten, Broschur, € 29,90 (D)
ISBN 978-3-86490-568-1

A. Sweigart

Eigene Spiele programmieren – Python lernen

Der spielerische Weg zur Programmiersprache

Entwickeln Sie Computerspiele mit Python – auch wenn Sie noch nie zuvor programmiert haben! Versuchen Sie sich an Hangman oder Tic-Tac-Toe, und wechseln Sie danach in die »Profi-Liga« der Spieleprogrammierung. Auf Ihrem Weg lernen Sie grundlegende Konzepte der Programmierung und Mathematik kennen.

2017, 416 Seiten, Broschur, € 24,90 (D)
ISBN 978-3-86490-492-9

E. Matthes

Python Crashkurs

Eine praktische, projektbasierte Programmiereinführung

Zunächst werden Sie mit grundlegenden Programmierkonzepten wie Listen, Wörterbüchern, Klassen und Schleifen vertraut gemacht. Sie erlernen das Schreiben von sauberem Code und wie Sie ihn sicher testen. In der zweiten Hälfte des Buches werden Sie Ihr neues Wissen mit drei praxisnahen Projekten umsetzen.

2017, 622 Seiten, Broschur, € 32,90 (D)
ISBN 978-3-86490-444-8

A. Sweigart

Routineaufgaben mit Python automatisieren

Praktische Programmierlösungen für Einsteiger

Das Web durchsuchen, Dateien umbenennen oder automatisch Mails verschicken: In diesem Buch lernen Sie, wie Sie mit Python Aufgaben erledigen, die sonst Stunden benötigen. Wenn Sie die Grundlagen gemeistert haben, werden Sie Programme schreiben, die automatisch viele praktische Arbeiten erledigen.

2016, 576 Seiten, Broschur, € 29,90 (D)
ISBN 978-3-86490-353-3

Openbook zum Thema:
www.dpunkt.de/s/lt

A. Spillner · U. Breymann

Lean Testing für C++-Programmierer

Angemessen statt aufwendig testen

Jeder Entwickler testet die von ihm programmierte Software, bevor er diese eincheckt. Die Autoren präsentieren dem C++-Entwickler unterschiedliche Standardtestverfahren mit vielen praktischen Beispielen. Sie geben ihm Hinweise für die Nutzung der Verfahren und einen Leitfaden für deren Einsatz. Die C++-Beispiele verwenden verschiedene Werkzeuge und sind im Netz verfügbar.

2016, 246 Seiten, Broschur, € 29,90 (D)
ISBN 978-3-86490-308-3

M. Simons

Spring Boot 2

Moderne Softwareentwicklung mit Spring 5

Spring Boot verdrängt seit einigen Jahren zunehmend »klassische« Spring-Anwendungen. Dieses Buch bietet eine umfassende und praktische Einführung in die von Spring Boot 2 unterstützten Spring-Module und -Technologien. Behandelt werden dabei Themen wie Testen, Security, Deployment und Dokumentation.

2018, 460 Seiten, Broschur, € 36,90 (D)
ISBN 978-3-86490-525-4

K. Spichale

API-Design

Praxishandbuch für Java- und Webservice-Entwickler

Mit APIs bzw. Schnittstellen zum Zweck der Arbeitsteilung, Wiederverwendung oder Modularisierung haben Entwickler täglich zu tun. Dieses Buch zeigt, was gute APIs ausmacht. Nach der erfolgreichen Lektüre können Sie APIs für Softwarekomponenten und Webservices entwerfen, dokumentieren und anpassen.

2., überarbeitete und erweiterte Auflage
2. Quartal 2019, ca. 370 Seiten, Broschur, ca. € 34,90 (D)
ISBN 978-3-86490-611-4

R. Preißel · B. Stachmann

Git

Dezentrale Versionsverwaltung im Team
Grundlagen und Workflows

Nach einer kompakten Einführung in die wichtigen Konzepte und Befehle von Git beschreiben die Autoren ausführlich deren Anwendung in typischen Workflows, z.B. »Mit Feature-Branches entwickeln«, »Ein Release durchführen« oder »Große Projekte aufteilen«. Neu: Continuous Delivery und parallele Releases.

4., aktualisierte und erweiterte Auflage
2017, 342 Seiten, Broschur, € 32,90 (D)
ISBN 978-3-86490-452-3

L. D. Gardner

JavaScript für Raspi, Arduino & Co.

Roboter, Maker-Projekte und IoT-Geräte programmieren und steuern

Verwenden Sie JavaScript, die Sprache des Webs, zur Steuerung von kleinen Robotern, kreativen Maker-Projekten und IoT-Geräten. Mit dem Node.js-Ökosystem funktioniert Hardware-Prototyping intuitiv. Dieses ansprechend illustrierte Buch lehrt, wie man Plattformen wie Arduino, Tessel 2 und Raspberry Pi einsetzt.

2018, 514 Seiten, Broschur, € 32,90 (D)
ISBN 978-3-86490-554-4

H. Mössenböck

Kompaktkurs C# 7

Dieses Buch beschreibt in kompakter Form den gesamten Sprachumfang von C# 7. Es richtet sich an Leser, die bereits Erfahrung mit einer anderen Programmiersprache wie Java oder C++ haben und sich rasch in C# einarbeiten wollen, um damit produktiv zu werden. Mit zahlreichen Beispielen und weit über 100 Übungsaufgaben mit Musterlösungen.

2019, 344 Seiten, Broschur, € 29,90 (D)
ISBN 978-3-86490-631-2

F. Maurice

PHP 7 und MySQL

Ihr praktischer Einstieg in die Programmierung dynamischer Websites

Mit diesem Buch meistern Sie elegant den Einstieg in die Programmierung dynamischer Webseiten mit PHP & MySQL. Anhand vieler Beispiele und Übungen und immer gut verständlich vermittelt Ihnen Florence Maurice Grundlagen und fortgeschrittene Techniken für die Entwicklung sicherer Websites.

5., aktualisierte und erweiterte Auflage
2019, 600 Seiten, Festeinband, € 22,90 (D)
ISBN 978-3-86490-601-5

O. Zeigermann · N. Hartmann

React

Die praktische Einführung in React, React Router und Redux

Lernen Sie in diesem Buch, wie Sie mit React wiederverwendbare UI-Komponenten entwickeln und wie Sie auf Basis der einzelnen Komponenten ganze Anwendungen zusammenbauen. Nach der Lektüre sind Sie in der Lage, eigene Projekte mit React zu meistern.

2016, 342 Seiten, Broschur, € 32,90 (D)
ISBN 978-3-86490-327-4

G. Woiwode · F. Malcher · D. Koppenhagen · J. Hoppe

Angular

Grundlagen, fortgeschrittene Techniken und Best Practices mit TypeScript
– ab Angular 4, inklusive NativeScript und Redux

Suchen Sie einen Schnelleinstieg in das populäre JavaScript-Framework von Google? Dieses Buch führt Sie anhand eines Beispielprojekts schrittweise an die Entwicklung heran und vermittelt, wie Sie strukturierte und modularisierte Single-Page-Anwendungen mit dem neuen Angular (ab Version 4) programmieren.

2017, 574 Seiten, Broschur, € 34,90 (D)
ISBN 978-3-86490-357-1

T. Joos

Microsoft Windows Server 2016 – Das Handbuch

Von der Planung und Migration bis zur Konfiguration und Verwaltung

Dieses Buch gibt Ihnen einen tiefgehenden Einblick in den praktischen Einsatz von Windows Server 2016. Es richtet sich sowohl an Neueinsteiger in Microsoft-Servertechnologien als auch an Umsteiger von Vorgängerversionen. Planung und Migration, Konzepte und Werkzeuge zur Administration sowie die wichtigsten Konfigurations- und Verwaltungsfragen werden praxisnah behandelt.

2017, 1112 Seiten, Festeinband, € 59,90 (D)
ISBN 978-3-96009-018-2 (O'Reilly)

T. Joos

Microsoft Exchange Server 2016 – Das Handbuch

Von der Einrichtung bis zum reibungslosen Betrieb

Dieses Handbuch bietet Ihnen einen tiefgehenden Einblick in den Einsatz von Microsoft Exchange Server 2016. Sowohl Neueinsteiger in Microsofts Messagingtechnologien als auch Umsteiger von Vorgängerversionen profitieren vom Expertenwissen des Autors in den Bereichen Konfiguration und Verwaltung von Exchange Server.

2016, 674 Seiten, Festeinband, € 59,90 (D)
ISBN 978-3-96009-013-7 (O'Reilly)

C. Zacker

Installation, Speichertechnologien und Computing mit Windows Server 2016

Original Microsoft Prüfungstraining 70-740

Dieses Original Microsoft Prüfungstraining hilft Ihnen dabei, sich effizient auf die Microsoft Zertifizierungsprüfung 70-740 »Installation, Storage, and Compute with Windows Server 2016« vorzubereiten.

2018, 538 Seiten, Festeinband, € 49,90 (D)
ISBN 978-3-86490-445-5 (Microsoft Press)

A. Bettany · A. J. Warren

Installieren und Konfigurieren von Windows 10

Original Microsoft Prüfungstraining 70-698

Dieses Original Microsoft Prüfungstraining bereitet Sie effizient auf die Microsoft-Zertifizierungsprüfung 70-698 »Installing and Configuring Windows 10« vor.

2019, 522 Seiten, Festeinband, € 49,90 (D)
ISBN 978-3-86490-456-1 (Microsoft Press)

W. Assaf · R. West · S. Aelterman · M. Curnutt

SQL Server Administration

Insider-Wissen – praxisnah & kompetent

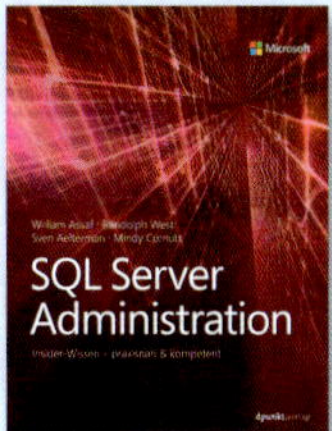

Dieses von Experten für Experten geschriebene Handbuch ist vollgepackt mit hilfreichen Tipps, zeitsparenden Problemlösungen und allem, was Sie zum Planen, Implementieren, Verwalten und Sichern von SQL Server benötigen – egal ob am eigenen Standort, in der Cloud oder in einer Hybridinstallation.

2019, 674 Seiten, Festeinband, € 49,90 (D)
ISBN 978-3-86490-584-1 (Microsoft Press)

A. Ferrari · M. Russo

Datenanalyse mit Microsoft Power BI und Power Pivot für Excel

Microsoft bietet Ihnen mit Power BI und Power Pivot für Excel starke Tools, um Daten effektiv zu modellieren. Mit diesem Buch lernen Sie Schritt für Schritt anhand realer Beispiele mit steigendem Schwierigkeitsgrad, wie Sie einfache Tabellen in umfassende und aussagekräftige Modelle verwandeln.

2018, 264 Seiten, Broschur, € 34,90 (D)
ISBN 978-3-86490-510-0 (Microsoft Press)

E. Bott · C. Stinson

Windows 10 für Experten

Insider-Wissen – praxisnah & kompetent

Geschrieben von einem Expertenteam erklärt Ihnen dieses Buch alles, was Sie über Windows 10 wissen müssen: von der Verwendung des Browsers Edge über Sicherheitsfragen bis zum fortgeschrittenen System-Management, mit vielen zeitsparenden Lösungen und Tipps.

3., aktualisierte Auflage
2. Quartal 2019, ca. 1000 Seiten, Festeinband, ca. € 36,90 (D)
ISBN 978-3-86490-638-1 (Microsoft Press)

P. Yosifovich · A. Ionescu · M. E. Russinovich · D. A. Solomon

Windows Internals

Band 1: Systemarchitektur, Prozesse, Threads, Speicherverwaltung, Sicherheit und mehr

Tauchen Sie ein in die inneren Mechanismen von Windows und lernen Sie die Kernkomponenten kennen, die hinter den Kulissen arbeiten. Dieser Leitfaden wurde von einem Expertenteam verfasst und vollständig auf Windows 10 und Windows Server 2016 aktualisiert.

Übersetzung der 7. englischsprachigen Auflage
2018, 938 Seiten, Festeinband, € 59,90 (D)
ISBN 978-3-86490-538-4 (Microsoft Press)

F. Simon · J. Grossmann · C. A. Graf · J. Mottok · M. A. Schneider

Basiswissen Sicherheitstests

Aus- und Weiterbildung zum ISTQB® Advanced Level Specialist – Certified Security Tester

Die Autoren geben einen fundierten Überblick über die technischen, organisatorischen und prozessoralen Aspekte des Sicherheitstestens und vermitteln das erforderliche Praxiswissen, um für IT-Anwendungen die notwendige Sicherheit zu erhalten, die für eine wirtschaftlich sinnvolle und regulationskonforme Inbetriebnahme von Softwaresystemen notwendig ist.

1. Quartal 2019, ca. 220 Seiten, Festeinband, ca. € 32,90 (D)
ISBN 978-3-86490-618-3

A. Spillner · T. Roßner · M. Winter · T. Linz

Praxiswissen Softwaretest – Testmanagement

Aus- und Weiterbildung zum Certified Tester – Advanced Level nach ISTQB®-Standard

In diesem Buch werden Grundlagen, praxiserprobte Methoden und Techniken sowie die täglichen Aufgaben und Herausforderungen des Testmanagements vorgestellt und anhand eines durchgängigen Beispiels erläutert. Es umfasst den benötigten Stoff zum Ablegen der Prüfung Certified Tester – Advanced Level – Testmanager.

4., überarbeitete und erweiterte Auflage
2014, 506 Seiten, Festeinband, € 44,90 (D)
ISBN 978-3-86490-052-5

A. Spillner · T. Linz

Basiswissen Softwaretest

Aus- und Weiterbildung zum Certified Tester – Foundation Level nach ISTQB®-Standard

Das Buch umfasst den benötigten Stoff zum Ablegen der Prüfung »Certified Tester« (Foundation Level) nach dem Standard des International Software Testing Qualifications Board (ISTQB®) und ist auch für das Selbststudium geeignet.
Die 5. Auflage ist konform zur deutschen Ausgabe des ISTQB®-Lehrplans Version 2011.

5., überarbeitete und aktualisierte Auflage
2012, 312 Seiten, Festeinband, € 39,90 (D)
ISBN 978-3-86490-024-2

G. Bath · J. McKay

Praxiswissen Softwaretest – Test Analyst und Technical Test Analyst

Aus- und Weiterbildung zum Certified Tester – Advanced Level nach ISTQB®-Standard

Das Buch deckt sowohl funktionale als auch technische Aspekte des Softwaretestens ab und vermittelt damit das notwendige Praxiswissen für Test Analysts und Technical Test Analysts – beides entscheidende Rollen in Testteams. Es umfasst den benötigten Stoff zum Ablegen der Prüfung Certified Tester – Advanced Level – TA/TTA.

3., überarbeitete Auflage
2015, 588 Seiten, Festeinband, € 44,90 (D)
ISBN 978-3-86490-137-9

M. Winter · T. Roßner · C. Brandes · H. Götz

Basiswissen modellbasierter Test

Aus- und Weiterbildung zum ISTQB® Foundation Level – Certified Model-Based Tester

Modellbasiertes Testen umfasst die Erstellung und Nutzung von Modellen für die Systematisierung, Formalisierung und Automatisierung von Testaktivitäten. Dieses Buch vermittelt die Grundlagen und gibt einen fundierten Überblick über den modellbasierten Testprozess.
Die 2. Auflage ist konform zum ISTQB®-Lehrplan Foundation Level Extension »Model-Based Tester«.

2., vollständig überarbeitete und aktualisierte Auflage
2016, 474 Seiten, Festeinband, € 44,90 (D)
ISBN 978-3-86490-297-0

T. Linz

Testen in Scrum-Projekten – Leitfaden für Softwarequalität in der agilen Welt

Aus- und Weiterbildung zum ISTQB® Certified Agile Tester – Foundation Extension

Entwicklungsleiter, Projektleiter, Testmanager und Qualitätsmanager erhalten in dem Buch Hinweise und Tipps, wie Testen und Qualitätssicherung in agilen Projekten erfolgreich organisiert werden können. Tester erfahren, wie sie in agilen Teams mitarbeiten und ihre Expertise optimal einbringen können. Die 2. Auflage ist konform zum ISTQB®-Lehrplan Foundation Extension »Agile Tester«.

2., aktualisierte und überarbeitete Auflage
2017, 270 Seiten, Festeinband, € 34,90 (D)
ISBN 978-3-86490-414-1

M. Daigl · R. Glunz

ISO 29119

Die Softwaretest-Normen verstehen und anwenden

Die ISO/IEC/IEEE 29119 stellt eine neue Normenreihe für Softwareprüfungen dar, die Vokabular, Prozesse, Dokumentation und Techniken für Softwaretesten beschreibt. Das Buch gibt eine praxisorientierte Einführung und einen fundierten Überblick über diese Normen (Teil 1 bis 4) und zeigt insbesondere die Umsetzung der Anforderungen aus der ISO 29119 hinsichtlich der Testaktivitäten auf.

2016, 264 Seiten, Festeinband, € 34,90 (D)
ISBN 978-3-86490-237-6

J. Albrecht-Zölch

Testdaten und Testdatenmanagement

Vorgehen, Methoden und Praxis

Der Leser erfährt in diesem Buch, wie man Testdaten gewinnt, nutzt, archiviert und inwiefern der Datenschutz zu beachten ist. Es zeigt Methoden, Best Practices und ein Vorgehen zum Verbessern eines Testdatenmanagements auf. Mustergliederungen und Checklisten helfen bei der Umsetzung in der Praxis.

2018, 454 Seiten, Festeinband, € 42,90 (D)
ISBN 978-3-86490-486-8

K. Franz · T. Tremmel · E. Kruse

Basiswissen Testdatenmanagement

Aus- und Weiterbildung zum Test Data Specialist Certified Tester Foundation Level nach GTB

Das Buch gibt einen praxisorientierten Überblick über das Testdatenmanagement sowie konkrete Anregungen für die effiziente Bereitstellung von Testdaten. Der Inhalt ist konform zum Lehrplan »Certified Tester Foundation Level Test Data Specialist« nach GTB und eignet sich gleichermaßen für das Selbststudium wie als Begleitliteratur zu den entsprechenden Schulungen.

2018, 208 Seiten, Festeinband, € 32,90 (D)
ISBN 978-3-86490-558-2

C. Ebert

Systematisches Requirements Engineering

Anforderungen ermitteln, dokumentieren, analysieren und verwalten

Dieses Buch beschreibt praxisorientiert und systematisch das gesamte Requirements Engineering vom Konzept über Analyse und Realisierung bis zur Wartung und Evolution eines Produkts. Die 6. Auflage vertieft Themen wie agile Entwicklung, Design Thinking, verteilt arbeitende Teams sowie Soft Skills.

6., überarbeitete und erweiterte Auflage
2019, 494 Seiten, Broschur, € 39,90 (D)
ISBN 978-3-86490-562-9

K. Hightower · B. Burns · J. Beda

Kubernetes

Eine kompakte Einführung

Kubernetes vereinfacht das Bauen, Deployen und Warten skalierbarer, verteilter Systeme in der Cloud radikal. Dieser praktische Leitfaden zeigt Ihnen, wie Kubernetes und die Container-Technologie dabei helfen können, in Bezug auf Schnelligkeit, Agilität, Zuverlässigkeit und Effizienz in ganz neue Bereiche vorzudringen.

2018, 204 Seiten, Broschur, € 29,90 (D)
ISBN 978-3-86490-542-1

Openbook zum Thema:
www.dpunkt.de/s/msr

E. Wolff

Das Microservices-Praxisbuch

Grundlagen, Konzepte und Rezepte

Eberhard Wolff zeigt Microservices-Rezepte, die Architekten anpassen und zu einem Menü kombinieren können. So lässt sich deren Implementierung individuell auf die Anforderungen im Projekt ausrichten. Demo-Projekte und Anregungen für die Vertiefung runden das Buch ab.

2018, 328 Seiten, Broschur, € 36,90 (D)
ISBN 978-3-86490-526-1

V. Vernon

Domain-Driven Design kompakt

Aus dem Englischen von Carola Lilienthal und Henning Schwentner

Dieses Buch bietet einen kompakten Einstieg in die wesentlichen DDD-Konzepte, wie Ubiquitous Language, Bounded Contexts, Aggregates, Entities und Subdomänen. Nach der Lektüre sind Sie in der Lage, in Projekten eine gemeinsame Sprache für Fachanwender und Entwickler auch über Teamgrenzen hinweg zu finden.

2017, 158 Seiten, Broschur, € 29,90 (D)
ISBN 978-3-86490-439-4

C. Lilienthal

Langlebige Software-Architekturen

Technische Schulden analysieren, begrenzen und abbauen

Die Autorin beschreibt, wie langlebige Softwarearchitekturen entworfen, umgesetzt und erhalten werden können. Sie erörtert an Beispielen aus real existierenden Systemen, wie die typischen Fehler in Softwarearchitekturen aussehen und was sinnvolle Lösungen sind. Hinzugekommen in der 2. Auflage sind u.a. der Modularity Maturity Index und Mob Architecting.

2., überarbeitete und erweiterte Auflage
2017, 304 Seiten, Broschur, € 34,90 (D)
ISBN 978-3-86490-494-3

M. Gharbi · A. Koschel · A. Rausch · G. Starke

Basiswissen für Softwarearchitekten

Aus- und Weiterbildung nach iSAQB®-Standard zum Certified Professional for Software Architecture – Foundation Level

Dieses Buch vermittelt das nötige Grundlagenwissen, um eine dem Problem angemessene Softwarearchitektur für Systeme zu entwerfen. Es behandelt die wichtigen Begriffe und Konzepte der Softwarearchitektur sowie deren Bezug zu anderen Disziplinen. Die 3. Auflage ist konform zum iSAQB®-Lehrplan Version 2017.

3., überarbeitete und aktualisierte Auflage
2018, 228 Seiten, Festeinband, € 32,90 (D)
ISBN 978-3-86490-499-8

E. Wolff

Microservices

Grundlagen flexibler Softwarearchitekturen

Eberhard Wolff bietet hier »einen umfassenden und tiefen Einstieg« (iX) in Microservices, inklusive deren Vor- und Nachteile. Dabei erklärt er die übergreifende Architektur von Microservices-Systemen, die Architektur einzelner Services und die Auswirkungen auf Projektorganisation, Deployment und Betrieb.

2., aktualisierte Auflage
2018, 384 Seiten, Broschur, € 36,90 (D)
ISBN 978-3-86490-555-1

T. Geis · G. Tesch

Basiswissen Usability und User Experience

Systematisch und strukturiert vom Nutzungskontext zum gebrauchstauglichen Produkt

Aus- und Weiterbildung zum UXQB® Certified Professional for Usability and User Experience – Foundation Level (CPUX-F)

Gebrauchstaugliche Produkte, die ein positives Benutzererlebnis erzeugen, sind das Ergebnis eines systematischen Prozesses. Die Autoren geben einen fundierten Einstieg sowie einen Überblick über die Kompetenzfelder »Usability und User Experience« und deren Zusammenspiel anhand zahlreicher Beispiele für Gestaltungsprinzipien und Gestaltungsregeln.

1. Quartal 2019, ca. 220 Seiten, Festeinband, ca. € 32,90 (D)
ISBN 978-3-86490-599-5

T. Geis · K. Polkehn

Praxiswissen User Requirements

Nutzungsqualität systematisch, nachhaltig und agil in die Produktentwicklung integrieren

Aus- und Weiterbildung zum UXQB® Certified Professional for Usability and User Experience – Advanced Level »User Requirements Engineering« (CPUX-UR)

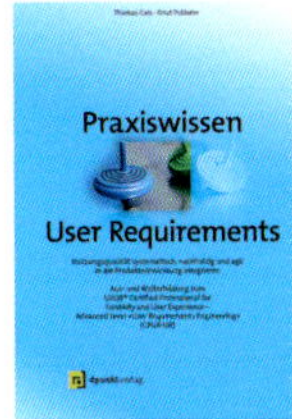

Im Buch wird fundiert aufgezeigt, wie mit User Requirements erfolgreich die Usability & User Experience und damit die Nutzungsqualität von Produkten maximiert werden kann. Die systematische Herleitung, Spezifikation und Strukturierung von Nutzungsanforderungen aus dem Nutzungskontext werden im Detail erörtert.

2018, 220 Seiten, Festeinband, € 32,90 (D)
ISBN 978-3-86490-527-8

G. Vollmer

Mobile App Engineering

Eine systematische Einführung – von den Requirements zum Go Live

Der Autor beschreibt ein strukturiertes und systematisches Vorgehen zur Entwicklung mobiler Apps. Anhand eines durchgehenden Anwendungsbeispiels zeigt er, wie sämtliche Phasen des Softwarelebenszyklus mit geeigneten Methoden, Werkzeugen, Sprachen und Best Practices der Softwaretechnik durchzuführen sind, um hochqualitative Apps zu entwickeln.

2017, 324 Seiten, Broschur, € 29,90 (D)
ISBN 978-3-86490-421-9

K. Pohl · C. Rupp

Basiswissen Requirements Engineering

Aus- und Weiterbildung nach IREB®-Standard zum Certified Professional for Requirements Engineering – Foundation Level

Dieses Lehrbuch für die Zertifizierung zum Foundation Level des CPRE umfasst Grundlagenwissen in den Gebieten Ermittlung, Dokumentation, Prüfung und Abstimmung, Verwaltung von Anforderungen sowie die Werkzeugunterstützung. Die 4. Auflage ist konform zum IREB®-Lehrplan Foundation Level Version 2.2.

4., überarbeitete Auflage
2015, 192 Seiten, Festeinband, € 29,90 (D)
ISBN 978-3-86490-283-3

T. Weilkiens · A. Huwaldt · J. Mottok · S. Roth · A. Willert

Modellbasierte Softwareentwicklung für eingebettete Systeme verstehen und anwenden

Das Buch beschreibt den effektiven Einsatz der Modellierung eingebetteter Software von den Anforderungen über die Architektur bis zum Design, der Codegenerierung und dem Testen. Für jede Phase werden Paradigmen, Methoden, Techniken und Werkzeuge beschrieben, wobei die praktische Anwendung im Vordergrund steht.

2018, 384 Seiten, Broschur, € 39,90 (D)
ISBN 978-3-86490-524-7

J. Bergsmann

Requirements Engineering für die agile Softwareentwicklung

Methoden, Techniken und Strategien

Das Buch gibt einen praxisorientierten Überblick über die am weitesten verbreiteten Techniken für die Anforderungsspezifikation und das Requirements Management in agilen Projekten. Es beschreibt sowohl sinnvolle Anwendungsmöglichkeiten als auch Fallstricke der einzelnen Techniken. Die 2. Auflage berücksichtigt den IREB®-Lehrplan RE@Agile Primer.

2., überarbeitete und aktualisierte Auflage
2018, 386 Seiten, Festeinband, € 36,90 (D)
ISBN 978-3-86490-485-1

T. Steimle · D. Wallach

Collaborative UX Design

Lean UX und Design Thinking: Teambasierte Entwicklung menschzentrierter Produkte

Dieses Buch bietet einen praxisorientierten Überblick zu Grundlagen und Anwendungen kollaborativer Methoden des User Experience Design. Von einem durchgängigen Praxisbeispiel ausgehend werden disziplinübergreifende UX-Methoden vorgestellt und in einem kohärenten Vorgehensmodell miteinander verknüpft.

2018, 240 Seiten, Festeinband, € 29,90 (D)
ISBN 978-3-86490-532-2

A. Gerling · G. Gerling

Der Design-Thinking-Werkzeugkasten

Eine Methodensammlung für kreative Macher

Die Autoren beschreiben kompakt und praxisnah den Design-Thinking-Prozess in sechs Phasen. Sie geben dem Leser einen strukturierten und für die tägliche Arbeit nützlichen Werkzeugkasten an die Hand. Die konkret beschriebenen Anleitungen für den gesamten Projektverlauf erleichtern die Entscheidung für das richtige Werkzeug zur richtigen Zeit.

2018, 160 Seiten, Klappenbroschur, € 16,95 (D)
ISBN 978-3-86490-589-6

G. Gerling · M. Breunig

Pragmatische Innovation

Ein Leitfaden für Macher und Manager im Zeitalter der Digitalisierung

Dieses Buch führt Sie an die systematische Entwicklung insbesondere digitaler Innovationen heran. Es vermittelt anschaulich die Phasen des Innovationsprozesses, Innovationsstrategie und -portfolio sowie organisatorische Voraussetzungen. Die Verwendung von Design Thinking und Business Model Canvas wird im Kontext erläutert.

2. Quartal 2019, ca. 250 Seiten, Broschur, ca. € 29,90 (D)
ISBN 978-3-86490-544-5

J. Noack · J. Diaz

Das Design Sprint Handbuch

Ihr Wegbegleiter durch die Produktentwicklung

Design Sprints haben sich als eine der führenden Methoden etabliert, um mit einem klaren Fokus auf die Kundenbedürfnisse agil innovative Lösungen zu entwickeln; und das in vier oder fünf Tagen. Als Brücke von der Theorie zur Praxis bietet dieses Buch nicht nur eine Einführung in Design Sprints, sondern begleitet Sie bei der konkreten Durchführung als Handbuch und Nachschlagewerk.

1. Quartal 2019, ca. 150 Seiten, Klappenbroschur, ca. € 19,95 (D)
ISBN 978-3-86490-656-5

K. Bittner · P. Kong · D. West

Mit dem Nexus™ Framework Scrum skalieren

Kontinuierliche Bereitstellung eines integrierten Produkts mit mehreren Scrum-Teams

Das Nexus™-Framework ist ein einfacher und effektiver Ansatz, um Scrum in mehreren Teams über verschiedene Standorte und Zeitzonen hinweg erfolgreich anzuwenden. Die Autoren zeigen in kompakter Form, wie Teams mit Nexus™ ein komplexes Produkt in kurzen Zyklen und ohne Einbußen bei der Konsistenz oder Qualität liefern können.

2019, 166 Seiten, Broschur, € 29,90 (D)
ISBN 978-3-86490-576-6

T. Mayer · O. Lewitz · U. Reupke · S. Reupke-Sieroux

The People's Scrum

Revolutionäre Ideen für den agilen Wandel

In diesem Buch mit 39 Essays wird Scrum in einzigartiger Weise als eine Weltanschauung und nicht ausschließlich als Werkzeug oder Methode vermittelt. Es ermutigt den Leser, seinen Blick auf Projektmanagement, Firmenpolitik und Entwicklungspraktiken kritisch zu hinterfragen und neue Wege zu gehen.

2., überarbeitete Auflage
2018, 206 Seiten, Broschur, € 19,95 (D)
ISBN 978-3-86490-533-9

Openbook zum Thema: www.dpunkt.de/s/spm

S. Roock · H. Wolf

Scrum – verstehen und erfolgreich einsetzen

Die Autoren beschreiben in kompakter Form die Scrum-Grundlagen und die hinter Scrum stehenden Werte und Prinzipien sowie die kontinuierliche Prozessverbesserung. Neu hinzugekommen sind in der 2. Auflage Techniken wie Storytelling, Story Mapping, Roadmap Planning sowie Lean Forecasting. Außerdem wurde das Buch an die neue Fassung des Scrum Guide vom November 2017 angepasst.

2., aktualisierte und erweiterte Auflage
2018, 264 Seiten, Broschur, € 29,90 (D)
ISBN 978-3-86490-590-2

C. Larman · B. Vodde

Large-Scale Scrum

Scrum erfolgreich skalieren mit LeSS

Das Skalierungsframework LeSS setzt auf Scrum auf und unterstützt Unternehmen dabei, Agilität über den gesamten Projektlebenszyklus hinweg zu skalieren: von der Sprint-Planung bis hin zur Retrospektive. Die Autoren zeigen, welche Anpassungen gegenüber Scrum im Kleinen für einen Einsatz im Großen notwendig sind und wie diese Anpassungen so minimal wie möglich gehalten werden können.

2017, 396 Seiten, Broschur, € 34,90 (D)
ISBN 978-3-86490-376-2

C. Mathis

SAFe – Das Scaled Agile Framework

mit Poster zu SAFe 4.5

Lean und Agile in großen Unternehmen skalieren

Das Buch gibt einen praxisorientierten Überblick über die Struktur, Rollen, Schlüsselwerte und Prinzipien von SAFe und führt den Leser im Detail durch die Ebenen des Frameworks. Dabei steht die Umsetzung in den agilen Teams im Vordergrund. Die 2. Auflage wurde auf SAFe Version 4.5 aktualisiert.

2., überarbeitete und aktualisierte Auflage
2018, 254 Seiten, Broschur, € 34,90 (D)
ISBN 978-3-86490-529-2

S. Kaltenecker

Tatort Kanban

Ein agiler Kriminalroman

Ein Unternehmen, das sich Agilität auf die Fahnen geschrieben hat. Ein Whiteboard, an dem viele bunte Karten hängen. Ein Kollege, der morgens tot aufgefunden wird. War es Mord? Bei seiner Ermittlungsarbeit muss Chefinspektor Nemecek ein dichtes Netz an Beziehungen entwirren, entdeckt dabei Kanban und setzt es sogar für die eigenen Untersuchungen ein.

2. Quartal 2019, ca. 180 Seiten, Broschur, ca. € 19,95 (D)
ISBN 978-3-86490-653-4

D. J. Anderson · A. Carmichael

Die Essenz von Kanban

kompakt

Dieses Buch bietet in einem kompakten Überblick die »Essenz« dessen, was Kanban ist und wie es effektiv eingesetzt werden kann. Es führt in die Werte, die grundlegenden Prinzipien und Praktiken sowie wesentlichen Metriken für die Verbesserungsarbeit ein und gibt einen ersten Einblick in die Implementierung von Kanban in Organisationen.

2018, 112 Seiten, Broschur, € 14,95 (D)
ISBN 978-3-86490-531-5

M. Burrows

Openbook zum Thema: www.dpunkt.de/s/kanb

Kanban

Verstehen, einführen, anwenden

Mike Burrows vermittelt die Kanban-Methode anhand von neun Werten, wodurch er den Prinzipien und Praktiken Kanbans ein starkes Gerüst verleiht. Weiter werden neuere Konzepte wie die drei »Agenden« und die »Kanban-Linse« sowie die Implementierung von Kanban mittels STATIK (Systems Thinking Approach to Introducing Kanban) vorgestellt.

2015, 272 Seiten, Broschur, € 34,90 (D)
ISBN 978-3-86490-253-6

D. J. Anderson · T. Bozheva

Kanban Maturity Model

So werden Unternehmen Fit for Purpose

Das Kanban Maturity Model entstand durch die Arbeit in den letzten zehn Jahren bei der Einführung von Kanban in kleinen und großen Unternehmen verschiedener Branchen. Es spiegelt die Erfahrung wider, dass die angewendeten Kanban-Praktiken zur organisatorischen Reife des Unternehmens passen müssen. Die KMM-Roadmap und konkrete Maßnahmen ermöglichen, die gewünschte Business-Agilität zu erreichen.

2. Quartal 2019, ca. 220 Seiten, Broschur, ca. € 34,90 (D)
ISBN 978-3-86490-608-4

D. J. Anderson · A. Zheglov

Fit for Purpose

Wie Unternehmen Kunden finden, zufriedenstellen und binden

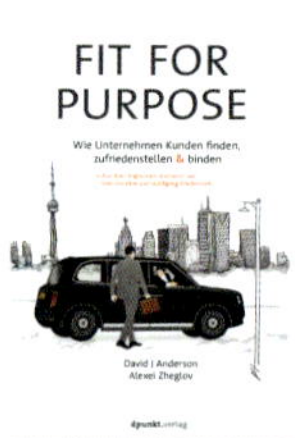

Dynamische Märkte erfordern an den Kundenbedürfnissen ausgerichtete Produkte. Erfahren Sie, wie Sie Kunden finden, kontinuierlich zufriedenstellen und langfristig binden. Finden Sie konkrete Antworten darauf, ob Produkte an Kundenbedürfnissen ausgerichtet sind und wie diese verbessert werden können. Lernen Sie mit dem »Fit for Purpose«-Framework ein pragmatisches Vorgehen kennen, das Sie hierbei unterstützt.

2019, 302 Seiten, Broschur, € 34,90 (D)
ISBN 978-3-86490-579-7

H. Koschek · R. Dräther

Neue Geschichten vom Scrum

Von Führung, Lernen und Selbstorganisation in fortschrittlichen Unternehmen

Drei Jahre nach dem Bau der besten Drachenfalle aller Zeiten hat Scrum viele Anhänger gefunden. Der Open Space beim zweiten Wieimmerländer Scrum-Treffen ist deshalb vollgepackt mit Themen – von Führung über Selbstorganisation bis Vertrauen. Und dann geraten die agilen Werte in Gefahr!

2018, 464 Seiten, Broschur, € 32,90 (D)
ISBN 978-3-86490-273-4

V. Kotrba · R. Miarka

Agile Teams lösungsfokussiert coachen

Sinnvolle Selbstorganisation braucht Vertrauen. Wie können agile Teams zusammen wachsen? Wie kann Kooperation gefördert werden? Die Autoren stellen lösungsorientierte Coaching-Methoden vor und erklären, wie sie im beruflichen Alltag erfolgreich angewendet werden können. Die 3. Auflage enthält zusätzliche Tools und neue Gedanken zum Thema Selbstorganisation.

3., überarbeitete und erweiterte Auflage
2019, 284 Seiten, Broschur, € 32,90 (D)
ISBN 978-3-86490-614-5

S. Kaltenecker

Selbstorganisierte Unternehmen

Management und Coaching in der agilen Welt

Das Buch bietet Ihnen alles, was Sie für die Gestaltung agiler Unternehmen brauchen. Es vermittelt ein solides Grundverständnis sozialer Systeme, beschreibt bewährte Prinzipien und Praktiken der Selbstorganisation und bietet eine breite Palette von Praxisbeispielen, die das Zusammenspiel von Management und Coaching veranschaulichen.

2017, 330 Seiten, Broschur, € 34,90 (D)
ISBN 978-3-86490-453-0

S. Kaltenecker

Selbstorganisierte Teams führen

Arbeitsbuch für Lean & Agile Professionals

Der Autor beschreibt, wie Führung in einem sich selbst organisierenden Umfeld funktioniert, und zeigt, wie die eigenen Führungskompetenzen durch den Einsatz bewährter Techniken systematisch ausgebaut werden können. Die 2. Auflage wurde komplett überarbeitet und um neue Werkzeuge und Fallbeispiele ergänzt.

2., überarbeitete und erweiterte Auflage
2018, 254 Seiten, Broschur, € 32,90 (D)
ISBN 978-3-86490-551-3

A. Rüping

Gute Entscheidungen in IT-Projekten

Unbewusste Einflüsse erkennen, Hintergründe verstehen, Prozesse verbessern

Gute Entscheidungen in IT-Projekten zu treffen, ist nicht einfach. Manchmal fehlt das notwendige Wissen, manchmal kann sich eine gute Meinung nicht durchsetzen. Oft erschweren auch kognitive Verzerrungen die Entscheidungsfindung. Wer jedoch auf diese Hindernisse vorbereitet ist und mit ihnen umzugehen weiß, trifft bessere Entscheidungen; gerade in Projekten, die komplex oder unübersichtlich sind.

2. Quartal 2019, ca. 200 Seiten, Broschur, ca. € 29,90 (D)
ISBN 978-3-86490-648-0

C. Avery

The Responsibility Process

Wie Sie sich selbst und andere wirkungsvoll führen und coachen

Der Autor zeigt mit »The Responsibility Process™« den Weg und die Zwischenschritte hin zu echter Verantwortungsübernahme. Er gibt Ihnen konkrete Werkzeuge, Praktiken und Leadership-Weisheiten an die Hand, mit denen Sie lernen, diesen Prozess bewusst einzusetzen, um sich selbst und anderen kraft- und wirkungsvolles Handeln zu ermöglichen.

2019, 294 Seiten, Broschur, € 24,90 (D)
ISBN 978-3-86490-577-3

R. van Solingen

Der Bienenhirte – über das Führen von selbstorganisierten Teams

Ein Roman für Manager und Projektverantwortliche

Dieses außergewöhnliche Buch handelt von der Geschichte von Mark, einer Führungskraft in einer Supermarktkette, in der auf Selbstorganisation umgestellt wird. Eines Tages erfährt Mark von seinem Großvater, wie dieser vom Schafhirten zum Imker wurde und was er dabei gelernt hat. Seine klugen und praktischen Lektionen scheinen überraschend gut auf Marks Situation zu passen.

2017, 126 Seiten, Broschur, € 19,95 (D)
ISBN 978-3-86490-495-0

J. Hoffmann · S. Roock

Agile Unternehmen

Veränderungsprozesse gestalten, agile Prinzipien verankern, Selbstorganisation und neue Führungsstile etablieren

Agile Unternehmen agieren flexibler am Markt, entwickeln begeisternde Produkte und bieten Mitarbeitern sinnstiftendere Arbeitsplätze. Die Autoren beschreiben, was agile Unternehmen ausmacht, und bieten konkrete Praktiken an, mit denen das eigene Unternehmen schrittweise agiler gestaltet werden kann - mit vielen Fallbeispielen aus der Praxis.

2018, 214 Seiten, Broschur, € 29,90 (D)
ISBN 978-3-86490-399-1

F.-U. Pieper · S. Roock

Agile Verträge

Vertragsgestaltung bei agiler Entwicklung für Projektverantwortliche

Die Autoren beschreiben die vertragsrechtlichen Grundlagen bei agiler Softwareentwicklung, die verschiedenen Varianten der Vertragsgestaltung sowie die einzelnen Vertragsformen mit ihren Eigenschaften, Funktionsweisen, Vorteilen und Risiken, wobei auch eine formalrechtliche Einordnung vorgenommen wird.

2017, 168 Seiten, Broschur, € 26,90 (D)
ISBN 978-3-86490-400-4

P. Koning

Toolkit für agile Führungskräfte

Selbstorganisierte Teams zum Erfolg führen

Sie fühlen sich verantwortlich für Ihre agilen Teams. Sie möchten, dass die Teams wachsen und schneller auf die Veränderungen im Markt reagieren. Was ist das richtige Maß an Selbstorganisation für Ihre Teams? Wann sollten Sie Raum geben, wann eingreifen? Peter Koning zeigt anhand konkreter Werkzeuge, wie Sie auf neue Art und Weise führen können.

2. Quartal 2019, ca. 240 Seiten, Festeinband, ca. € 32,90 (D)
ISBN 978-3-86490-628-2

U. Haneke · S. Trahasch · M. Zimmer · C. Felden (Hrsg.)

Data Science

Grundlagen, Architekturen und Anwendungen

Das Buch bietet eine umfassende Einführung in Data Science und dessen praktische Relevanz für Unternehmen. Es behandelt die wichtigen Aufgabenfelder, Methoden, Rollen- und Organisationsmodelle sowie grundlegenden Konzepte und Architekturen für Data Science. Zahlreiche Anwendungsfälle helfen bei der konkreten Umsetzung in der Praxis.

1. Quartal 2019, ca. 250 Seiten, Festeinband, ca. € 59,90 (D)
ISBN 978-3-86490-610-7

M. Knoll

Praxisorientiertes IT-Risikomanagement

Konzeption, Implementierung und Überprüfung

Das Buch beschreibt die Grundlagen sowie Organisationsstrukturen und Elemente des IT-Risikomanagement-Prozesses. Dabei werden gängige Methoden sowie der Einsatz von Werkzeugen anhand von Beispielen aus der Praxis erläutert. Die 2. Auflage wurde komplett überarbeitet und um Themen wie DevOps, Schatten-IT, Industrie 4.0 erweitert.

2. überarbeitete und erweiterte Auflage
1. Quartal 2019, ca. 364 Seiten, Festeinband, ca. € 44,90 (D)
ISBN 978-3-86490-655-8

R. Finger (Hrsg.)

BI & Analytics in der Cloud

Architektur, Vorgehen und Praxis

Die Autoren geben einen fundierten Überblick und behandeln im Detail Themen wie die Cloud als Agilitätshebel für BI und Analytics, Big Data in der Cloud, Cloud Services, Cloud-Nutzungsstrategien für Data Analytics und Social-Media-Integration. Abgerundet wird das Buch mit einem Marktüberblick zu Cloud BI. Die Beiträge spiegeln dabei die konkreten Umsetzungserfahrungen der Autoren wider.

2019, 262 Seiten, Festeinband, € 59,90 (D)
ISBN 978-3-86490-591-9

H. Stauffer

Security für Data-Warehouse- und Business-Intelligence-Systeme

Konzepte, Vorgehen und Praxis

Der Autor beschreibt die Grundlagen der Security, welche Schutzziele bei BI-Projekten verfolgt werden müssen, auf welchen Ebenen Security berücksichtigt werden muss, welche Typen von Maßnahmen es gegen interne und externe Bedrohungen gibt und welche Datenschutz- bzw. regulatorischen Anforderungen zu beachten sind.

2018, 302 Seiten, Festeinband, € 59,90 (D)
ISBN 978-3-86490-419-6

J. Kohlhammer · D. U. Proff · A. Wiener

Visual Business Analytics

Effektiver Zugang zu Daten und Informationen

Die Autoren bieten einen praxisnahen Überblick über Visual Business Analytics mit seinen drei Teilgebieten: Information Design, Visual Business Intelligence und Visual Analytics. Anwendungsbeispiele und ein Blick in die Forschung runden das Buch ab. Die 2. Auflage wurde um neue Themen wie Visualisierungsstandards und maschinelles Lernen erweitert.

2., überarbeitete und aktualisierte Auflage
2018, 288 Seiten, Festeinband, € 69,90 (D)
ISBN 978-3-86490-410-3

W. Keller

IT-Unternehmensarchitektur

Von der Geschäftsstrategie zur optimalen IT-Unterstützung

Dieses Buch stellt die Sicht eines IT-Verantwortlichen auf die Herausforderungen dar, vor denen die IT-Funktion eines Unternehmens heute steht. Es beschreibt, wie ihn IT-Unternehmensarchitektur dabei unterstützen kann, seine Aufgaben im Sinne eines modernen IT-Verantwortlichen wahrzunehmen. Die 3. Auflage wurde um Themen wie Lean/Agile EAM und EAM für den Mittelstand erweitert.

3., überarbeitete und erweiterte Auflage
2017, 506 Seiten, Festeinband, € 49,90 (D)
ISBN 978-3-86490-406-6

L. Betz · T. Widhalm

Icinga 2

Ein praktischer Einstieg ins Monitoring

Die erweiterte und aktualisierte Neuauflage von »Icinga 2« gibt eine umfassende Einführung in das Monitoringprodukt. Dabei zeigt es Umsteigern und Monitoring-Neulingen praxisnah, wie eine Umgebung aufgebaut und Schritt für Schritt immer umfangreicher und umfassender gestaltet wird.

2., aktualisierte und erweiterte Auflage
2018, 686 Seiten, Broschur, € 44,90 (D)
ISBN 978-3-86490-556-8

K. Schmeh

Kryptografie

Verfahren, Protokolle, Infrastrukturen

Das Grundlagenwerk beschreibt alle relevanten Verschlüsselungs-, Signatur- und Hash-Verfahren in anschaulicher Form. Es geht auf kryptografische Protokolle, Implementierungsfragen, Sicherheits-Evaluierungen, Seitenkanalangriffe sowie Public-Key-Infrastrukturen (PKI) und Netzwerkprotokolle ein.

6., aktualisierte Auflage
2016, 944 Seiten, Festeinband, € 54,90 (D)
ISBN 978-3-86490-356-4

M. Messner

Hacking mit Metasploit

Das umfassende Handbuch zu Penetration Testing und Metasploit

Sicherheitsexperte Michael Messner erklärt Ihnen typische Pentesting-Tätigkeiten und zeigt, wie man mit Metasploit komplexe, mehrstufige Angriffe vorbereitet, durchführt und protokolliert.
»Eine gelungene Einführung, die auch für Leser mit Vorkenntnissen interessant ist.« (Linux Magazin)

3., aktualisierte und erweiterte Auflage
2018, 594 Seiten, Broschur, € 46,90 (D)
ISBN 978-3-86490-523-0

J. Forshaw

Netzwerkprotokolle hacken

Sicherheitslücken verstehen, analysieren und schützen

Top-Bug-Hunter James Forshaw befasst sich mit Netzwerken auf Protokollebene aus der Perspektive eines Angreifers, um Schwachstellen zu finden, auszunutzen und letztendlich zu schützen. Das Buch ist damit ein Muss für jeden Penetration Tester, Bug Hunter oder Security-Entwickler.

2018, 366 Seiten, Broschur, € 36,90 (D)
ISBN 978-3-86490-569-8

U. Troppens · N. Haustein

Speichernetze

Grundlagen und praktischer Einsatz: Vom Magnetband zur Cloud

Dieses Buch erklärt die grundlegenden Techniken für die Speicherung von Daten auf Disk- und Flashsystemen, Magnetbändern, Dateisystemen sowie Objektspeichern. Es erläutert wesentliche Übertragungstechniken wie Fibre Channel, iSCSI, InfiniBand und NVMe sowie deren Einsatz und wie sie helfen, Ausfallsicherheit, Anpassbarkeit und Erweiterbarkeit von Datenspeichern und Anwendungen zu gewährleisten.

3., aktualisierte und erweiterte Auflage
1. Quartal 2019, ca. 962 Seiten, Festeinband, ca. € 69,90 (D)
ISBN 978-3-86490-503-2

K. Sckommodau

Magazindesign

Gestaltungsgrundlagen und Umsetzung mit InDesign und Photoshop

Diese Anleitung führt Sie praxisnah durch den gesamten Workflow – von den grundlegenden Überlegungen zur Gestaltung über die Umsetzung in InDesign und die Bildbearbeitung bis hin zur fertigen Druckausgabe. Zudem finden Sie gezielt Lösungen für konkrete Fragestellungen und Checklisten.

2018, 320 Seiten, Festeinband, € 36,90 (D)
ISBN 978-3-86490-530-8

S. Schulze

Auf dem Tablet erklärt

Wie Sie Ihre guten Ideen einfach und digital visualisieren

Lassen Sie sich inspirieren, wie Sie mit einfachen Mitteln Ihre Ideen verdeutlichen, Gedanken strukturieren und Ihre Botschaft visuell darstellen. Von ersten Skizzen bis zur fertigen Präsentation – hier finden Sie Anleitungen, kleine Helfer und hilfreiche Tipps für das Zeichnen mit dem Tablet.

Weitere Titel zum Thema Zeichnen: www.dpunkt.de/s/zeichnen

2018, 316 Seiten, Broschur, € 24,90 (D)
ISBN 978-3-86490-513-1

J. Jacobsen

Website-Konzeption

Erfolgreiche und nutzerfreundliche Websites planen, umsetzen und betreiben

In seinem erfolgreichen Klassiker zur Website-Konzeption vermittelt Jens Jacobsen Ihnen, wie Sie eine Website planen, konzipieren, umsetzen und betreiben. Ob Sie alles selbst machen oder mit Agenturen und/oder Auftragnehmern arbeiten – Sie sehen, wie Sie schon in der Konzeptionsphase Fehler vermeiden, die später nur schwer zu korrigieren sind.

8., aktualisierte Auflage
2017, 500 Seiten, Broschur, € 39,90 (D)
ISBN 978-3-86490-427-1

K. Posselt · D. Frölich

Barrierefreie PDF-Dokumente erstellen

Das Praxishandbuch für den Arbeitsalltag – Mit Beispielen zur Umsetzung in InDesign und Office

Mit starkem Praxisbezug und anhand vieler Beispiele lernen Sie, barrierefreie PDF-Dokumente zu erstellen. Nach den gesetzlichen Anforderungen und den technischen Grundlagen zeigen die Autoren die praktische Umsetzung in den Standardprogrammen und die abschließende Prüfung und Korrektur der Dokumente.

1. Quartal 2019, ca. 650 Seiten, Broschur, ca. € 46,90 (D)
ISBN 978-3-86490-487-5

J. Santa Maria

Webtypografie

Präzise und auf den Punkt vermittelt Jason Santa Maria typografisches Grundwissen, übertragen auf das Web: Schriften erkennen, auswählen und kombinieren, Fallback-Lösungen, flexible Gestaltung der Webseite. Er zeigt, wie Sie mit Typografie Ihr Design prägen und ein angenehmes Leseerlebnis schaffen.

2016, 160 Seiten, Broschur, € 19,95 (D)
ISBN 978-3-86490-276-5

A. Weiss

Sketchnotes & Graphic Recording

Eine Anleitung

Visuell erfassen, festhalten, lernen, präsentieren – diese Anleitung führt vom einfachen Basisbildvokabular über die Umsetzung komplexer Themen in Bilder bis hin zum grafischen Verlaufsprotokoll in Wandgröße. Mit zahlreichen Beispielen, Anregungen, Übungen und Tipps zum simultanen Zeichnen vor Publikum.

2016, 206 Seiten, Festeinband, € 26,90 (D)
ISBN 978-3-86490-359-5

die Rache auf die gesamte Organisation, so ist mit globaleren Schäden zu rechnen.

Die Wahrscheinlichkeit, mit der ein durch eine nicht friedliche Kündigung existierender Risikofaktor effektiv Schäden erzeugt, ist für solche Fälle maximal hoch. Aus einer Risikomanagementperspektive folgt daraus klar, auf der einen Seite nicht zu viele Fähigkeiten auf einen Administrator zu bündeln und andererseits solche Mitarbeiter nicht als normale Mitarbeiter zu führen (und ggf. zu kündigen) (vgl. hierzu z.B. »How to fire a sys admin« in [Muniz 13]).

Administratoren bedürfen der besonderen Fürsorge.

Auch für die Wahrscheinlichkeitsanalyse gilt: Ihre Ergebnisse beziehen sich auf einen konkreten Zeitrahmen. Die Wahrscheinlichkeitsanalyse für den oberen Fall des gekündigten IT-Administrators wird für den Zeitraum der ersten 6 Monate nach der Kündigung anders aussehen als nach 5 Jahren.

Ermitteln des Schweregrades eines Sicherheitsrisikos

Mit den bisher erarbeiteten Daten Risikofaktor, Schadensausmaß und Wahrscheinlichkeit lässt sich nun eine effektive Risikobewertung durchführen: »Eine Risikobewertung muss daher beide Einflussgrößen [Schadensausmaß und Wahrscheinlichkeit, Anm. d. Autoren] berücksichtigen. In der Praxis gibt es hierfür viele Verfahren, eine häufig genutzte ist die so genannte Risikomatrix.« (vgl. Abschnitt 4.3 »Risiken bewerten« im [BSI Grundschutz 16]).

Für die Risikomatrix werden die beiden Achsen wie folgt belegt:

Risikomatrix

- **Spalten**
  Die Spalten bezeichnen meist die Wahrscheinlichkeit eines Risikofaktors. Damit die Matrix nicht zu komplex wird, erfolgt hier meist eine Wahrscheinlichkeitsklassifikation. Eine typische Klassifikation ist beispielsweise:
  - »**sehr wahrscheinlich**«: z.B. einmal pro Woche oder öfter
  - »**wahrscheinlich**«: einmal pro Monat
  - »**möglich**«: einmal pro Jahr
  - »**unwahrscheinlich**«: alle 10 Jahre oder seltener
- **Zeilen**
  Die Zeilen beschreiben meist das Schadensausmaß hinter einem Risikofaktor. Auch hier werden häufig Schadensklassifikationen verwendet. Eine typische Klassifikation ist als Beispiel:
  - »**niedrig**«: kleiner als 100 €
  - »**mittel**«: zwischen 100 € und 10.000 €

- »**hoch**«: zwischen 10.000 € und 1 Mio. €
- »**sehr hoch**«: größer als 1 Mio. €

Das konkrete Klassifikationsschema hängt vom jeweiligen Kontext ab.

Es gibt viele unterschiedliche Möglichkeiten, die Klassifikationen vorzunehmen. Häufig werden auch die konkreten Einheiten durch qualitative Beschreibungen ersetzt: Ein Schadensausmaß »hoch« könnte demnach ebenfalls beschrieben werden als »*erzeugt großen Schaden, der auf Unternehmensebene bereits bis auf Vorstandsebene Auswirkungen haben kann. Gewinnwarnungen oder Gespräche mit der Bank für die Sicherstellung einer entsprechenden Liquidität sind noch nicht zu führen*«.

Eine typische Risikomatrix ist in Abbildung 1–14 dargestellt.

Abb. 1–14
Beispiel einer Risikomatrix

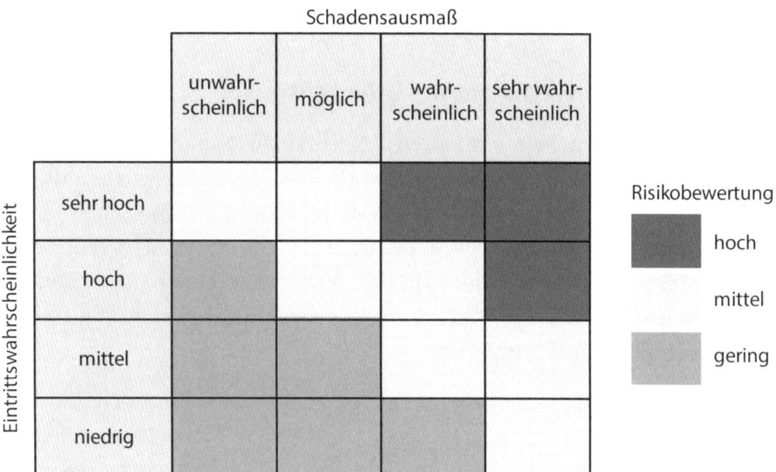

Die Risikobewertung ist ebenfalls individuell vorzunehmen. So existieren durchaus viel »grünere« Risikomatrizen, d.h., die Risikoakzeptanzschwelle ist für solche Unternehmen deutlich höher. Sehr sicherheitssensible Unternehmen werden dagegen evtl. nur Risiken der Form »unwahrscheinlich« und »niedrig« als gering einschätzen.

Jeder Risikofaktor ist idealerweise in eine solche Risikomatrix einzutragen. Sie dient damit gleichzeitig als Grundlage eines effektiven Risikomanagements und beantwortet damit u.a. die Frage, welche Risiken mit welcher Risikobehandlungsmethode (vgl. Abschnitt 1.1.1.1) bearbeitet werden müssen. Eine einfache Ableitung könnte wie folgt aussehen:

- »**Risikoakzeptanz**« für Risikofaktoren mit der Gesamtbewertung »gering«
- »**Risikodelegation**« oder »**Risikovermeidung**« für Risikofaktoren mit der Gesamtbewertung »mittel«
- »**Risikominderung**« oder »**Risikovermeidung**« für Risikofaktoren mit der Gesamtbewertung »hoch«

1.3.3 Mensch, Prozess und Technik

Ganzheitliche Sicherheit

Die Aufstellung einer Risikomatrix ist eine gute Basis für ein sicherheitsbasiertes Risikomanagement. Anhand des eigenen Risikoappetits (vgl. Abschnitt 1.1.3) können Maßnahmen abgeleitet werden und so die Risiken aktiv gemanagt werden.

Abb. 1–15
Konzept des »schwächsten Glieds« in der Sicherheit

Neben den besonders hohen Risiken, die explizit bekannt und modelliert vorliegen, geht häufig eine noch viel größere Gefahr von solchen Risiken aus, die unbekannt sind. Gerade bei der Sicherheit dominiert das Konzept: »Das schwächste Glied der Kette entscheidet.«

Ein Sicherheitsaudit muss so ganzheitlich sein wie möglich.

Dieses Konzept ist ebenso wichtig für die Sicherheitsaudits, da diese ja genau eine Gesamtübersicht über existierende Risiken geben sollen. Die Anforderungen, Unternehmen und darin arbeitende Menschen möglichst ganzheitlich zu modellieren, existieren bereits seit den 60er Jahren. Ein bis heute dafür genutztes Modell ist das sogenannte »Diamand-Modell von Leavitt« [Leavitt 64]:

Abb. 1–16
Leavitt-Diamant mit dem eisernen Dreieck

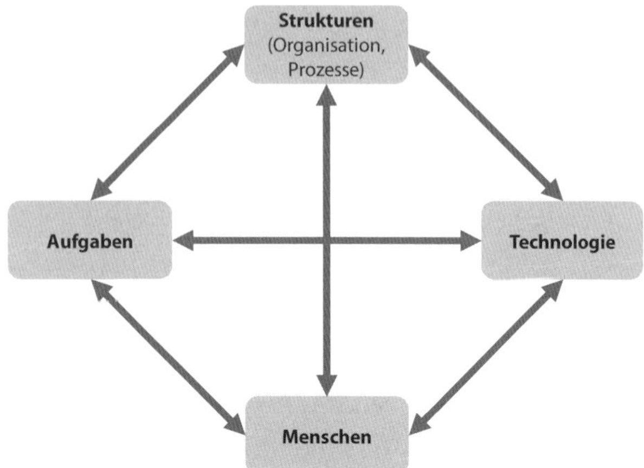

Um Aufgaben zu bearbeiten, braucht es demnach Menschen, die unter Zuhilfenahme von Technologien in einer Struktur, gegeben aus Organisation und Prozessen, arbeiten. Jeder dieser Faktoren ist mit jedem anderen verbunden, d.h., er hat Einfluss darauf: So wird ein Mensch eine Aufgabe bei einer entsprechenden Technologie sehr viel effizienter und effektiver ausführen, als wenn die Technologie ungeeignet ist. Die Technologie hat dabei auch Auswirkungen auf die Aufgabe selbst, da sie ganz neue Möglichkeiten eröffnet: War es früher z.B. nur mit enormem Aufwand möglich, ein Anschreiben an mehrere Empfänger zu verschicken (ausdrucken, kopieren, Adressaufkleber erzeugen, frankieren, verpacken usw.), so ist eine solche Aufgabe heute via E-Mail in Sekunden realisiert.

Eisernes Dreieck: Menschen, Strukturen und Technologie

Die Sicherheit hat nun sicherzustellen, dass alle im Kontext mit der Aufgabe verwendeten Assets sicher, d.h. verfügbar, integer und vertraulich vorhanden sind. Auch hier dominiert wieder das Konzept des schwächsten Glieds: Selbst mit gut ausgebildeten Menschen in einer effizienten Struktur können Technologiedefizite die Sicherheit gefährden. Genauso kann die sicherste Technologie kaum helfen, wenn die Menschen damit nicht umgehen können oder die Prozesse diese Technologie nicht entsprechend nutzen. In der Sicherheit werden daher die drei Bereiche Menschen, Struktur (gegeben durch Prozesse und Organisation) und Technologie als das sogenannte eiserne Dreieck verstanden, dessen »Haltbarkeit« durch das schwächste Glied definiert ist.

Im Folgenden wird jede der drei Ecken des eisernen Dreiecks kurz beschrieben und einige Beispielinstanzen genannt, die bei einem Sicherheitsaudit betrachtet werden sollten:

- **Menschen** zeichnen sich dadurch aus, dass sie unterschiedliche Ziele, Kompetenzen und Einstellungen haben. Jeder dieser Faktoren hat Einfluss auf die Wirksamkeit sicherheitsbezogener Sicherheitsmaßnahmen und damit Einfluss auf den gesamten Risiko-Status-quo. So haben die Ziele des Menschen an der Rezeption durchaus Einfluss auf die Sicherheit: Hat er das Ziel, möglichst vielen Personen freundlich Eintritt zu gewähren, so ist die durch ihn erreichte Risikoreduktion gering. Hat er dagegen das Ziel, den Gebäudezutritt nur nach vollständiger Authentifizierung durch Zeigen des Firmen- und Personalausweises zu gewähren, ist sein Einfluss auf die erreichte Sicherheit deutlich positiver. Auch die Einstellung von Menschen zum Thema Sicherheit spielt eine wichtige Rolle: So lassen sich hohe Ansprüche an die Sicherheit von Passwörtern durch eine entsprechende Passwortrichtlinie einfordern; wenn die Mitarbeiter starke Passwörter bestenfalls als lästiges Ärgernis ansehen, wird die Wirksamkeit durch das Notieren der Passwörter auf Post-its unterminiert.
- **Prozesse** sind definiert als »*ein Satz von in Wechselbeziehungen stehenden Aktivitäten und Ressourcen, die Eingaben in Ergebnisse umgestalten*« (Prozess in [GTB Glossar 18]). Im Idealfall umfassen Prozesse, die sicherheitsrelevante Assets bearbeiten, auch Sicherheit gebende Aktivitäten. Diese Aktivitäten sind hierbei in der Organisation (das ist der zweite Aspekt unter Struktur im Leavitt-Diamanten) klar verortet: Es ist also festgelegt, wer welche Aktivitäten durchführen muss und wer die Gesamtverantwortung des Prozesses trägt und ggf. gegensteuert z.B. für den Fall, dass eine Aktivität nicht erfolgt. Sieht ein Prozess zum elektronischen Verteilen von Vertragsdetails z.B. nicht explizit die Aktivität der Verschlüsselung der Vertragsdetails vor, so ist die Sicherheit der verschickten Unterlagen möglicherweise gefährdet. Wird in der Organisation die Verschlüsselung der Unterlagen und das Verteilen organisatorisch getrennt, so muss der Prozess definieren, wie damit umzugehen ist, wenn die verschlüsselnde Rolle ihrer Aufgabe nicht nachgeht.

  Neben dem Risiko, dass die Prozesse die Sicherheit nicht garantieren, existiert das weitere Risiko, dass Prozesse nicht eingehalten werden (etwa begründet durch die Bequemlichkeit von Menschen). Beide haben denselben Effekt, nämlich eine geringere Sicherheit.
- **Technik** wird im Leavitt-Diamanten als Mittel zum Zweck, hier die Bearbeitung einer Aufgabe, angesehen. Diese Mittel wiederum können selbst Schwachstellen haben oder überhaupt gar keine Mittel zur Sicherstellung von Sicherheit umfassen. Ein veralteter Webbrowser z.B. kann den heutigen Sicherheitsanforderungen nicht mehr

gerecht werden. Ebenso können über unverschlüsselte Protokolle (z.B. SMTP) verschickte E-Mails kaum die nötige Vertraulichkeit und Integrität der versendeten Informationen garantieren.

Die genannten drei Aspekte kann man sich als eisernes Dreieck vorstellen, dessen drei Ecken im Zusammenspiel eine IT-Komplettlösung bilden. Wird einer der drei Aspekte ignoriert, leidet die gesamte IT-Leistungsbereitstellung und -Sicherheitsarbeit.

Ein Sicherheitsaudit ist umso effektiver, je ganzheitlicher er die Dimensionen des eisernen Dreiecks berücksichtigt. Hier wird dann gleichzeitig die Beziehung zwischen dem Sicherheitsaudit und einem Sicherheitstest am deutlichsten sichtbar. Beim Audit werden, z.B. durch das Aufstellen von Risikomatrizen, Unzulänglichkeiten und Bereiche aufgedeckt, die aus einer Risikobewertung Risikobehandlungen motivieren. Der Sicherheitstest prüft nun, inwieweit sicherheitsbezogene Sicherheitsmaßnahmen vorhanden und wirksam sind.

1.4 Was Sie in diesem Kapitel gelernt haben

- In Abschnitt 1.1 wird der Begriff IT-Sicherheit erläutert und der Begriff der Sicherheitsrisiken eingeführt. Anschließend wird der besondere Wert einer Risikobewertung für die Planung von Sicherheitstests aufgezeigt, und es wird beschrieben, wie solche Sicherheitstests an den geschäftlichen Erfordernissen ausgerichtet werden können. Eine ganz wesentliche Rolle hierbei spielen digitale und non-digitale Assets, deren Wert zu ermitteln ist, um sie anschließend einer bestimmten Sicherheitsstufe zuordnen zu können, die unter Berücksichtigung des Ortes und möglicher Zugriffe auf das Asset mittels Sicherheitstests abgesichert werden kann. Abschließend wird aufgezeigt, wie Risiken ganzheitlich bewertet werden können, wovon diese Risikobewertungen abhängen und ob und wie sie sich in der Zukunft entwickeln können.
- In Abschnitt 1.2 wird das Konzept von Sicherheitsrichtlinien eingeführt sowie 19 typische Arten vorgestellt. Hierbei wird jeweils viel Wert auf die Wirkungsweise und die Überprüfung der Wirksamkeit solcher Sicherheitsrichtlinien gelegt. Es werden wirksame und weniger wirksame Sicherheitsrichtlinien vorgestellt. Insbesondere die effektive Zusammenstellung von Sicherheitsrichtlinienkatalogen sowie deren Wirksamkeitsüberprüfung mit Sicherheitstests wird diskutiert.

- In Abschnitt 1.3 wird abschließend der Begriff eines Sicherheitsaudits vorgestellt und die Wichtigkeit einer möglichst ganzheitlichen Betrachtung hervorgehoben. Die vorgestellten Risikomodelle helfen bei der Auswahl entsprechender Aspekte und ermöglichen eine systematische Durchführung von Sicherheitsaudits, die jeweils ganzheitlich die drei Aspekte des eisernen Dreiecks Mensch, Prozess und Technik berücksichtigen.

2 Zweck, Ziele und Strategien von Sicherheitstests

»Here are a few of these fallacies,
which do not cease to be fallacies
because they become fashions.«
G. K. Chesterton, Illustrated London News, 19. April 1930

Jedes Unternehmen hat einzigartige, schützenswerte Güter. Ziel und Zweck von Sicherheitstests ist es, die Maßnahmen, die zu deren Schutz ergriffen wurden, zu prüfen. Mithilfe von Sicherheitstests muss eingeschätzt werden, inwiefern ergriffene Schutzmaßnahmen Bedrohungen erfolgreich abwehren können und somit Vertrauen in die Sicherheit des Systems rechtfertigen. Der gesamte Unternehmenskontext – von den Schutzzielen bis zu den einzelnen Projektaktivitäten – beeinflusst dabei die Aufgaben eines Sicherheitstestteams. Sicherheitstestziele müssen daher sowohl technologische Eigenschaften des zu testenden Systems, die Umsetzung von Unternehmensrichtlinien als auch die zu schützenden Daten und Dienste berücksichtigen. Die Tests müssen in ausreichendem Umfang im Rahmen der zur Verfügung stehenden Ressourcen durchführbar sein. Hierzu muss der Sicherheitstester die bestehende Situation analysieren und ermitteln, welche Sicherheitstestkonzepte erfolgreich sein können und welche eher fehlschlagen. Zur Erstellung der Konzepte und Ermittlung von Zielen muss er die betroffenen Stakeholder identifizieren und in die Zieldefinitionen einbeziehen. Zuletzt muss die Erreichung der Testziele messbar sein, sodass Sicherheitstests bei Bedarf optimiert werden können.

2.1 Einleitung

Ein Sicherheitstester muss für eine gegebene Organisation Antworten auf folgende Fragen finden:

1. **Warum Sicherheitstests**
   Was sind die Gründe der Organisation, Sicherheitstests durchzuführen?
2. **Welcher Zweck**
   Welche konkreten Testziele ergeben sich aus Punkt 1 für die Sicherheitstests?

3. Wann und wie können Sicherheitstests in der Organisation durchgeführt werden?

An den Antworten, die er findet, muss er seine Sicherheitsteststrategie ausrichten.

Darüber hinaus muss er zwei weitere Aspekte berücksichtigen, die den Sicherheitstest von anderen Softwaretestarten – insbesondere dem funktionalen Test – unterscheiden. Fehler im Zusammenhang mit der Informationssicherheit eines Systems beruhen meist auf Seiteneffekten oder nicht dokumentierten, oft unbeabsichtigt implementierten Zusatzfunktionalitäten der geforderten Programmeigenschaften. Die zugehörigen Fehlerwirkungen werden häufig im normalen funktionalen Test nicht ausgelöst oder einfach nicht erkannt. Im Folgenden werden einige Beispiele für typische Sicherheitsschwachstellen aufgeführt, die im Sinne des Eingangszitats nach wie vor »in Mode« sind:[1]

2.1.1 Unbefugtes Kopieren von Anwendungen oder Dateien

Im Zusammenhang mit Softwarepiraterie müssen Sicherheitstests die implementierten technischen Schutzmechanismen[2] prüfen, wie z.B.:

- Verschleierung (Obfuscation), bei der z.B. ein Programm so verändert wird, dass die Analyse und der Nachbau eines verwendeten Algorithmus (Reverse Engineering) wesentlich erschwert wird.
- Systemhärtung gegen betrügerische Veränderungen (Tamper-proofing): Das Programm stellt seinen Dienst ein, wenn Veränderungen, z.B. an Kopierschutz, Lizenzinformationen etc., festgestellt werden.
- Elektronische Wasserzeichen (Watermarking), bei denen Copyright-Informationen versteckt im Programm gespeichert werden oder dynamisch bei der Ausführung bestimmter Programmpfade erzeugt werden.

Die Funktionsweise der Mechanismen muss für den Test bekannt sein und nach außen hin geheim gehalten werden. Zudem werden sehr gute Programmierkenntnisse zur Bewertung der Testergebnisse benötigt. Dies wird in Kapitel 5 detaillierter besprochen.

1. Verweise, die mit CVE- beginnen, entstammen der National Vulnerability Database und können auf *https://nvd.nist.gov/* nachgelesen werden.
2. Siehe [Kohonen 15] für eine Auflistung.

2.1.2 Fehler in der Zugangskontrolle

Anforderungen an eine Zugangskontrolle müssen in der Systembeschreibung hinterlegt sein. Nur rein funktional zu prüfen, ob z.B. die Passwortabfrage wie beschrieben funktioniert, reicht nicht aus. Meist wird die Zugangskontrolle einfach umgangen: Der Angreifer manipuliert dabei Pfadnamen, URLs oder andere Daten, die für Eingaben zugänglich sind. Umgehungen der Zugangskontrolle sind manchmal nur für ganz bestimmte Systemkonfigurationen möglich, die vielleicht gar nicht getestet werden.

Die Detour-Angriffe auf SAP-Systeme (CVE-2010-5326) zwischen 2013 und 2016[3] sind ein Beispiel dafür, dass Funktionen wie das Anlegen oder Löschen von Benutzern, die normalerweise nur von Administratoren ausgeführt werden können, bei Freischaltung zusätzlicher Funktionen in einer Umgebung (in diesem Falle Java-Servlets) von anonymen Personen aus dem Internet heraus ausgeführt werden können. Ein einfacher Blackbox-Testentwurf gegen die Spezifikation wird eine solche Schwachstelle nicht aufdecken. Um sie zu finden, ist ein tiefgreifendes technisches Verständnis der beteiligten Systeme und ihrer Interaktion nötig. Testmethoden dafür werden in den Kapiteln 3 und 5 dargelegt.

2.1.3 Cross-Site Scripting (XSS)

Erlaubt eine Webseite einem Nutzer in einem Eingabefeld die direkte Eingabe von ausführbarem HTML-Code, der auf dem Server gespeichert wird und später in anderen Browsern ausgeführt wird, spricht man von einer Stored-XSS-Schwachstelle. Typischerweise nutzt der Angreifer das HTML-Kommando <script>, um von ihm geschriebenen Code im Browser des Angegriffenen auszuführen und damit über den Browser verfügbare Informationen wie Session-Cookies auszulesen. Außerdem kann ein XSS-Skript in der Folge eventuelle Schwachstellen des Browsers ausnutzen und den Rechner des Nutzers angreifen. Von XSS kann jedes Eingabefeld einer Webseite betroffen sein, z.B. Gästebucheinträge (CVE-2013-5939), E-Mail-Adressen (CVE-2015-7989) oder die Eingabe eines Kalendernamens (CVE-2018-1045).

Eine zweite Variante ist das »Reflected XSS«, bei dem – z.B. aus einer Phishing-E-Mail – eine Anfrage an einen Server gesendet wird. Der gibt diese z.B. in einer Fehlermeldung an den anfragenden Client

3. Die Angriffe waren erfolgreich, obwohl die Schwachstelle seit 2010 bekannt war. Mangelndes Verständnis der Schwachstellen und daraus resultierende unzureichende Systemhärtung aufseiten der Systembetreiber kann katastrophale Folgen haben.

zurück: »<script> /Schadcode/ </script> konnte nicht gefunden werden.« Nur dass <script> nicht als Text wie hier angezeigt wird, sondern stattdessen »/Schadcode/« im Browser ausgeführt wird.

Dem »Reflected XSS« sehr ähnlich ist das »DOM-based XSS«. Dabei wird ein in einem Link verstecktes Skript im Browser über das beim Seitenaufbau verwendete Document-Object-Model-(DOM-)API ausgeführt. Der Unterschied zum Reflected XSS ist, dass der Link nicht über einen Server, sondern von einem Skript im Browser reflektiert wird [OWASP 14].

Um effizient auf XSS zu testen, benötigt der Tester adäquate HTML-, JavaScript- und DOM-API-Kenntnisse. Er muss mit Browser-Schutzmechanismen gegen XSS vertraut sein. Ohne diese Kenntnisse wird der Sicherheitstest lückenhaft in Bezug auf XSS sein.

2.1.4 Pufferüberläufe

Ziel eines Pufferüberlaufs ist es, Programmdaten direkt im Speicher des angegriffenen Rechners zu manipulieren. Abbildung 2–1 zeigt schematisch das Vorgehen beim klassischen Pufferüberlauf-Angriff auf dem Stack.

Abb. 2–1
Prinzip eines Pufferüberlauf-Angriffs auf dem Stack

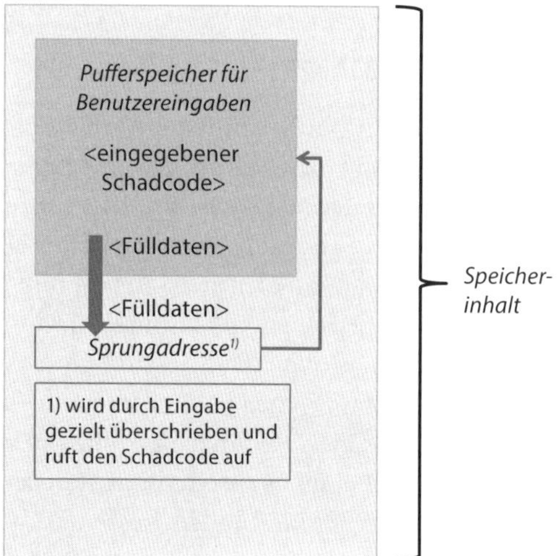

Dabei nutzt der Angreifer aus, dass die Länge der von ihm kontrollierten Eingabe nicht geprüft wird. So kann er Sprungadressen, die bestimmen, wo mit der Programmausführung fortgefahren wird, mit eigenen Werten überschreiben. Auf diese Weise bringt er von ihm eingeschleusten Schadcode zur Ausführung.

Fortgeschrittene Varianten erzeugen den eigentlichen Schadcode dynamisch aus in der Umgebung vorhandenen Bibliotheksfunktionen oder dem ursprünglichen Programmcode selbst[4].

Um Pufferüberläufe auszunutzen, ist ein gutes Verständnis der internen Speicherarchitektur notwendig. Sie können mithilfe von Codereviews, statischen und dynamischen Analysen sowie mit Fuzz-Testing (vgl. Kap. 3) aufgedeckt werden. Eine Grenzwertanalyse der Längen von Eingaben kann die Identifikation unterstützen.

Moderne Betriebssysteme und Prozessoren nutzen außerdem bereits eine Anzahl von Gegenmaßnahmen, wie z.B. das Nichtzulassen einer Codeausführung aus Speicherbereichen, die Benutzereingaben beinhalten.

2.1.5 Dienstblockade (Denial of Service)

Pufferüberläufe führen in vielen Fällen einfach zu einem Programmabsturz. Der zugehörige Dienst steht dann nicht mehr zur Verfügung und muss erneut gestartet werden. In diesem Fall spricht man von einer Dienstblockade, einem Denial of Service oder kurz einem DoS. Sie stellt einen Angriff auf die Verfügbarkeit des Systems dar (vgl. Abschnitt 1.1). Von DoS spricht man auch, wenn ein Webserver oder -dienst durch eine große Zahl von Anfragen so überlastet wird, dass er auf weitere Anfragen nicht mehr antworten kann. Zum Test benötigt der Sicherheitstester spezielle Netzwerk-Testwerkzeuge, die eine entsprechend große Menge von Anfragen erzeugen können – Angriffe und Testansätze werden detailliert in Kapitel 3 besprochen.

2.1.6 Man-in-the-Middle-Angriffe und Brechen von Verschlüsselungen

Bei einem Man-in-the-Middle-(MiM-)Angriff schaltet sich der Angreifer so in eine Verbindung zwischen zwei anderen Systemen, dass beide ihn jeweils für den autorisierten Partner halten. Der Angreifer kann Verbindungsinhalte einfach mitlesen und so sensitive Informationen erbeuten oder die übertragenen Informationen unter Umständen sogar aktiv verändern.

4. Hierzu gehören die Return-to-libc-Angriffe und das Return Oriented Programming (ROP).

Abb. 2–2
Schematische Darstellung des Man-in-the-Middle-Angriffs

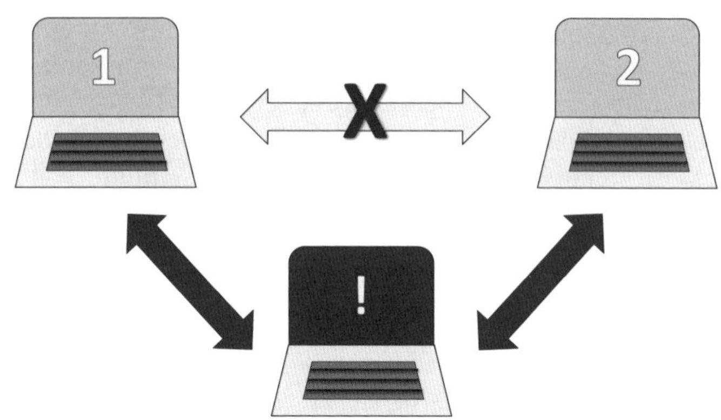

Eine erfolgreiche MiM-Attacke greift direkt in den Verbindungsaufbau der beteiligten Partner ein oder benötigt z.B. kurze Verbindungsunterbrechungen zwischen System 1 und 2 (z.B. beim ARP Cache Poisoning, vgl. [Weidman 14]). Ebenso können Fehlkonfigurationen in der Authentifizierung der Systeme (CVE-2018-1000151) ausgenutzt werden. Für den Test sind sorgfältige Reviews der Konfigurationen und spezielle Werkzeuge wie Wireshark nötig.

MiM-Angriffe wurden in der Vergangenheit erfolgreich zum Angriff auf verschlüsselte Verbindungen eingesetzt. Beispiele hierfür sind SSL strip, bei der ein Client eigentlich eine https-Verbindung zu einem Server aufbauen will. Der Angreifer erzwingt eine unverschlüsselte http-Verbindung mit dem Client und stellt selbst eine Verbindung zum eigentlichen Server mittels https her. Den Datenaustausch zwischen Client und Server kann er jetzt nach Belieben manipulieren. Der Name SSL strip leitet sich aus der Umwandlung aller clientseitigen Anfragen von https-URLs in http-URLs her. Dieses Motiv des »Downgrading«[5] findet sich auch in den wesentlich komplexeren Angriffen FREAK und Logjam.

Eine große Gefahr ist außerdem das Brechen von Verschlüsselungen, z.B. wenn Fehler in der Implementierung der Verschlüsselung gemacht wurden, das Verschlüsselungsverfahren fehlerhaft konfiguriert ist, oder eine zu schwache Verschlüsselung verwendet wird. Ein Beispiel für das Ausnutzen einer fehlerhaften Konfiguration ist Logjam: Auf zahlreichen Apache-Servern wurde ein und dieselbe Default-Primzahl zur Schlüsselgenerierung verwendet [Adrian 15].

Zum Test und der Beurteilung von Verschlüsselungen sind ein solides Verständnis kryptografischer Algorithmen und deren Implementierung sowie spezielle Werkzeuge erforderlich (vgl. Abschnitt 5.3.2).

5. Downgrading bedeutet in diesem Zusammenhang, statt einer starken Verschlüsselung eine schwache Verschlüsselung (oder gar keine) zu erzwingen, die sich leichter brechen lässt.

2.1.7 Logische Bombe

Als logische Bombe bezeichnet man einen Teil eines Programms, der nur unter bestimmten Bedingungen, z.B. an einem spezifischen Datum, ausgeführt wird und vorsätzlich Schaden anrichtet. Sie kann von einem Innentäter in einer Implementierung versteckt werden oder über Computerviren und -würmer in ein System gelangen. Logische Bomben können Datenbanken, Dateien und Festplatten löschen. Sie können zu konzertierten, großangelegten DoS-Angriffen genutzt werden.

2.1.8 Code Injection (CI)

Eine Fehlermeldung aufgrund einer ungültigen Eingabe wird von einem funktionalen Tester in der Regel als wünschenswertes und korrektes Verhalten betrachtet. Für einen versierten Sicherheitstester (oder einen Angreifer) können bestimmte Fehlermeldung den Hinweis liefern, dass eine Code Injection (CI) möglich ist[6].

CI-Angriffe nutzen gezielt unzureichende Eingabevalidierungen und Seiteneffekte bei der Interpretation von Eingaben. Das hierfür bekannteste Beispiel sind SQL-Injections, die gezielt Befehle des Angreifers in eine Datenbankabfrage einschleusen. Sie ermöglichen einem Angreifer möglicherweise Einblick in sensible Daten (CVE-2017-0914) oder sogar deren Zerstörung (siehe z.B. *https://www.xkcd.com/327/*). Sind die Daten nicht in einer SQL-Datenbank, sondern in XML-Dateien gespeichert, kann der Angreifer eine entsprechende XPath-Injection versuchen [OWASP 17a].

LDAP (Lightweight Directory Access Protocol) ist ein Standardprotokoll, das Clients und Servern erlaubt, Informationen über Verzeichnisinhalte miteinander auszutauschen und diese zu verändern. LDAP-Implementierungen können gegen Injections anfällig sein [OWASP 15]. Ein Angreifer kann an sensible Informationen gelangen, Daten verändern, zerstören und sogar Authentifizierungsmechanismen umgehen [OWASP 14].

Auch bestimmte Befehle in Programmiersprachen, Skriptsprachen und Kommandointerpretern in Betriebssystemen können anfällig für Injections sein. Ein prominentes Beispiel ist Shellshock (CVE-2014-6271), der das Ausführen von Schadcode in der Unix-Shell Bash erlaubte.

---

6. Die Abwesenheit einer Fehlermeldung bedeutet weder, dass eine Code Injection möglich ist, noch dass sie unmöglich ist.

2.2 Der Zweck von Sicherheitstests

Gemäß den ersten beiden Grundsätzen des Softwaretestens [GTB CTFL 18] ist es weder möglich, die Fehlerfreiheit eines Systems zu beweisen, noch es vollständig zu testen. Tests der Sicherheit bilden dabei keine Ausnahme.

[GTB CTAL 18] benennt vier allgemeine Ziele von Sicherheitstests:

- Risiken (z.B. Schwachstellen in einer Software) identifizieren (vgl. Abschnitt 1.1).
- Die Wirksamkeit existierender Schutzmaßnahmen bewerten.
- Den Nachweis erbringen, dass Sicherheitsrichtlinien (vgl. Abschnitt 1.2) mit der gebotenen Sorgfalt im Unternehmen gelebt und umgesetzt worden sind.
- Vertrauen bei Kunden und Anwendern in die eigene Organisation schaffen.

Um diese Punkte zu erfüllen, gehören Audits (vgl. Abschnitt 1.3), Managementreviews und Bedrohungsanalysen genauso wie Penetrationstests (siehe Abschnitt 2.3) zum Arsenal des Sicherheitstesters. Zusammen können sie aktiv zur Minderung der Risiken für die IT-Sicherheit eines Unternehmens beitragen. Und mehr: Allein die Tatsache ihrer professionellen Planung und Durchführung kann ein Unternehmen bei gerichtlichen Auseinandersetzungen schützen.

2.3 Der Unternehmenskontext

Sicherheit lässt sich nicht nachträglich in ein System hinein testen. Ein sicheres System zu entwickeln bedeutet, geeignete Aktivitäten in den gesamten Lebenszyklus zu integrieren. Dabei muss der geschäftliche und regulatorische Rahmen des jeweiligen Unternehmens beachtet werden (vgl. Abschnitt 1.1).

Ausrichtung der Sicherheitstestziele an den Zielen des Unternehmens

Sicherheitstestziele[7] müssen an den Zielen des Unternehmens ausgerichtet sein. Hierbei müssen Geschäftsziele, dafür relevante Assets, zu beachtende Gesetze, Normen und Industriestandards sowie auch die eingesetzten Technologien berücksichtigt werden (vgl. Abb. 2.3).

7. Vgl. auch [GTB CTAL 18, Abschnitt 2.4.1].

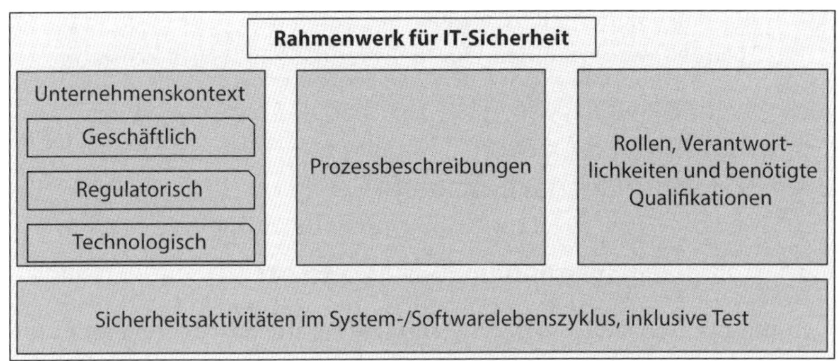

Abb. 2–3
Rahmenwerk für IT-Sicherheit in Anlehnung an [ISO 27034-1]

Bei der Ableitung von Testzielen und daraus folgender Maßnahmen muss der verantwortliche Testmanager oder der damit beauftragte Sicherheitstester die im Unternehmen geltenden Prozesse, Prozessbeteiligte und deren Qualifikation berücksichtigen. Übergreifende Ziele für Sicherheitstests werden in einer Sicherheitstestrichtlinie (vgl. Abschnitt 2.4) beschrieben. Diese muss im Einklang mit den Unternehmenssicherheitsrichtlinien (vgl. auch Kap. 1) stehen. So stellt ein Unternehmen sicher, dass diese im Unternehmen tatsächlich umgesetzt werden. Sieht z.B. eine Entwicklungsrichtlinie die Verwendung eines Regelwerks für sichere Programmierung vor, so gehört die Überprüfung der Einhaltung dieser Regeln als Ziel in die Testrichtlinie. Konkrete Maßnahmen zur Zielerreichung können in Teststrategien und Testkonzepten beschrieben werden.

Sicherheitstestaktivitäten sollten für den gesamten Lebenszyklus einer Software (vgl. Kap. 4) so definiert und umgesetzt werden, dass die Sicherheitstestziele erreicht werden können. Zu diesen Aktivitäten gehören Audits, Reviews und statische Analysen genauso wie Penetrationstests.

Penetrationstest

Definition: Penetrationstest

Ein Penetrationstest ist ein erprobtes und geeignetes Vorgehen, um das Angriffspotenzial auf ein IT-Netz, ein einzelnes IT-System oder eine Anwendung festzustellen. [BSI 16b]

Hierfür müssen ein ausreichendes Budget und qualifiziertes Personal verfügbar sein. Fehlen Zeit, Budget und Ausbildung für Reviews und den Einsatz eines geeigneten statischen Analysewerkzeugs, wird die Einhaltung von Regeln der sicheren Programmierung unzureichend geprüft und in der Folge sehr wahrscheinlich mängelbehaftet sein.

Bei fehlender Inhouse-Expertise und gleichzeitig hohen Sicherheitsanforderungen ist es sinnvoll, Tests zumindest teilweise auszulagern.

Auch für eine Sicherheitszertifizierung z.B. nach Common Criteria [CC 12] sind Tests durch den Hersteller und ein externes Prüflabor gefordert.

2.4 Ziele von Sicherheitstests

2.4.1 Informationsschutz und Sicherheitstests

Informationsschutz

Der Begriff Informationsschutz umfasst sämtliche Maßnahmen zum Schutz von Informationen. Diese Maßnahmen müssen geeignet sein, Informationen vor jeglichem Verlust, Diebstahl, unberechtigtem Zugriff inklusive Manipulation oder unbeabsichtigter Offenlegung zu schützen. Das betrifft auch den guten alten Leitzordner und die typischen IT-Sicherheitsmerkmale eines Systems, aber auch weitere Eigenschaften wie z.B. die Wiederherstellbarkeit und die Verfügbarkeit. Vorgänge wie die Veränderung, Einsichtnahme oder Löschung von Informationen müssen nachvollziehbar sein, damit eventuelle Angriffe erkannt oder wenigstens nachvollzogen werden können. Einen ausführlichen Überblick über Gefährdungen und mögliche Gegenmaßnahmen geben z.B. die mehrere Tausend Seiten starken IT-Grundschutz-Kataloge des BSI (vgl. [BSI IT-GS 18]).

Sicherheitstests

Sicherheitstests dienen dazu, die Eigenschaften eines Systems, die zu dessen Schutz entworfen und implementiert wurden, zu überprüfen. Genau wie bei anderen Tests gehören hierzu die Verifikation, dass Sicherheitsfunktionen den an sie gestellten Anforderungen entsprechen, und die Validierung, dass sie im vorgesehenen Umfeld ihren Zweck erfüllen. Die Durchführung von Sicherheitstests ist damit Teil des Informationsschutzes.

Damit Sicherheitstests im Rahmen einer übergeordneten Strategie erfolgreich sind und nicht selbst zum Risiko werden, sollten für sie Regeln festgelegt werden. Diese werden in der Sicherheitstestrichtlinie zusammengefasst.

Inhalte einer Sicherheitstestrichtlinie

Richtlinien für Sicherheitstests sollten die folgenden Punkte beinhalten:

- High-Level-Testziele, wie z.B. welche geschäftlichen Risiken durch Sicherheitstests gemindert oder welche gesetzlichen oder vertraglichen Verpflichtungen erfüllt werden sollen.
- Geltungsbereich: Allgemeine Regeln, für welche Unternehmensbereiche Tests durchgeführt werden müssen, welche IT-Systeme und Anwendungen dabei geprüft werden und wie häufig die Prüfungen stattfinden müssen.

- Abstrakte Beschreibungen von Vorgehensweisen (»Rules of Engagement«) und Maßnahmen (Audits, Reviews, statische Analysen, Schwachstellenscans[8], Penetrationstests, Social Engineering), die durchgeführt werden, und solche, die ausgeschlossen sind.
- Eine Beschreibung der Sicherheitstestorganisation, d.h., welche Abteilungen, Teams und Rollen einzubinden sind und wer berechtigt ist, welche Sicherheitstests durchzuführen. Dies schließt gelegentlich ein, welche Tests externe Sicherheitsexperten oder Kunden eines Unternehmens durchführen dürfen.
- Metriken, anhand derer die erfolgreiche Anwendung der Richtlinie überwacht werden kann.
- Angaben, in welchem Turnus die Richtlinie selbst auf Aktualität und Angemessenheit geprüft werden muss.
- Referenzen auf anzuwendende Standards und mitgeltende Dokumente

2.4.2 Ermittlung von Sicherheitstestzielen

Testziele

Definition: Testziel

Ein Testziel ist »*ein Grund oder Zweck für den Entwurf und die Ausführung von Tests*«. [GTB Glossar 18]

Zur Festlegung von Sicherheitstestzielen müssen neben den meist abstrakt gehaltenen Anforderungen einer Sicherheitstestrichtlinie weitere Punkte berücksichtigt werden. Dazu gehören [GTB CTAL 18]:

- Aktuelle Risiko- und Bedrohungsanalysen des zu testenden Systems
- Die im zu testenden System verwendeten Technologien
- Sicherheitsrelevante Funktionen des Systems wie Authentifizierungsmechanismen, Absicherung von Eingaben oder angemessene Verschlüsselung sensitiver Daten
- Bekannte und ggf. behobene Schwachstellen und Sicherheitslücken – hier müssen in der Regel Nach- und Regressionstests durchgeführt werden.

8. Im Gegensatz zur Definition des [GTB Glossar 18] arbeiten die weitaus meisten Schwachstellenscanner dynamisch.

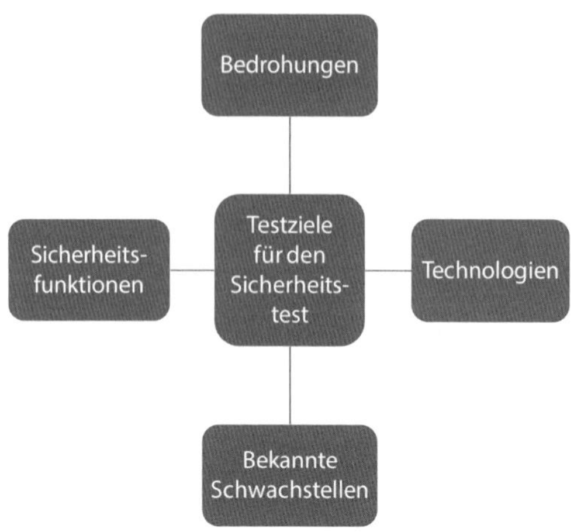

Abb. 2–4
Haupteinflussfaktoren für Ziele von Sicherheitstests nach [GTB CTAL ST 18]

Qualitätsmerkmale als Ziele für Sicherheitstests

Genauso kann die Überprüfung eines wichtigen Qualitätsmerkmals als Testziel festgelegt werden. Die Bewertung der Vertraulichkeit, Integrität oder Verfügbarkeit eines Systems oder einer Funktion sind daher gute Beispiele für Testziele, die auf allen Teststufen adressiert werden können.

Microsoft orientiert sich bei der Festlegung von Testzielen an Bedrohungsarten, die mit dem Akronym STRIDE zusammengefasst werden (vgl. [Howard & Lipner 06]). STRIDE steht dabei für

- **S – Spoofing Identity**
  Ein Angreifer kann eine andere Identität vortäuschen, z.B. einen anderen Benutzer, ein anderes System oder einen anderen Rechner. Ein erfolgreicher Man-in-the-Middle-Angriff ist ein Beispiel hierfür.
- **T – Tampering**
  Ein Angreifer kann Daten oder ausführbaren Code in bösartiger Weise verändern. Eine Pufferüberlauf-Sicherheitslücke ist ein Beispiel für diese Art der Bedrohung.
- **R – Repudiation**
  Ein Angreifer kann seine Spuren verwischen, sodass ein Angriff nachträglich nicht mehr festgestellt, nachvollzogen oder bewiesen werden kann.
- **I – Information Disclosure**
  Informationen, die nicht öffentlich zugänglich sein sollen, werden offengelegt. Fehlende Verschlüsselung oder fehlende Zugangskontrollen können hierfür eine Ursache sein. Der Klassiker schlechthin ist ein FTP-Server, auf dem personenbezogene Kundendaten abgelegt sind und der einen anonymen Zugang erlaubt.

- **D – Denial of Service**
  Eine Dienstblockade, die die Nutzung von Ressourcen verhindert. Sie wird in Abschnitt 2.1.5 und Kapitel 3 genauer betrachtet.
- **E – Elevation of Privilege**
  Ein Angreifer kann eine Schwachstelle nutzen, um seine Rechte zu erweitern. Das ist z.B. der Fall, wenn ein nicht angemeldeter Benutzer Systemfunktionen ausführen kann, die nur einem angemeldeten Benutzer oder einem Administrator erlaubt sind. Injection-Angriffe haben häufig die Erweiterung der Rechte des Angreifers zum Ziel.

2.4.2.1 Betrachtung am Beispiel eines mittelständischen Unternehmens

---

Beispiel für eine Sicherheitstestrichtlinie

Beispiel für eine Sicherheitstestrichtlinie

Die Sicherheitstestrichtlinie eines Mittelständlers sieht folgende Regeln und Vorgehensweisen für die firmeneigenen IT-Systeme vor:

1. Systeme mit Zugangsbeschränkung müssen regelmäßig technischen Schwachstellen-Assessments (Scans) und Penetrationstests unterzogen werden. Dies muss mindestens einmal im Jahr geschehen.
2. Scans auf Schwachstellen müssen regelmäßig auf allen öffentlich zugänglichen Systemen mit dafür geeigneten Werkzeugen durchgeführt werden, mindestens einmal im Jahr.
3. Ein Scan auf Schwachstellen muss nach jeder Konfigurationsänderung eines Systems mit Zugangsbeschränkung für das geänderte System oder Teilsystem durchgeführt werden.
4. Systeme mit Zugangsbeschränkungen müssen nach umfangreichen Änderungen immer einem Penetrationstest unterzogen werden.
5. Testmaßnahmen dürfen den Betrieb produktiver Systeme nicht zum Erliegen bringen. Insbesondere ist die Durchführung von DoS-Angriffen im Rahmen eines Penetrationstests auf produktive Systeme strikt untersagt.
6. Der Einsatz von Social-Engineering-Praktiken im Penetrationstest bedarf der expliziten Genehmigung durch die Geschäftsleitung oder einen von ihr hierfür benannten Stellvertreter.
7. Nach Schließen entdeckter Sicherheitslücken müssen angemessene Nachtests (Scan oder Penetrationstest, je nachdem welche Testart die Sicherheitslücke aufgedeckt hat) durchgeführt werden.
8. Sicherheitstester müssen zur Geheimhaltung verpflichtet werden.

Vulnerability-Assessment und Penetrationstest

Die Beispielrichtlinie fordert zwei Arten von Sicherheitstests: Schwachstellen- bzw. Vulnerability-Assessments und Penetrationstests. Ein Schwachstellen-Assessment prüft IT-Systeme mittels automatisierter Scans auf bekannte vorhandene Schwachstellen. Werkzeuge wie z.B. Nessus[9], NMap[10] oder Metasploit[11] stellen entsprechende Funktionen zur Verfügung (Weiteres siehe Kap. 8). Ein Penetrationstest (vgl. auch Kap. 4) geht weiter. Neben automatisierten Scans werden manuelle Überprüfungen durchgeführt. Mögliche Schwachstellen werden nicht nur festgestellt, sondern der Tester untersucht aktiv, ob diese tatsächlich von einem Hacker erfolgreich ausgenutzt werden können (vgl. [Weidman 14]). Bei der Festlegung der Vorgehensweise für den Sicherheitstest wird – in Einklang mit der Sicherheitstestrichtlinie – entschieden, wo Vulnerability-Assessments und wo Penetrationstests durchgeführt werden (vgl. Abschnitt 2.5).

Als Beispiel dient Abbildung 2–5 zur Ableitung konkreter Testziele für den Penetrationstest. Sie gibt einen Überblick über die IT-Infrastruktur einer Beispielfirma.

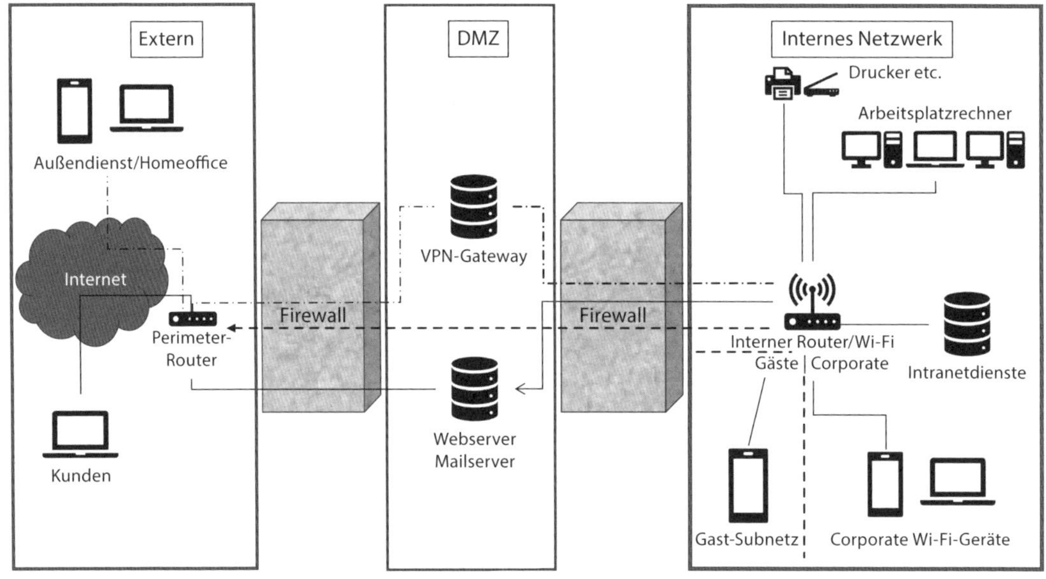

Abb. 2–5
Schematische Darstellung der IT-Infrastruktur für die Beispielfirma

Das Unternehmen bedient sich eines Perimeter-Netzwerkes – auch demilitarisierte Zone (DMZ) genannt. Darin befinden sich alle Geräte, die aus dem Internet aktiv erreichbar sein müssen. Hierzu gehört insbesondere der Internetauftritt des Unternehmens sowie E-Mail-Dienste (Webserver, Mailserver). In das interne Netzwerk dürfen von außen keine Verbindungen aktiv hergestellt werden. Dies geht nur von innen nach außen. Eine Ausnahme stellt der

9. *https://www.tenable.com/products/nessus/nessus-professional*
10. *https://nmap.org/*
11. *https://www.metasploit.com/*

VPN-Dienst (Virtual Private Network) dar. Dieser dient der Anbindung der Rechner von Mitarbeitern im Außendienst oder Homeoffice an das Firmennetz. Hierzu ist eine eigene kommerzielle Software auf den Rechnern der Mitarbeiter installiert, die eine verschlüsselte Verbindung zum kommerziellen VPN-Gateway herstellt und den Mitarbeiterrechner am Gateway authentifiziert. Der Mitarbeiter muss sich zusätzlich im Firmennetz anmelden. Das interne Netzwerk ist in zwei Subnetze unterteilt: Das Gastnetz, das über Wi-Fi-Zugang zum Internet bietet, und das eigentliche Firmennetzwerk. Zugang ist hier über Wi-Fi oder LAN möglich. Im Netzwerk finden sich Peripheriegeräte wie Drucker und Scanner, aber auch eine Reihe nicht näher bezeichneter Intranetdienste. Für unser Beispiel beschränken wir uns auf eine Kunden- und Auftragsdatenbank, einen Dienst für die Reisekostenabrechnung und eine Personaldatenbank inklusive Gehaltsabrechnung. Die genannten Systeme verfügen jeweils über eigene Zugriffsbeschränkungen und Authentifizierungsmechanismen.

Die Assets des gezeigten Systems sind die in Abbildung 2–5 dargestellten physikalischen Netzwerkkomponenten (non-digitale Güter, vgl. Abschnitt 1.1) und insbesondere die darauf gespeicherten Informationen über Mitarbeiter, Kunden und Projekte (digitale Güter, vgl. Abschnitt 1.1).

Ein Sicherheitsaudit (vgl. Abschnitt 1.3) würde u.a. die Angemessenheit und Vollständigkeit der Sicherheitsrichtlinien für das gezeigte System bewerten. Zusätzlich können in dessen Rahmen Sicherheitstests zur Überprüfung der adäquaten Umsetzung bzw. Einhaltung dieser Richtlinien gefordert werden. Laut Sicherheitstestrichtlinie des Beispiels sind diese in regelmäßigen Abständen erforderlich.

Ableitung von Sicherheitstestzielen

Ableitung von Sicherheitstestzielen für das mittelständische Unternehmen

In der Sicherheitstestrichtlinie sind bereits generische Ziele vorgegeben. Alle öffentlich zugänglichen und alle zugangsbeschränkten Systeme müssen geprüft werden. Diese lassen sich aus der zugehörigen Abbildung 2–5 und dem beschreibenden Text ablesen. Dazu gehören insbesondere Web- und Mailserver, der VPN-Dienst, die internen geschützten Dienste, die firmenzugehörigen Mitarbeiterrechner inklusive mobiler Endgeräte (nicht die privaten Heimnetzwerke), der WLAN-Zugang sowie Schutzmechanismen wie die Firewall-Systeme. Der Schutz digitaler Güter wie Kunden- und Projektdaten muss ebenfalls berücksichtigt werden. Zudem können sensible Daten über Drucker oder Scanner aus- bzw. in ein System eingegeben werden. Deswegen müssen auch Peripheriegeräte in einem Sicherheitstest berücksichtigt werden. WLAN-Übertragungen können immer mitgeschnitten werden. Entscheidend ist, dass die übertragenen Informationen mit einem geeigneten Verschlüsselungsverfahren ausreichend gesichert sind und der Zugang zum Firmen-

WLAN durch geeignete Authentifizierungsverfahren wie z. B. ein eigenes Zertifikat, geschützt ist.

2.5 Der Umfang von Sicherheitstests und die Überdeckung von Sicherheitstestzielen

Um ein Verständnis des benötigten Testumfangs zum Erreichen festgelegter Sicherheitstestziele zu erlangen, ist die Kenntnis der grundlegenden Vorgehensweise im Sicherheitstest notwendig. Wir beginnen diesen Abschnitt darum mit einer Beschreibung der typischen Phasen eines Sicherheitstests.

2.5.1 Typische Phasen eines Sicherheitstests

Sicherheitstests lassen sich grob in vier Phasen unterteilen:

Vorbereitungsphase

1. **Vorbereitung** [Ruef 07; Weidmann 14]
   Auftraggeber und Testverantwortliche vereinbaren Ziele, Umfang und organisatorische Rahmenbedingungen der Tests. Zu den Zielen gehören dabei z. B. die Festlegung der zu betrachtenden Assets und/oder der zu prüfenden Richtlinien. Für den Umfang muss geklärt werden, welche Teile eines Systems Gegenstand des Tests sind und ggf. welche Testarten durchgeführt werden sollen. Ein Penetrationstest ist typischerweise aufwendiger und riskanter als ein Schwachstellenscan. In diesem Zusammenhang müssen dem Auftraggeber die Risiken einer Testdurchführung auf Produktivumgebungen erläutert werden. Auch müssen ggf. zusätzliche Genehmigungen eingeholt werden, insbesondere wenn Teile oder sogar das komplette System außerhalb der Firma des Auftraggebers gehostet ist. Rechenzentren bzw. Cloud-Dienstleister haben zudem eigene Richtlinien für externe Sicherheitstests, die zusätzlich berücksichtigt werden müssen.

Ermittlungsphase

2. **Ermittlung** [NIST SP 800-115 08]
   In dieser Phase beginnt die eigentliche Testdurchführung mit einer sorgfältigen Erforschung des zu testenden Systems. Dabei werden z. B. die zu testenden Netzwerke, Rechner oder andere Netzwerkkomponenten gescannt und laufende Dienste identifiziert. Zusätzlich werden meist Social-Engineering-Techniken wie die Suche nach öffentlich zugänglichen Informationen in sozialen Netzwerken eingesetzt. Mit den gewonnenen Erkenntnissen wird eine detaillierte Schwachstellen- und Bedrohungsanalyse durchgeführt.

Hierbei sind in der Regel bereits manuelle Schritte erforderlich, da nicht jede Schwachstelle durch automatisierte Scans erkannt wird [Weidmann 14]. Wurden in der Vorbereitungsphase lediglich automatisierte Scans vereinbart, fallen manuelle Scans weg. Der Sicherheitstest ist dann allerdings weniger aussagekräftig.

3. **Angriff** [NIST SP 800-115 08]
   Auf Grundlage der in Phase 2 erlangten Erkenntnisse werden zielgerichtete Angriffe entworfen und durchgeführt. [Weidmann 14] unterscheidet dabei zwei Schritte: Eine Schwachstelle ausnutzen (Exploitation) und die darauf folgende weitere Erforschung des neu geschaffenen Zugangs (Post-Exploitation). Hier steht die Frage, welche Assets dem Angreifer jetzt zugänglich sind, im Vordergrund. Phase 3 ist der eigentliche Penetrationstest. Das Ziel ist, wirklich aktiv in das System einzubrechen, um den möglichen Schaden eines echten Angriffes genau beurteilen zu können. Diese Phase wird nur durchgeführt, wenn dies in der Vorbereitungsphase explizit vereinbart worden ist [Ruef 07; Weidmann 14].

Angriffsphase

4. **Bericht** [Ruef 07; Weidmann 14; NIST SP 800-115 08]
   Die Inhalte und Ziele von Sicherheitstestberichten werden detailliert in Kapitel 7 besprochen.

Berichtsphase

2.5.2 Umfang von Sicherheitstests

Sicherheitstests müssen einen vernünftigen wirtschaftlichen Rahmen einhalten. Zielsetzung und Umfang der Tests müssen sich daher am Wert und an der Art der zu schützenden Assets orientieren. Die Verantwortlichen können bereits in der Vorbereitungsphase festlegen, welche Systeme betrachtet werden, wann z.B. ein Schwachstellen-Assessment ausreicht und wann dedizierte Penetrationstests benötigt werden. Diese Entscheidung kann aber auch von Testergebnissen abhängig gemacht werden. Angenommen ein Schwachstellen-Assessment deckt eine potenzielle Sicherheitslücke auf, deren Behebung mit erheblichem Aufwand verbunden wäre. In diesem Fall kann ein zusätzlicher Penetrationstest Klarheit schaffen, ob tatsächlich wichtige Unternehmens-Assets so stark gefährdet sind, dass der Aufwand, die Sicherheitslücke zu schließen, gerechtfertigt ist.

Risiko bei Beschränkung auf Scans

Entscheidet man sich von vornherein, dass lediglich Scans durchgeführt werden, können schwerwiegende Sicherheitslücken übersehen werden. Wie überall im Softwaretest muss hier risikoorientiert entschieden werden. Anhand des Beispiels wird das weiter illustriert.

Beispiel: Zusammenhang von Sicherheitstestzielen und Assets bei dem mittelständischen Unternehmen

Beispiel: Zusammenhang von Sicherheitstestzielen und Assets bei dem mittelständischen Unternehmen

Integrale Beziehung zwischen Sicherheitstestzielen, immateriellen und physischen Assets

Für den Webserver (ohne Mailserver) aus dem Beispiel in Abschnitt 2.4.2. werden als Testziele in der Vorbereitungsphase die Überprüfung der Qualitätsmerkmale Vertraulichkeit, Integrität und Verfügbarkeit vereinbart. Auf dem Server werden die Dienstleistungen des Unternehmens beschrieben und Leistungsbeschreibungen zum Download angeboten. Über die Eingabe einer E-Mail-Adresse ist die Anmeldung zu einem Newsletter möglich. Die eingegebenen E-Mail-Adressen werden nicht dauerhaft auf dem Server gespeichert. Wenden wir die Datenklassifikation aus Abbildung 1–5 an, ist der Wert des Assets in Bezug auf das Merkmal Vertraulichkeit als gering einzustufen. Vordergründig stellen ein Defacement des Internetauftritts (Verletzung der Integrität) oder eine Dienstblockade die größeren Risiken für das Unternehmen dar. Für einen Test der Sicherheit des Webservers kann es ausreichen, sich auf diese beiden Qualitätsmerkmale zu konzentrieren. Das »kann« zeigt schon an, dass dabei Vorsicht geboten ist. Was, wenn auf dem Server Informationen liegen, die dort nichts verloren haben? Dies können versehentlich abgelegte interne Dokumente sein oder Mitarbeiternamen, Benutzernamen oder gar Passwörter, die in Serverskripten stehen. Ein Angreifer kann solche Informationen u.U. gezielt nutzen, um weitere Teile des Systems anzugreifen und letztendlich hinter die zweite Firewall vorzudringen. Ein umfassender Sicherheitstests muss daher auch diese Möglichkeit in Betracht ziehen. Er darf nicht a priori annehmen, dass vertrauliche Daten nur dort zu finden sind, wo sie a priori erwartet werden.

Zusammenhang zwischen Sicherheitstestzielen und sensiblen digitalen und non-digitalen Assets

Tabelle 2–1 zeigt, auf welchen der dargestellten Systemkomponenten am wahrscheinlichsten sensible Daten zu finden sind. Dabei wurden die Komponenten der jeweils höchsten erwarteten Schutzklasse zugeordnet.

Tab. 2–1 *Systemkomponenten mit sensiblen Daten*

Schutzklasse	Systemkomponenten
Streng vertraulich	Personalverwaltungssystem, Mitarbeiterrechner in der Personalverwaltung, Peripheriegeräte (z.B. Drucker/Scanner) in der Personalverwaltung
Vertraulich	Auftragsverwaltungssystem, E-Mail-Server, Mitarbeiterrechner und mobile Endgeräte der Firma, Intranetsystem zur Reisekostenabrechnung
Intern	Evtl. weitere nicht explizit genannte Intranetangebote
Öffentlich	Webserver des Internetauftritts

Zur Bewertung der Schutzmaßnahmen für vertrauliche bzw. streng vertrauliche Daten müssen zusätzlich alle Wege gefunden und geprüft werden, über die auf diese Daten zugegriffen werden kann. Dazu gehören Angriffsversuche aus dem Internet, Angriffe über die Rechner von Außendienst- oder Homeoffice-Mitarbeiter oder Zugriffsversuche auf Peripheriegeräte. Die auf diesen Pfaden befindlichen Geräte und Softwaredienste müssen im Test mitberücksichtigt werden. Das gilt für die bereits bekannten und eingezeichneten genauso wie für diejenigen, die man in Phase 1 des Sicherheitstests zusätzlich entdeckt.

Lösungsvorschlag Gegenüberstellung Systemkomponenten und Datenschutzklasse

Der Angreifertyp – z.B. Innentäter oder externer Krimineller (vgl. Kap. 6) – spielt für Zielsetzung und Umfang der Tests ebenfalls eine Rolle. Nicht alle Angriffe durch einen Innentäter lassen sich vermeiden. Allerdings muss sichergestellt sein, dass der Übeltäter im Nachhinein festgestellt werden kann. Hierfür ist die Bewertung der Logmechanismen (Nichtabstreitbarkeit) ein wichtiges Testziel. Außerdem sollten die Möglichkeiten eines Innentäters, Dienste und Daten zu zerstören oder seine Spuren verwischen zu können – z.B. durch Erhöhung der eigenen Rechte –, deutlich eingeschränkt sein.

2.6 Vorgehensweisen im Sicherheitstest

Definition: Testvorgehensweise

Eine Testvorgehensweise ist nach [GTB Glossar 17] die Umsetzung einer Teststrategie in einem spezifischen Projekt.

Die Teststrategie selber beschreibt die Teststufen und die Art und Weise, wie innerhalb der Teststufen getestet wird. Zur Art und Weise gehört die Klärung der folgenden Punkte:

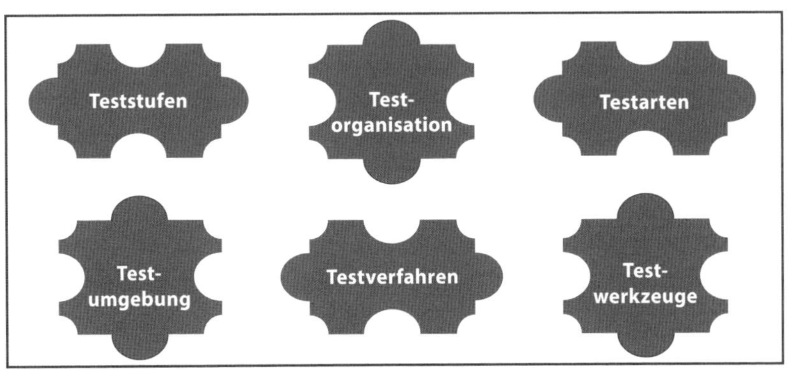

Abb. 2–6
Wichtige Elemente einer Testvorgehensweise

- **Die Teststufen und ihre Ziele**
  Welche Testaktivitäten werden durchgeführt?
  Welche Produkteigenschaften werden dabei getestet?
- **Die Testorganisation**
  Wer ist für welche Testaktivitäten verantwortlich?
- **Die Testarten und die dabei verwendeten Testentwurfsverfahren**
  Wie wird getestet?
- **Die Testumgebungen**
  Wo wird getestet?
- **Die eingesetzten Werkzeuge**
  Womit wird getestet?
- **Dokumentation**
  Was wird wie und wo dokumentiert?

Dieser Abschnitt des Buches behandelt, wie man Testvorgehensweisen für den Sicherheitstest entwirft.

2.6.1 Bestandteile der Vorgehensweise im Sicherheitstest

Die Vorgehensweise für den Sicherheitstest in einem gegebenen Projekt stellt eine konkrete Handlungsanweisung für die Tester dar. Sie muss so gestaltet sein, dass die Testziele mit den verfügbaren Mitteln und der zur Verfügung stehenden Zeit erreicht werden können. Testziele und Testvorgehensweise müssen daher aufeinander abgestimmt sein. Zudem muss sich die Testvorgehensweise an den in übergeordneten Dokumenten, z.B. einer Sicherheitstestrichtlinie oder einer Sicherheitsteststrategie, formulierten Anforderungen orientieren. In den Abschnitten 2.4.1 und 2.4.2.1 haben wir bereits gesehen, dass dort durchzuführende und nicht durchzuführende Testarten beschrieben sind oder auch Anforderungen an die Testorganisation gestellt werden.

Neben den bereits angesprochenen Punkten nennt [GTB CTAL ST 18] folgende Faktoren, die die Testvorgehensweise stark beeinflussen. Wir diskutieren und motivieren sie im Folgenden ausführlicher:

Weitere Faktoren für die Festlegung einer Testvorgehensweise

- **Das zu testende System und dessen Herkunft**
  Abhängig vom zu testenden System und dessen Einsatzgebiet sind andere Sicherheitsmerkmale und Bedrohungslagen zu prüfen. Aber auch die Herkunft spielt eine Rolle. Wird z.B. eine fremde Firmware in einem Medizinprodukt eingesetzt, muss durch eine geeignete Architektur sichergestellt werden, dass Risiken durch das Fremdprodukt weitgehend gemindert werden. Das gilt für »Safety« genauso wie für »Security«. Die Testvorgehensweise muss daher statische Prüfungen, wie z.B. Architekturreviews, beinhalten.

- **Vor dem Projekt durchgeführte Sicherheitstests**
Sind Sicherheitstests bereits nachweislich durchgeführt worden, kann der Umfang der Tests evtl. eingeschränkt werden. Wenn ein Unternehmen ein nach Common Criteria [CC 12] zertifiziertes Produkt einsetzen will, muss geprüft werden, ob die Einsatzvoraussetzungen (Konfiguration, Umgebung und ggf. weitere) erfüllt sind. Ist das der Fall, kann die Anzahl der notwendigen Prüfungen reduziert werden. Letzteres hängt von den Ergebnissen des Evaluierungsreports ab [BSI EAL 18]. Berichtet dieser über eine nicht behobene Schwachstelle, muss deren Ausnutzung durch Maßnahmen in der Umgebung verhindert werden. Diese müssen dann natürlich gründlich getestet werden.
- **Die Sicherheitsrichtlinie**
Kapitel 1 beschreibt mögliche Inhalte von Sicherheitsrichtlinien. Die Prüfung ihrer Einhaltung kann ein wichtiges Testziel sein. Zweck der Testvorgehensweise ist es, festzulegen, wie dieses Ziel erreicht wird.
- **Die Sicherheitstestrichtlinie**
Erläuterungen dazu finden sich am Beginn dieses Abschnitts.
- **In der Organisation bereits durchgeführte Bewertungen von Sicherheitsrisiken**
Wurden bereits Analysen zu Sicherheitsrisiken durchgeführt, sollten diese bei der Festlegung und Priorisierung der durchzuführenden Tests ausgenutzt werden. Das heißt nicht, dass man ihnen blind vertrauen sollte. Ein sorgfältiges Review, insbesondere eine Prüfung, ob die Ergebnisse einer früheren Bewertung noch gültig sind, ist meistens sinnvoll.
- **Die technische Umgebung**
Hierzu gehören die im zu testenden System laufenden Software- und Hardwareprodukte inklusive ihrer Versionen, darin verwendete Programmier- und Skriptsprachen, generelle Technologie-Merkmale wie Peer-to-Peer-Kommunikation oder Client-Server-Systeme, Betriebssysteme und vieles mehr. Jede Komponente eines Systems, von der Hardware über die Skriptsprache bis hin zu einer Konfiguration, kann spezifische Schwachstellen aufweisen (vgl. Kap. 3). Das muss in der Testvorgehensweise berücksichtigt werden.
- **Allgemeine Sicherheitsrisiken** wie sie in CIA (siehe Kap. 1) oder in STRIDE (siehe Abschnitt 2.4.2) zusammengefasst werden. Sie beeinflussen die Testvorgehensweise über die zugehörigen Testziele.

- **Die bestehende Testorganisation, das Projektteam und Sicherheitstestkompetenzen im Testteam**
  Verfügt eine Firma über keine eigenen Penetrationstester, müssen externe Experten hinzugezogen werden. Allein dadurch kann eine eigene Sicherheitsteststufe notwendig werden. Eine Testvorgehensweise kann dies auch grundsätzlich fordern, wie das Beispiel am Ende von Abschnitt 2.4 illustriert.
- **Die Erfahrung des Testteams mit verschiedenen Sicherheitstestwerkzeugen**
  Für Sicherheitstests steht eine ganze Legion unterschiedlichster Werkzeuge zur Verfügung (vgl. Kap. 8). Nicht jeder Experte hat bereits mit jedem Werkzeug gearbeitet. Nach Möglichkeit sollten die Werkzeuge eingesetzt werden, mit denen ein Team bereits erfolgreich gearbeitet und Erfahrungen gesammelt hat[12]. Anforderungen aus einer Werkzeugrichtlinie können dem aber entgegenstehen. Dann muss in der Testvorgehensweise klar begründet (und von anderer Seite genehmigt) werden, warum man sich nicht an eine Vorgabe hält.
- **Einschränkungen**
  Neben den üblichen Faktoren Zeit und Budget hatten wir bereits gesehen, dass bestimmte Testarten für bestimmte Systeme in einer Testrichtlinie ausgeschlossen werden können. Schlimmstenfalls wird erst gar keine Testerlaubnis für ein Teilsystem erteilt. In der Testvorgehensweise muss dann nach passenden Alternativen gesucht werden. Die Aussagekraft eines Sicherheitstests kann dadurch allerdings für die hiervon betroffenen Systeme stark beeinträchtigt werden.
- **Annahmen über bereits durchgeführte Sicherheitstests**
  Ist nicht klar, ob bestimmte Sicherheitstests durchgeführt worden sind, ist dies ein Risiko, das durch adäquate eigene Sicherheitstests adressiert werden sollte. Ist dies aufgrund von Einschränkungen (s.o.) nicht möglich, sollten die getroffenen Annahmen als Risiken dokumentiert und im Rahmen des Risikomanagements weiterverfolgt werden.

Die Testvorgehensweise wird in der Testplanung (Abschnitt 3.1.1) bzw. Vorbereitungsphase (vgl. Abschnitt 2.5.1) eines Sicherheitstests festgelegt. Während der Phasen Analyse und Entwurf im Testprozess (Kap. 3) bzw. der Ermittlungsphase (Abschnitt 2.5.1) wird sie ggf. verfeinert und an zusätzlich gewonnene Erkenntnisse über Risiken angepasst.

---

12. Die Werkzeuge müssen natürlich auch geeignet sein, auf die identifizierten Sicherheitsrisiken hin zu testen.

2.6.2 Ursachen mangelhafter Sicherheitstests

Ein Sicherheitstest ist nicht zwangsläufig dadurch mangelhaft, dass irgendwo eine Lücke übersehen wird. Auch für Sicherheitstests gilt der fundamentale Grundsatz, dass ein vollständiger Test nicht möglich ist. Offene Scheunentore bezüglich der geforderten Testziele muss er aber schon entdecken.

Beispiel: Sicherheitstest im Online-Buchhandel

Beispiel: Sicherheitstest im Online-Buchhandel

Ein Sicherheitstest eines Online-Buchhandels soll überprüfen, dass keine Bücher nicht autorisiert und vor allem unbezahlt von Servern des Betreibers heruntergeladen werden. Dazu werden die Authentifizierungs- und geschützten Downloadfunktionen des Online-Buchhandelssystem geprüft. Im Test wird allerdings übersehen, dass etliche Bücher in einer HTML-Version über den Browser direkt, vollständig und anonym heruntergeladen werden können, ohne dass dafür ein Cent bezahlt wird. Dieser Sicherheitstest hätte sein Ziel nicht erreicht, da er eine Sicherheitslücke in Bezug auf das Asset, mit dem Verkauf von Büchern Geld zu verdienen, nicht aufgedeckt hat.

Wäre die Situation real, könnte das mehrere Gründe haben. Vielleicht wurde einfach nur das Interface getestet, über das Nutzer Bücher herunterladen sollen, ohne die Möglichkeit weiterer Zugangswege zu betrachten. Vielleicht wurde daran prinzipiell gedacht, aber nicht nach Verzeichnissen gesucht, die direkt aus dem Netz zugänglich sind. Vielleicht wurde kurz manuell danach gesucht, ohne einen passenden Web-Fuzzer (Fuzzing vgl. Abschnitt 3.3.1) einzusetzen. Wie dem auch sei, die Testvorgehensweise weist eine Lücke auf. Das offen gebliebene Scheunentor hätte dem Online-Buchhändler leicht viel Geld durch entgangene Gewinne gekostet.

Eine mangelhafte Testvorgehensweise stellt die Sinnhaftigkeit des Sicherheitstests grundsätzlich infrage. Deswegen ist es wichtig, die Grundursachen, die dazu führen können, zu verstehen. Nur dann kann man ihnen rechtzeitig entgegenwirken. Die im folgenden diskutierten Punkte (vgl. [GTB CTAL ST 18]) spielen dabei eine große Rolle und beinhalten die in Abbildung 2–7 gezeigten sieben Todsünden.

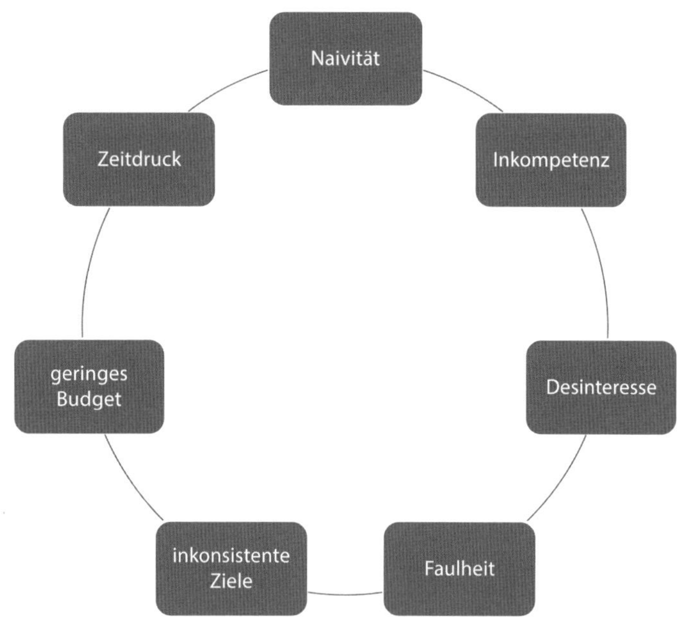

Abb. 2–7 *Sieben Todsünden – Grundursachen von Mängeln im Sicherheitstest*

2.6.2.1 Mangelndes Engagement der Führungsebene und fehlende Bereitstellung von Ressourcen

Bruce Schneier schreibt im Vorwort zur Paperback-Edition seines Klassikers »Secrets & Lies« [Schneier 15]: »*... the costs of ignoring security and getting hacked have been, in the scheme of things, relatively small.*« Aus Sicht eines Vorstands einer AG oder eines Geschäftsführers einer größeren GmbH lagen in der Vergangenheit die Kosten für mögliche Schäden auf lange Sicht unter den Kosten für umfangreiche IT-Sicherheitsmaßnahmen. Dies ändert sich langsam, aber stetig. Wie langsam, sieht man daran, dass Schneier diesen Wechsel bereits vor mehr als 14 Jahren postuliert hat. Zum einen werden die möglichen Schäden durch Hackerangriffe größer. Zum anderen müssen Verantwortliche für Datenverarbeitung und Softwarehersteller mehr und mehr damit rechnen, für finanzielle Schäden mangelnder Computersicherheit zu haften. Artikel 82 (1) der DSGVO liefert hierfür ein Beispiel:

> *»Jede Person, der wegen eines Verstoßes gegen diese Verordnung ein materieller oder immaterieller Schaden entstanden ist, hat Anspruch auf Schadenersatz gegen den Verantwortlichen oder gegen den Auftragsverarbeiter.«*

Die »alte« Denkweise herrscht dennoch vielerorts vor. Die laut zahlreichen Presseberichten flächendeckend verspätete Umsetzung der DSGVO in europäischen Unternehmen im Mai 2018 zeugt davon. In Projekten mit IT-Sicherheitsbelangen muss man diesem Denken mit den Ergebnissen sorgfältiger Risikoanalysen, dem deutlichen Hinweis auf gesetzliche und regulatorische Verpflichtungen und transparenten Berichten sehr frühzeitig und nachhaltig entgegentreten.

2.6.2.2 Mangelhafte Implementierung der Sicherheitstestvorgehensweise, fehlende Kompetenzen oder Werkzeuge

Eine gute Sicherheitstestvorgehensweise zu implementieren bedeutet, dass man wie ein Angreifer denken muss. Zusätzlich benötigt man jede Menge technisches Wissen und praktische Fertigkeiten, um wie ein dedizierter Angreifer handeln zu können. Zu Letzterem gehört die Kenntnis der Funktionsweise von Kommunikationsprotokollen, Betriebssystemen, Programmiersprachen (bis hin zu Assemblerkenntnissen) und Werkzeugen, die eine effiziente und schnelle Testdurchführung erlauben. Diese zu erwerben dauert häufig Jahre. (Wenn Sie über »hal9000:/root$ rm -rf« lachen können, bringen Sie mindestens eine Grundvoraussetzung mit[13].) Unternehmen bleiben auch nicht so nebenbei auf dem aktuellen Stand. Gerade mittelständische Unternehmen tun sich schwer, Experten einzustellen oder selbst auszubilden. Wird in einem solchen Umfeld ein Sicherheitstest geplant und durchgeführt, ohne dass externe Experten hinzugezogen werden, werden die angepeilten Testziele sehr wahrscheinlich nicht erreicht.

Zeit und Budget für Testprojekte sind so gut wie immer knapp. Reicht die Zeit für die notwendigen Tests nicht, ist der Test inadäquat. Sicherheitstestwerkzeuge können den Test wesentlich effizienter machen. Vorausgesetzt, die Werkzeuge sind auf dem aktuellen Stand der Technik, und die Verantwortlichen beherrschen den Umgang mit den Werkzeugen sicher. Ist keine der beiden Voraussetzungen erfüllt, können die Schritte, die zur sinnvollen Implementierung einer Testvorgehensweise für Sicherheitstests nötig sind, nicht in der verfügbaren Zeit umgesetzt werden. Hier ist oft der Einsatz kommerzieller Werkzeuge sinnvoll. Diese sind häufig teuer. Daher muss dafür ein ausreichendes Budget zur Verfügung stehen. Eine detailliertere Diskussion erfolgt in Kapitel 8.

---

13. Wenn Sie stattdessen »Oh Mann – der Witz ist ja uralt« denken, brauchen Sie das Buch wahrscheinlich nicht.

2.6.2.3 Fehlende Unterstützung seitens des Unternehmens oder der Stakeholder

Sicherheitstests müssen sich am Risiko orientieren: Ohne Beteiligung und Engagement von Stakeholdern können Assets und zu betrachtende Bedrohungen nur unzureichend identifiziert, analysiert und bewertet werden (vgl. Abschnitt 1.1). Ohne die Festlegung von Sicherheits- und Sicherheitstestrichtlinien fehlen weitere Leitfäden und Grundlagen, um Testvorgehensweisen erfolgreich zu verwirklichen. Der höchste Grad fehlender Unterstützung ist, wenn auf die Aufdeckung gravierender Sicherheitsmängel keine (oder eine sehr verspätete) Reaktion erfolgt. Immer wieder dieselben Sicherheitslücken zu finden und zu berichten, ist nicht nur frustrierend. Vor allem stellt sich die Frage: Wurde das Richtige getestet? Die Verbesserung einer Teststrategie lebt von den Rückmeldungen der Stakeholder. Aktives Nachfragen, Schulungen (Kap. 5) und eine aktive Involvierung der Stakeholder in Bedrohungsanalysen (Kap. 1) können zur Verbesserung einer solchen Situation beitragen.

2.6.2.4 Fehlendes Verständnis für Sicherheitsrisiken

Es gibt immer noch Entwickler, die sich standhaft weigern, statische Analysewerkzeuge in der täglichen Arbeit einzusetzen – oder deren Ergebnisse weitestgehend ignorieren. Sie halten die Ergebnisse nicht für wichtig oder sind schlichtweg zu bequem, sie einzuarbeiten. (»Ist ja nur eine »Warnung« und kein Fehler.«) Statische Analysatoren können schwere Sicherheitslücken bereits während der Implementierung eines Programms oder eines Webseitenskriptes aufdecken (siehe Abschnitt 8.1). Eine Testvorgehensweise, die vorsieht, dass statische Analysen durchgeführt werden und im Verantwortungsbereich der einzelnen Entwickler liegen, wird unter diesen Voraussetzungen scheitern. Eine möglicherweise fehlende Sensibilität für Sicherheitsrisiken illustriert auch das folgende Beispiel aus der Praxis:

Beispiel eines unsicheren Update-Prozesses

Beispiel eines unsicheren Update-Prozesses (vgl. [Hägler & Tanriverdi 16])

Beim bewusst einfach gehaltenen Download von Updates für die ERP-Software eines marktführenden Herstellers konnte das unsichere http-Protokoll verwendet werden. Zudem wurde die Signatur eines Updates nach dem Download nicht automatisch überprüft. Ein Angreifer (z.B. Man-in-the-Middle) hätte sich in den Update-Prozess einklinken und so Schadsoftware in einem produktiven ERP-System installieren können. Diese Sicherheitslücke wurde über Jahre hinweg übersehen und erst von einem unabhängigen Whitehat-Hacker aufgedeckt.

Ein fehlendes Verständnis bezüglich Sicherheitsrisiken im Management und weiteren Stakeholdern kann die Ursache einer mangelnden Unterstützung durch eine oder beide Gruppen sein. Die Abschnitte 2.6.2.1 und 2.6.2.3 diskutieren diese Sachverhalte. Technische Unkenntnis und Naivität tragen wesentlich dazu bei, dass Sicherheitsrisiken nicht erkannt oder falsch eingeschätzt werden.

Ursachen für fehlendes Verständnis von Sicherheitsrisiken

2.6.2.5 Testvorgehensweise, Teststrategie und übergeordnete Richtlinien passen nicht zusammen

Je größer und verzweigter eine Organisation ist, desto leichter können sich Vorgehensweisen in verschiedenen Abteilungen unterscheiden und schlimmstenfalls sogar inkonsistent sein. Das Gleiche passiert, wenn Dokumenteninhalte nicht gelebt und nie an die Realität angepasst werden. In Richtlinien zur Serversicherheit werden manchmal Ausnahmeregelungen für die Installation von Viren- oder Spyware-Scannern definiert (vgl. [SANS 13]). Werden diese verschärft, aber die zugehörigen Testziele und Testvorgehensweisen nicht angepasst, erfüllt der Test seinen Zweck nicht mehr vollständig.

Auch gibt es Situationen, in denen Schwachstellen-Assessments oder Penetrationstests in produktiven Systemen durchgeführt werden sollen. Stehen diese auf Servern in Rechenzentren von Dienstleistern oder des eigenen Unternehmens, können die Richtlinien des Rechenzentrums diese Tests u.U. verbieten oder ihnen Einschränkungen auferlegen (siehe dazu auch das Beispiel in Abschnitt 2.4.2.1).

Fallstricke dieser Art müssen in der Vorbereitungsphase eines Penetrationstests geprüft werden.

2.6.2.6 Fehlendes Verständnis für den Zweck des Systems und fehlende technische Informationen

Ist der Zweck eines Systems nicht wirklich bekannt oder verstanden, wird das Falsche getestet und Ressourcen verschwendet. Verschwendet z.B. ein beauftragter Penetrationstester seine Zeit mit der Schwachstellenanalyse eines Honeypots[14], ist das weitgehend rausgeworfenes Geld. Es ist zwar schön zu wissen, dass diese Sicherheitsmaßnahme einen Profi in die Irre geführt hat, damit ist aber auch genug Information gewonnen. Jetzt sollte er die echten Systeme prüfen.

14. Ein Informationssystem, das genau dazu da ist, unerlaubt verwendet zu werden. Wer immer mit dem Honeypot kommuniziert, ist ein Angreifer. Den gestarteten Angriff kann man dann in Ruhe analysieren, um die wirklichen Assets noch besser zu schützen.

Fehlen technische Informationen in der Vorbereitungsphase oder sind diese falsch, können die falschen Spezialisten für das Team oder die falschen Werkzeuge für den Test ausgewählt werden. Das lässt sich zwar noch korrigieren, sorgt aber für Zeitverzug und unnötigen Budgetverbrauch, da der Irrtum sicher in Phase 2 des Sicherheitstests bzw. in der Testdurchführung bemerkt wird.

2.6.3 Der Sicherheitstest als Business Case aus Sicht der Stakeholder

Mit dem Begriff »Business Case« ist in der Regel ein Dokument gemeint, das eine anstehende Aufgabe aus betriebswirtschaftlicher Sicht betrachtet. Eine Betrachtung der Kosten und des erwarteten betriebswirtschaftlichen Nutzens sind wesentliche Bestandteile [Cambridge 11]. Im Business Case für den Sicherheitstest wird eine Bewertung des Asset-Wertes (vgl. Abschnitt 1.1.2.1) den Kosten für den Sicherheitstest gegenübergestellt. Insbesondere die im Abschnitt »*Ermitteln des Schweregrades eines Sicherheitsrisikos*« (ab Seite 57) erläuterte Methode ist vorteilhaft, da sie sowohl das Schadensausmaß als auch die Eintrittswahrscheinlichkeit von Sicherheitsvorfällen berücksichtigt. Sie hat zudem den Vorteil, dass sie mit gängigen Methoden des Unternehmenscontrollings übereinstimmt (vgl. z.B. [Lachnit & Müller 12, Abschnitt 4.2.3]).

Insbesondere können die Kosten eines Sicherheitsvorfalls die Kosten für den Sicherheitstest und die anschließenden Korrekturmaßnahmen um ein Vielfaches übersteigen. Das illustriert das folgende Beispiel:

Beispiel: Einbruch in das Kassensystem einer Handelskette

Beispiel: Einbruch in das Kassensystem einer Handelskette

Zwischen dem 27. November und dem 15. Dezember 2013 stahlen Kriminelle Kreditkarten- und Adressdaten von über 70 Millionen US-Bürgern [Yang & Jayakumar 14]. Die Angreifer hatten sich Zugang zum kompletten Kassensystem der Handelskette Target verschafft. Im Nachhinein bezifferte die Kette den für sie entstandenen Schaden mit 162 Millionen US-Dollar.

Die zugehörige Sicherheitslücke – ein Konfigurationsfehler im Intrusion-Detection-System der Handelskette – hätte bereits mit einem Audit aufgedeckt werden können. Kosten für Test und Korrektur der Konfiguration hätten vermutlich nicht einmal im Promillebereich des verursachten Schadens gelegen.

2.6.3.1 Sicherheitstest als Business Case

Der Business Case für den Sicherheitstest bewertet das Asset explizit im Hinblick auf Schäden durch mögliche Sicherheitsvorfälle:

- Was kostet die Beseitigung des Vorfalls, wenn er im produktiven Betrieb auftritt?
- Welche direkten Verluste am Asset entstehen (vgl. Kap. 1) durch einen Vorfall?
- Welche Bußen oder Geldstrafen können in diesem Zusammenhang anfallen?
- Welche Kosten für Rechtsstreits können dazu kommen?
- Was sind die finanziellen Folgen für den Ruf des Unternehmens?
- Wie wird die Wahrscheinlichkeit für das Eintreten des Vorfalls bewertet?

Die Kosten der wichtigsten potenziellen Störfälle sollten aufgelistet werden – insbesondere die Kosten für den schlimmsten anzunehmenden Fall. Um zu einer realistischen Bewertung zu gelangen, können die tatsächlich entstandenen Kosten von in der Vergangenheit aufgetretenen Störfällen herangezogen werden. Der Business Case sollte dann aufzeigen, welche dieser Kosten durch einen Sicherheitstest und daraus resultierende Aktionen bei Vorliegen einer Sicherheitslücke vermieden werden könnten.

Der Business Case und damit der Sicherheitstest darf nicht zu eng gefasst sein. Er sollte sich am Schutz des Assets und nicht am Teilsystem orientieren. Informationen aus der im Beispiel aus Abschnitt 2.4.2.1 genannten Auftragsdatenbank können auch auf Mitarbeiterrechnern, in E-Mails, Backup-Servern oder auf dem Webserver zu finden sein. Den Sicherheitstest auf die Auftragsdatenbank zu beschränken, um den Schutz des Assets und der darin vorhandenen Informationen zu bewerten, wäre daher aus Test- wie aus betriebswirtschaftlicher Sicht sinnlos.

Abb. 2–8
Stakeholder-Gruppen und ihre Interessen in Bezug auf IT-Sicherheit

2.6.3.2 Stakeholder

Ein Business Case ist in der Regel an eine oder mehrere Personengruppen im Unternehmen gerichtet. Interessenvertreter (Stakeholder) der Zielgruppe(n) werden die Wirtschaftlichkeit des angedachten Sicherheitstests prüfen und dann entscheiden, in welchem Umfang der Test durchgeführt wird und welche Ressourcen dafür zur Verfügung gestellt werden. Der Business Case muss auf den Nutzen eines Sicherheitstests für die jeweiligen Zielgruppen explizit eingehen. Folgende wichtige Stakeholder-Gruppen seien als Beispiele genannt:

- **Geschäftsleitung bzw. leitende Angestellte**
  Ihr Hauptinteresse in puncto Sicherheit ist es, Verluste und Rufschäden vom Unternehmen abzuwenden. Kosten-Nutzen-Abwägungen und Betrachtung finanzieller Risiken und Chancen (z. B. Sicherheit als Verkaufsargument) sind für sie am Wichtigsten. Der Sicherheitstest des Online-Buchhandelssystems in Abschnitt 2.6.2 wäre – richtig durchgeführt – aus Sicht einer Geschäftsleitung außerordentlich wertvoll. Ein weiterer Punkt ist das Thema Sorgfaltspflicht: Kommen leitende Angestellte oder Geschäftsführer ihren Sorgfaltspflichten nicht nach, können sie haftbar gemacht werden. Sicherheitstests können den Nachweis der Erfüllung dieser Pflichten insbesondere im Bereich Datenschutz unterstützen.
- **Kunden und Geschäftspartner**
  Für Kunden ist der Schutz ihrer Daten vor Missbrauch von größter Wichtigkeit. Der oben zitierte Massendiebstahl von Kreditkartendaten schädigte neben der Handelskette sowohl jeden der Betroffenen als auch die Kreditkartengesellschaften.

- **Datenschutz- und Richtlinienbeauftragte:** Ziele von Sicherheitstests beinhalten typischerweise die Überprüfung von Unternehmensrichtlinien, Industrierichtlinien (vgl. Kap. 9) und Datenschutzvorschriften. In den einschlägigen Richtlinien und Gesetzen sind Sicherheitstests entweder direkt oder indirekt gefordert. Ein Beispiel hierfür sind die Payment Card Industry Security Standards wie [PCI 16].

Entwurf einer Testvorgehensweise für das Beispielszenario

Entwurf einer Testvorgehensweise für das Beispielszenario

Für den Internetauftritt verwendet das Unternehmen aus dem Beispiel in Abschnitt 2.4.2.1 das Content-Management-System TYPO3 zusammen mit einer MySQL-Datenbank. Beide Softwaresysteme sind auf dem im Perimeter-Netzwerk eingezeichneten Webserver installiert. Für beide Systeme ist eine Release-Anhebung vorgesehen. Neben weiteren Softwaretests soll auch ein Sicherheitstest durchgeführt werden. Zielsetzung dieses Tests ist die Beurteilung der Sicherheit der beiden Systeme nach Durchführung der Änderungen in Bezug auf Defacement (Verletzung der Integrität bzw. Tampering), die Möglichkeit der Übernahme durch einen Angreifer (Elevation of Privilege) und Dienstblockade (Denial of Service).

Elemente der Testvorgehensweise am Beispiel

Die Testvorgehensweise in einem betrieblichen Abnahmetest zu diesem Szenario muss neben den oben genannten Zielen auch die Sicherheitsrichtlinien und insbesondere die Sicherheitstestrichtlinie berücksichtigen. Sie könnte z. B. die folgend aufgelisteten Punkte beinhalten.

- **Testarten**
  Nach erfolgtem Update muss geprüft werden, dass keine zusätzlichen Dienste mitinstalliert und gestartet wurden, die nicht gebraucht werden. Dazu gehört die Prüfung der auf dem Server laufenden Prozesse und ein professioneller Portscan. Ebenfalls ist laut Sicherheitstestrichtlinie ein Vulnerability-Scan Pflicht. Zur Erreichung der Testziele ist hier zusätzlich ein Penetrationstest notwendig. Und zwar nicht nur, weil die Testrichtlinie diesen im Falle umfangreicher Änderungen für zugangsbeschränkte Systeme verlangt. Die Testziele selbst verlangen eine Beurteilung, ob ein Angreifer tatsächlich Daten verändern oder das System übernehmen kann. Mit einem Scan-Ergebnis lassen sich darüber nur Vermutungen anstellen.
- **Testorganisation**
  Für die genannten Testarten wird ein ausgebildeter Penetrationstester benötigt. Er sollte nicht der Gruppe angehören, die für die Administration des Servers verantwortlich ist (Unabhängigkeit des Testens). Dieser muss mit geeigneten Scan-Werkzeugen für Portscans, Schwachstellenscans und Penetrationstests Erfahrung haben. Portscans und eine Analyse der auf dem Sever laufenden Prozesse können auch von einem Systemadministrator durchgeführt werden. Der Penetrationstester wird diesen aber ohnehin im Rahmen seiner eigenen Tests wiederholen.

- **Testumgebung**
  Die Testumgebung ist das produktive System. Grundsätzlich stellen alle Arten von Sicherheitstests ein Risiko für ein produktives System dar. Ein Portscan kann zu Abstürzen von Webdiensten führen. Trotzdem sollten Port- und Schwachstellenscans im Produktivsystem durchgeführt werden. Ebenso die Penetrationstests, die darauf abzielen, das System zu übernehmen oder zu verändern. Hier hat die Notwendigkeit Vorrang, eine realistische Einschätzung der Sicherheit des produktiven Systems zu erhalten und z.B. unsichere Konfigurationen aufzudecken. Denial-of-Service-Angriffe sind gemäß der Testrichtlinie nicht im Produktivsystem gestattet. Hier muss auf eine simulierte Umgebung, z.B. auf die Lasttestumgebung (falls vorhanden), ausgewichen werden. In der Testvorgehensweise für Sicherheitstests müssen das Risiko, den produktiven Betrieb zu stören oder eine Sicherheitslücke zu übersehen, sorgfältig gegeneinander abgewogen werden.

2.7 Optimierung der Sicherheitstestpraktiken

Definition: Key Performance Indicator (KPI)

Der Begriff Key Performance Indicator beschreibt Kennzahlen, mit denen der Erfolg ergriffener Maßnahmen und die dazu aufgewendeten Mittel im Hinblick auf zu erreichende Unternehmens- und Projektziele gemessen werden können. [Lachnit & Müller 12, S. 320]

In Bezug auf Sicherheitstests bedeutet dies, kurz- wie langfristig messbare Antworten auf folgende Fragen zu liefern:

- Werden die gesetzten Testziele adressiert?
- Sind die Tests wirksam im Hinblick auf die Testziele?
- Erfüllen die Tests im Hinblick auf definierte Business Cases ihren Zweck?
- Welche Mittel müssen für Sicherheitstests bereitgestellt werden?

Die KPIs müssen sich am Unternehmenskontext ausrichten, d.h.

- an den zu schützenden Gütern,
- den einzuhaltenden gesetzlichen und industriespezifischen Regularien sowie
- den unternehmensinternen Prozessen und Richtlinien.

Zu den eingesetzten Mitteln gehören nach [GTB CTAL ST 18] Menschen, Werkzeuge, Systeme und eingesetzte Techniken. Stellt sich heraus, dass die durchgeführten Tests die Unternehmensziele zur Informationssicherheit nicht ausreichend unterstützen, müssen die zugehörigen Vorgehensweisen, Strategien und Richtlinien angepasst werden. Genau hier spielen die eben genannten Faktoren eine große Rolle: Zu den notwendigen Verbesserungsmaßnahmen können die bessere Ausbildung der Mitarbeiter, Einführung neuer Werkzeuge für den Sicherheitstest, Einsatz angemessenerer Techniken oder der Test zusätzlicher Systeme gehören. Ob Verbesserungsmaßnahmen erfolgreich sind, muss sich anhand der weiteren zeitlichen Entwicklung der gewählten KPIs erkennen und entscheiden lassen. Regelmäßig erhobene KPIs unterstützen zudem die Erstellung aussagekräftiger Business Cases für den Sicherheitstest.

Die folgenden Abschnitte besprechen dazu Beispiele für Schlüsselmetriken zur Beurteilung von Sicherheitstests.

2.7.1 Überdeckungsgrade für Sicherheitsrisiken

Die Messung von Überdeckungsgraden für Sicherheitsrisiken setzt die aktive und konsequente Nutzung eines geeigneten Risikoklassifikationsschemas (vgl. Abschnitt 1.1) bzw. Risikobewertungsverfahrens voraus. Dieses kann sich (vgl. Abschnitte 1.1 und 2.4.2) an z.B. Schutzklassen für Assets, am möglichen finanziellen Schaden oder an Bedrohungsarten orientieren. Zur Erstellung von KPIs muss für die identifizierten Risiken festgehalten werden, ob sie im Test adressiert wurden und was ggf. das Resultat der Tests war. Eine entsprechende Rückverfolgbarkeit zwischen identifizierten Risiken und Tests ist somit eine weitere Voraussetzung für die Erhebung entsprechender KPIs. Diese können z.B. Aussagen dazu liefern,

- welche Risiken oder Risikoklassen im Test adressiert wurden,
- welche Risiken nicht adressiert oder betrachtet wurden,
- welche Risiken durch den Test (neu) bewertet oder aufgrund der Testergebnisse gemindert werden konnten.

2.7.2 Überdeckungsgrade von Sicherheitsrichtlinien und Strategien für den Test

Voraussetzung für diesen KPI-Typ ist die Rückverfolgbarkeit zwischen Tests einerseits und den Anforderungen aus Richtlinien und Strategien andererseits. Dies erlaubt z. B. die Untersuchung folgender Fragestellungen:

- Wann und wie regelmäßig wird die Einhaltung der Unternehmensrichtlinien überprüft?
- Wann und wie oft werden Audits, Vulnerability-Assessments und vollständige Penetrationstests durchgeführt?
- Werden bei den Überprüfungen die in Sicherheitstestrichtlinien geforderten Turnusse eingehalten?

2.7.3 Überdeckungsgrade von Sicherheitsanforderungen für den Test

Diese KPIs sind klassische Anforderungsüberdeckungsmaße, wie sie sehr häufig im Softwaretest eingesetzt werden. Auch für ihre Erhebung ist die Rückverfolgbarkeit zwischen Anforderungen und Test eine wesentliche Voraussetzung. Sie leisten insbesondere gute Dienste, wenn Sicherheitstests in der Produktentwicklung eines Unternehmens erstmalig etabliert werden. Mit diesem Metrikentyp kann z. B. gezeigt werden, dass sich der Überdeckungsgrad von Sicherheitsanforderungen von Projekt zu Projekt verbessert und schließlich den gleichen Überdeckungsgrad erreicht wie funktionale Tests.

2.7.4 KPIs für die Wirksamkeit von Sicherheitstests

Metriken zur Bestimmung der Wirksamkeit von Tests sind typischerweise risiko-, fehler- oder kostenbasiert. Die Quantifizierung der im Sicherheitstest betrachteten Risiken in Abschnitt 2.7.1 ist bereits ein Beispiel dafür.

Beispiele für fehlerbasierte Metriken sind in diesem Zusammenhang:

- Die Anzahl der durch Sicherheitstests aufgedeckten Sicherheitslücken z. B. über bestimmte Zeitabschnitte (Quartale, pro Jahr)
- Die Anzahl der im Betrieb entdeckten Sicherheitslücken bzw. -vorfälle, die nicht durch Sicherheitstests entdeckt wurden.
- Die Anzahl der durch Sicherheitstests aufgedeckten Schwachstellen nach Schwachstellenart. Das kann ebenfalls über Zeiträume dargestellt werden.

- Von Angriffen verursachte Ausfallzeiten von Servern oder Diensten über Berichtszeiträume (Monate, Quartale) betrachtet. Diese können durch erfolgreiche Tests und weitere Maßnahmen mit der Zeit abnehmen.

Kostenbasierte Metriken erlauben es z.B., die Kosten für Sicherheitstests und für die aufgrund der Tests ergriffenen Schutzmaßnahmen den Kosten potenzieller Sicherheitsvorfälle gegenüberzustellen. Genau wie bei den fehlerbasierten Metriken sollten auch die Kosten von Sicherheitsvorfällen über die Zeit betrachtet werden. Steigen diese an, muss geprüft werden, ob die finanziellen Folgen durch Angriffe durch bessere Sicherheitstests in Zukunft gemindert oder vermieden werden können. Kostenbasierte Metriken sind aus betriebswirtschaftlicher Sicht am besten für die Formulierung und Erfolgsprüfung aussagekräftiger Business Cases geeignet.

Eine weitere Möglichkeit, zu besseren Sicherheitstests zu kommen, ist der Einsatz von Pareto-Charts im Zusammenhang mit fehler-, kosten- und risikobasierten Metriken. Sie erlauben einen schnellen Überblick, in welchen Bereichen und für welche Risiken-, Fehler- oder Bedrohungsarten weitere Sicherheitstests am sinnvollsten sind.

2.8 Was Sie in diesem Kapitel gelernt haben

- Abschnitt 2.1 grenzt Sicherheitstests gegenüber anderen Testarten ab: Sicherheitstests unterscheiden sich erheblich von anderen Testarten im Softwaretest. Fehler im Zusammenhang mit der Informationssicherheit eines Systems beruhen oft auf Seiteneffekten oder nicht dokumentierten Zusatzfunktionalitäten und werden häufig im normalen funktionalen Test nicht ausgelöst oder nicht erkannt.
- Die Abschnitte 2.2 und 2.3 beschreiben, dass Sicherheitstests dazu dienen, Risiken zu identifizieren, die Wirksamkeit existierender Schutzmaßnahmen zu bewerten, die Umsetzung von Sicherheitsrichtlinien zu überprüfen, Vertrauen bei Kunden und Anwendern zu schaffen und das Unternehmen bei gerichtlichen Auseinandersetzungen zu schützen.
- Abschnitt 2.4 zeigt, dass die Durchführung von Sicherheitstests Teil des Informationsschutzes eines Unternehmens ist.
- Sicherheitstests müssen an den Unternehmenszielen ausgerichtet sein. Sie müssen die geltenden Gesetze, die im Unternehmen gelebten Prozesse und das Können und Wissen der Mitarbeiter berücksichtigen. Sie müssen außerdem einen vernünftigen wirtschaftlichen Rahmen einhalten. Zielsetzung und Umfang der Tests müssen

sich daher am Wert und an der Art der zu schützenden Assets orientieren. Die zugehörigen Details finden sich in Abschnitt 2.5.

- Abschnitt 2.6 erläutert Regeln und Richtlinien für die Definition der Testvorgehensweise im Sicherheitstest: Sie muss so gestaltet sein, dass die Testziele mit den verfügbaren Mitteln und der zur Verfügung stehenden Zeit erreicht werden können. Testziele und Testvorgehensweise müssen daher zueinander passen und mit den Interessenvertretern im Unternehmen abgestimmt sein.
- Zu den wichtigsten Interessenvertretern für Sicherheitstests im Unternehmen gehören die Geschäftsleitung, Richtlinienbeauftragte und Kunden. Unterschiedliche Interessenvertreter haben unterschiedliche Schutzziele vor Augen, die im Sicherheitstest adressiert werden müssen. Abschnitt 2.6 benennt dazu passende Beispiele.
- Typische Grundursachen für das Fehlschlagen von Sicherheitstestkonzepten sind Zeitdruck, Naivität, Inkompetenz, zu geringes Budget, Desinteresse und unrealistische Ziele. Dies ist ebenfalls in Abschnitt 2.6 beschrieben.
- Um Sicherheitstestpraktiken optimieren zu können, muss der Erfolg von Sicherheitstests gemessen werden. Die dazu verwendeten Metriken müssen sich an den Unternehmenszielen orientieren. Sie müssen Aussagen über die Überdeckung von Risiken, Testzielen und über die Aufdeckung von Schwachstellen in Relation zu den eingesetzten Mitteln erlauben. Das ist Gegenstand des Abschnitt 2.7.

3 Sicherheitstestprozesse

»To achieve great things, two things are needed:
a plan, and not quite enough time.«
Leonard Bernstein

Genau wie die Erstellung sicherer Software ist auch das Sicherheitstesten von Software eine Tätigkeit, die man geplant und strukturiert durchführen sollte. Dieses Kapitel beschreibt und erläutert die Elemente eines effektiven Sicherheitstestprozesses und die in den einzelnen Phasen durchzuführenden Tätigkeiten. Dazu zählen die Erstellung von Sicherheitstestkonzepten sowie die Analyse ihrer Stärken und Schwächen in der Planungsphase. Sicherheitstests können dabei nicht nur Artefakte der Softwareentwicklung zum Gegenstand haben. Auch Sicherheitsrichtlinien und -verfahren von Organisationen sind durch Sicherheitstests zu validieren. Beim Testen von Softwareartefakten kommt der Sicherheitstestumgebung eine entscheidende Rolle zu. Unabhängig davon, ob Softwareartefakte oder Organisationsrichtlinien und -verfahren getestet werden, sind bei Sicherheitstests Genehmigungen zu deren Durchführung einzuholen, sowohl aus rechtlichen wie auch aus betrieblichen Gründen. Nach der Ausführung ist die Analyse der Testergebnisse essenziell, um Art, Umfang und potenzielles Schadensausmaß einer Schwachstelle bestimmen zu können und geeignete Abhilfemaßnahmen zu ermitteln. Schlussendlich müssen all diese Informationen in geeigneter Form berichtet werden.

3.1 Einleitung

Sicherheitstests benötigen genauso wie Tests im Allgemeinen als Aktivität im Entwicklungslebenszyklus einen Prozess, der sie von der Planung bis zur Wartung organisiert. Damit Sicherheitstests im gesamten Projektverlauf durchgeführt werden können, muss der ihnen zugrunde liegende Sicherheitstestprozess auf den Entwicklungsprozess abgestimmt sein. Dies ermöglicht die Durchführung von Testaktivitäten dann, wenn diese benötigt werden.

Grundsätzlich lässt sich unterscheiden zwischen Sicherheitstests zur Bestimmung der Sicherheit von Produkten und Sicherheitstests, die der Validierung von Sicherheitsrichtlinien und -verfahren von Organisationen dienen. In beiden Fällen sind die Risiken und damit auch die Anforderungen an Sicherheitstests individuell, von Organisation zu Organisation, von Produkt zu Produkt, unterschiedlich. Sie hängen von der Produkt- bzw. der Organisationsart ab. Sie stehen außerdem unter dem Einfluss von technischen Umgebungen, Entwicklungsprozessen und den Geschäftsrisiken. Für eine Webapplikation, beispielsweise einen Webshop, bestehen andere Gefährdungen und Sicherheitserfordernisse als für ein System zur Verwaltung von Gesundheitsdaten.

Sicherheitstests sind ebenso wie Softwaretests im Allgemeinen eine Aktivität im Entwicklungslebenszyklus. Folgen Sicherheitstests nicht einem (Sicherheitstest-)Prozess, können schwere Sicherheitslücken unentdeckt bleiben. Unter Umständen werden Sicherheitslücken nicht oder nicht vollständig geschlossen, wenn ein Test eine Lücke aufdeckt, diese aber nicht an die Entwicklung gemeldet wird oder nach dem Beheben der Sicherheitslücke kein erneuter Sicherheitstest erfolgt. Sicherheitslücken können auch dann entstehen, wenn Sicherheitsrisiken nicht kommuniziert werden und damit auch beim Sicherheitstest keine Berücksichtigung finden. Auch wenn die Vertraulichkeit von Sicherheitstestberichten nicht oder unzureichend definiert oder nicht beachtet wird, kann dies zu dem höheren Risiko führen, dass dann eine Sicherheitslücke ausgenutzt wird. Gleichzeitig kann dieses Risiko aber als gering eingestuft werden, weil fälschlicherweise angenommen wird, dass das für einen Angriff notwendige Wissen vertraulich gehandhabt wird und einem potenziellen Angreifer nicht zur Verfügung steht. Durch das Verbreiten entsprechender Informationen kann sich die Wahrscheinlichkeit für das Ausnutzen einer solchen Schwachstelle jedoch erheblich vergrößern, und damit können die Sicherheits- und Risikobetrachtungen zu unangemessenen Entscheidungen führen.

3.1.1 Der Sicherheitstestprozess basierend auf dem Testprozess nach ISTQB®

Auch für einen Sicherheitstestprozess bildet der Testprozess, wie er im Lehrplan des ISTQB® Certified Tester Foundation Level [GTB CTFL 11] dargestellt ist, die Grundlage[1]. Allerdings müssen die einzelnen Schritte des Testprozesses für den Sicherheitstestprozess spezifisch instanziiert werden. Während der ISTQB®-Testprozess naturgemäß recht allgemein ist, sind die jeweiligen Aktivitäten für das Sicherheitstesten zu bestimmen.

---

1. In [GTB CTFL 18] wurde der Testprozess modifiziert, darauf wird später eingegangen.

Zusammenhang zwischen Sicherheitstestprozess und Entwicklungsprozess

Da der Sicherheitstestprozess den Entwicklungsprozess begleitet, muss sich dieser natürlich an diesem ausrichten. Ist dieser sequenziell, wie beispielsweise im V-Modell, ist der Sicherheitstestprozess ebenso sequenziell und wird nur einmal durchlaufen. Handelt es sich beim Entwicklungsprozess um einen iterativ-inkrementellen Ansatz, wie z. B. bei Scrum, muss auch der Sicherheitstestprozess iterativ durchgeführt werden. Neben den reinen Prozessen finden sich in der Praxis oft Mischformen, die z. B. einen iterativen Prozess in einen sequenziellen einbetten. Auch solche Mischformen sind im Sicherheitstestprozess zu berücksichtigen.

Die verschiedenen Aktivitäten des Sicherheitstestprozesses sind also parallel zu den Aktivitäten des Entwicklungsprozesses auszuführen. Kapitel 4 gibt einen detaillierten Einblick in die Einbettung von Sicherheitstests in den Entwicklungslebenszyklus einer Softwareanwendung.

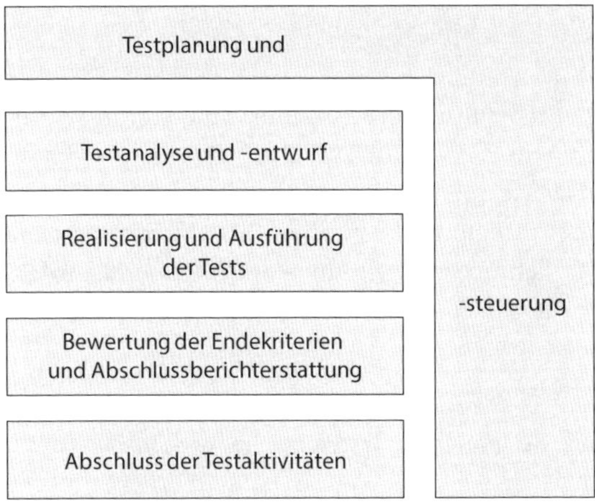

Abb. 3–1
Der Testprozess nach ISTQB® Certified Tester [GTB CTFL 11]

Im Folgenden werden die einzelnen Phasen des Testprozesses benannt und deren Bedeutung im Kontext von Sicherheitstests beschrieben. Zudem werden mögliche Aufgaben im Sicherheitstestprozess in Form von Beispielen gegeben. Eine umfangreiche, wenn auch nicht vollständige Liste findet sich im Lehrplan des ISTQB®-Sicherheitstesters.

Hinweis: Der Testprozess nach dem Foundation-Level-Lehrplan 2018 [GTB CTFL 18]

Die einzelnen Schritte des Testprozesses, wie sie in Abbildung 3–1 dargestellt sind, wurden in folgende Testaktivitäten aufgegliedert:

- Testplanung
- Testüberwachung und -steuerung
- Testanalyse
- Testentwurf
- Testrealisierung
- Testdurchführung
- Testabschluss

Die Bewertung der Endekriterien erfolgt nun als Teil der Aktivität Testüberwachung und -steuerung, und die Abschlussberichterstattung ist nun eine Aufgabe des Testabschlusses. Für den aktuellen Lehrplan des Sicherheitstesters [GTB CTAL ST 18] gilt weiterhin der darin beschriebene Testprozess.

Testplanung und -steuerung als Rahmenbedingungen für Sicherheitstests

Die Planung von Sicherheitstests umfasst die administrativen Tätigkeiten des Sicherheitstestens und hat das Ziel, die geeignete Sicherheitstestvorgehensweise für ein Projekt auf Basis der organisationsweiten Sicherheitsteststrategie zu bestimmen, die Sicherheitstestaufgaben im Testprozess zu definieren sowie einen angemessenen Umfang der Sicherheitstests festzulegen.

Definition: Testplanung

»Eine Aktivität im Testprozess zur Erstellung und Fortschreibung des Testkonzepts.« [GTB Glossar 18]

Eine wesentliche Rolle neben der Sicherheitsteststrategie einer Organisation spielen dabei die Ergebnisse der Risikoanalyse (vgl. Kap. 1) sowie regulatorische Anforderungen (vgl. z.B. Kap. 9), die mit in die Risikoanalyse einfließen. Abhängig von den Sicherheitsrisiken kann sich der Umfang der Sicherheitstests erheblich von denen anderer Tests unterscheiden, sodass deren Umfang nicht vom Umfang anderer Testarten, wie beispielsweise funktionaler Tests, übernommen werden kann.

- Die Testvorgehensweise umfasst die Auswahl der Testarten sowie Testentwurfsverfahren und wie diese in den verschiedenen Teststufen anzuwenden sind. Testentwurfsverfahren können z.B. Reviews von Sicherheitsarchitekturspezifikationen oder Code sein. Auch statische Analysen gehören dazu, um die Einhaltung von Codierregeln zu prüfen. Zur Aufdeckung möglicher Sicherheitslücken in

- Software sind statische Codeanalysen, symbolische Ausführung und Fuzz-Tests möglich, während Penetrationstests gut geeignet sind, Sicherheitslücken in komplexen Systemen aufzudecken. Mithilfe von Social Engineering können Sicherheitslücken in Prozessen und Organisationen aufgedeckt werden.
- Abhängig von den zu definierenden Testzielen (siehe dazu auch Abschnitt 2.4) können die geeigneten Testentwurfsverfahren bestimmt und mit den in einer Organisation oder einem Team bestehenden Kompetenzen abgeglichen werden. So kann ermittelt werden, ob ggf. Schulungsmaßnahmen oder die Einstellung neuen Personals sinnvoll ist oder wie die bestehenden Kompetenzen am besten eingesetzt werden können. Auch technische Ressourcen, wie beispielsweise vorhandene Testwerkzeuge und bestehende Testumgebungen, sind, wiederum mithilfe der Risikoanalyseergebnisse, zu betrachten und auf deren Eignung für das vorliegende Projekt und dessen Ziele zu bewerten.
- Es sind Schätzungen für den Aufwand hinsichtlich Personal- und Zeitbedarf für die verschiedenen Aufgaben vorzunehmen und mit den vorhandenen Ressourcen und dem Entwicklungsplan abzustimmen, damit die Entwicklung beispielsweise nicht auf die Reviewergebnisse einer Sicherheitsarchitekturspezifikation warten muss, wenn sie mit dessen Implementierung beginnen möchte.

Bei der Planung von Sicherheitstests ist also eine enge Abstimmung mit dem Entwicklungslebenszyklus und dem Entwicklungsteam notwendig. Auch muss für das Beheben von Schwachstellen und den zugehörigen Re- und Regressionstests ausreichend Zeit eingeplant werden. Dazu können Erfahrungen aus früheren Projekten mit einer ähnlichen Teamzusammensetzung oder aus einer vergleichbaren Anwendungsdomäne herangezogen werden. Hierbei sind mitunter auch die Erfahrungswerte der Autoren der verschiedensten Artefakte, sowohl der Entwicklung als auch der Tests, zu berücksichtigen. Wird die Entwicklung einzelner Artefakte, z.B. von Komponenten, ausgelagert, muss ggf. mehr Zeit für die Fehlerbehebung eingeplant werden als bei Softwareteilen, die innerhalb eines Teams oder einer Organisation entwickelt werden.

Teststeuerung überwacht den Testprozess

Definition: Teststeuerung

»Als Teststeuerung bezeichnet man die Managementaufgabe zur Entwicklung und Anwendung von Korrekturmaßnahmen, um in einem Testprojekt eine Abweichung vom geplanten Vorgehen zu beherrschen.« [GTB Glossar 18]

Während ihrer Durchführung sind Sicherheitstests in allen Prozessschritten zu überwachen. Gegebenenfalls ist steuernd einzugreifen.

- Dazu sind geeignete Metriken für die Sicherheitstests sowie Eingangs- und Endekriterien zu definieren. Metriken können beispielsweise die Anzahl spezifizierter, implementierter und ausgeführter Testfälle oder die Menge der überdeckten Bedrohungsszenarien und Risiken messen. Es können Codeüberdeckungsmetriken und Fehlerfindungsraten zum Einsatz kommen. Sie dienen dazu, den Testfortschritt und die Testergebnisse zu quantifizieren und Trends sichtbar zu machen.
- Metriken können auch dazu dienen, die Ergebnisse der Risikoanalyse zu überprüfen und ggf. zu aktualisieren, um sie dem tatsächlichen Risikostand einer Software anzupassen. Auch können weitere oder andere Testentwurfsverfahren als Ergebnis von Sicherheitsmaßnahmen angewendet werden. Weitere Maßnahmen können zur Abschwächung von Sicherheitsrisiken, die während der Sicherheitstests offengelegt wurden, ergänzt werden.
- Die Testvorgehensweise muss an eine geänderte Risikolage angepasst werden, wenn sich die Bedrohungslandschaften oder andere Risiken, die außerhalb des Einflussbereiches eines Softwaresystems liegen, ändern – wie dessen Einsatzumgebung, Veränderungen im Testteam oder dessen Kompetenzen (ein Mitarbeiter verlässt das Team oder erwirbt neue Kompetenzen).

Die Ergebnisse der Planung und die Maßnahmen zur Überwachung von Sicherheitstests werden im Sicherheitstestkonzept dokumentiert.

Testanalyse und -entwurf als Grundlagen für abstrakte Sicherheitstests

Definition: Testanalyse

»Die Aktivität, die Testbedingungen durch eine Analyse der Testbasis identifiziert.« [GTB Glossar 18]

Die Aufgaben während der Analyse der Testbasis und des Entwurfs von Sicherheitstests dienen dazu, konkrete Sicherheitsgefährdungen zu verstehen und Sicherheitstestbedingungen zu definieren.

Definition: Testbedingung

»Ein Aspekt der Testbasis, der für die Erreichung bestimmter Testziele relevant ist.« [GTB Glossar 18]

Beispiele für mögliche Testbedingungen können Kontrollpunkte von Checklisten, Fehlerangriffe wie beim Negativtesten oder auch eine Test-Charta beim explorativen Testen sein.

Dabei helfen die Analysen von Risikobewertungen, von Auditergebnissen und von bekannten Schwachstellen. Die Analyse der Testbasis umfasst auch die Prüfung von Sicherheitsanforderungen und Sicherheitsrichtlinien. Auch die Teilnahme an Threat-Modeling[2]-Aktivitäten kann dazu gehören oder das Review von Misuse Cases[3].

Sind die Testbedingungen definiert, werden auf ihrer Grundlage abstrakte Testfälle erstellt.

Definition: Testentwurf

»Die Aktivität, die Testfälle aus Testbedingungen ableitet und spezifiziert. [Nach ISO 29119]« [GTB Glossar 18]

Testbedingungen sind also die Einheiten, die durch einen im Testentwurf entstandenen abstrakten Testfall geprüft werden.

Definition: Abstrakter Testfall

»Ein Testfall ohne konkrete Werte für Eingabedaten und erwartete Ergebnisse.« [GTB Glossar 18]

Neben dem Umfang der Sicherheitstests und der Auswahl der geeigneten Testentwurfsverfahren zur Prüfung der Sicherheitstestbedingungen ist auch zu untersuchen, ob vorhandene Sicherheitstestwerkzeuge anwendbar sind (vgl. Abschnitt 8.2). Statische Codeanalysewerkzeuge sind beispielsweise spezifisch für eine bestimmte Programmiersprache, und dynamische Testwerkzeuge müssen das Schnittstellenprotokoll und dessen Codierung unterstützen.

Testrealisierung und -ausführung

Die während der Testanalyse und des Testentwurfs erstellten abstrakten Tests sind bei der Realisierung so umzusetzen, dass diese entweder manuell, semiautomatisch oder automatisch ausgeführt werden können. Dazu sollten Sicherheitstestfälle, Testszenarien, Testskripte oder andere Testspezifikationen erstellt werden. Dazu können auch Testspezifikationssprachen wie z.B. die Testing and Test Control Notation in Version 3 (TTCN-3) [ETSI 1] verwendet werden. Für funktionale Sicherheitstests, die automatisiert ausgeführt werden sollen, eignen sich solche

2. Threat Modeling ist ein Prozess, der die Identifikation von Schwachstellen aus Sicht eines Angreifers umfasst.
3. Misuse Cases sind analog zu Use Cases Nutzungsszenarien, mit dem Unterschied, dass Misuse Cases bösartig sind.

Sprachen gut, wenn Werkzeugunterstützung existiert und Mitarbeiter entsprechend geschult sind. Funktionale Sicherheitstests, die manuell ausgeführt werden, rechtfertigen den Aufwand der Formalisierung nicht immer, sodass hier semiformale wie tabellarische Notationen der durchzuführenden Testschritte oder sogar informale Beschreibungen geeignet sein können, abhängig davon, wie stark der effiziente Einsatz eines Testentwurfsverfahrens von den Erfahrungen und Kenntnissen eines Sicherheitstesters abhängig ist. Auch nichtfunktionale Tests können formale Testspezifikationssprachen an ihre Grenzen bringen, da diese oft für funktionale Tests (explizit oder implizit) entworfen wurden und nicht allen Erfordernissen gerecht werden, beispielsweise das Überschreiten von Spezifikationsgrenzen bei Negativtests.

Für Tests, die auf den Kenntnissen und der Intuition des Sicherheitstesters basieren, ist entweder eine manuelle Ausführung geeignet, wie im Fall eines Codereviews, oder eine semiautomatisierte Ausführung, wie bei Penetrationstests, bei denen Distributionen wie Kali-Linux Werkzeuge (siehe auch Kap. 8) bereitstellen, die verschiedene Schritte der Testausführung (z.B. Portscans) automatisieren.

In welchem Umfang eine Automatisierung möglich und sinnvoll ist, hängt vom Testentwurfsverfahren, vom Testwerkzeug, vom Testziel und den Kenntnissen des Testers ab. In jedem Fall ist eine Testumgebung bereitzustellen, die die Durchführung der Sicherheitstests und die Protokollierung der Ergebnisse ermöglicht.

Bewertung der Sicherheitstestergebnisse, der Testendekriterien und Abschlussberichterstattung

Die Evaluierung der Endekriterien und Abschlussberichterstattung der Sicherheitstests umfasst die Aufgaben, die der Bewertung der Testergebnisse dienen (siehe auch Kap. 7). Die Bewertung einzelner Tests und die Dokumentation der Testbewertung sollte schnellstmöglich erfolgen, sodass erkannte Schwachstellen frühzeitig kommuniziert und ggf. behoben werden können. Dazu können die Ergebnisse der Sicherheitstests eine bestehende Risikoanalyse verfeinern und so die Erkennung neuer Risiken ermöglichen. Die Ergebnisse sind den entsprechenden befugten Beteiligten, wie beispielsweise der Geschäftsführung und dem Testmanagement, zu melden, sodass Maßnahmen zur Risikobewertung und ggf. zur Risikominderung getroffen werden können. Da Sicherheitstestberichte sensible Informationen über eine Anwendung oder eine Organisation enthalten können, ist dabei die notwendige Vertraulichkeit (vgl. Datenklassifizierungsrichtlinie in Abschnitt 1.2) zu wahren (siehe auch Abschnitt 7.4).

Abschluss der Testaktivitäten und Wartung

Mit dem Abschluss der Sicherheitstestaktivitäten sind all die Aufgaben verbunden, die dazu dienen, sicherzustellen, dass alle notwendigen Sicherheitstests durchgeführt, dokumentiert und archiviert worden sind. Damit werden zukünftige Sicherheitstests ermöglicht.

Es müssen alle verwendeten Testmittel und Testergebnisse archiviert worden sein, um eine spätere Wartung zu ermöglichen. Die *sichere* Archivierung stellt dabei eine wichtige Anforderung dar, um die Vertraulichkeit etwaig enthaltener sensibler Informationen zu gewährleisten.

Die Aufgaben für den Sicherheitstest werden in der Planungsphase des Testprozesses festgelegt. Diese baut auf der unternehmensweiten Sicherheitstestrichtlinie auf und beschreibt, welche Techniken, Werkzeuge und Kompetenzen zur Erfüllung der Sicherheitstestziele eines Projekts geeignet sind.

3.1.2 Ausrichtung des Sicherheitstestprozesses an einem bestimmten Entwicklungslebenszyklusmodell

Ein Entwicklungslebenszyklusmodell beschreibt, welche Entwicklungsaktivitäten in welcher Reihenfolge durchgeführt werden. Hierdurch wird bestimmt, wann die zugehörigen Aktivitäten im Sicherheitstest beginnen können.

Sequenzielle Lebenszyklen

Sequenzielle Lebenszyklen durchlaufen die einzelnen Phasen Konzeption, Anforderung, Entwurf, Implementierung, Test, Installation und Betrieb & Wartung[4] nacheinander und in der angegebenen Reihenfolge. Die Ergebnisse einer Phase werden als Eingangsartefakte in der darauffolgenden Phase verwendet. Treten Unstimmigkeiten auf, kann die vorhergehende Projektphase wiederholt werden.

Beispiele für sequenzielle Entwicklungslebenszyklusmodelle sind das Wasserfallmodell und das V-Modell.

Wesentliche Eigenschaften sequenzieller Entwicklungslebenszyklusmodelle finden sich in Abschnitt 3.1.2 des Lehrplans [GTB CTAL ST 18]. Die Bedeutung von Sicherheitstests in den einzelnen Prozessschritten wird in Kapitel 4 dieses Buches erläutert. Die folgenden Eigenschaften von Projekten, die sequenzielle Entwicklungslebenszyklusmodelle einsetzen, sind für einen Sicherheitstester bedeutsam:

- Es kommt bei einem veränderten Risikostand nicht zu einer erneuten Risikoanalyse, da die entsprechende Phase zu Projektbeginn bereits abgeschlossen ist.

4. Die Begriffe können sich geringfügig für die einzelnen Phasen eines Anwendungslebenszyklus unterscheiden, falls der Entwicklungslebenszyklus sich beispielsweise nach den Normen ISO 12207 bzw. ISO 15288 richtet. Abhängig vom Entwicklungslebenszyklusmodell werden verschiedene Begriffe verwendet. Die hier verwendeten Begriffe richten sich nach [GTB Glossar 18].

- Ändert sich der Risikostand und damit die Sicherheitserfordernisse, wird dies aufgrund der bereits abgeschlossenen Risikobetrachtung in einer frühen Projektphase nicht berücksichtigt. Änderungen in den Sicherheitsanforderungen an die Software, die hieraus folgen würden, bleiben aus.
- Treten im Projektverlauf neue Risiken auf, beispielsweise durch neue Angriffsformen, können Sicherheitstests diese nicht berücksichtigen.
- Sicherheitstests werden in der Regel spät im Projektverlauf durchgeführt, auch wenn dies bereits früher geschehen könnte. Sicherheitstests beginnen nicht erst, wenn eine Anwendung kompiliert ist und somit die Ausführung dynamischer Sicherheitstests ermöglicht. Statische Tests wie Reviews, z.B. von Risikomodellen, Anforderungen und Architekturen, sowie statische Analysen oder Codereviews können bereits viel früher im Projekt ansetzen. Finden jedoch Sicherheitstests erst spät im Projekt statt, können deren Ergebnisse nicht immer ausreichend für eine Korrektur berücksichtigt werden. Es können umfassende Änderungen an der Architektur notwendig werden, die aus Zeitgründen nicht mehr umsetzbar sind, oder es ist schlicht das Projektbudget aufgebraucht. Tritt dieser Fall ein, kann dies ernste Auswirkungen bezüglich der Auslieferung eines Produkts oder dessen Sicherheitsrisiken nach sich ziehen, die Produkteinführung gefährden oder negative Implikationen für den Hersteller mit sich bringen, wie Reputationsverlust oder sogar Schadensersatzzahlungen.

Iterativ-inkrementelle Lebenszyklen

Während bei Projekten mit einem sequenziellen Entwicklungslebenszyklus eine große, vollständige Auslieferung eines Projekts im Vordergrund steht, liefern inkrementell durchgeführte Projekte kleine und häufige Releases einer Anwendung aus. Agile Methoden oder der Rational Unified Process (RUP) sind Beispiele für diese Vorgehensweise.

Abb. 3–2
Beispielhafte Darstellung eines iterativ-inkrementellen Entwicklungslebenszyklus

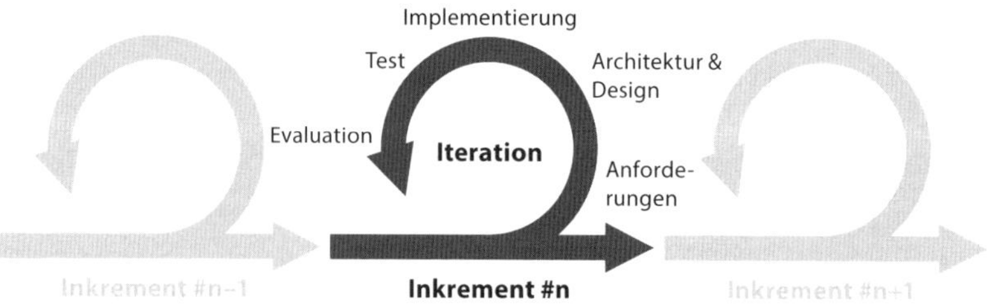

In iterativ-inkrementellen Projekten muss der Sicherheitstester Folgendes beachten (allgemeine Information liefert der Lehrplan in Abschnitt 3.1.2):

- Sicherheitserfordernisse und -risiken werden während des gesamten Projekts identifiziert, normalerweise im Kontext einer Iteration oder eines Sprints. Es bestehen viele Möglichkeiten, die Sicherheitserfordernisse und -risiken zu dokumentieren, beispielsweise mithilfe von Lastenheften, User Stories, Modellen, Abnahmekriterien und Prototypen. Diese müssen im Sicherheitstestprozess Berücksichtigung finden.
- Da sich Sicherheitserfordernisse und -risiken jederzeit während des Projekts ändern können, sollten sie möglichst in der Iteration, in der sie identifiziert wurden, auch adressiert werden. Wenn Sicherheitsrisiken bestehen, die sich auf mehrere Komponenten eines Systems beziehen, weil beispielsweise eine Datenbankmanipulation sowohl über eine SQL-Injection im Frontend einer Webanwendung als auch über ein nicht ausreichend abgesichertes Datenbank-Backend zur Administration möglich ist, kann dieses Risiko nicht in einer Iteration behandelt werden, weil Frontend und Backend nicht notwendigerweise in ein und derselben Iteration entwickelt werden.
- Sicherheitstests können und werden während des gesamten Projekts durchgeführt werden. Dies ist eine wesentliche Eigenschaft von agilen Entwicklungslebenszyklen, da jedes Inkrement vor der Auslieferung an den Kunden getestet wird, z. B. mithilfe der Abnahmekriterien von User Stories.

Neben der Entwicklung durch den Hersteller kommen in der Regel auch kommerzielle und nicht kommerzielle Software und Softwarekomponenten zum Einsatz. Diese sind ebenfalls im Testprozess zu berücksichtigen, können sie doch ebenso sicherheitsrelevante Fehler aufweisen. Aufgrund ihrer spezifischen Eigenschaften werden diese hier separat betrachtet.

Standardsoftware (COTS)

Standardsoftware, auch Commercial-off-the-Shelf-(COTS-)Software genannt, kann eine vollständige Anwendung, eine Bibliothek oder ein Framework sein, das als Standardprodukt vertrieben wird. Sie kann auch individuelle Anpassungen (sog. Customizing) enthalten. Meist werden solche Produkte in kompilierter Form ausgeliefert. Oft ist nicht bekannt, welche Sicherheitsrisiken betrachtet und welche Qualitätssicherungs- und Sicherheitsmaßnahmen zur Identifikation und Beseitigung dieser Risiken eingesetzt wurden. Deshalb muss Standardsoftware genauso in den Testprozess eingebunden werden wie selbst entwickelte Software, deren bekannte und potenzielle Schwachstellen in Risikoanalysen einbezogen werden müssen. Gegebenenfalls muss Standardsoftware noch einmal sicherheitsgetestet werden, wenn sich die bei der Entwicklung von Standardsoftware betrachteten Sicherheitsrisiken oder deren vorausgesetzte Einsatzumgebung von der vorliegenden unterscheiden.

Standardsoftware kann ebenso Sicherheitsschwachstellen enthalten wie jede andere Anwendung, sodass unter Umständen häufige Sicherheitsupdates und -patches nötig sein können. Da in der Regel nicht auf den Quellcode zugegriffen werden kann, sofern keine entsprechende Vereinbarung mit dem Hersteller getroffen wurde, können strukturelle Analysen und strukturelles Testen nicht oder nur stark eingeschränkt angewendet werden.

Exkurs: Sicherheitszertifizierung nach Common Criteria

Manche Standardsoftware wurde auch einer Sicherheitsevaluation nach Common Criteria unterzogen [ISO 15408]. Auch dies ist kein Garant dafür, dass die Software absolut sicher ist. In einem solchen Fall muss beispielsweise die operative Einsatzumgebung, wie sie in den Sicherheitsvorgaben beschrieben ist, mit der tatsächlichen Umgebung verglichen werden, um die Sicherheitsaussagen des zertifizierten Produkts im Kontext einer Organisation oder einer Anwendung bewerten zu können. Auch spielt der sogenannte Evaluation Assurance Level (EAL) eine entscheidende Rolle bezüglich der Sicherheitsaussagen des Zertifikats bzw. des Aufwands, der zur Absicherung eines solchen Produkts betrieben wurde.

Open-Source-Software

Open-Source-Software ist eine Variante von Standardsoftware, jedoch mit dem Unterschied, dass Programmcode offengelegt und damit für jedermann einsehbar und kostenfrei verwendbar ist. Diese Produkte können ebenfalls Sicherheitsschwachstellen enthalten.

Beispiel: Der Heartbleed-Bug

Beispiel: Der Heartbleed-Bug

Dass selbst weitverbreitete und seit Jahren im Einsatz befindliche Open-Source-Software von kritischen Sicherheitslücken betroffen ist, zeigte eindrucksvoll der Heartbleed-Bug [Carvalho et al. 14] in der OpenSSL-Bibliothek, die im Internet weit verbreitet ist und zur Absicherung von Netzwerkverbindungen von vielen Webservern und in verschiedensten Branchen eingesetzt wird. Der Heartbleed-Bug ermöglichte das Auslesen von Schlüsselmaterial, und bald nach Bekanntwerden von Heartbleed erschienen auch entsprechende Werkzeuge, die diesen Prozess automatisiert ermöglichten. Auch wenn der eigentliche Fehler im Quellcode nur minimal war, war der tatsächliche Schaden enorm. Beispielsweise wurden Sozialversicherungsdaten von

900 Bürgern dem kanadischen Finanzamt durch Ausnutzen der Heartbleed-Schwachstelle durch einen 19-Jährigen entwendet [Beeby 15].

Zeitweise stand der Entwickler, der das entsprechende Codefragment implementiert hatte, unter dem Rechtfertigungsdruck, zu erklären, wie es zu diesem Fehler kam. Dies läuft dem Zweck des Testens zuwider, der nicht darin besteht, den Entwickler eines (womöglich vorsätzlichen) Fehlers zu beschuldigen, sondern darin, potenzielle Fehler mit dem Ziel der Qualitätsverbesserung an die Entwicklung zu melden. Beeindruckend ist jedoch, wie schnell die Sicherheitslücke nach Bekanntwerden beim OpenSSL-Team geschlossen wurde. Während dies bei manch kommerziellem Unternehmen mitunter erst nach Monaten und nach dem Veröffentlichen der Schwachstelle und von Exploits geschieht, war dies bei OpenSSL innerhalb von sieben Tagen geschehen. Das Ausrollen des Updates, das die Sicherheitslücke schließt, dauert freilich erheblich länger, da hier jeder Nutzer dieser Bibliothek selbst aktiv werden muss.

Es ist daher enorm wichtig, dass Software durch Sicherheitsupdates auf dem neuesten Stand gehalten wird. Sobald eine Sicherheitsschwachstelle für eine Softwareversion öffentlich gemacht wurde, sind die Benutzer dieser Version (und ggf. älterer Versionen) dem Risiko eines Angriffs besonders ausgesetzt. Der diesem Buch zugrunde liegende Sicherheitstester-Lehrplan sieht hier vor, dass der Sicherheitstester die Patches einspielt, auch wenn diese Aufgabe üblicherweise von Administratoren übernommen wird.

Beispiel: Der »Bundeshack«

Beispiel: Der »Bundeshack«

Im Dezember 2017 wurde bekannt, dass das Auswärtige Amt angegriffen wurde und von dort mehrere vertrauliche Dokumente entwendet wurden [Gierow & Böck 18]. Anstatt das Ministerium mit seinen sehr hohen Sicherheitshürden direkt ins Ziel zu nehmen, wurde stattdessen eine E-Learning-Plattform des Bundes, die auf einer Open-Source-Lösung basierte, mit Schadsoftware infiziert. Dies war über eine Sicherheitslücke möglich, die zwar zwischenzeitlich geschlossen wurde. Dennoch wurde die entsprechende Version, die die Sicherheitslücke behebt, nicht aufgespielt und die Sicherheitslücke blieb auf dem Produktivsystem offen.

Im Gegensatz zu Closed-Source-Software ermöglicht Open-Source-Software Reviews und Audits durch die Community und Sicherheitsforscher, bei kommerziellen Produkten ist dies in der Regel nur sehr eingeschränkt möglich und ist mit Auflagen, beispielsweise über die Offenlegung der Ergebnisse, verbunden.

Zu Open-Source-Software zählen im weiteren Sinne auch Codeschnipsel, die z.B. aus dem Internet zur Lösung eines bestimmten Problems »wiederverwendet« werden. Dies kann ein Sicherheitsrisiko darstellen, da diese Codeschnipsel häufig isoliert zur Illustration eines bestimmten Lösungswegs geschrieben werden und Aspekte wie Sicherheit dabei nicht unbedingt Berücksichtigung finden. Zudem können umfangreiche Codefragmente sogar beabsichtigte Schwachstellen, sogenannte »Backdoors« (Hintertüren), enthalten [Oliveira et al. 18].

Exkurs: Outsourcing

Die Auslagerung der Entwicklung einzelner Komponenten oder ganzer Softwareprojekte ist für Unternehmen eine Möglichkeit, mit dem steigenden Fachkräftemangel umzugehen und dem Kosten- und Zeitdruck zu begegnen. Gerade diese Form erfordert explizite Vereinbarungen, welche Sicherheitserfordernisse und -risiken berücksichtigt werden müssen. Zugleich muss der Sicherheitstestprozess beim Dienstleister zum Sicherheitstestprozess des Auftraggebers passen. Daneben sind Regelungen zur Vertraulichkeit von Sicherheitsfehlerberichten zu treffen. Neben der entwickelten Software sollten auch die im Testprozess generierten Artefakte ausgeliefert werden. Unabhängig von den Sicherheitstests durch den Dienstleister sind Abnahmesicherheitstests bei jeder Auslieferung durchzuführen. Das Thema Wartung sollte ebenso vertraglich und im Sicherheitstestprozess berücksichtigt werden. Frei nach dem Motto »Vertrauen ist gut – Kontrolle ist besser« sollte der Sicherheitstestprozess und dessen Umsetzung möglichst auditiert werden.

Beispiel: Outsourcing als Sicherheitsrisiko

Beispiel: Outsourcing als Sicherheitsrisiko

Ein Webentwickler entwickelte im Auftrag vieler Unternehmen Webseiten inklusive Onlineshopping-Funktionalität. Was die Unternehmen nicht wussten: Der Niederländer hat sich eine Hintertür (Backdoor) eingebaut, mit deren Hilfe er auf die Daten von mehr als 20.000 Konten zugreifen konnte. Diese nutzte er anschließend, um Konten bei diversen anderen Onlineshops und Glücksspielseiten zu eröffnen und auf Kosten der Kunden einzukaufen und Glücksspiele zu spielen [BBC 17].

Im Folgenden werden beispielhaft Sicherheitstestaufgaben für sequenzielle und iterativ-inkrementelle Entwicklungslebenszyklen beschrieben. Kapitel 4 beschäftigt sich ausführlich mit der Rolle von Sicherheitstests in den verschiedenen Phasen von Entwicklungslebenszyklen.

Der Sicherheitstestprozess in einem sequenziellen Entwicklungslebenszyklus

Gerade bei sequenziellen Lebenszyklen besteht die Gefahr, dass Sicherheitstests erst in einer späten Projektphase durchgeführt werden. Dann können aufgedeckte Fehler größere Kosten für deren Behebung nach sich ziehen. Dies kann besonders gravierend sein, wenn Sicherheitstests erst in der Abnahmephase eines Projekts durchgeführt werden und die Abnahme an fehlschlagenden Sicherheitstests scheitert.

Im Folgenden finden sich die Aufgaben des Sicherheitstestprozesses für einen sequenziellen Entwicklungslebenszyklus.

Sicherheitstestaufgaben in der Anforderungsphase: die Sicherheitstestplanungsphase

In der Anforderungsphase sind die Sicherheitsanforderungen zu definieren. Diese entsprechen den Erfordernissen des Unternehmens bzw. Auftraggebers. Auch Anwendungsfälle können in dieser Phase bereits beschrieben werden. Die Ergebnisse der Risikoanalyse sollten jetzt bereits vorliegen, damit die Sicherheitsanforderungen die identifizierten Risiken adressieren können. Das Sicherheitstestkonzept ist während der Sicherheitstestplanung zu entwickeln und die bereits identifizierten Risiken darin zu berücksichtigen. Während der Anforderungsphase ist damit die Sicherheitstestplanung initial durchzuführen.

Sicherheitstestaufgaben während Analyse und Entwurf

Während der Analyse und des Entwurfs werden die Anforderungen weiter verfeinert und ergänzt. Sicherheit wird sowohl mit funktionalen als auch mit nichtfunktionalen Anforderungen dargestellt. Funktionale Sicherheitsanforderungen beschreiben beispielsweise Funktionen zur Nutzeranmeldung und dienen der Authentifizierung, während nichtfunktionale Anforderungen Schutzmaßnahmen wie die Validierung aller Eingaben sein können. Darauf aufbauend wird eine Lösung von einem Systemanalysten bzw. Systemarchitekten entworfen.

Basierend auf den Sicherheitsanforderungen und der Architektur können Sicherheitstester die zu testenden Aspekte identifizieren. Wichtige Sicherheitstestziele (siehe Abschnitt 2.4) sollten auf dieser Grundlage bereits jetzt definiert werden.

Sicherheitstestaufgaben während des detaillierten Entwurfs

Während des detaillierten Entwurfs können Sicherheitstests ganz genau ausgearbeitet werden, evtl. ist sogar die Ausführung von Sicherheitstests möglich, auch wenn noch keine Implementierung vorliegt.

Sicherheitstestaufgaben während der Implementierung

Während der Implementierung wird der Programmcode geschrieben und es können erste strukturelle Tests an der Anwendung durchgeführt werden. Für den Sicherheitstester sind dabei die statische Analyse und das Codereview geeignete Mittel, um beispielsweise auf Sicherheitsschwachstellen wie Pufferüberläufe, fehlende oder fehlerhafte Eingabevalidierungsmechanismen zu prüfen.

Sicherheitstestaufgaben während des Systemtests

Zu den während des Systemtests möglichen Sicherheitstests gehören Tests der Transaktionssicherheit, Tests der Authentifizierung (vgl. Abschnitt 5.2.3), Datenspeicherung (bspw. bezüglich Verschlüsselung, vgl. Abschnitt 5.3), die Implementierung der Firewall (vgl. Abschnitt 5.4) sowie prozedurale Sicherheitskontrollmechanismen.

Sicherheitstestaufgaben während der Benutzerabnahmetests

Während der Abnahmetests ist die korrekte Implementierung der Sicherheitsanforderungen zu prüfen, um sicherzustellen, dass diese erfüllt werden, auch wenn die meisten Sicherheitstests zu diesem Zeitpunkt bereits erfolgt sind.

Sicherheitstestaufgaben während der Bereitstellung

Sicherheit ist bei der Bereitstellung von Systemen wichtig, da eine sichere Konfiguration des Systems und der Zielumgebung vorgenommen werden müssen (siehe z.B. Abschnitt 5.1). Anderenfalls können neue Schwachstellen bei der Bereitstellung entstehen. Sicherheitsrelevante Konfigurationen in der Zielumgebung betreffen unter anderem die Firewalls (vgl. Abschnitt 5.4) und Zugriffsrechte auf Datenbanken. Hierfür sind entsprechende Sicherheitstests zu planen und vor der Freigabe des Systems für die Benutzer durchzuführen.

Sicherheitstestaufgaben in der Wartung

Sicherheitstestaufgaben während der Wartung dienen dazu, neue Sicherheitsanforderungen und deren Implementierung zu prüfen oder nach der Auslieferung aufgedeckte Schwachstellen zu beheben. Wichtig sind hier insbesondere Regressionstests, um sicherzustellen, dass durch die Implementierung von neuen Sicherheitsanforderungen oder durch Behebung von Schwachstellen keine neuen Schwachstellen Einzug halten. Auch kann die Aktualisierung von Sicherheitskomponenten wie Firewalls oder anderer Sicherheitskomponenten, beispielsweise Bibliotheken oder Frameworks, Gegenstand der Wartung sein. Veränderten Risiken kann durch Penetrationstests während der Wartung Rechnung getragen werden.

Der Sicherheitstestprozess in iterativ-inkrementellen Entwicklungslebenszyklen

Iterativ-inkrementelle Entwicklungslebenszyklen unterscheiden sich von sequenziellen insbesondere durch kürzere Entwicklungszyklen, in denen einzelne Anforderungen implementiert werden, die anschließend ausgeliefert und durch den Kunden evaluiert werden. Kürzere Entwicklungszyklen müssen entsprechend bei der Planung im Sicherheitstestprozess berücksichtigt werden.

Kennzeichnend sind häufig auch kleine Teams, sodass einzelne Teammitglieder mehrere Rollen in unterschiedlichen Situationen einnehmen. Der Sicherheitstester kann dann eine Rolle sein, die von Teammitgliedern wahrgenommen wird, ohne dass es hierfür dediziertes Personal gibt. Dies erfordert besondere Sorgfalt bei der Wahl der Teammitglieder, damit entsprechende Kompetenzen ausreichend in jeder Iteration, in der Sicherheitstests notwendig sind, vertreten sind. Da dieselbe Person mehrere Rollen während einer Iteration einnimmt, ist besonders darauf zu achten, dass eine Person nicht zugleich Entwickler und Sicherheitstester ein und desselben Anwendungsfalls ist (regulatorische Vorgaben können dies sogar verbieten). Zudem ist bei der Planung von Sicherheitstests zu berücksichtigen, dass Mitarbeiter mit Kompetenzen im Bereich Sicherheit nicht über die gesamte Projektdauer verfügbar sein können.

In iterativ-inkrementellen Entwicklungslebenszyklen werden zu Beginn jeder Iteration die Anwendungsfälle ausgewählt, die implementiert werden sollen. Zu beachten ist, dass Anwendungsfallbeschreibungen, beispielsweise in Form von User Stories, Abnahmekriterien umfassen, die als Grundlage für Sicherheitstests dienen können. Aufgrund des wiederkehrenden Charakters in Form von Iterationen und der häufigen Veränderungen sind Regressionstests besonders wichtig und möglichst zu automatisieren.

Die Menge aller User Stories werden im sogenannten *Product Backlog* gesammelt, das die noch zu implementierenden User Stories als einen Arbeitsrückstand enthält. Die zu implementierenden User Stories werden zu Beginn jeder Iteration ausgewählt. Dabei ist zu prüfen, wie viel Zeit Sicherheitstests für die ausgewählten User Stories benötigen und ob sie während der Dauer einer Iteration abgeschlossen werden können. Dies kann dadurch erschwert werden, dass Mitarbeiter mehrere Rollen übernehmen können und somit die Ressourcen für Sicherheitstests abhängig vom Entwicklungsaufwand einer User Story begrenzt sein können.

Da User Stories durch Auftraggeber bzw. Anwender während der gesamten Projektlaufzeit geschrieben werden können, ist eine Risikoanalyse während jeder Iteration durchzuführen und deren bestehende Ergebnisse zu ergänzen und beim Sicherheitstest zu berücksichtigen.

Wie auch bei sequenziellen Entwicklungslebenszyklen gibt es typische Sicherheitstestaufgaben im Testprozess, die sich grundsätzlich auf eine Iteration beziehen und damit regelmäßig wiederholt werden müssen. Zudem sind Artefakte in iterativ-inkrementellen Vorgehensweisen oft anders als in sequenziellen Entwicklungslebenszyklen strukturiert, um diesen gerecht zu werden. So sind Anforderungen häufig in Form von sogenannten User Stories formuliert. Diese sind in der Regel deutlich kürzer als Anforderungen in sequenziellen Entwicklungslebenszyklen und werden mit Abnahmekriterien ergänzt, die spezifizieren, unter welchen Voraussetzungen eine User Story abgenommen werden kann. Da User Stories sehr kurz sind, sollten nicht nur sie selbst, sondern auch deren Abnahmekriterien einem Review auf Testbarkeit unterzogen werden. Die Eigenschaften von User Stories und deren Abnahmekriterien können in der *Definition of Ready* dokumentiert sein. Sie bilden die Eingangskriterien für eine Iteration [GTB CTFL 18] und unterstützen deren statische Prüfung mit Reviews. Aus den Abnahmekriterien können dann Sicherheitstestbedingungen abgeleitet und eventuell sogar schon abstrakte Sicherheitstests spezifiziert werden. Die Sicherheitstestziele können wie auch andere Qualitätsziele und die Testendekriterien in der *Definition of Done* dokumentiert werden [GTB CTFL 18]. Gemeinsam mit der *Definition of Test* [Brandes 12], die beschreibt, was unter welchen Voraussetzungen mit welchen Testarten getestet wird, enthält sie wesentliche Bestandteile des Testkonzepts. Für die *Definition of Test* können die agilen Testquadranten hilfreich sein [Crispin 11]. Die Teststeuerung kann in iterativ-inkrementellen Entwicklungslebenszyklen häufig kommunikativ, z.B. während täglicher Meetings, durchgeführt werden.

Der Sicherheitstest während der Testphase hat die Aufgabe, die Abnahmekriterien für User Stories zu prüfen, die sich auf Sicherheitsaspekte beziehen. Herausfordernd wirkt hier, dass User Stories selbst nicht eine ausreichende Testbasis darstellen. Daher ist eine gute Kommunikation mit dem Entwickler notwendig, die jedoch das Risiko birgt, dessen Annahmen beim Testentwurf zu übernehmen. Dies kann dazu führen, dass bestimmte Schwachstellen nicht aufgedeckt werden. Eine gewisse mentale Distanz zwischen dem Sicherheitstester und Entwickler einer User Story ist daher wichtig.

3.2 Planung von Sicherheitstests

Verschiedene Arten von Sicherheitstests können in verschiedenen Phasen des Anwendungslebenszyklus zum Einsatz kommen und beziehen sich dabei auf unterschiedlichste Entwicklungsartefakte. Gleichzeitig müssen die Risiken und Bedrohungen, die in einer Risikoanalyse ermittelt worden sind, berücksichtigt werden. Die Tests unter Einbeziehung der Ergebnisse der Risikoanalyse müssen mit dem Entwicklungsplan unter Berücksichtigung der Ressourcen abgestimmt werden. Dies ist der frühestmögliche Zeitpunkt, um festzustellen, ob und wie die festgelegten Ziele unter den gegebenen Umständen zu erreichen sind und was dies letztendlich für die Anwendung bzw. Organisation bedeutet.

3.2.1 Ziele der Sicherheitstestplanung

Sicherheitstests haben die beiden wesentlichen Ziele, zu prüfen, ob die vorgesehenen Sicherheitsmechanismen implementiert wurden und korrekt funktionieren und ob Schwachstellen bei der Implementierung entstanden sind.

Abb. 3–3
Staffelung von Verfahren und Maßnahmen zur Vermeidung und Aufdeckung von Schwachstellen

Viele Sicherheitslücken lassen sich mit Qualitätssicherungsmaßnahmen und Best Practices verhindern. Daher ist ihre Einführung, die Schulung der Entwickler sowie die Prüfung ihrer Einhaltung wichtig (vgl. Abschnitt 5.8), um zu entscheiden, welche Sicherheitstests für die Entwicklungsartefakte später notwendig sind. Es gibt viele öffentliche Quellen für Best Practices. Das OWASP bietet eine eigene Kategorie von Best Practices[5] an.

Abbildung 3–3 stellt diese Staffelung dar und zeigt, dass Maßnahmen wie die Schulung von Best Practices sowie die Prüfung auf deren Einhaltung dazu dienen, viele Schwachstellen zu verhindern. Qualitätssicherungsmaßnahmen wie Tests belegen, dass Schwachstellen in vorherigen Stufen erfolgreich vermieden worden sind bzw. decken verbliebene Fehler in Sicherheitsfunktionen sowie Schwachstellen auf. Trotz aller Maßnahmen lässt es sich bei komplexen Anwendungen nicht verhindern, dass Schwachstellen verbleiben.

Die Planung von Sicherheitstests hängt auch davon ab, wie Best Practices und andere Qualitätssicherungsmaßnahmen im Projekt geplant, umgesetzt und eingehalten werden. Auch bei der Einführung von Best Practices oder bei neuen Mitgliedern im Entwicklungsteam mit wenig Berufserfahrung sollten mehr Sicherheitstests eingeplant werden als für den Code eines stabilen Teams mit etablierten Best Practices.

---

5. *https://www.owasp.org/index.php/Category:OWASP_Best_Practices*

Beispiel: Best Practices für sichere Software

Beispiel: Best Practices für sichere Software

In einem großen Unternehmen wurden für die Entwicklung sicherer Softwareprodukte Kataloge entwickelt, die beschreiben, welche Best Practices für verschiedene Arten von Anwendungen und (Sicherheits-)Problemen angewendet werden sollen. Da es sehr viele Arten von Anwendungen, Diensten, Komponenten und noch mehr Problemfälle gibt, wurde der Katalog immer größer, bis er schließlich von den Entwicklern vollkommen ignoriert wurde. Es war schlicht nicht mehr praktikabel, aus dem umfangreichen Katalog die für den vorliegenden Fall passenden Maßnahmen effizient zu ermitteln. Zudem waren die empfohlenen Maßnahmen zu umfangreich und die Wartung des Katalogs aufwendig. Schließlich wurde der Katalog verworfen und beschlossen, die Mitarbeiter jährlich zu schulen und mit einem Sicherheitsberater in ihrer täglichen Arbeit zu unterstützen. Abschnitt 5.1 gibt unter anderem Hinweise zum Test zur Befolgung von Programmierregeln als Teil der Systemhärtung.

3.2.2 Das Sicherheitstestkonzept

Alle Planung ist nichts wert, wenn sie nicht nachvollziehbar ist. Das Sicherheitstestkonzept dokumentiert daher die Sicherheitstestplanung und beschreibt den Gültigkeitsbereich, die Ressourcen (Mitarbeiter, Kompetenzen, Werkzeuge), legt einen Zeitplan fest und klärt organisatorische Fragen wie z.B. bezüglich der Genehmigung von Sicherheitstests. Dabei müssen die getroffenen Entscheidungen unter Berücksichtigung von Sicherheitsrisiken, Budget- und Zeitfragen begründet sein.

Da dem Sicherheitstestkonzept eine wichtige Rolle während des gesamten Sicherheitstestprozesses sowie in der Projektplanung zukommt, ist es unabdingbar, es auf Vollständigkeit und Richtigkeit zu prüfen. Anderenfalls kann der gesamte Projektplan gefährdet werden, wenn wichtige Abhängigkeiten nicht berücksichtigt worden sind, Mitarbeiter nicht ausreichend geschult wurden oder nicht zur Verfügung stehen, wenn sie gebraucht werden, oder die falschen Testobjekte ausgewählt wurden.

Neben Walkthroughs und Inspektionen sind aufgrund der technischen Natur von Sicherheitstests technische Reviewsitzungen besonders gut für die Qualitätssicherung des Sicherheitstestkonzepts geeignet. Neben den üblichen Anforderungen an Reviewsitzungen (z.B. konstruktives Feedback statt Schuldzuweisungen und geeigneter Personenkreis, der alle Sachgebiete abdeckt) ist auch die Teilnahme von anderen Personen als Sicherheitstestern hilfreich. Dies können beispielsweise der Leiter eines Geschäftsbereichs, IT-Auditoren oder Sicherheitsadministratoren sein, die besonderes Wissen über Sicherheitsrisiken oder über Sicherheitsrichtlinien und -verfahren haben können.

Geltungsbereich

Der Geltungsbereich beschreibt die Testobjekte, die Sicherheitstests unterzogen werden sollen. Es ist sehr empfehlenswert, sich bei der Definition des Geltungsbereichs auf die Ergebnisse der Risikoanalyse und Gefährdungsmodelle zu stützen, sie stellen bereits die Information zur Verfügung, was auf jeden Fall und was nicht unbedingt getestet werden muss. Durch die ermittelten Risikowerte ist es möglich, einen für das Projekt- und Zeitbudget angemessenen Geltungsbereich festzulegen und ggf. an geänderte Bedingungen anzupassen.

Personal

Es sind Mitarbeiter mit den geeigneten Kompetenzen zu benennen, die zur Verfügung stehen, wenn Sicherheitstests zu entwerfen, durchzuführen und zu bewerten sind. Weil Projekte nicht nur Sicherheitsrisiken, sondern auch solchen Risiken unterworfen sind, die sich beispielsweise aus häufig wechselnden Anforderungen oder veränderten Terminplänen ergeben, kann sich der Zeitplan dieses oder eines anderen Projekts, in dem der geplante Mitarbeiter arbeitet, verändern, oder der Mitarbeiter kann aus anderen Gründen (Urlaub, Krankheit, Weiterbildung, Kündigung) nicht zur Verfügung stehen. Daher kann es sinnvoll sein, für kritische Aufgaben nicht nur eine einzelne Person zu benennen, sondern auch einen Stellvertreter. Daneben können auch bestehende Mitarbeiter weitergebildet werden (bspw. zum Sicherheitstester oder in der Verwendung der einzusetzenden Sicherheitstestwerkzeuge) oder externe Dienstleister beauftragt werden. Gerade bei externen Dienstleistern ist bereits früh zu klären, welche Sicherheitstests dieser durchzuführen hat. Dies gilt insbesondere, wenn einige der Testobjekte durch Zulieferer entwickelt worden sind.

Zeitplan

Der Zeitplan des Sicherheitstestkonzepts beschäftigt sich nicht nur mit Sicherheitstests, sondern auch mit den Abhängigkeiten zu anderen Tests. Letztlich müssen alle zeitlichen Anforderungen des Projekts im Zeitplan berücksichtigt werden. Dazu zählen

- die Art des Entwicklungsprozesses (siehe dazu auch Kap. 4),
- wann bestimmte Entwicklungsartefakte für den Sicherheitstest verfügbar sind,

- zeitliche Abhängigkeiten zwischen den verschiedenen Teststufen,
- Abhängigkeiten zwischen den verschiedenen Sicherheitsfunktionen (bspw. hinsichtlich der Sicherheitsfunktion Anmeldung) und zu anderen Testarten sowie
- die Dauer der Sicherheitstests unter Berücksichtigung des Umfangs der Sicherheitstests und der Anwendung.

Sicherheitstestaufgaben

Für den jeweiligen Entwicklungsprozess sind die durchzuführenden Sicherheitstestaufgaben zu definieren. Zu Beginn dieses Kapitels wurden hierfür bereits Beispiele genannt. Für die verschiedenen Aufgaben ist zudem der vorgesehene Zeitbedarf zu dokumentieren, dies betrifft unter anderem den Testentwurf, die Testauswertung und -dokumentation sowie sicherheitsbezogene Regressionstests. Es darf auch nicht der Aufwand für die Einrichtung der Sicherheitstestumgebung und die benötigte Zeit zur Einholung der Genehmigungen von Sicherheitstests vergessen werden.

Sicherheitstestumgebung

Aufgrund der Natur von Sicherheitstest kommt der Testumgebung eine besondere Bedeutung zu (vgl. auch Abschnitt 3.4). Es gibt eine Vielzahl von Werkzeugen (vgl. Kap. 8), die für den Sicherheitstest hilfreich sein können und in der Testumgebung installiert werden müssen. Da zu Sicherheitstests auch umfangreiche Negativtests gehören, haben diese auch ganz andere Anforderungen an Testumgebungen als andere Testarten. Spätestens dann, wenn die Testausführung automatisiert werden soll, kommen die besonderen Anforderungen an Sicherheitstestumgebungen zum Tragen, wie die Notwendigkeit der Isolation (vgl. Abschnitt 3.4.1). Um geeignete Ressourcen für die Sicherheitstestumgebung bereitstellen zu können, sind bereits im Testkonzept Plattform und Technologien zu benennen. Abhängig von der Anwendung sind auch deren Größe und deren Ort festzulegen.

Sicherheitstests für ein Kommunikationssystem für Bahntechnologie haben hier zusätzliche Anforderungen an den Aufstellort im Gegensatz zu einer Sicherheitstestumgebung für den Test von Webshops. So ist für Sicherheitstests für Bahntechnologie auch Hardware notwendig, die die Absicherung der Kommunikationskanäle sicherstellt, die damit auch durch hardwareseitige Störungen Sicherheitslücken aufweisen kann, beispielsweise durch Überspannung zur Manipulation von Sicherheitsfunktionen oder einfacher durch Aufspielen einer manipulierten Firmware.

Genehmigungen von Sicherheitstestaktivitäten

Aus verschiedenen Gründen kann es notwendig sein, Autorisierungen und Genehmigungen für die Ausführung von Sicherheitstests einzuholen. Dazu zählen neben der Tatsache, dass Produktivsysteme beeinträchtigt und Fehlalarme ausgelöst werden können, auch juristische Gründe (vgl. Abschnitt 3.4.2).

Zu beachten ist außerdem, wann die Autorisierung und Genehmigung erforderlich ist (dies ergibt sich aus dem Zeitplan), wie lange es dauert, die Genehmigung zu erhalten, und ob Budget und Finanzierung hierfür ausreichend sind.

3.3 Entwurf von Sicherheitstests

Wenn die Planung der Sicherheitstests steht und das Sicherheitstestkonzept freigegeben wurde, kann der Entwurf von Sicherheitstests starten. Er ist die Kernaktivität, die mit den vorangegangenen Aktivitäten optimal vorbereitet sein sollte. Diese sollten daher auch den Ausgangspunkt des Sicherheitstestentwurfs bilden. Dazu zählen

- die Ergebnisse einer Risikoanalyse, die für das gegebene Projekt durchgeführt wurde, und
- Gefährdungsmodelle, die auch Teil der Risikoanalyse sein können.

Neben diesen beiden Artefakten kann auch eine Ad-hoc-Kategorisierung des Ursprungs von Sicherheitsrisiken eine weitere Informationsquelle darstellen.

Exkurs: Ad-hoc-Kategorisierung des Ursprungs von Sicherheitsrisiken

Diese Analysetechnik ist Teil des Syllabus des ISTQB® Certified Tester – Advanced Level – Technical Test Analyst [GTB CTAL TTA 12] und wurde bereits in [Whittaker & Thompson 04] beschrieben. Sie unterscheidet und gruppiert Sicherheitsrisiken nach ihrem Ursprung in einer Anwendung. Die Risiken können beispielsweise die Benutzerschnittstelle, das Dateisystem oder das Betriebssystem betreffen. Entsprechende Risiken wären z. B. der nicht autorisierte Zugriff auf Dateien für Dateisysteme oder bösartige Eingaben an der Benutzerschnittstelle.

Je nach Typ des Projekts muss gewährleistet werden, dass es in jeder relevanten Entwicklungsphase Sicherheitstests gibt. Mehr Informationen dazu enthält Kapitel 4.

3.3.1 Entwurf von Sicherheitstests für Anwendungen

Der Entwurf von Sicherheitstests kann spezifikationsbasiert, also als Blackbox-Entwurf, oder strukturbasiert als Whitebox-Entwurf erfolgen. Ein typisches Blackbox-Testentwurfsverfahren ist Fuzzing, das auch als Whitebox-Entwurfsverfahren Anwendung findet und in der Whitebox-Variante im Wesentlichen von Microsoft vorangetrieben wurde. Neben den beiden Reinformen gibt es noch das sogenannte Greybox-Entwurfsverfahren, bei dem neben der Spezifikation einige Strukturinformationen über das Testobjekt verwendet werden, aber typischerweise nicht der Code selbst. Klassische Whitebox-Testentwurfsverfahren sind beispielsweise statische Analysen wie Daten- und Kontrollflussanalysen und Codereviews.

Exkurs: Fuzzing

Fuzzing ist ein von Barton Miller zu Beginn der 90er-Jahre entwickeltes Testentwurfsverfahren [Miller et al. 90]. Während er UNIX-Kommandozeilenwerkzeuge über eine Wählverbindung nutzte, kam es wetterbedingt zu Störungen in der Leitung und somit zu zufällig verfälschten Eingaben. Dabei beobachtete Miller wiederholt Abstürze der Werkzeuge, die er nutzte. In einer weitergehenden Untersuchung mit seinen Studenten zeigte sich, dass überraschenderweise 30% der Kommandozeilenwerkzeuge abstürzten, wenn sie mit zufällig erzeugten Eingaben gefüttert wurden. Diese Untersuchung wiederholte er fünf und zehn Jahre später sowohl mit Windows- als auch mit Mac-Werkzeugen mit ähnlichen Ergebnissen. Inzwischen hat sich Fuzzing längst als Entwurfsverfahren für Sicherheits- und Robustheitstests etabliert und nutzt zur Effizienzsteigerung Schnittstellenspezifikationen und verschiedenste Formen von Modellen, um ungültige (man spricht auch von semivaliden) und unerwartete Eingaben zu generieren, sowie Heuristiken zur Reduktion des zu überdeckenden Eingabedatenraums. Fuzzing zählt somit zu den Blackbox-Entwurfsverfahren.

Daneben wurde auch eine Whitebox-Variante entwickelt, maßgeblich durch Patrice Godefroid [Godefroid et al. 2008] bei Microsoft. Im Gegensatz zum klassischen Fuzzing setzt Whitebox-Fuzzing auf dem Quellcode des Testobjekts auf und modifiziert die Bedingungen, die an den Verzweigungen des Kontrollflussgraphen auftreten. Aus diesen modifizierten Bedingungen werden dann mithilfe eines Constraint Solver[6] dazu passende Eingabedaten generiert mit dem Ziel, eine möglichst hohe Codeüberdeckung zu erreichen. Dadurch werden auch Fehlerbehandlungen und Sonderfälle im Code effektiv getestet.

Egal, welches Testentwurfsverfahren zum Einsatz kommt, die resultierenden Sicherheitstests müssen den Sicherheitsrisiken Rechnung tragen. Anderenfalls werden Ressourcen für Sicherheitstests verwendet, die nur minderschwere oder gar irrelevante Risiken, wenn überhaupt, abdecken. Die Sicherheitsteststrategie kann dabei den Rahmen vorge-

6. Ein Constraint Solver kann zu einer Menge an Bedingungen, wie beispielsweise $x>5$ und $x^2<30$, effizient eine, mehrere oder sogar alle Lösungen für die Variable x finden.

ben, wie auf den verschiedenen Teststufen zu testen ist. Die Ergebnisse der Sicherheitsrisikoanalyse unterstützen dabei mit den technischen Risiken, die eintreten können. Diese können von anderen Quellen, wie Misuse Cases und Bedrohungs- bzw. Gefährdungsmodellen, ergänzt werden. All diese Ergebnisse münden in die Sicherheitstestziele (vgl. Abschnitt 2.4) und können bei der Auswahl eines geeigneten Testentwurfsverfahren helfen und so den Testentwurf unterstützen.

Sicherheitstests können grundsätzlich zwei unterschiedliche Arten von Sicherheitsrisiken abdecken:

- Funktionale Sicherheitsrisiken entstehen aufgrund bestimmter Funktionalitäten, die beispielsweise ein Webshop anbietet. Diese Risiken haben ihren Ursprung häufig in den Anforderungen des zu entwickelnden Systems oder in den Komponentenspezifikationen.
- Strukturelle Sicherheitsrisiken ergeben sich aus den strukturellen Eigenschaften des Testobjekts und sind nur mittelbar über dessen Funktionalität erreichbar.

Beispiele für funktionale Sicherheitsrisiken

Beispiele für funktionale Sicherheitsrisiken

Webshops bieten für die Bereitstellung ihres Angebots eine Reihe von Funktionen an, die unter anderem die Registrierung von und Anmeldung mit Benutzerkonten ermöglichen. Des Weiteren gibt es in der Regel Funktionen, um nach bestimmten Produkten suchen zu können, ohne die Struktur des Produktkatalogs zu kennen.

Daraus ergeben sich eine Reihe von funktionalen Sicherheitsrisiken. Dazu gehören unter anderem Account Harvesting, Passwort-Knacken und SQL-Injection. Mit Account Harvesting wird das Vorgehen bezeichnet, mit dem ein Angreifer beispielsweise E-Mail-Adressen von anfälligen Anwendungen sammelt, z.B. für den massenhaften Versand von Werbemails (Spam) oder für Phishing-Versuche, um durch Social Engineering (vgl. Kap. 6) an die Zugangsdaten des Kontoinhabers zu gelangen. Die Funktion zum Registrieren eines neuen Kontos im Webshop ist für Account Harvesting anfällig, da hier in der Regel eine Warnung erfolgt, wenn ein Konto mit der gegebenen E-Mail-Adresse bereits registriert wurde. Der Angreifer weiß dann, dass diese E-Mail-Adresse gültig ist und ein Konto für den Webshop existiert. Account Harvesting wird über die Registrierungsfunktion und manchmal auch über die Anmeldefunktion ermöglicht, wenn der Webshop bei einem erfolglosen Anmeldeversuch mitteilt, ob die E-Mail-Adresse oder das Passwort falsch sind.

Passwort-Knacken besteht darin, eine große Menge von Passwörtern mit einer registrierten E-Mail-Adresse eines Kundenkontos auszuprobieren, beispielsweise mit einer Wörterbuchattacke. Ein Webshop muss dies aktiv verhindern, etwa durch Sperren einer IP-Adresse oder einer steigenden Verzögerung nach jedem erfolglosen Anmeldeversuch.

SQL-Injection wird durch die Suche im Produktkatalog ermöglicht, wenn Benutzereingaben in Datenbankabfragen übernommen werden, die nicht robust gegen SQL-Syntaxelemente sind. Dann können durch die Modifikation von SQL-Abfragen vertrauliche Daten eingesehen, bestehende Daten in einer Datenbank geändert oder hinzugefügt werden.

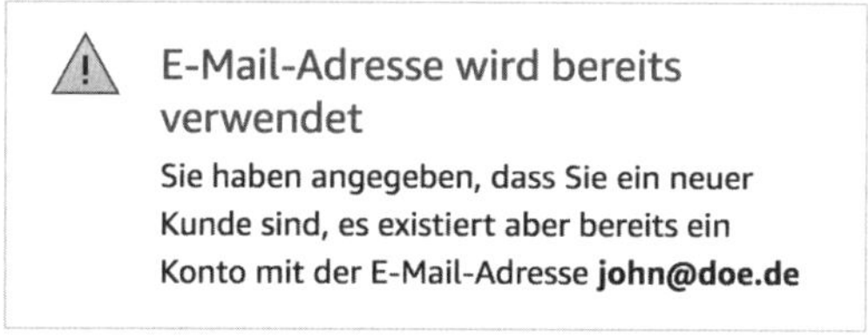

Abb. 3–4
Hinweis bei einer Registrierung, der für Account Harvesting missbraucht werden kann

E-Mail-Adresse wird bereits verwendet

Sie haben angegeben, dass Sie ein neuer Kunde sind, es existiert aber bereits ein Konto mit der E-Mail-Adresse **john@doe.de**

Beispiel: Strukturelles Sicherheitsrisiko Pufferüberlauf

Beispiel: Strukturelles Sicherheitsrisiko Pufferüberlauf

Pufferüberläufe sind immer noch weitverbreitete Schwachstellen, die entstehen, wenn Eingaben länger sind als ein Speicherbereich, in den sie geschrieben werden, weil eine Längenüberprüfung nicht stattgefunden hat. Abhängig vom betroffenen Speicher (Heap oder Stack) können so Rücksprungadressen manipuliert und Code oder Daten injiziert werden (vgl. auch Abschnitt 2.1).

Eigenschaften von detaillierten Sicherheitstests

Detaillierte Sicherheitstests müssen folgende Eigenschaften aufweisen:

- Sie müssen nach den Sicherheitsrisiken und ggf. den Gefährdungsmodellen priorisiert sein. Die Priorisierung wirkt sich auf die Reihenfolge ihrer Ausführung aus, damit die Sicherheitstests für die kritischsten Risiken zuerst ausgeführt werden. Die Priorisierung nach den Risiken erlaubt es, möglichst früh Gegenmaßnahmen einzuleiten, wenn Risiken eintreten, weil beispielsweise eine potenzielle Schwachstelle aufgedeckt wurde, und ggf. Regressionstests durchzuführen. Spätestens dann, wenn die Ressourcen knapp werden, helfen priorisierte Sicherheitstests, sich auf die wichtigsten Risiken zu konzentrieren.
- Sie müssen auf definierte Sicherheitsanforderungen rückführbar sein. Wenn es keine Sicherheitsanforderung für einen Sicherheitstest gibt, gibt es keine Spezifikation, gegen die getestet werden kann.
- Die Zielgruppe ist bei der Definition der Sicherheitstests zu berücksichtigen. Wer soll die Sicherheitstests entwerfen, ausführen, bewerten und pflegen? Dies hängt natürlich auch von der Art der Sicherheitstests, der Art der adressierten Sicherheitsrisiken (funktional oder strukturell) und der Teststufe ab. Auf den unteren Teststufen werden üblicherweise Tests von Entwicklern ausgeführt, während auf höheren Teststufen spezialisierte Tester zum Einsatz kommen können.

- Sie müssen das Profil von Schwachstellen berücksichtigen. Dazu zählen unter anderem deren Bekanntheit und deren Verbreitung. Komplexe Schwachstellen benötigen unter Umständen erheblich umfangreicher definierte Sicherheitstests, vor allem, wenn diese manuell ausgeführt werden müssen oder sollen, damit der Tester den Sicherheitstest korrekt und angemessen durchführen kann.
- Wenn möglich, sollten Sicherheitstestfälle automatisiert sein. Dadurch kann der Sicherheitstester seine Ressourcen auf den Entwurf und die Bewertung von Sicherheitstests konzentrieren. Zusätzlich unterstützen automatisierte Sicherheitstests die Überprüfung, ob ein Fehler wirklich behoben wurde (Fehlernachtests), und spätere Regressionstests.

Stufen beim Entwurf von Sicherheitstests

Der Entwurf von Sicherheitstests durchläuft mehrere Stufen unter Nutzung folgender Artefakte:

- Die Sicherheitstestvorgehensweise auf Projektebene: Da diese beschreibt, welche Techniken, Werkzeuge und Kompetenzen vorhanden sind bzw. eingesetzt werden sollen, leistet die Sicherheitstestvorgehensweise gute Dienste beim Entwurf von Sicherheitstests. Sie gibt damit den Rahmen vor, der für den Testentwurf ausgeschöpft werden kann.
- Sicherheitstestrisiken, Gefährdungsmodelle und Anforderungen des Projekts: Die Sicherheitstestrisiken, Sicherheitsrisiken ergänzt um Gefährdungsmodelle und die Anforderungen sind hilfreiche Artefakte beim Testentwurf. Gefährdungsmodelle helfen bei der Einschätzung, welche Komponenten welchen Angriffen ausgesetzt sind und welche Gegenmaßnahmen ergriffen worden sind. Sie sind oft Teil der Risikoanalyse, weshalb diese auch eine reiche Informationsquelle darstellt, insbesondere bezüglich der Priorisierung der identifizierten Gefährdungen. Verbreitete Techniken zur Gefährdungsmodellierung sind beispielsweise STRIDE (vgl. Abschnitt 2.4.2) oder Attack Trees [Schneier 99].
- Auswahl und Anwendung von Entwurfstechniken für Sicherheitstests, basierend auf Risiken, Anforderungen und der jeweiligen Anwendung.
- Sicherheitstestfälle und -szenarien sind das Ergebnis des Prozesses und stellen in der Regel abstrakte Testfälle dar, die während der Realisierung so weit konkretisiert werden – z.B. durch Ergänzung mit entsprechenden Testdaten und Anpassungen an die Schnittstelle des Testobjekts – dass sie ausgeführt werden können.

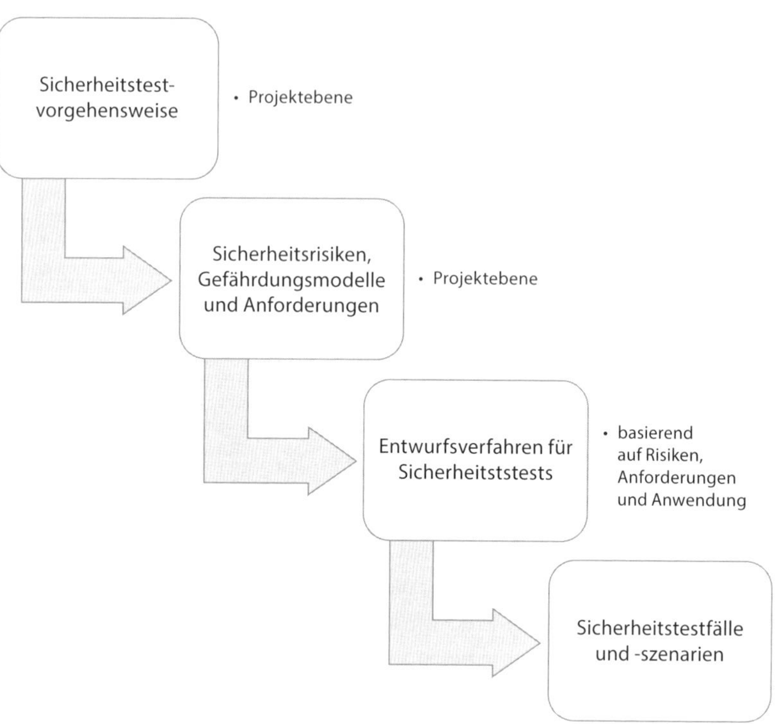

Abb. 3–5
Der elementare Ablauf des Entwurfs von Sicherheitstests nach [GTB CTAL ST 18]

3.3.1.1 Sicherheitsmechanismen, -risiken und Schwachstellen

Nachfolgend werden verschiedene Sicherheitsmechanismen, Sicherheitsrisiken und Schwachstellen dargestellt und zugehörige Entwurfstechniken für Sicherheitstests gezeigt.

Da sich die verschiedensten Technologien schnell (weiter)entwickeln, ist zu beachten, dass die nachfolgende Aufstellung keinen Anspruch auf Vollständigkeit erhebt und regelmäßig neue Arten von Sicherheitsrisiken und Schwachstellen entstehen. Planern von Sicherheitstests wird daher geraten, sich regelmäßig mithilfe von Sicherheitsstandards, Gefährdungslisten und Trends (vgl. Kap. 9) auf dem neuesten Stand zu halten. Zudem muss der Prozess für den Sicherheitstestentwurf in der Lage sein, Tests auf Basis der ermittelten Sicherheitsrisiken, Sicherheitsanforderungen oder Gefährdungen zu entwickeln und zu implementieren, um diese angemessen überdecken zu können.

Zugangskontrolle

Viele Sicherheitsrisiken können durch technische Maßnahmen vermindert werden. Dazu zählen funktionale und strukturelle Mechanismen.

Zu den funktionalen Mechanismen zählen unter anderem Sicherheitskontrollmechanismen, wie beispielsweise Transaktionskontrolle, und Zugangskontrollmechanismen. Funktionale Sicherheitskontrollmechanismen stellen Beschränkungen bei der Durchführung von bestimmten Aktionen dar.

Beispiel: Transaktionskontrolle bei Barabhebungen

Beispiel: Transaktionskontrolle bei Barabhebungen

Ein Bankangestellter darf eine Barabhebung nicht autorisieren, falls diese einen bestimmten Betrag übersteigt. Dazu muss ein Vorgesetzter eine spezielle Genehmigung (zum Beispiel ein Passwort) eingeben. Durch die technische Maßnahme einer Genehmigung wird die organisatorische Maßnahme »Vier-Augen-Prinzip« unterstützt. Ähnliche Mechanismen sind auch bei Kassenvorgängen im Einzelhandel bekannt, bei denen jede Stornierung eines bereits gebuchten Artikels von einem Vorgesetzten genehmigt werden muss (früher meist durch mechanische Schlüssel, heute immer öfter mit entsprechenden Schlüsselkarten).

Sicherheitstests von funktionalen Sicherheitskontrollmechanismen ähneln in vielen Punkten funktionalen Tests und sollen nachweisen

- dass entsprechende Mechanismen vorhanden sind: also eine Implementierung existiert und diese integriert ist. Für das oben genannte Beispiel bedeutet das, zu prüfen, ob Code für die Prüfung des Betrags bei Barabhebungen existiert.
- dass sie richtig funktionieren: also die Implementierung der Spezifikation bzw. den Anforderungen entspricht. Für das Beispiel der Barabhebung mit Genehmigung müsste die Implementierung in den jeweiligen Szenarien aufgerufen werden, wenn der abzuhebende Geldbetrag den Schwellwert für Genehmigungen erreicht oder übersteigt, und nicht aufgerufen werden, wenn der Schwellwert unterschritten wird.
- dass sie unbefugte Handlungen erkennen und wirksam verhindern können: Hier kommen vor allem Negativtests ins Spiel. Dazu könnten Tests entworfen werden, die prüfen, dass Genehmigungen abgewiesen werden, die aus verschiedenen Gründen ungültig sind, weil sie veraltet, gesperrt, noch nicht aktiviert oder nicht für die Autorisierung von großen Bargeldabhebungen zugelassen sind oder weil sie schlicht falsch sind.

Funktionale Zugangskontrollmechanismen schützen Bereiche, in die man mit Anmeldedaten, Passwörtern und Sicherheitstokens (bspw. zur Generierung von Einmalpasswörtern) oder deren Kombination gelangt. Tests, die solche Zugangskontrollmechanismen prüfen bzw. versuchen, sie zu umgehen, sind wahrscheinlich das Beispiel, was Menschen als Erstes bei Sicherheitstests einfällt.

Sicherheitstests sollten folgende Aspekte testen:

- **Richtige Anwendung von Benutzernamen- und Passwortrichtlinien (vgl. dazu auch Abschnitt 1.2.1, »Passwortrichtlinie«)**
  Können nur Benutzernamen bzw. Passwörter angelegt werden, die den Anforderungen entsprechen? Dazu zählen insbesondere bei Passwortrichtlinien die Prüfung der Einhaltung von Mindestlänge, Anforderungen an die zu verwendenden Zeichenklassen (Sonderzeichen, Groß-/Kleinschreibung, Zahlen), Mindest- und Maximalalter eines Passworts und die Prüfung der Passworthistorie. Unter Umständen sind auch Sicherheitstests zu entwerfen, die prüfen, ob für verschiedene Bereiche verschiedene Passwörter verwendet werden müssen. Dynamische Tests und statische Tests wie Codereviews sind die geeignetsten Testarten für diese Sicherheitstests. Auch statische Codeanalyse kann bei der Feststellung helfen, ob die Prüfung der Komplexitätsrichtlinien von Passwörtern korrekt implementiert wurde.
- **Angemessenheit der Zugangskontrollmechanismen sowie der Zugangskontrollebenen für das Risiko**
  Dies betrifft beispielsweise die Autorisierungsebenen, die für bestimmte Daten oder Funktionen eingeführt worden sind, und die damit verbundenen Rechte. Die Prüfung, ob diese den Sicherheitsrisiken Rechnung tragen, kann in der Regel nur statisch erfolgen, z.B. durch Reviews.
- **Widerstandsfähigkeit der Software gegen den Versuch, Passwörter zu knacken**
  Das Knacken von Passwörtern erfordert in der Regel die Kenntnis eines gültigen Benutzernamens. Tests sollten daher prüfen, dass bei Anmeldeversuchen mit ungültigen Anmeldedaten keine Hinweise offenlegen, welcher Teil der Anmeldedaten falsch ist. Damit kann das bereits früher in diesem Kapitel beschriebene Account Harvesting verhindert werden. Indem Sicherheitstests Brute-Force-Angriffe, beispielsweise Wörterbuchattacken, imitieren, kann man prüfen, ob das System wiederholt erfolglose Anmeldeversuche mit Verzö-

gerungen, bis ein erneuter Versuch möglich ist, ausbremst oder gar den Account sperrt. Solche Tests lassen sich gut als dynamischer Test entwerfen. Auch das Protokollieren und ggf. Benachrichtigen von entsprechenden Personen bei (vielen) erfolglosen Anmeldeversuchen kann in diesem Zusammenhang getestet werden.

Strukturelle Zugangskontrollmechanismen umfassen Zugriffsrechte für Benutzer, Verschlüsselungsgrade und Authentifizierung. Sie regeln, welche Benutzer oder Benutzergruppen auf welche Ressourcen zugreifen dürfen. Zugriffssteuerungslisten (engl. Access Control List, ACL) spezifizieren für jede Ressource oder definierte Menge von Ressourcen, welche Benutzer und Benutzergruppen welche Operationen auf diesen Ressourcen durchführen dürfen. Ressourcen können dabei Daten, Funktionen oder auch ganze Systeme sein. Sie können beispielsweise als Teil einer Anwendung konfiguriert werden, wie dies üblicherweise für Dateisysteme der Fall ist, bei denen das Betriebssystem die Konfigurationsoptionen zur Verfügung stellt. Datenbankmanagementsysteme bieten in der Regel auch feingranulare Berechtigungen für die verschiedenen Benutzer, Datenbanken und Tabellen. Im Gegensatz dazu gibt es auch Ressourcen, bei denen auf Systeminfrastrukturebene Zugriffsrechte vergeben werden.

Strukturelle Zugriffsrechte werden üblicherweise von Administratoren verwaltet, z.B. von Systemadministratoren, Sicherheitsadministratoren oder Datenbankadministratoren, abhängig vom System, dessen Zugriffsrechte reguliert werden sollen, und welches System passende Zugriffsrechteverwaltungen bereitstellt.

Beispiel: Demilitarisierte Zone

Beispiel: Demilitarisierte Zone

Dies können Router sein, mit deren Hilfe konfiguriert werden kann, auf welche Netzwerkzonen ein Netzwerkgerät aus einem bestimmten Subnetz zugreifen kann. Typische Beispiele hierfür sind demilitarisierte Zonen (DMZ), die einen Zwischenpuffer zwischen einem externen Netzwerk, meist das Internet, und einem Unternehmensnetzwerk bilden. Firewalls regulieren den Datenverkehr so, dass Pakete aus dem externen Netz in eine DMZ geroutet werden, aber nicht in das Unternehmensnetzwerk. In das Unternehmensnetzwerk dürfen Pakete aus der DMZ fließen. Neben dem Routing sind auch die freigegebenen Netzwerkports für die Kommunikation über TCP und UDP separat konfiguriert. Die konfigurierten Systeminfrastrukturelemente sind Firewall und Router. Solche Zugriffsrechte werden daher von Netzwerkadministratoren konfiguriert und verwaltet. Ein entsprechendes Beispiel mit Abbildung ist in Abschnitt 2.4.2.1 zu finden.

Tests für strukturelle Zugangskontrollmechanismen schließen folgende Schritte ein:

- Separate Benutzerkonten für jede Zugriffsebene erstellen.
- Prüfen, dass die verschiedenen Zugangsebenen nichts über Zugangsrechte anderer Zugriffsebenen verfügen.

Tests von strukturellen Zugangskontrollmechanismen können durch verschiedene Dimensionen von Konfigurationsebenen komplex werden. Dies trifft insbesondere auf hierarchische Ressourcensysteme zu, die Zugriffsrechte vererben und bei denen die Rechtevergabe sowohl mithilfe von Benutzergruppen als auch für einzelne Benutzer erfolgt. Wird zusätzlich zwischen gewährten, nicht gewährten und verweigerten Zugriffsrechten unterschieden, können leicht unbeabsichtigte Zugriffsrechtekonfiguration entstehen, falls unterschiedliche Richtlinien bezüglich des Vorrangs von verweigerten bzw. gewährten Rechten bestehen. Im folgenden Beispiel wird dies genauer erläutert.

Beispiel: Test von Zugangsmechanismen mit drei Zugriffsebenen

Beispiel: Test von Zugangsmechanismen mit drei Zugriffsebenen

Benutzerkonten werden mit minimalem Zugang für einfache Benutzer, Managerzugang oder Administratorzugang erstellt. Beim Testen muss nachgewiesen werden, dass ein Benutzer mit minimalem Zugang keine Aktivitäten der Managerzugangsebene und der Administratorzugangsebene ausführen kann.

Abb. 3-6
Beispiel einer Benutzerrechtekonfiguration

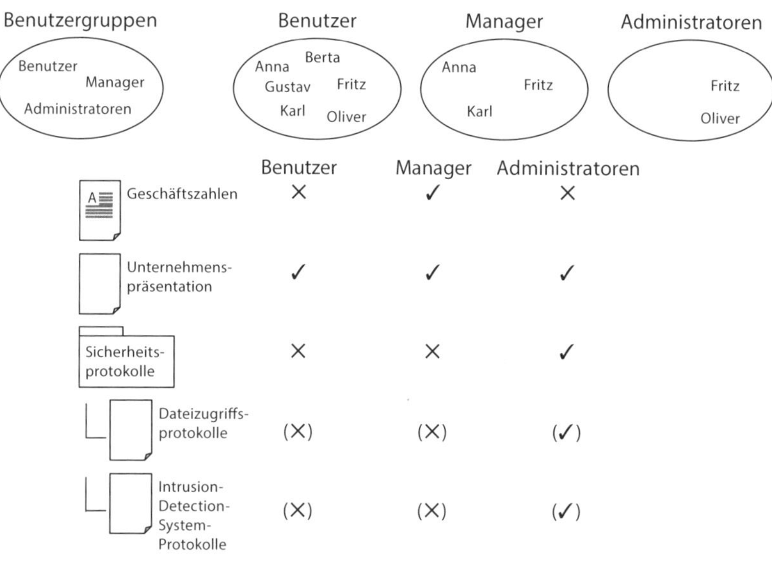

Abbildung 3–6 zeigt schematisch eine Menge von sechs Benutzern (Anna, Berta, Fritz, Gustav, Karl und Oliver), für die drei Benutzergruppen (Benutzer, Manager, Administratoren) erstellt worden sind. Im unteren Teil der Abbildung sind beispielhaft die Dokumente Geschäftszahlen und Unternehmenspräsentation dargestellt. Zudem gibt es einen Ordner namens Sicherheitsprotokolle, der unter anderem Dateizugriffsprotokolle enthält. Zugriffsrechte werden von übergeordneten Strukturen, beispielsweise Ordnern, auf untergeordnete, z.B. Dateien, vererbt.

Auf die Geschäftszahlen haben nur Manager Zugriff, während alle Benutzer einschließlich Managern und Administratoren auf die Unternehmenspräsentation zugreifen dürfen. Der Zugriff auf die Sicherheitsprotokolle ist dagegen auf die Benutzergruppe Administratoren beschränkt. Diese Berechtigung vererbt sich auf die darin enthaltenen Dateizugriffsprotokolle und die Protokolle des Intrusion-Detection-Systems (IDS). Vererbte Berechtigungen sind in Klammern dargestellt.

Ein funktionaler Sicherheitstest würde jeweils einen Benutzer aus den drei Benutzergruppen auswählen und prüfen, ob Zugriff auf die Geschäftszahlen, Unternehmenspräsentation und den Ordner Sicherheitsprotokolle jeweils möglich ist oder verweigert wird. Als Repräsentanten wurden die Dokumente Geschäftszahlen, Unternehmenspräsentation und IDS-Protokolle gewählt.

Entsprechende Sicherheitstestfälle könnten wie in Tabelle 3–1 dargestellt aussehen:

Tab. 3–1
Zugriff auf Elemente

	Gustav	Anna	Oliver
Geschäftszahlen	×	✓	×
Unternehmenspräsentation	✓	✓	✓
IDS-Protokolle	×	×	✓

Die Tabelle 3–1 zeigt für die verschiedenen Benutzer, auf welche Elemente der Zugriff gewährt (markiert mit einem ✓) oder verweigert (markiert mit einem ×) werden soll.

Der Benutzer Fritz hat eine Doppelrolle als Manager und Administrator. Diese hat er benutzt, um Mitarbeiter über Dateizugriffsprotokolle zu überwachen. Als der Betriebsrat davon erfuhr, wurden ihm die Rechte auf die Dateizugriffsprotokolle entzogen, da dies nicht in Übereinstimmung mit einer bestehenden Betriebsvereinbarung steht. Diese verbietet die Überwachung der Mitarbeiter und ihrer Arbeitszeiten durch Prüfung der Dateizugriffsprotokolle.

Dies stellt eine Ausnahme dar, da hier eine Berechtigung nicht mehr auf Benutzergruppenebene, sondern auf Benutzerebene für die Dateizugriffsprotokolle vergeben wurde, die bisher ausschließlich Rechte geerbt haben. Daher sind neue Testfälle zu entwerfen, die prüfen, dass Fritz zwar weiterhin Zugriff auf den Ordner Sicherheitsprotokolle und den darin enthaltenen Ordner IDS-Protokolle hat, aber nicht mehr auf die Dateizugriffsprotokolle, die Zugriffsverweigerung auf dieses Protokoll also Vorrang vor der Zugriffserlaubnis durch den übergeordneten Ordner Sicherheitsprotokolle hat. Zudem müssen Testfälle entworfen werden, die sicherstellen, dass Oliver weiterhin Zugriff auf alle Protokolle hat. Insgesamt sind also mindestens drei weitere Sicherheitstestfälle zu erstellen, um den Vorrang von Zugriffsverweigerung gegen Zugriffserlaubnis zu testen. Der in Tabelle 3–2 mit * markierte Testfall hat bereits in der ursprünglichen Menge der Testfälle bestanden.

Tab. 3–2
Zugriff auf Elemente

	Oliver	Fritz
Dateizugriffsprotokolle	✓	×
IDS-Protokolle	✓*	✓

Sichere Programmierpraktiken

Vermeidung von Schwachstellen mithilfe von Best Practices wie defensiver Programmierung

Da viele Schwachstellen bei der Implementierung entstehen, gibt es eine ganze Reihe von Empfehlungen und Best Practices, wie Schwachstellen bereits beim Codieren vermieden werden können. Zum einen sind Programmierer in diesen Best Practices zu schulen, zum anderen sollte auch geprüft werden, ob diese Best Practices eingehalten werden. Dazu eignen sich statische Testmethoden, da Best Practices häufig auf Codeebene ausgedrückt werden und deshalb deren Überprüfung auf dieser Ebene effizient erfolgen kann. Dies ist insbesondere dann möglich, wenn diese Best Practices automatisiert überprüft werden können, indem sie als Regeln in ein Codeanalysewerkzeug eingegeben werden.

Einige wenige Beispiele für sichere Programmierpraktiken sind:

- Defensive Programmierung geht davon aus, dass die Voraussetzungen für ein korrektes Funktionieren eines Programms nicht immer gegeben sind. Dazu wird im Code die Validität aller Eingaben und des aktuellen Zustands des Programms geprüft, um potenzielle Fehler und Ausnahmen vor der Ausführung der eigentlichen Funktionalität zu erkennen. Auf diese Weise werden Fehlerzustände erkannt, und es wird erreicht, dass sich ein inkonsistenter Zustand nicht weiter fortsetzen und verschärfen kann. Inkonsistente Zustände und Daten werden von Angreifern beispielsweise zum Einschleusen von Code oder zur Umgehung von Sicherheitsmaßnahmen genutzt. Defensive Programmierung hilft, dies zu vermeiden.

- Fehler und Ausnahmen abzufangen und zu verarbeiten ist ein wesentlicher Baustein defensiver Programmierung. Dadurch können Fehlerzustände und Validierungsprobleme erkannt werden, sodass deren Ausnutzung deutlich erschwert werden kann.
- Sicherheits- und sensible Informationen dürfen nicht preisgegeben werden. Dazu zählen sowohl unverschlüsselte Verbindungen (System- bzw. Benutzerdaten) als auch verschlüsselte Verbindungen. Sensible Informationen sind beispielsweise Benutzerdaten, die grundsätzlich nur über verschlüsselte Verbindungen übertragen werden sollten. Informationen über das System und dessen interne Zustände, z.B. Software- und Versionsinformationen in Fehlermeldungen einer Anwendung, oder Stracktraces, die Aufschlüsse über die interne Struktur und die internen Zustände einer Applikation geben können, sollten grundsätzlich nicht ausgegeben werden, auch nicht über verschlüsselte Verbindungen.

Quellen von Best Practices zur sicheren Programmierung

Umfangreichere Listen zu Secure Coding Practices werden von vielen Organisationen veröffentlicht. Diese sind häufig spezifisch für Technologien, Programmiersprachen und Anwendungsarten. [GTB CTAL ST 18] druckt eine umfassendere, aber nicht vollständige Liste ab. Die OWASP veröffentlich umfangreiche Quick Reference Guides [OWASP 17b], Cheat Sheets [OWASP 18] und Checklisten [OWASP 16a], die sich ebenfalls gut als Ausgangspunkt für statische Tests eignen. Das Software Engineering Institute der Carnegie Mellon University publiziert auf seiner Webseite Coding Standards für verschiedene Programmiersprachen und Plattformen wie Android, die auch Sicherheitsaspekte [CMU 1] abdecken.

Darüber hinaus pflegt das SANS Institute eine Liste mit den 25 gefährlichsten Softwarefehlern [SANS 11], während das OWASP Top-10-Projekt die zehn ernsthaftesten Sicherheitsrisiken für Webapplikationen regelmäßig veröffentlicht [OWASP 17c].

Prüfung von Best Practices mit dynamischen Tests

Wie oben bereits erwähnt, lassen sich viele Best Practices von Secure Coding mithilfe statischer Codeanalysewerkzeuge überprüfen. Dynamische Tests erlauben zu prüfen, ob Praktiken wie Datenvalidierung und Fehlermeldungsausgabe von den Entwicklern eingehalten wurden. Dynamische Techniken wie Fuzzing eignen sich gut, um dynamisch die Datenvalidierung zu testen, da sie ungültige Eingaben erzeugen und damit genau auf die Eingabevalidierung abzielen. Auch die weiterhin häufig anzutreffenden Pufferüberläufe lassen sich mit dynamischen Speichertestwerkzeugen ermitteln. Dazu gehören u.a. Valgrind[7], Address-

7. Valgrind ist freie Software und kann über valgrind.org bezogen werden.

Sanitizer[8] und Guard Malloc[9], die den Heap beispielsweise mit bestimmten Datenmustern formatieren oder Puffer an Speicherseitengrenzen ausrichten, sodass Pufferüberläufe zuverlässig detektiert werden können. Auch gibt es verschiedene kommerzielle Werkzeuge, die vergleichbare Funktionalität bieten [Zhivich et al. 05].

Zugriff auf das Betriebssystem

Missbrauch von Schwachstellen zur Rechteausweitung, zur Installation von Schadsoftware und zum Verwischen von Spuren mit Rootkits

Zwischenziel vieler Angreifer ist es, durch Rechteausweitung weitgehenden Zugriff auf das Betriebssystem zu erlangen. Dies ermöglicht es, unbemerkt vom Benutzer Aktivitäten im Hintergrund durchzuführen und die eigenen Spuren, beispielsweise in Systemprotokollen, zu verwischen. Dazu können Schwachstellen im Betriebssystem selbst genutzt werden, ebenso aber auch Schwachstellen in der Konfiguration des Betriebssystems, weil Benutzer mit mehr Rechten versehen sind, als sie für ihre Arbeit benötigen. Gerade aber auch Anwendungen und kleine Werkzeuge haben gezeigt, dass selbst einfachste Anwendungen immer wieder Sicherheitslücken enthalten, die eine Rechteausweitung bis zu Administratorrechten ermöglichen.

Ist die Rechteausweitung erst einmal geschehen, werden Schadcode und Rootkits installiert und z.B. zum Versenden von Spam-Nachrichten oder für massenhafte Serveranfragen als Teil eines verteilten Dienstblockadeangriffs genutzt.

Entsprechende Tests bezüglich Zugriffsrechten können Schwachstellen für solche Angriffe identifizieren.

Schwachstellen von Programmiersprachen

Der Einfluss von Programmiersprachen auf Webanwendungen ist vernachlässigbar.

Analysten von WhiteHat Security, einem Anbieter von Sicherheitslösungen für Anwendungen, haben 2014 in einer Momentaufnahme von 30.000 Webapplikationen das Verhältnis von Schwachstellen, Programmiersprachen und Entwicklungsframeworks untersucht [WhiteHat Security 2014]. Dabei gab es kaum Unterschiede bezüglich der Anzahl der Schwachstellen im Hinblick auf die verwendeten Programmiersprachen, und der Bericht kommt zu dem Schluss, dass das Risikopotenzial zwischen den verschiedenen Programmiersprachen auf Basis der durchschnittlichen Schwachstellen ähnlich liegt. Auch wenn sich Perl und ColdFusion von den übrigen untersuchten Programmier-

---

8. AddressSanitizer ist frei auf GitHub verfügbar: *https://github.com/google/sanitizers/wiki.*
9. Eine Beschreibung von Guard Malloc unter MacOS X ist online verfügbar: *https://developer.apple.com/library/archive/documentation/Performance/Conceptual/ManagingMemory/Articles/MallocDebug.html* und *https://www.unix.com/man-page/mojave/3/libgmalloc/.*

sprachen (.NET, Java, ASP und PHP) positiv abheben, waren diese Unterschiede statistisch nicht signifikant, sodass die Wahl der Programmiersprache (unter den betrachteten) keinen unmittelbaren Einfluss auf die Sicherheit der Webapplikation zu haben scheint.

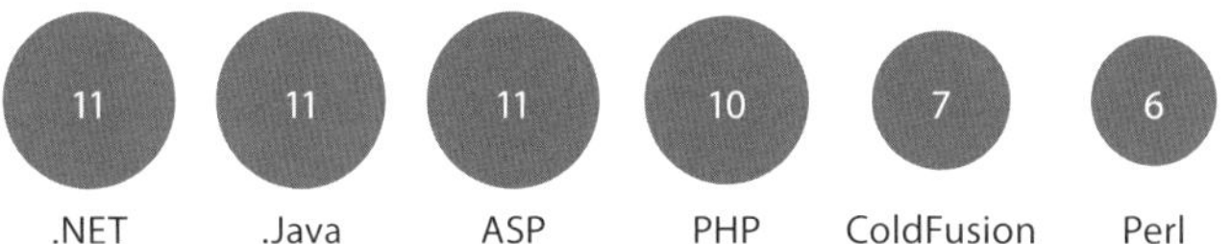

Abb. 3–7
Durchschnittliche Anzahl an Schwachstellen je Programmiersprache und Webapplikation (nach [WhiteHat Security 14])

Auch wenn sich viele Schwachstellenarten hinsichtlich ihrer Auftretenshäufigkeit nicht wesentlich je Programmiersprache unterscheiden – beispielsweise sind Cross-Site-Request-Forgery-Schwachstellen in Webapplikationen aller Programmiersprachen vertreten –, sind doch SQL-Injection-Schwachstellen in mit ColdFusion implementierten Webapplikation doppelt so häufig wie in solchen, bei denen .NET zum Einsatz kommt. Zusammenfassend lässt sich sagen, dass sich also mit jeder Sprache sichere wie auch unsichere Anwendungen implementieren lassen.

Da sich dieser Bericht auf Webanwendungen bezieht, sind bestimmte Programmiersprachen, insbesondere solche, die hardwarenah zum Einsatz kommen, nicht Gegenstand der Untersuchung gewesen. Pufferüberläufe mit sicherheitsrelevanten Auswirkungen sind in den betrachteten Programmiersprachen für Webapplikationen nahezu unmöglich, während sie in anderen Sprachen wie zum Beispiel C ein immer noch häufiges Problem darstellen. Man sollte daher die Ergebnisse dieses Berichts nicht auf alle Arten von Anwendungen oder gar auf alle Programmiersprachen erweitern.

Informationsquellen zu sprachspezifischen Sicherheitsproblemen

Hilfreiche Informationsquellen zu sprachspezifischen Sicherheitsproblemen bietet auch hier das Software Engineering Institute der Carnegie Mellon University. Es stellt Publikationen und Werkzeuge zur Verfügung, die sich mit der sicheren Programmierung im Allgemeinem und in verschiedenen Programmiersprachen im Speziellen auseinandersetzen und Hinweise für die Vermeidung von sprachspezifischen Schwachstellen geben [CMU 2; CMU 4; CMU 5]. Zusätzlich gibt es diverse Datenbanken zu Schwachstellen. Zu den bekanntesten zählen die MITREs Common Weakness Enumeration (CWE) [MITRE 1], die National Vulnerability Database (NVD) des amerikanischen Standardisierungsinstituts NIST [NIST 1], die als eine Quelle ebenfalls MITREs CVE nutzt, sowie die Schwachstellendatenbank des CERT an der Carnegie Mellon University [CMU 6]. Die NIST-Datenbank stellt dabei viele Detailinformationen zu einer Schwachstelle bereit, z.B. welche technischen Eigenschaften eine Schwachstelle aufweist und welche

Möglichkeiten sie Angreifern bietet, diese auszunutzen. Dazu finden Metriken des Common Vulnerability Scoring System (CVSS) [NIST 2] Anwendung, die eine schnelle Einschätzung der Ausnutzbarkeit einer Schwachstelle und die Auswirkungen auf eine Anwendung erlauben. Dazu beschreibt sie die Angriffsvektoren, über die eine Schwachstelle ausgenutzt werden kann, beispielsweise entfernt über ein Netzwerk oder lokal, die Komplexität eines Angriffs sowie die Eigenschaften auf die Sicherheitsattribute Vertraulichkeit, Integrität, Verfügbarkeit sowie Authentizität. Mithilfe umfangreicher Verweise auf Advisories, Gegenmaßnahmen und Werkzeuge wird die weitere Recherche erleichtert.

Diese Quellen liefern umfangreiche Informationen über Schwachstellen, deren Verbreitung in Produkten, technische Details und Referenzen auf externe Quellen, die beispielsweise Exploits bereitstellen, sowie Beschreibungen für Gegenmaßnahmen und verfügbare Patches, wie in Abbildung 3–8 für den Heartbleed-Bug zu sehen ist. Im Gegensatz zu den bisher genannten englischsprachigen Quellen bietet das Hasso-Plattner-Institut eine Datenbank mit Schwachstelleninformationen in deutscher Sprache [HPI 1].

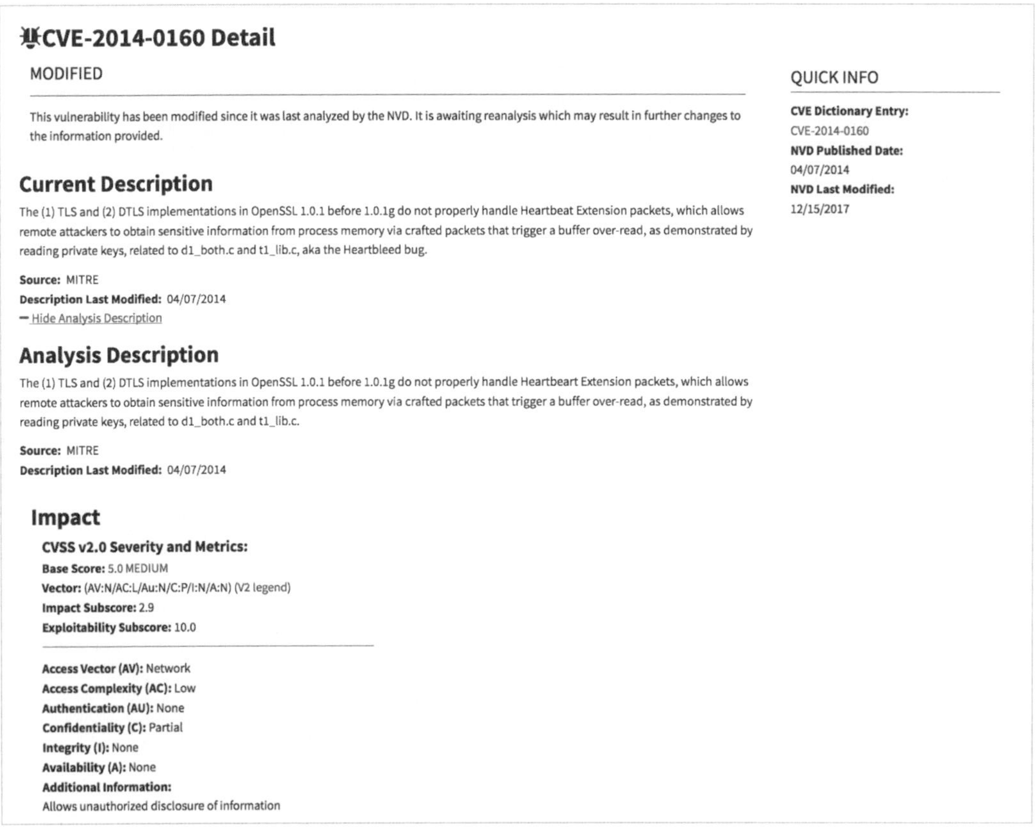

Abb. 3–8 *Bildschirmfoto der Beschreibung der Heartbleed-Schwachstelle in der NVD [NIST 1]*

CVE-2014-0160 Detail

MODIFIED

This vulnerability has been modified since it was last analyzed by the NVD. It is awaiting reanalysis which may result in further changes to the information provided.

Current Description

The (1) TLS and (2) DTLS implementations in OpenSSL 1.0.1 before 1.0.1g do not properly handle Heartbeat Extension packets, which allows remote attackers to obtain sensitive information from process memory via crafted packets that trigger a buffer over-read, as demonstrated by reading private keys, related to d1_both.c and t1_lib.c, aka the Heartbleed bug.

Source: MITRE
Description Last Modified: 04/07/2014
– Hide Analysis Description

Analysis Description

The (1) TLS and (2) DTLS implementations in OpenSSL 1.0.1 before 1.0.1g do not properly handle Heartbeart Extension packets, which allows remote attackers to obtain sensitive information from process memory via crafted packets that trigger a buffer over-read, as demonstrated by reading private keys, related to d1_both.c and t1_lib.c.

Source: MITRE
Description Last Modified: 04/07/2014

Impact

CVSS v2.0 Severity and Metrics:
Base Score: 5.0 MEDIUM
Vector: (AV:N/AC:L/Au:N/C:P/I:N/A:N) (V2 legend)
Impact Subscore: 2.9
Exploitability Subscore: 10.0

Access Vector (AV): Network
Access Complexity (AC): Low
Authentication (AU): None
Confidentiality (C): Partial
Integrity (I): None
Availability (A): None
Additional Information:
Allows unauthorized disclosure of information

QUICK INFO

CVE Dictionary Entry:
CVE-2014-0160
NVD Published Date:
04/07/2014
NVD Last Modified:
12/15/2017

Diese Datenbanken bieten in der Regel auch Informationen zu Schwachstellen von Betriebssystemen und Plattformen wie Windows, Linux, macOS, iOS, Android oder Laufzeitumgebungen für Java und .NET. Diese können in der Regel nur durch Konfigurationsänderungen bzw. Abschalten von Diensten geschlossen werden, bis ein Sicherheitspatch des Herstellers verfügbar ist.

Gefährdungen von außen

Angriffe von außen als subjektiv häufigste Gefährdung

In der allgemeinen Presse wird am häufigsten von Cyberangriffen durch einzelne Hacker, Hackergruppen und Regierungen berichtet, die z. B. Router, Webserver, Stromnetze oder Regierungseinrichtungen angreifen. Diese nutzen verschiedene Arten von Schwachstellen, sowohl in technischen Einrichtungen als auch bei Unternehmen, ihren Prozessen, Richtlinien sowie natürlich ihren Mitarbeitern, beispielsweise durch Social Engineering (vgl. Kap. 6) oder Spear Phishing, um komplexe Angriffe durchführen zu können.

Dienstblockade-Angriffe

Dienstblockade-Angriffe (Denial of Service, DoS) sind eine der häufigsten Formen von Angriffen und werden auch als (illegale) Dienstleistung angeboten [Diehl & Rosenbach 17]. Die Menge solcher Angriffe ist zwar vorübergehend zurückgegangen, jedoch ist hier keine Entwarnung in Sicht, sodass diese Form des Angriffs weiterhin eine mit der höchsten Eintrittswahrscheinlichkeit bleibt [Westernhagen 18].

Um einen Dienst zu blockieren, werden System- oder Anwendungsressourcen in großem Umfang von einem Angreifer in Anspruch genommen oder der Dienst wird zum Absturz gebracht, sodass reguläre Benutzer den Dienst nicht mehr nutzen können. Zu den Ressourcen zählen beispielsweise die Netzwerkbandbreite, die Konnektivität eines Systems oder einer Anwendung oder bestimmte Dienste oder Funktionen, die dann so stark belastet werden, dass diese nicht mehr regulär funktionieren.

Dienstblockade-Angriffe können sich durch eine hohe Menge an Anfragen an einen Dienst auszeichnen, die das Ziel haben, den entsprechenden Dienst unter der Last zusammenbrechen zu lassen, weil diesem nicht ausreichend Ressourcen zur Bearbeitung all dieser Anfragen zur Verfügung stehen. Dabei kann es sich um Ressourcen der Anwendung oder Ressourcen des Systems, auf dem die Anwendung läuft, handeln. Angreifer nutzen dazu meist asymmetrische Effekte aus, die es ihnen erlauben, mit niedrigem Ressourceneinsatz eine hohe Last beim angegriffenen Dienst zu verursachen, sodass der Angriff verhältnismäßig günstig ist. Dazu gehören unter anderem SYN-Flood-Angriffe.

Beispiel: SYN-Flooding für Denial-of-Service-Angriffe

Beispiel: SYN-Flooding für Denial-of-Service-Angriffe

Dienstblockade-Angriffe konnten früher einfach mit SYN-Flooding durchgeführt werden, bei dem ein unvollständiger TCP-Verbindungsaufbau erfolgt. Üblicherweise sendet ein Client an einen Service zuerst eine SYN-Nachricht, die mit einer SYN-ACK-Nachricht bestätigt wird. Am Ende bestätigt der Client den Erhalt der SYN-ACK-Nachricht mit einer ACK-Nachricht und signalisiert so, dass die TCP-Verbindung erfolgreich aufgebaut wurde. Daraufhin kann der Service die Ressourcen, die während des unvollständigen Verbindungsaufbaus belegt wurden, wieder freigeben (siehe Abb. 3–9a).

Abb. 3–9 *TCP-Verbindungsaufbau nach Spezifikation (a) und im Fall eines DoS-Angriffes (b)*

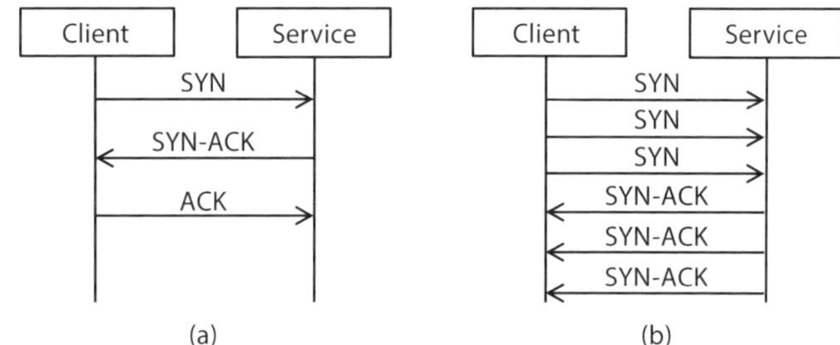

Im Falle eines DoS-Angriffs wird diese letzte ACK-Nachricht nicht gesendet, sodass der Dienst die für den Verbindungsaufbau benötigten Ressourcen nicht freigeben kann. Gleichzeitig wird eine große Menge an SYN-Nachrichten an den Dienst geschickt. Dieser muss mehr und mehr Ressourcen für diese sogenannten halb offenen TCP-Verbindungen nutzen, bis er schließlich nicht mehr seinen Dienst verrichten kann (siehe Abb. 3–9b).

Alternativ werden sogenannte Botnetze verwendet. Botnetze bestehen aus verschiedensten mit dem Internet verbundenen Geräten, wie Computer, Router oder Webcams. Diese werden durch Sicherheitslücken oder mit Malware infizierter Software gekapert. Dann können sie für verschiedene Aufgaben, unter anderem verteilte Dienstblockade-Angriffe, genutzt werden, indem sie den dafür notwendigen Code von sogenannten Command & Control-Servern nachladen, die auch die Aktivitäten der gekaperten Geräte koordinieren. Zwar haben die einzelnen Geräte eines Botnetzes nur sehr begrenzte Ressourcen. In der großen Zahl erreichen diese dann aber beachtliche Mengen an Anfragen und stellen damit ein effizientes Mittel für DDoS-Angriffe dar. Abbildung 3–10 veranschaulicht dies illustrativ.

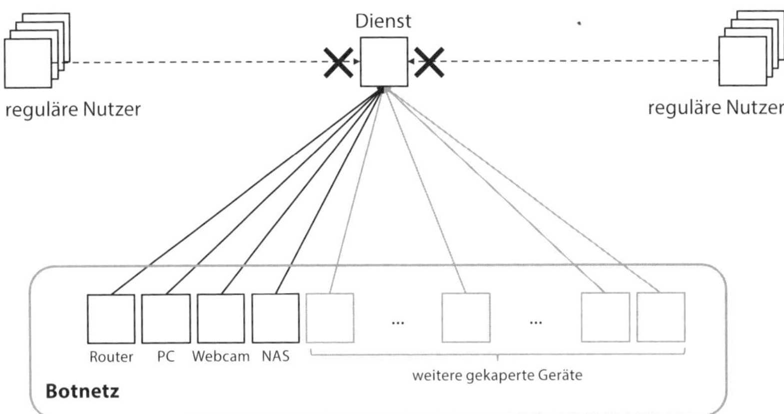

Abb. 3–10
Illustration eines verteilten Dienstblockade-Angriffs

Verstärkungsangriffe nutzen asymmetrische Effekte aus, bei denen eine verhältnismäßig kleine Anfrage von wenigen Bytes eine Antwort von mehreren KBytes zur Folge hat. Durch Reflection wird als Urheber der Anfrage das Opfer statt des tatsächlichen Urhebers angegeben, sodass die Antwort an das Opfer gesendet wird. Mithilfe von Broadcast-Adressen können solche Angriffe unter Ausnutzung diverser Server und mithilfe von Botnetzen massiv parallelisiert werden.

Beispiel: DNS-Amplification

Beispiel: DNS-Amplification

DNS-Verstärkungsangriffe nutzen asymmetrische Effekte in der Form aus, dass eine kleine DNS-Anfrage mit 36 Byte zu einer Antwort mit bis zu 3000 Byte führen kann. Dies entspricht einem Verstärkungsfaktor von über 80 (Verhältnis der Datenmenge von Anfrage und Antwort), ein Angreifer kann also mit geringfügigem Einsatz große Antworten eines DNS-Servers erzeugen. Der Angreifer gibt dabei als Quelle der DNS-Anfrage nicht seine eigene Adresse, sondern die des Opfers an, sodass dieses die umfangreiche Antwort des DNS-Servers erhält. Unter Ausnutzung einer Reihe von DNS-Servern, die Anfragen beliebiger Quellen beantworten, und in Kombination mit Botnetzen lassen sich hiermit Angriffe mit Datenraten von mehreren Hundert Gigabit pro Sekunde erzeugen.

Auch wenn das DNS-Protokoll eines der beliebteren Protokolle für verteilte Dienstblockade-Angriffe ist, so sind andere Protokolle ebenso für derartige Angriffe geeignet. Solange sichergestellt ist, dass das Opfer einen Dienst für das jeweilige Protokoll betreibt, kann man entsprechende Reflection-Angriffe, bei der das Opfer als Urheber einer Anfrage angegeben wird, nutzen. Dazu sind Standardprotokolle wie DNS oder NTP (Network Time Protocol) gut geeignet.

Zudem können Ressourcen des Opfers über reguläre Funktionen für einen Dienstblockade-Angriff genutzt werden, indem diese exzessiv beansprucht werden. Dazu gehörigen die Prozessorressourcen und der Arbeits- und Festplattenspeicher. Diese können über reguläre Funktionalitäten missbraucht werden, sodass letztendlich die missbrauchte Funktionalität, der Dienst oder der ganze Server nur noch eingeschränkt oder gar nicht mehr zur Verfügung stehen. Beispielsweise ist die Schlüsselneuaushandlung nach mutmaßlicher Kompromittierung eine Funktionalität, die für DoS-Angriffe missbraucht werden kann, weil diese viele Ressourcen benötigt.

Beispiel: Ping of Death

Beispiel: Ping of Death

Die Funktionalität Ping dient dazu, festzustellen, ob ein Computer in einem Netzwerk erreichbar ist, indem eine kleine Anfrage an diesen geschickt wird, die dieser dann beantwortet. Das entsprechende IP-Paket ist üblicherweise 64 Byte groß, kann aber prinzipiell bis zu 64 KB groß werden. Dabei wird das Paket dann in kleinere von je acht Bytes zerlegt, die pro IP-Paket versendet werden. Der IP-Header enthält in diesem Fall eine Information über die relative Position des jeweiligen Datenfragments, d.h., ob es sich um die ersten, zweiten, dritten usw. acht Bytes der Daten handelt. Für diese Information sind 13 Bits im IP-Header vorgesehen, sodass insgesamt $(2^{13}-1)\times 8$ Bytes zusammengesetzt werden können. Wird die Nachricht dann empfängerseitig zusammengesetzt, können so 65.528 Bytes zusammengesetzt werden. Dazu kommt noch der IP-Header, sodass die zusammengesetzte Nachricht letztlich 65.548 Bytes umfasst. Diese ist größer als die laut IPv4-Spezifikation zulässige Gesamtmenge von 64 KBytes, wodurch es bei früheren Implementierungen hier zu Speicherfehlern und infolgedessen zu Abstürzen des IP-Stacks kam, sodass der mit einem Ping of Death angegriffene Rechner nicht mehr über das Netzwerk erreichbar war – eine effiziente Form eines Dienstblockade-Angriffs.

Eine weitere Form sind logische DoS-Angriffe. Für diese nutzt ein Angreifer reguläre Funktionen eines Systems aus, um den Zugriff anderer Benutzer zu verhindern.

Beispiel: Automatische Benutzersperre

Beispiel: Automatische Benutzersperre

Eine Anwendung nutzt einen Anmeldevorgang, um den Zugang zur Anwendung abzusichern. Dabei kann es sich beispielsweise um einen Webshop handeln. Um Missbrauch vorzubeugen, werden Benutzerkonten nach mehrmaliger Falscheingabe des Passworts automatisch gesperrt und müssen durch den Kundenservice freigeschaltet werden. Als Benutzername wird eine frei wählbare Zeichenkette verwendet. Die Anmeldefunktion gibt bei einer ungültigen Anmeldung nicht preis, ob Benutzername oder Passwort falsch waren.

Die Registrierungsfunktion informiert den Benutzer jedoch über bereits vergebene Benutzernamen. Über diese Funktion lassen sich Benutzernamen erraten und für wiederholte Anmeldungen unter Verwendung eines beliebigen und daher falschen Passworts nutzen, sodass die verwendeten Benutzerkonten gesperrt werden. Führt man dies für eine große Anzahl an Benutzerkonten durch, können die betroffenen Benutzer die Anwendung nicht nutzen. Letztlich wird ein Dienstblockade-Angriff auf den Kundenservice durchgeführt, an den sich alle betroffenen Benutzer wenden müssen, um ihr Konto freischalten zu lassen.

Test auf DoS-Schwachstellen müssen alle Angriffsarten abdecken und umfassen daher Tests auf Infektionen von Computern mit Schadsoftware, Tests der Angriffserkennungssysteme, ob diese ein hohes Anfrageaufkommen erkennen können, Tests, um missbräuchliche Konfiguration zu ermitteln, und Tests auf Logikfehler.

Schadsoftware im Auslieferungsprozess von Anwendungen

Tests von Computern auf bekannte Schadsoftware lassen sich am besten mit darauf spezialisierten Hilfsprogrammen wie Virenscannern und Anti-Malware-Programmen durchführen, die die Dateien auf der Festplatte und den Arbeitsspeicher auf Signaturen bekannter Schadsoftware durchsuchen und in der Regel beim Auffinden anschließend auch beseitigen. Der Zweck besteht darin, zum einen zu verhindern, dass Computer beispielsweise für verteilte Dienstblockade-Angriffe missbraucht werden, und zum anderen, dass eine Anwendung nicht mit Schadsoftware infiziert und ausgeliefert wird, sodass die Computer von Nutzern der Software oder der Hardware für DoS-Angriffe missbraucht werden können.

Beispiel: Auslieferung Hardware und Software mit Malware

Beispiel: Auslieferung Hardware und Software mit Malware

Im Juli 2018 wurde ein Antivirensoftware-Hersteller auf eine Fernwartungssoftware aufmerksam, die seitens des Herstellers mit Malware infiziert war. Nutzer, die sich die Software von der Herstellerseite heruntergeladen und installiert hatten, wurden gleichzeitig mit einer Mehrzweck-Malware infiziert, die zum einen sensible Daten wie Passwörter ausspähte. Zum anderen war die Malware in der Lage, von Command & Control-Servern weitere Codefragmente nachzuladen und damit beispielsweise als Teil eines Botnetzes DDoS-Angriffe durchzuführen [Eikenberg 18].

Angriffserkennungssysteme gegen verteilte DDoS-Angriffe

Systeme zur Erkennung und Verhinderung von DDoS-Angriffen können an verschiedenen Punkten ansetzen. Zuerst müssen sie jedoch außergewöhnlich hohe Anfragemengen von verschiedenen Clients erkennen. Dabei müssen sie Dienstblockade-Angriffe durch eine große Zahl gleichzeitiger Anfragen wie im Falle von Botnetzen und Verstärkungsangriffen erkennen können. Angriffserkennungssysteme müssen dabei gutartige Zugriffe von bösartigen Angriffen unterscheiden können, damit nicht regulären Nutzern der Zugriff verwehrt wird. Basierend auf den Informationen eines Angriffserkennungssystems können dann (automatisiert) Gegenmaßnahmen eingeleitet werden. Dazu gehört beispielsweise die Sperrung von IP-Adressen. Auch spezialisierte Unternehmen wie Content-Delivery-Network-Anbieter[10] bieten Systeme an, die gegen DDoS-Angriffe schützen können, indem große Datenmengen über deren Netze geleitet, Zugriffe von Angreifern über deren IP-Adresse gesperrt und Anfragen verzögert an die eigentlichen Server gesendet werden.

Tests von Angriffserkennungssystemen sollten in einer isolierten Umgebung stattfinden, um den Produktivbetrieb eines Unternehmens nicht zu gefährden. Ziel ist es, sicherzustellen, dass Angriffe und Angreifer zuverlässig erkannt und gesperrt werden, während reguläre Nutzer weiterhin auf das System zugreifen können. Mehr Informationen zum Testen von Angriffserkennungssystemen finden sich in Abschnitt 5.5.

Test zur Erkennung von für DDoS-Angriffe anfällige Konfigurationen

Fehlerhafte Konfigurationen können sowohl DDoS-Angriffe auf dem fehlerhaft konfigurierten System als auch den Missbrauch dieses Systems für DDoS-Angriffe ermöglichen. Eine anfällige Konfiguration kann grundlegende Dienste wie DNS oder NTP betreffen, wenn diese Anfragen beliebiger Herkunft beantworten, aber auch die Applikation selbst, wenn diese beispielsweise zu lange Timeouts oder lange Cache-Gültigkeiten aufweist, die dazu führen können, dass Ressourcen für eine Session länger als nötig gebunden werden.

Tests auf fehlerhafte Konfigurationen können sowohl statisch durch ein Review der Konfiguration geprüft als auch dynamisch getestet werden. Während z.B. die Möglichkeit, dass jeder beliebige Client DNS-Anfragen an einen DNS-Server stellen kann, dynamisch sehr leicht zu prüfen ist, lassen sich Konfigurationen für Timeouts einfacher statisch durch Prüfung der Konfigurationsdateien testen.

Logikfehler in einer Applikation können ebenfalls eine Anfälligkeit für verteilte Dienstblockade-Angriffe darstellen. Ein Beispiel wurde bereits weiter oben mit der automatischen Benutzersperre nach mehrfacher Falschanmeldung diskutiert. Logikfehler sind in der Regel Fehler im Entwurf von Funktionen oder Sicherheitsfunktionen, die sich für Dienstblockade-Angriffe ausnutzen lassen. Der Test auf solche Fehler sollte daher früh im Entwicklungsprozess mithilfe statischer Testverfahren wie Reviews und Inspektionen stattfinden.

---

10. Content-Delivery-Network-Anbieter stellen Server und Netzwerke zur Verfügung, die auf der ganzen Welt verteilt sind. Somit können sie umfangreiche Ressourcen, wie Videos oder große Dateien, auch bei einem erhöhten Anfrageaufkommen mit geringen Latenzen bereitstellen und ausliefern.

Weitere Angriffe, die anders als eine Dienstblockade den illegitimen Zugriff auf Systeme und Daten oder deren Manipulation zum Ziel haben, sind Intrusionen: Eine Intrusion ist ein »Einbruch« in ein System. Dazu können unter anderem folgende Methoden genutzt werden:

Intrusionen mithilfe von technischen als auch nicht technischen Schwachstellen

- Social Engineering bzw. soziale Manipulation manipuliert Menschen durch verschiedene zwischenmenschliche Tricks, um Informationen, die eine Intrusion ermöglichen, zu erhalten. Kapitel 6 beschäftigt sich ausführlich mit diesem Thema. Mithilfe von Social Engineering können beispielsweise Konten kompromittiert werden. Account Harvesting oder Passwort-Rücksetzfunktionen können einen Ausgangspunkt zur Kompromittierung von Konten darstellen, um gültige Benutzerkonten zu identifizieren. Auch können die mithilfe von Social Engineering erlangten Informationen das Rücksetzen eines Kontos durch einen Angreifer ermöglichen.
- Injection-Angriffe sind technische Angriffe, die von außen Daten oder Aufrufe an ein System übermitteln, die dessen Betrieb stören oder dessen Daten verändern können. Prominentester Vertreter dieser Klasse von Angriffen sind SQL-Injections, die Abfragen einer Applikation an eine Datenbank zu modifizieren versuchen. Auch kann über Pufferüberläufe bösartiger Programmcode injiziert oder über Cross-Site-Scripting-Schwachstellen bösartige Skripte injiziert werden, die letztlich an dessen Nutzer ausgeliefert werden.
- Auch unsichere Konfigurationen wie die Ausgabe von Softwareinformation, Softwareversionsinformation und Stacktraces bilden eine Grundlage für Intrusionen. Die dazu notwendige Ausnutzung bekannter Schwachstellen durch nicht gepatchte Systeme in Anwendungen, den von ihnen genutzten Frameworks, Betriebssystemen oder beispielsweise Firewalls bildet häufig die Grundlage für erfolgreiche Injection-Angriffe.
- Die Einbringung von Malware auf Systeme ist eine häufig genutzte Methode, um Botnetze aufzubauen oder Unternehmen auszuspähen.
- Mängel in der Autorisierung können es normalen Benutzern ermöglichen, Zugriff auf Funktionen zu erlangen, die für höhere Autorisierungsgrade vorgesehen sind. Auch können höhere als die für die Ausführung eines Dienstes notwendigen Rechte dazu führen, dass bei einer Sicherheitslücke im Dienst ein Angreifer nicht nur die für den Betrieb des Dienstes notwendigen Rechte erhält, sondern weitergehende, wie z.B. Administratorrechte, wodurch das potenzielle Schadensausmaß erhöht wird.

- Auch Fehler in der Anwendungslogik selbst können Intrusionen ermöglichen, wenn beispielsweise eine Ausführung von Schritten es ermöglicht, Rabatte zu erhalten oder Rabattcodes mehrmals für denselben Einkauf zu verwenden.

Das Abfangen von Daten, die über das Netz von einem Unternehmen zu einem anderen übertragen werden, gilt nicht als Intrusion.

Interne Gefährdungen

Neben Gefährdungen von außen stellen interne Gefährdungen ebenfalls eine erhebliche Gefahr dar, weil Mitarbeiter und Auftragnehmer direkten Zugang zu potenziell sensiblen Daten und Systemen haben können und damit weniger Hürden als externe Angreifer überwinden müssen. Folgende Ursachen sind als interne Gefährdungen zu berücksichtigen:

- Wirtschaftsspionage: Mitarbeiter mit Zugang zu sensiblen Daten wie Unternehmenszahlen, Kontodaten von Kunden, Geschäftsgeheimnissen oder Zugangsdaten von Mitarbeitern nutzen dieses Wissen, um es anderen Unternehmen, insbesondere Konkurrenten, zugänglich zu machen.
- Externe Mitarbeiter können Zugriff auf oder Zugang zu Daten bekommen, die sie mitnehmen können, wenn sie ein Unternehmen verlassen. Dies können externe Mitarbeiter im eigenen Unternehmen oder in Auftrag- oder Unterauftragnehmern sein. Der Personenkreis der potenziellen Angreifer von innen ist größer als nur die eigenen Mitarbeiter.
- Hardware, insbesondere Festplatten, USB-Sticks und Backup-Bänder, kann von Mitarbeitern entwendet werden. Auch weniger offensichtliche Geräte, wie beispielsweise moderne Drucker, speichern Daten langfristig und löschen diese nicht nach einem abgeschlossenen Druckauftrag, sodass die Daten von Druckaufträgen noch lange zugreifbar sein können.
- Frustrierte oder enttäuschte Mitarbeiter stellen ein erhebliches Sicherheitsrisiko dar, weil diese sich ihrem Arbeitgeber nicht mehr verpflichtet fühlen. Die Verbreitung von sensiblen Daten an die Öffentlichkeit wie im Fall des NSA-Mitarbeiters Edward Snowden oder das Verkaufen von Betriebsgeheimnissen an Behörden wie im Fall von Bankmitarbeitern an Steuerbehörden kommen immer wieder vor. Weitere Möglichkeiten sind Daten- und Sachdiebstähle, beispielsweise durch gefälschte Rechnungen.

3.3.1.2 Dokumentation von Sicherheitstests

Die Dokumentation von Sicherheitstests verfolgt verschiedene Zwecke. Sie unterstützt den Entwurf, die Implementierung und die Ausführung von Sicherheitstests, dient der Nachverfolgbarkeit und kann für die Produktzulassung notwendig sein. Auch erlaubt sie die frühzeitige Anwendung von statischen Testmethoden, insbesondere von Reviews, um die Qualität und Eignung von Sicherheitstests einschätzen zu können, bevor diese implementiert und ausgeführt werden.

Wie Sicherheitstests strukturiert werden, ist von Unternehmen zu Unternehmen unterschiedlich. Im Allgemeinen kann das Dokumentationsformat anderer Testarten für Sicherheitstests übernommen werden. Unterschiede gibt es im Wesentlichen beim Gegenstand der Tests und der Testumgebung.

Testmanagementwerkzeuge können die Definition und Implementierung von Testfällen inklusive der Testskripte ermöglichen, haben dann aber entsprechende Vorgaben bezüglich der Struktur von Testfällen, sodass man entsprechend weniger Freiheitsgrade hat.

Standards für Testdokumentation

Es gibt verschiedene Standards, die definieren, welche Inhalte Testdokumentationen haben sollten. Zu den bekanntesten gehört Teil 3 des Standards ISO 29119 [ISO 29119-3]. Dieser Standard definiert die wesentlichen Dokumente und deren Inhalte und bietet somit eine Grundlage für die Entwicklung einer unternehmensspezifischen Testdokumentation. Er beschreibt Testdokumentation auf unterschiedlichen Ebenen:

- **Organisationsebene**
  Dazu gehörigen die Testrichtlinie und die Teststrategie, die bereits in Kapitel 2 diskutiert wurden.
- **Testmanagementebene**
  Auf dieser Ebene werden das Testkonzept, Testfortschrittsberichte und Testabschlussberichte beschrieben.
- **Dynamische Testprozessebene**
  Dazu zählen die Testentwurfsspezifikation, die Testfallspezifikation, die Testablaufspezifikation, aber auch Anforderungen an Testdaten (bspw. die Maskierung von personenbezogenen Kundendaten aus dem Produktivbetrieb), Anforderungen an die Testumgebung (vgl. Abschnitt 3.4.1) sowie der Bericht zu den bereitgestellten Testdaten und zur bereitgestellten Testumgebung und den Abweichungen zu den Anforderungen an diese.

Die Testfallspezifikation erlaubt pro Testfall eine isolierte Beschreibung zum Testen einzelner Testbedingungen. Ein Beispiel für Testfälle zum Testen von Zugangssystemen findet sich in Abschnitt 3.3.1.1. Diese Testfälle prüfen, ob für bestimmte Benutzer der Zugriff auf Elemente gewährt oder verweigert wird.

Im Allgemeinen sind Testfälle voneinander unabhängig. Ist jedoch eine bestimmte Ausführungsreihenfolge notwendig, wird diese in der Testablaufspezifikation festgelegt, die den Testablauf definiert. Testfälle können mithilfe des Testablaufs oder eines Testskripts in ihrer Abfolge kombiniert werden. Die Ausführungsreihenfolge kann sich auch aus der Priorisierung basierend auf den Sicherheitsrisiken ergeben, sodass bei einem eingeschränkten Zeitbudget die wichtigsten bzw. kritischsten Testfälle zuerst ausgeführt werden.

Die Testentwurfsspezifikation dokumentiert die von den Testbedingungen abgeleiteten abstrakten Testfälle.

Für erfahrungsgestützte Tests wie explorative Tests oder Penetrationstests können die Testbedingungen und die erwarteten Ergebnisse nicht immer vorher definiert werden. In diesem Fall müssen diese während bzw. nach der Testausführung im Testbericht dokumentiert werden.

3.3.2 Entwurf von Sicherheitstests gestützt auf Richtlinien und Verfahren

Ebenso wie Sicherheitstests genutzt werden können, um Anwendungen zu testen, können sie auch zur Validierung von Sicherheitsrichtlinien und -verfahren eingesetzt werden. Aus dieser Perspektive unterstützen Sicherheitstests das Sicherheits-Auditing.

Beim Entwurf von Sicherheitstests dürfen allerdings Sicherheitsrichtlinien und -verfahren nicht die alleinige Testbasis bilden, da dies andere Testperspektiven vernachlässigen würde.

Der Entwurf von Sicherheitstests zur Validierung von Richtlinien und -verfahren verfolgt folgende Ziele:

- **Verstehen des Zwecks und Geltungsbereichs einer Richtlinie bzw. eines Verfahrens**
  Unter welchen Umständen gilt eine Richtlinie oder ein Verfahren, auf welche Elemente ist sie anwendbar, auf welche nicht, welche Voraussetzungen müssen erfüllt werden?

Definition: Testbarkeit

»Der Grad der Effektivität und Effizienz, zu dem Tests für eine Komponente oder ein System entworfen und durchgeführt werden können.« [GTB Glossar 18]

Bewertung der Testbarkeit einer Richtlinie bzw. eines Verfahrens
Wie bei allen Tests ist die Testbarkeit des Testobjekts entscheidend. Bei der Analyse der Testbasis, also der Sicherheitsrichtlinien und -verfahren, ist daher zuerst zu entscheiden, ob diese in der vorliegenden Form überhaupt testbar sind. Idealerweise wird dies bereits beim Verfassen und Entwickeln der Richtlinien und Verfahren berücksichtigt oder in einem Review geprüft. Einschränkend auf die Testbarkeit kann beispielsweise eine mangelnde Präzision oder ein zu großer Geltungsbereich einer Richtlinie wirken. Ist der Geltungsbereich zu groß, kann der Testentwurf zu komplex werden und die Ausführung oder Wartbarkeit der Tests erschweren. Dann können Ressourcen verschwendet werden, weil das Falsche getestet wird und nicht mehr genügend Zeit bleibt, die wesentlichen Aspekte einer Sicherheitsrichtlinie oder eines -verfahrens zu testen. Fehlen entscheidende Informationen, kann das erwartete Testergebnis nicht hinreichend spezifiziert werden und eine sinnvolle Testbewertung ist nicht möglich.

Entwicklung von Tests bezugnehmend auf die Richtlinie oder das Verfahren
In diesem Schritt werden die eigentlichen Testfälle spezifiziert.

Beispiel: Verfahren zur temporären Kontosperre nach drei erfolglosen Anmeldeversuchen

Das folgende Beispiel stammt aus dem Lehrplan [GTB CTAL ST 18], soll hier aber eingehender untersucht werden, auch hinsichtlich der Testbarkeit. Das Verfahren ist wie folgt definiert:

In allen IT-Systemen von XYZ ist die Zahl der erfolglosen Anmeldeversuche auf drei beschränkt. Nach drei erfolglosen Anmeldeversuchen erfolgt eine zeitlich festgelegte Sperre. Ohne die entsprechenden lokalen Benutzerkontodaten ist kein Zugriff auf unsere IT-Systeme möglich. Wer ihn dennoch benötigt, muss sich zur Bestätigung der Identität und zum Erhalt eines temporären Passworts an unseren IT-Support wenden.

Beispiel: Verfahren zur temporären Kontosperre nach drei erfolglosen Anmeldeversuchen

Ein entsprechender Testfall könnte wie folgt aussehen:

Schritt	Eingabe	Erwartete Reaktion
1.	Drei Anmeldeversuche unter Verwendung des gleichen gültigen Benutzernamens, aber eines ungültigen Passworts.	In der Folge müsste ein Hinweis erscheinen, dass der Zugang temporär gesperrt wurde. Ein weiterer Anmeldeversuch mit dem gleichen Benutzernamen unter Verwendung des gültigen Passworts sollte zum Ergebnis einen Hinweis auf die temporäre Kontosperre haben.
2.	An den IT-Support wenden und die Identität bestätigen.	An eine bekannte E-Mail-Adresse wird ein temporäres Passwort gesendet.
3.	Unter Angabe des in Schritt 1 verwendeten Benutzernamens und dem temporären Passwort aus Schritt 2 anmelden.	Zugriff auf die Anwendung müsste gewährt werden.
4.	Ein neues Passwort erstellen, das der Passwortrichtlinie entspricht.	Das neue Passwort müsste akzeptiert werden.
5.	Abmelden	Die Anwendung meldet den Benutzer ab.
6.	Mit dem neu erstellten Passwort anmelden.	Zugriff auf die Anwendung müsste gewährt werden.

Diskussion des Verfahrens und des Testfalls aus dem Lehrplan

Im Folgenden soll diskutiert werden, welche konkreten Eigenschaften des oben dargestellten Verfahrens dieses testbar machen, an welchen Punkten Unklarheiten bestehen, die die Testbarkeit einschränken, und wie weitere Testfälle basierend auf diesem Verfahren aussehen könnten.

Schritt 1 des dargestellten Testfalls schafft die Voraussetzungen zum Testen des Verfahrens und prüft, ob die temporäre Sperre nach drei erfolglosen Anmeldeversuchen durchgeführt wird. Um dieses Verfahren tatsächlich testbar zu machen, müsste im Verfahren bereits angegeben werden, wie sich diese Sperre niederschlagen soll. Handelt es sich um eine Sperre eines Benutzerkontos oder eine Sperre der IP-Adresse, von der drei erfolglose Anmeldeversuche erfolgten? Dies hängt sicherlich von der Art der Anwendung ab, ob es sich um eine Webanwendung handelt, um eine lokal installierte Anwendung oder um eine Client-Server-Anwendung. Auch der Testfall aus dem Lehrplan lässt dies offen. Um den Testfall zu präzisieren, könnte angegeben werden, ob bei jedem Anmeldeversuch der gleiche Benutzername verwendet werden muss oder ob sich dieser in weiteren Anmeldeversuchen unterscheiden muss.

Unklar bleibt auch, ob die temporäre Sperre nur aufgrund der Meldung beim IT-Support unter Bestätigung der Identität aufgehoben werden kann, oder ob diese nach Verstreichen eines definierten Zeitraums automatisch wieder aufgehoben wird. Auf Letzteres deutet die

Formulierung »temporäre Sperre« hin. Ist dies der Fall, lässt sich dies nicht testen, da dieser Zeitraum nicht in der Definition des Sicherheitsverfahrens angegeben wurde. Gegebenenfalls müsste hierfür auch ein weiterer Testfall spezifiziert werden.

Die Testbarkeit wird durch den großen Geltungsbereich des Verfahrens (»*In allen IT-Systemen von XYZ ist die Zahl der erfolglosen Anmeldeversuche auf drei beschränkt.*«) eingeschränkt. Zu den IT-Systemen zählt eine große Bandbreite von Geräten, Systemen und Anwendungen, wie beispielsweise Netzwerkgeräte, Endbenutzeranwendungen und Netzwerkfreigaben. Ob wirklich jedes dieser IT-Systeme die Kontosperre umsetzt, lässt sich gerade in großen Unternehmen mit einer Vielzahl von IT-Systemen nicht vollumfänglich testen. Dies hängt auch davon ab, ob die IT-Systeme einen zentralen Verzeichnisdienst nutzen und die Kontosperre über diesen realisiert wird. Durch eine Angabe, welche IT-Systeme einen zentralen Verzeichnisdienst nutzen, ließe sich die Testbarkeit erhöhen, weil nicht jedes dieser Systeme Gegenstand des oben dargestellten Tests sein müsste.

Schritt 2 verlangt, dass man sich an den IT-Support wendet, um die Sperre aufzuheben, und zwar unter Bestätigung der Identität. Offen bleibt, welche Dokumente die Identität eines Benutzers bestätigen. Das Verfahren müsste um eine Liste der akzeptierten Identitätsdokumente oder um einen Verweis auf eine solche Liste ergänzt werden. Die Treuekarte eines örtlichen Gemüsehändlers sollte sicherlich nicht ausreichend sein. Dann könnte auch ein weiterer Testfall spezifiziert werden, der in Schritt 2 ein nicht akzeptiertes, abgelaufenes oder gefälschtes Identitätsdokument verwendet. Ein Hinweis auf ein Verfahren, wie auf einen solchen Fall reagiert werden soll, könnte ebenfalls ergänzt werden.

In Schritt 3 wird davon ausgegangen, dass das Benutzerkonto mit einem neuen, temporären Passwort entsperrt wird und dieses an eine E-Mail-Adresse versendet wird. Dies geht aus der Spezifikation des Verfahrens nicht hervor. Denkbar wäre auch, dass das Konto direkt wieder entsperrt werden würde, ohne dass ein temporäres Passwort vergeben wird, dass eine Passwortänderung während der erstmaligen Anwendung, nachdem das Konto entsperrt wurde, notwendig ist, oder dass das temporäre Passwort dem Benutzer auf Papier ausgehändigt wird. Auch hier könnte das Verfahren präzisiert werden, um dessen Testbarkeit zu erhöhen und möglicherweise falsche Annahmen des Sicherheitstesters zu vermeiden. Ein zusätzlicher Testfall könnte in diesem Schritt die Verwendung des alten oder eines anderen ungültigen Passworts definieren, um zu testen, dass nur das temporäre Passwort die Anmeldung nach Aufhebung der Kontosperre ermöglicht.

Schritt 4 ermöglicht im Übrigen, die Passwortrichtlinie des Unternehmens zu testen.

3.4 Ausführung von Sicherheitstests

Sicherheitstests haben technische und organisatorische Anforderungen, die für deren Ausführung erfüllt sein müssen. Die technischen Anforderungen betreffen die Sicherheitstestumgebung, die sich von Testumgebungen für funktionale Tests unterscheiden kann. Die organisatorischen Anforderungen von Sicherheitstests sind in deren Natur und den potenziellen Auswirkungen auf den Betrieb begründet und wegen gesetzlicher Rahmenbedingungen notwendig.

3.4.1 Schlüsselelemente und Merkmale einer effektiven Sicherheitstestumgebung

Im Gegensatz zu anderen Testarten können viele Sicherheitstests nicht in der gleichen Testumgebung, im gleichen Netzwerk bzw. in der Produktivumgebung stattfinden (obgleich Penetrationstests sehr wohl in der Produktivumgebung durchgeführt werden!). Dies liegt zum einen an den Testobjekten selbst, zum anderen an der Art und Weise, wie bestimmte Sicherheitstests durchgeführt werden.

Testobjekte können aus nicht vertrauenswürdigen Quellen stammen, weshalb sie sicherheitsgetestet werden. Wenn die Testumgebung nicht von der Produktivumgebung isoliert ist, können potenzielle Sicherheitslücken oder Malware Auswirkungen auf den Produktivbetrieb haben, wenn diese dort Schäden anrichten, weil sich die Malware beispielsweise ausbreitet.

Daneben können auch bestimmte Arten von Sicherheitstests Auswirkungen auf den Betrieb insgesamt haben. Als Erstes mögen hier Tests in den Sinn kommen, die auf die Anfälligkeit für Dienstblockade-Angriffe testen, da diese auch zu hohen Belastungen von Drittsystemen wie z.B. des Netzwerks führen können. Aber auch logische Angriffe können den Produktivbetrieb beeinträchtigen, wenn das Testobjekt auf einem System installiert ist, auf dem auch andere Anwendungen laufen, und der Ressourcenverbrauch des Testobjekts den Betrieb der übrigen Anwendungen einschränkt. Auch können fehlerhaft implementierte oder ausgeführte Tests unmittelbare Auswirkungen auf Produktivanwendungen statt des Testobjekts haben.

Isolation der Sicherheitstestumgebung

Um derartige Risiken zu minimieren, ist die Sicherheitstestumgebung bestmöglich zu isolieren, wobei hierfür das Risiko von Schadsoftware und potenzielle Auswirkungen der geplanten Sicherheitstestarten zu berücksichtigen sind. Insbesondere funktionale Sicherheitstests, z.B. von Kontrollmechanismen oder des Sessionmanagements, benötigen nicht unbedingt eine isolierte Testumgebung.

Vollständigkeit der Sicherheitstestumgebung

Um verlässliche Aussagen mithilfe von Sicherheitstests gewinnen zu können, muss die Sicherheitstestumgebung (möglichst) vollständig sein:

- Es müssen alle Systeme und Anwendungen, die getestet werden, in der Sicherheitstestumgebung installiert werden. Anderenfalls können bestimmte Funktionen nicht getestet werden.
- Bei Betriebssystemen müssen die verschiedenen verwendeten Betriebssysteme in den Versionen der Produktivumgebung und mit der gleichen Konfiguration installiert werden. Gerade in Bezug auf Sicherheitsfunktionen, Sicherheitslücken und zughörigen Patches ist die exakte Version des Betriebssystems wichtig. Die Konfiguration spielt beispielsweise beim Audit hinsichtlich der Systemhärtung eine entscheidende Rolle (vgl. Abschnitt 5.1). Verschiedene Ausführungen von Betriebssystemen bieten unterschiedliche Funktionsumfänge.
- Netzwerkanbindungen müssen ebenso berücksichtigt werden, da sie Einfluss auf die Anwendbarkeit bestimmter Angriffe bzw. Angriffsvektoren haben. Dazu zählt die verwendete Netzwerktechnologie und -topologie.
- Middleware verarbeitet die Daten der Anwendungen, die sie verbindet, und kann damit unmittelbaren Einfluss auf die Verwundbarkeit eines Systems haben.
- Die genaue Konfiguration von Desktop-Rechnern hat Einfluss auf deren Leistungsfähigkeit, Schwachstellen und Schutzmaßnahmen. Dabei sind unter anderem die Hersteller, der Prozessor und der Arbeitsspeicher relevant.
- Neben den gleichen Eigenschaften wie für Desktop-Rechner ist bei mobilen Geräten auch noch das Energiemanagement relevant.
- Datenbanken speichern Daten und stellen diese bereit. Zudem können sie Funktionen wie Stored Procedures oder spezielle Views enthalten, die Einfluss auf das Verhalten des Testobjekts haben können.
- Zugriffsrechte müssen denen einer Produktivumgebung entsprechen, um diese testen zu können. Dies betrifft viele Elemente der Sicherheitstestumgebung, wie beispielsweise Benutzerzugriffsrechte auf Betriebssystem-, Dateisystem- und Dienstebene und Datenbanken und deren Benutzer.
- Browser und Plug-ins bieten zum einen Schutzmaßnahmen, z.B. gegen bestimmte Formen von Cross-Site-Scripting-Angriffen oder gegen die Ausführung von JavaScript, zum anderen können sie aber

auch selbst Schwachstellen enthalten, die für den Sicherheitstest relevant sein können.

- Koexistierende Anwendungen können neben Schwachstellen weitere Schnittstellen, Bibliotheken oder andere Versionen von Bibliotheken mitbringen, die sich auf das Verhalten des Testobjekts mittelbar oder unmittelbar auswirken können. Auch kann ein Datenaustausch mit koexistierenden Anwendungen stattfinden.
- Daten, erzeugte Testdaten oder Produktionsdaten, die ggf. maskiert oder anonymisiert wurden, müssen vorhanden sein. Einige Sicherheitstestarten, wie beispielsweise das Testen von ungültigen Eingaben, erfordern es zudem, dass das Testobjekt mit Daten konfrontiert wird, die nicht durch die Spezifikation zugelassen sind, insbesondere bei Negativtests. Daher muss sichergestellt werden, dass Testmittel und Testumgebung die Übertragung entsprechender Daten erlauben.

Reproduzierbarkeit der Sicherheitstestumgebung

Wie jedes Testmittel muss auch die Testumgebung dokumentiert und archiviert werden, sodass sie zu einem späteren Zeitpunkt wieder aufgebaut werden kann. Zum einen kann es passieren, dass Beschädigungen an der Testumgebung auftreten, sei es auf Software- oder auf Hardwarelevel, abhängig von den durchgeführten Sicherheitstests. Zum anderen geschieht es regelmäßig, dass bestimmte Angriffe und Sicherheitslücken erst lange nach Erscheinen einer Anwendung bekannt werden. Um derartige Angriffe und Fehler analysieren und einen Sicherheitspatch entwickeln zu können, ist dann wieder die Sicherheitstestumgebung notwendig.

Die oben dargestellten Risiken bestehen bei Sicherheitstests, insbesondere bei Tests von Drittprodukten wie COTS- oder Open-Source-Software. Dabei kann Malware in dieser enthalten sein und sich bis in die Sicherheitstestumgebung ausbreiten. Sobald dies bemerkt wird, muss die Sicherheitstestumgebung von der Malware befreit werden. Ist dies nicht möglich, weil die Malware beispielsweise Daten auf Rechnern der Sicherheitstestumgebung verschlüsselt hat, muss diese komplett neu aufgebaut werden, um sicherzustellen, dass weiterhin Sicherheitstests ausgeführt werden können. Daher trägt die Reproduzierbarkeit der Sicherheitstestumgebung auch zur Wiederholbarkeit von Sicherheitstests bei.

Zudem können mehrere Versionen, Varianten und Konfigurationen einer Sicherheitstestumgebung existieren, je nach Zweck und Ziel der Sicherheitstests. Eine Sicherheitstestumgebung für einen Test, der Schwachstellen wie Dienstblockaden untersuchen möchte, wird sicherlich anders aufgebaut sein als eine Umgebung, die für funktionale Sicherheitstests vorgesehen ist.

3.4.2 Bedeutung von Planung und Genehmigungen für Sicherheitstests

Es gibt verschiedene Gründe, die es erforderlich machen, dass Sicherheitstester vor der Ausführung von Sicherheitstests eine entsprechende Genehmigung einholen:

- In fast allen Ländern ist bereits der Versuch gesetzlich verboten, sich Zugriff auf Datensysteme und ihre Informationen zu verschaffen. In einigen Ländern verstößt es sogar gegen das Gesetz, Zugang zu Sicherheitstestwerkzeugen zu haben. Das heißt, dass ein leichtfertiger Sicherheitstester bei der ungenehmigten Durchführung der meisten Sicherheitstestaktivitäten Gefahr läuft, gegen mindestens ein Gesetz zu verstoßen. Die Tests sollten erst durchgeführt werden, wenn vorher eine Verzichtserklärung des Besitzers des Systems bzw. der Daten vorliegt sowie eine Genehmigung der zuständigen Geschäftsführung eingeholt worden ist.

Exkurs: Der sogenannte »Hackerparagraph«

Die Paragraphen 202a bis c im Strafgesetzbuch stellen alle Aktivitäten unter Strafe, die in Zusammenhang mit dem Ausspähen von digitalen Daten, dessen Vorbereitung sowie der Unterstützung und Durchführung mit entsprechenden Computerprogrammen stehen. Diese im Jahr 2007 eingeführten sogenannten »Hackerparagraphen« machen die Autorisierung und Genehmigung von Sicherheitstests immer dann notwendig, wenn Produktivsysteme, Produktivdaten oder Fremdsysteme Gegenstand von Sicherheitstests sind. Dies muss man insbesondere dann beachten, wenn externe Dienstleister Sicherheitstests durchführen oder man als Dienstleister für Sicherheitstests auftritt. Anderenfalls kann man auch unbeabsichtigt Gegenstand juristischer Auseinandersetzungen werden, wenn die Geschäftsführung und Administration des jeweiligen Betriebs nicht informiert ist und einen tatsächlichen Hackerangriff vermutet. In bestimmten Fällen, beispielsweise bei Betreibern von sogenannten kritischen Infrastrukturen, können in Folge von ungenehmigten Sicherheitstests Störungen auftreten, die nach Paragraph 8b des BSI-Gesetzes meldepflichtig sind.

- Sicherheitstests können Alarme auslösen, wenn Systeme zur Angriffserkennung diese detektieren. Verantwortliche Mitarbeiter können in der Folge informiert werden und Gegenmaßnahmen einleiten. Insbesondere für Penetrationstests gilt, dass dies zu unbeabsichtigten Situationen in betrieblichen Abläufen führen kann.
- Bleiben Sicherheitstests unbemerkt, können überdies Systemausfälle auftreten, die den Betrieb einer Organisation maßgeblich beeinträchtigen. Für solche Fälle müssen im Vorfeld von Sicherheitstests Maßnahmen ergriffen werden, um diese Risiken zu beherrschen. Ohne eine vorherige Genehmigung bleiben derartige Risiken unerkannt.

Betroffen ist aber nicht nur die Organisation, deren Systeme, Anwendungen oder Verfahren und Richtlinien getestet werden. Ohne vorherige Genehmigung kann der Mitarbeiter oder Dienstleister, der Sicherheitstests ausführt, gegen Sicherheitsrichtlinien und -verfahren und gegen Gesetze verstoßen. Dies kann sowohl juristische Folgen als auch Folgen für das Arbeits- oder Vertragsverhältnis des Mitarbeiters oder Dienstleisters haben.

Inhalte einer Genehmigung von Sicherheitstests

Eine Genehmigung sollte in jedem Fall immer schriftlich erfolgen, von autorisierten Personen unterzeichnet sein und mindestens folgende Angaben enthalten:

- Name der genehmigenden Stelle
- Namen des Testpersonals, der Prüfstelle bzw. des Dienstleisters
- Leistungsbeschreibung, aus der der Umfang und die Art der Sicherheitstests hervorgehen. Hier kann auch auf entsprechende Dokumentation verwiesen werden.
- Gültigkeitszeitraum der Genehmigung (von/bis)
- Sonstige relevante Details wie die IP-Quelladressen, Benutzerkonten usw.
- Bestätigungen:
  - Dem Kunden gehört das zu testende System.
  - Der Kunde hat die Vollmacht, die Sicherheitstests zu genehmigen.

    Anmerkung: Am besten überzeugt man sich selbst davon, dass dies auch der Fall ist. Es nützt wenig, wenn am Ende die Person nicht autorisiert war, die Genehmigung zu erteilen, auch wenn sie dies versichert hat.
  - Der Kunde hat ein Backup sämtlicher Systeme und Daten vorgenommen.
  - Der Kunde hat sich davon überzeugt, dass sich das System bei Bedarf aus den Backups wiederherstellen lässt.
  - Der Kunde kennt die Risiken, die mit den Sicherheitstests einhergehen.
- Eine Haftungsfreistellungsklausel für die Prüfstelle
- Unterschriften eines Kundenvertreters, der bevollmächtigt ist, derartige Vereinbarungen einzugehen.

Das OWASP stellt ein Gerüst für ein Musterformular bereit, das als Grundlage für eine Genehmigung verwendet werden kann [OWASP 11].

An dieser Stelle sollte man die Chance ergreifen, sicherzustellen, dass neben der autorisierten Stelle auch die betroffenen Personenkreise informiert werden. Dies trifft zu, wenn Mitarbeiter innerhalb ihrer Organisation Sicherheitstests durchführen, aber auch Dienstleister laufen sonst Gefahr, fahrlässig Schaden herbeigeführt zu haben und haftbar gemacht zu werden.

Bei der Durchführung bestimmter Tests kann es aber auch notwendig sein, dass bestimmte Personengruppen nicht informiert werden, gerade wenn es um die Tests der Umsetzung von Verfahren und Richtlinien geht, da sich sonst ein verfälschtes Bild ergibt.

In Deutschland und seit Inkrafttreten der DSGVO (vgl. dazu auch Kap. 9) auch in ganz Europa gelten strenge Regeln bezüglich des Umgangs mit personenbezogenen oder personenbeziehbaren Daten. Der potenzielle Zugang zu solchen Daten ist daher im Vorfeld von Sicherheitstests zu klären. Außerdem ist zu ermitteln, inwieweit diese von Sicherheitstests betroffen sein können, und der Datenschutzbeauftragte und ggf. auch die Personalvertretung des Unternehmens sind zu kontaktieren. Dann kann geklärt werden, inwieweit Daten anonymisiert werden sollen und wann entsprechende Daten, die im Rahmen von Tests erlangt worden sind, gelöscht werden müssen. Der Praxis-Leitfaden für IS-Penetrationstests des BSI bietet hier grundlegende Hilfestellung [BSI 16b].

3.5 Bewertung von Sicherheitstests

Die Bewertung von Sicherheitstest erfolgt während ihrer Durchführung bzw. unmittelbar danach. Zweck ist es, zu ermitteln, ob ein Sicherheitsmangel entdeckt wurde, und ggf. ist ein Fehler- und Abweichungsbericht zu erstellen. Dieser sollte folgende Informationen enthalten:

- Name des Testers, der die Schwachstelle gefunden hat oder den Testfall entworfen hat, für eventuelle Rückfragen.
- Testumgebung, in der die Schwachstelle gefunden wurde, um die Reproduktion der Testergebnisse zu unterstützen und Fehlernachtests nach einem Fix ausführen zu können.
- Durchgeführte Testschritte, um die Reproduktion der Testergebnisse zu ermöglichen.
- **Art der Sicherheitsschwachstelle**
  Um welche Art von Schwachstelle handelt es sich, z.B. um eine Code-Injection-Schwachstelle, eine Schwachstelle, die einen Dienstblockade-Angriff ermöglichen kann? Die Common Weakness Enumeration [MITRE 1] stellt eine ausführliche Liste und Beschreibung der Arten von Sicherheitsschwachstellen zur Verfügung.

- **Ausmaß der Sicherheitsschwachstelle**
  Welchen Umfang hat die Schwachstelle? Ist diese nur unter bestimmten Voraussetzungen stimulierbar, beispielsweise nach einer Authentifizierung, oder nur unter Bedingungen, die nicht ohne Weiteres reproduziert werden können, weil z.B. eine Kombination von Ausnahmefällen eintreten muss. Können nur bestimmte Benutzergruppen diese ausnutzen? Gleichzeitig muss betrachtet werden, welche Auswirkungen die Schwachstelle haben kann. Erlaubt sie eine umfangreiche Rechteausweitung, können vertrauliche Daten eingesehen oder gar verändert werden?
- **Potenzielles Schadensausmaß der Sicherheitsschwachstelle**
  Dabei sollte sowohl der unmittelbare Schaden einer Schwachstelle als auch eventuelle Folgeschäden betrachtet werden. Hierbei können Risikomodelle helfen, die die Auswirkungen auf betroffene Schutzgüter beschreiben.
- **Empfohlene Maßnahmen zur Abhilfe**
  Abhängig vom Verfasser des Berichts und der Testart ist dies nur bedingt möglich. Während Blackbox-Sicherheitstests es unter Umständen schwierig machen, eine geeignete Abhilfemaßnahme zu identifizieren, ist dies bei Whitebox-Tests häufig besser möglich.

Grundsätzlich lassen sich Fehler- und Abweichungsberichte für Sicherheitstests mit denselben Systemen wie für andere Testarten erfassen. Diese müssen aber einer gesonderten Kategorie zugewiesen werden, damit der Zugriff auf diese ggf. beschränkt werden kann.

Vertraulichkeit von Sicherheitstestberichten

Sicherheitstestberichte können sehr sensible Informationen enthalten, die beschreiben, wie eine Schwachstelle ausgenutzt werden kann und welche Rechte sie ermöglicht. Diese können einem Angreifer einen großen Vorteil verschaffen, insbesondere dann, wenn die Schwachstelle nicht unmittelbar behoben werden soll, weil sie nur unter schwierigen Voraussetzungen ausgenutzt werden kann oder die Behebung größere Veränderungen an einem System nach sich zieht (bspw. bei einem Designfehler). Sicherheitstestberichte können unter folgenden Umständen eingesehen werden und dann Risiken bergen:

- Führen unabhängige Stellen und Dienstleister Sicherheitstests durch und erfassen die Fehlerberichte im gleichen Werkzeug wie interne Mitarbeiter, können Externe potenziell alle Sicherheitstestberichte, womöglich sogar zu anderen Produktversionen und Produkten, einsehen, wenn Zugangsberechtigungen nicht entsprechend vergeben worden sind.
- Auch interne Mitarbeiter können als Gefährdung gesehen werden, weil sie Schwachstellen entweder selbst ausnutzen oder weitergeben können (vgl. Abschnitt 3.3.1.1, »Interne Gefährdungen«).

Dabei muss der Zugang nicht nur zu einzelnen Sicherheitstestberichten, sondern auch zu Berichten, die bei Abschluss von umfangreichen Sicherheitstestaktivitäten erstellt werden, beschränkt werden. Ebenso sind Fortschrittsberichte, die die Beseitigung von bereits gefundenen Schwachstellen dokumentieren, zu berücksichtigen.

Die Entscheidung, ob der Zugang zu Sicherheitstestergebnissen beschränkt werden soll, muss der IT-Sicherheitsverantwortliche treffen.

Kapitel 7 geht detailliert auf das Thema Auswertung von Sicherheitstests und Abschlussberichte ein.

3.6 Wartung von Sicherheitstests

Die Wartung von Sicherheitstests besteht häufig lediglich im Hinzufügen neuer Arten von Tests nach Identifikation neuer Gefährdungen. Die Gefährdungslandschaft kann sich sehr schnell ändern, insbesondere, wenn ein Unternehmen in den Fokus der Öffentlichkeit gerät oder eine Anwendung große Verbreitung findet. Dann ist es notwendig, einen Sicherheitstestprozess kurzfristig modifizieren zu können, um der neuen Bedrohungslage Rechnung zu tragen. Dies schließt auch die Verfügbarkeit neuer Werkzeuge, Mitarbeiter und Kompetenzen ein, die es ermöglichen, umfassender oder effizienter Sicherheitstests durchzuführen zu können. Dabei können auch externe Dienstleister eine wichtige Rolle spielen.

Auch veränderte gesetzliche Rahmenbedingungen können es notwendig machen, eine erneute Risikobewertung wie in Kapitel 1 dargestellt durchzuführen und dann neue Tests hinzuzufügen.

3.7 Was Sie in diesem Kapitel gelernt haben

- Der Sicherheitstestprozess ist zentraler Gegenstand dieses Kapitels. Abschnitt 3.1 stellt den Sicherheitstestprozess vor, der sich am ISTQB®-Testprozess ausrichtet, und benennt die einzelnen Prozessschritte des Sicherheitstestprozesses. Außerdem benennt es Besonderheiten sequenzieller und iterativ-inkrementeller Entwicklungslebenszyklen für den Sicherheitstester und beispielhafte Sicherheitstestaufgaben.
- Die wichtigen Elemente einer Sicherheitstestvorgehensweise als wesentlicher Teil der Testplanung erläutert Abschnitt 3.2.
- Abschnitt 3.3 beschreibt, wie Sicherheitstests unter Berücksichtigung einer Sicherheitstestvorgehensweise entworfen werden. Ebenso wird der Unterschied zwischen funktionalen und strukturellen Sicherheitsrisiken erklärt und es wird erläutert, wie für diese Risiken abstrakte

Sicherheitstests erstellt werden. Die Realisierung von Testfällen zur Validierung von Sicherheitsrichtlinien wird ebenfalls erklärt.

- Die zur Durchführung von Sicherheitstests notwendige Sicherheitstestumgebung und deren Merkmale werden in Abschnitt 3.4 ebenso erläutert wie die Gründe, weshalb Sicherheitstests Genehmigungen benötigen, und dass diese eine Planung erfordern, damit sie rechtzeitig zur Verfügung stehen.
- Abschnitt 3.5 setzte sich mit der Bewertung von Sicherheitstests auseinander, sodass Sicherheitstestergebnisse hinsichtlich Art, Ausmaß und Schadensausmaß einer Sicherheitsschwachstelle analysiert werden können. Dazu zählen auch die Untersuchung von Abhilfemaßnahmen und geeigneter Berichtsmethoden.
- Abschließend zeigt Abschnitt 3.6 die Bedeutung der Wartung von Sicherheitstests und Sicherheitstestprozessen, da sich Gefährdungen, Werkzeuge und rechtliche Rahmenbedingungen ändern können.

4 Sicherheitstesten im Softwarelebenszyklus

»Das Tragische an jeder Erfahrung ist,
dass man sie erst macht, nachdem man sie gebraucht hätte.«
Nietzsche

Dieses Kapitel erläutert, warum sich Sicherheit am besten entlang eines Lebenszyklusprozesses realisieren und aufrechterhalten lässt. Zu diesem Zweck werden sicherheitsbezogene Aktivitäten für einen gegebenen Softwarelebenszyklus systematisch vorgestellt und erläutert. Hierzu zählen u.a. die Analyse von Anforderungen aus der Perspektive der IT-Sicherheit, die sicherheitsbezogene Prüfung von Architektur- und Entwurfsdokumenten, das Verständnis von implementierungsbegleitenden Sicherheitstestaktivitäten sowie der Entwurf, die Durchführung und Auswertung von Sicherheitstests im Rahmen des Komponenten-, Integrations- sowie des System- und Abnahmetests. Abschließend wird erläutert, welche Rolle der Sicherheitstest bei der Wartung und Pflege, d.h. bei der Aufrechterhaltung der Sicherheit im Betrieb der Software, spielt.

4.1 Die Rolle der Sicherheit im Softwarelebenszyklus

Sicherheit ist kein permanenter Zustand.

Die Sicherheit von Software ist kein permanenter Zustand. Sie ist flüchtig und muss im Rahmen von definierten Prozessen über den gesamten Lebenszeitraum einer Softwareanwendung immer wieder neu realisiert werden. Dies hat Konsequenzen sowohl für die Softwareentwicklung wie auch für den Betrieb der Software. So kann Sicherheit beispielsweise nur schwer nachträglich in ein Softwaresystem hinzugefügt bzw. eingepflegt werden. Die entsprechenden Änderungen in Architektur, Protokollen und Schnittstellen sind in der Regel so hoch, dass sie dann nur mit sehr hohen Kosten und sehr zeitaufwendig umgesetzt werden können. Ähnlich verhält es sich mit dem Testen der Sicherheit. Erste Sicherheitstests sollten bereits in den frühen Phasen der Softwareentwicklung geplant, konzipiert und umgesetzt werden. Nur so kann sichergestellt werden, dass Schwachstellen sowohl in der Software als auch im Prozess frühzeitig erkannt und beseitigt werden können.

Grundsätzlich gilt: Sicherheit ist, bis auf sehr wenige Ausnahmen, das Ergebnis einer systematischen, sicherheitsorientierten Entwicklung, einer sorgfältigen Qualitätssicherung sowie einer sicherheitsorientierten

Wartung der Software über die gesamte Betriebsphase. Wie beim Testen von Software im Allgemeinen ist auch das Testen der Sicherheit ein Prozess, der systematisch mit den Lebenszyklusaktivitäten einer Software abgestimmt und in diese integriert werden muss.

4.1.1 Der Softwarelebenszyklus und Lebenszyklusmodelle

Softwarelebenszyklusmodelle strukturieren die Erstellung und den Betrieb von Software.

Ein Softwarelebenszyklusprozess bietet einen definierten Rahmen für die Durchführung aller notwendigen Aktivitäten im Lebenszyklus einer Software, d.h. von der initialen Planung der Software über ihre Entwicklung bis hin zur Beendigung der Softwarenutzung. Ziel ist es, alle Aktivitäten zeitlich und inhaltlich aufeinander abzustimmen. So müssen beispielsweise im Entwicklungsprozess die Anforderungen der Benutzer ermittelt werden, bevor die eigentliche Entwicklung einer Softwareanwendung beginnen kann.

Abb. 4–1 *Vereinfachtes Lebenszyklusmodell angelehnt an ISO/IEC/IEEE 12207 [ISO 12207]*

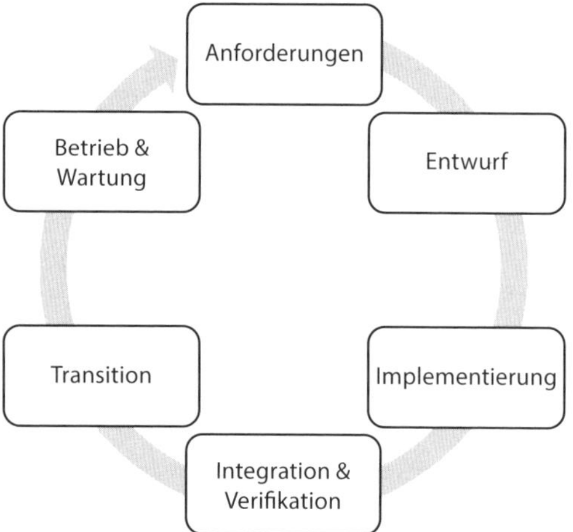

In der Praxis existiert eine Vielzahl unterschiedlicher Lebenszyklusmodelle, die wiederum durch konkrete Vorgehensmodelle für die Softwareentwicklung ergänzt werden. Während ein Lebenszyklusmodell den kompletten Lebenszyklus der Software bzw. des Systems abdeckt und in der Regel Aktivitäten und ihre Abhängigkeiten auf einem hohen Abstraktionsniveau beschreibt, sind Vorgehensmodelle deutlich konkreter. Sie beschreiben das konkrete Vorgehen in einem konkreten Lebenszyklusabschnitt bzw. auch für den gesamten Lebenszyklus einer Software. Die einzelnen Aktivitäten, die Reihenfolge ihrer Durchführung und ihre Abhängigkeiten werden üblicherweise sehr konkret beschrieben, sodass sich auf der Ebene der Vorgehensmodelle beispielsweise zwischen iterativen und Wasserfallmodellen unterscheiden lässt (vgl. Kap. 3).

Standards zum Software- bzw. Systemlebenszyklus wie ISO/IEC/IEEE 12207 [ISO 12207] oder ISO/IEC/IEEE 15288 [ISO 15288] definieren die grundlegenden Aktivitäten sowie ihre Abhängigkeiten im Software- bzw. Systemlebenszyklus. Die Entscheidung für einen konkreten Softwarelebenszyklus hängt von der Art der Organisation, vom konkreten Projekt und von weiteren Faktoren ab. Im Rahmen dieses Buches verwenden wir ein vereinfachtes Lebenszyklusmodell, das aus den oben genannten Normen abgeleitet ist (vgl. Abb. 4–1).

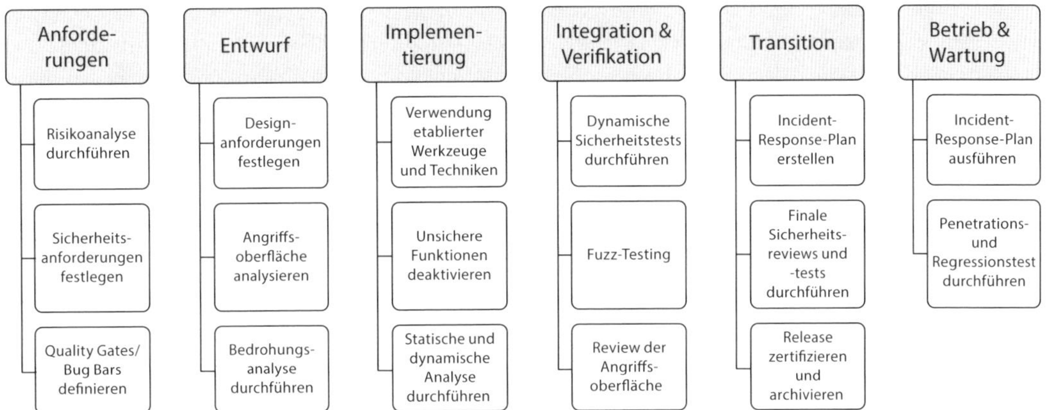

Abb. 4–2 *Zuordnung von sicherheitsbezogenen Aktivitäten zu einzelnen Phasen eines Softwarelebenszyklus (nach Microsoft SDL [Microsoft 10])*

Vorgehensmodelle für sichere, industrielle Softwareentwicklung

In der Industrie hat sich eine Reihe von Standards, Vorgehensmodellen und Best Practices etabliert, die den Aspekt der sicheren Softwareentwicklung sowie die Absicherung der Software im Betrieb in den Mittelpunkt stellen. Hierzu zählt neben Standards wie der ISO 27034 [ISO 27034] u.a. auch der Microsoft Security Development Lifecycle (Microsoft SDL) [Microsoft 10]. Microsofts Prinzip ist die prozessuale Realisierung von »Sicherheit durch Design« durch die systematische Integration von Softwaresicherheit als explizite Anforderung in den Entwicklungsprozess. Der Microsoft SDL beschreibt Absicherungsmaßnahmen und Best Practices, die den traditionellen Softwareentwicklungsprozess ergänzen und dadurch sicherstellen, dass die Realisierung von Sicherheit in dem Maße berücksichtigt und integriert wird, wie es für die jeweilige Anwendung notwendig ist. Abbildung 4–2 zeigt den Microsoft SDL mit leichten Anpassungen bezüglich der in diesem Buch verwendeten Termini für die einzelnen Phasen des Softwarelebenszyklus. Zu den Absicherungsmaßnahmen und Best Practices zählen neben Schulungsmaßnahmen, einer Bedrohungsanalyse und der Umsetzung eines sicherheitsorientierten Anforderungsmanagements und Designs auch Aktivitäten des Sicherheitstestens wie statische Analyse, dynamische Sicherheitstests, Fuzz-Testing und Sicherheitsreviews. Für die agile Softwareentwicklung existiert eine Zuordnung der grundlegenden Aktivitäten des Microsoft-SDL auf verschiedene Phasen eines agilen Entwicklungsprozesses bzw. auf den DevOps-Zyklus (vgl. [Microsoft 19]).

Exkurs: Sichere Softwareentwicklung in agilen Prozessen

Sichere Softwareentwicklung muss systematisch in agilen Prozessen verankert werden.

Zentrale Paradigmen der agilen Softwareentwicklung sind Dynamik, Kommunikation und selbstverantwortliches Handeln der agil arbeitenden Teams. So sind Beteiligte, ihr Know-how und ihre Zusammenarbeit wichtiger als Prozesse und Werkzeuge. Die Bereitstellung lauffähiger Software hat Vorrang vor umfassender Dokumentation und Modellierung, und Kundenwünsche und daraus resultierende Anforderungsänderungen sind wichtiger als die sture Verfolgung eines Entwicklungsplans [Beck et al. 01]. Bezogen auf die Entwicklung sicherer Software besteht eine zentrale Herausforderung darin, die notwendige Sicherheitsexpertise und Sicherheitstestexpertise in den agilen Teams und Akteuren zu verankern. Es ist sicherzustellen, dass sowohl in den Entwicklungsteams wie auch in den Teams bzw. Gremien, die Architekturentscheidungen treffen, die notwendige Sicherheitsexpertise vorhanden ist, um die Umsetzung von Sicherheitsanforderungen realisieren und prüfen zu können. Sicherheit ist grundsätzlich eine nichtfunktionale Eigenschaft, sodass sich Sicherheitsanforderungen nur teilweise funktional ausdrücken lassen und sich so auf unterschiedlichen Ebenen in agilen Dokumentationsschemata wiederfinden.

Sicherheitsanforderungen können funktionalen Charakter haben, wenn es um die Umsetzung konkreter Sicherheitsfunktionalität geht. Hierzu zählt beispielsweise die Realisierung konkreter Prüfalgorithmen für Passwortrichtlinien. Ein solcher Algorithmus, wie z.B. die automatisierte Prüfung der Passwortlänge und Zusammensetzung, kann als agile »Security User Story« definiert und im Rahmen eines Sprints umgesetzt und geprüft werden. Andere Sicherheitsanforderungen werden auf einer allgemeinen Ebene definiert (z.B. alle Kommunikation sollte TLS verwenden) und als eine globale Zusicherung realisiert, die als Abnahmekriterium in eine größere Zahl von User Stories integriert werden muss. Im Unterschied zu einer funktionalen Security User Story ist eine solche Zusicherung nicht abschließend abarbeitbar, sondern muss beim Aufsetzen neuer User Stories immer wieder auf ihre Relevanz und die damit einhergehende Notwendigkeit ihrer Integration als Abnahmekriterium geprüft werden. Die sorgfältige Definition geeigneter Abnahmekriterien sowie ihre systematische Überprüfung ist eine der entscheidenden Herausforderungen im agilen Vorgehen.

Grundlegend für den Erfolg eines agilen Projekts ist die Definition klarer Verantwortlichkeiten und Rollen für die Durchführung sicherheitsrelevanter Entwicklungsaktivitäten. Abbildung 4–3 zeigt diese Zuordnung der Aktivitäten zu den Phasen eines iterativen Vorgehens durch entsprechende Markierungen der Aktivitäten.

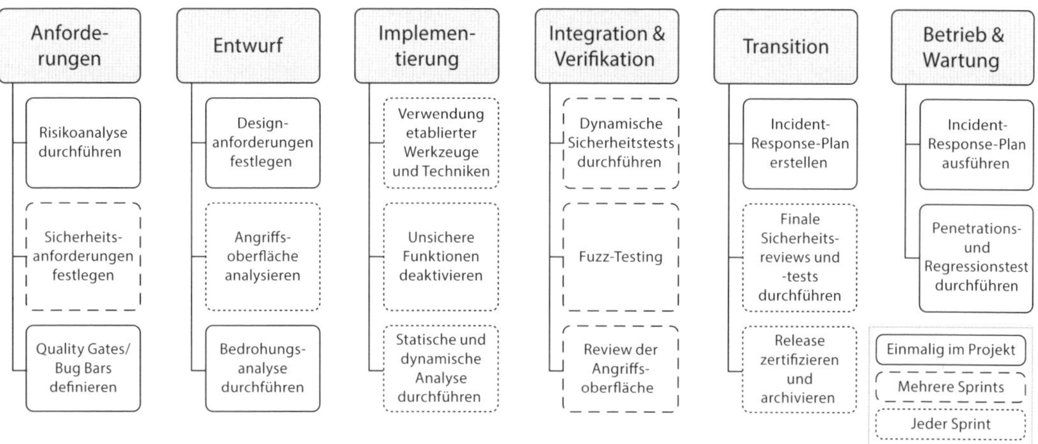

Abb. 4–3 *Zuordnung von sicherheitsbezogenen Aktivitäten zu einzelnen Phasen eines agilen Vorgehensmodells (nach Microsoft SDL [Microsoft 19])*

Microsoft hat die einzelnen Aktivitäten des Microsoft SDL auf die relevanten Phasen eines iterativen Vorgehens abgebildet und unterscheidet zwischen Aktivitäten, die einmalig im Projektverlauf ausgeführt werden sollten, Aktivitäten, die über mehrere Sprints hinweg iteriert werden sollten, und Aktivitäten, die für jeden Sprint durchgeführt werden sollten. Einmalige Aktivitäten bzw. Aktivitäten, die in großen Iterationen durchgeführt werden, sind solche Aktivitäten, die eher das gesamte Produkt bzw. Projekt berücksichtigen (vgl. Abb. 4–3, Kästen mit durchgehender Linie). Hierzu gehören Risiko- und Bedrohungsanalysen, die Definition der Quality Gates und Designanforderungen sowie die Spezifikation des Incident-Response-Prozesses. Das Ableiten und Dokumentieren von Sicherheitsanforderungen sowie die Durchführung aufwendiger Testaufgaben wie z.B. dynamischer Sicherheitstests werden regelmäßig in kürzeren Iterationen für mehrere Sprints gemeinsam durchgeführt (vgl. Abb. 4–3, Kästen mit gestrichelter Linie). Aktivitäten hingegen, die einen direkten Bezug zur Implementierung haben, wie beispielsweise die Durchführung statischer Tests und Codeanalysen, bzw. Prüfaktivitäten, die ein konkretes Release adressieren, wie z.B. geeignete Abnahmereviews und Abnahmetests, sollten Teil eines jeden Sprints sein (vgl. Abb. 4–3, Kästen mit gepunkteter Linie).

4.1.2 Sicherheit in den Phasen des Softwarelebenszyklus

Wie bereits beschrieben, ist die systematische Verankerung von Aktivitäten zur Realisierung und Pflege der Sicherheit im Softwarelebenszyklus die grundlegende Voraussetzung für die Entwicklung und den Betrieb sicherer Software. Im Folgenden werden Aktivitäten mit Bezug zur Sicherheit entlang der einzelnen Phasen des Softwarelebenszyklus aus Abbildung 4–1 erläutert.

4.1.3 Die Ermittlung von Sicherheitsanforderungen

Sicherheitsanforderungen als fester Bestandteil der Anforderungsermittlung

Für viele Unternehmen ist es bereits eine Herausforderung, elementare Benutzeranforderungen zu formulieren, die aussagekräftig, unmissverständlich, widerspruchsfrei, vollständig, richtig und testbar sind. Zur Ermittlung der Sicherheitsanforderungen sollten darüber hinaus alle sicherheitsrelevanten Aspekte berücksichtigt werden, die sich aus den Sicherheitszielen, Risiken und Regulierungen der Kunden bzw. Nutzer ableiten, die die Software einsetzen sollen. Insbesondere sollte beachtet werden, dass Anforderungen nicht allein durch die direkten Stakeholder (Kunden, Nutzer) definiert werden, sondern auch regulatorische, technische und geschäftliche Belange widerspiegeln müssen, die sich u.a. aus Standards, der Gesetzgebung bzw. den Geschäftszielen ableiten lassen (vgl. auch Kap. 9).

Hinweis: Rückgriff auf etablierte Methoden der Anforderungsermittlung

Zur Identifikation von Anforderungen existiert eine Vielzahl unterschiedlicher Methoden, die helfen, den Kreis der Stakeholder systematisch zu vervollständigen sowie den Prozess der Anforderungserhebung insgesamt zu systematisieren. Zu den einfachen Methoden zählen Recherche sowie einfache Interviews bzw. Workshops mit den Stakeholdern. Ein systematisches Vorgehen integriert Prozesse wie Risikoanalysen sowie fundierte Experteninterviews, sodass der Erfassungsvorgang systematisiert und der Kreis der Stakeholder systematisch vervollständigt werden kann. Einen guten Überblick über Strukturvorgaben und Qualitätsmerkmale in der Anforderungsspezifikation gibt der Internationale Standard ISO/IEC 29148 [ISO 29148]. Der Standard beschreibt die Spezifikation von Software in Form von Anforderungsspezifikationen und enthält Beispiele und Arbeitshilfen für eine praktische Umsetzung.

Bereits während der Anforderungsermittlung sollten die grundlegenden Sicherheitsziele, die mit den Zielen assoziierten Risiken sowie abstrakte Gegenmaßnahmen verstanden sein, sodass sich insbesondere Letztere als Anforderungen an die Software formulieren lassen. Risikobasierte Softwareentwicklungsprozesse machen diese Abhängigkeit zwischen Sicherheitszielen, Risiken und Sicherheitsanforderungen explizit, indem sie einen direkten Bezug zwischen den Aktivitäten der Bedrohungs- und Risikoanalyse und der Anforderungsermittlung vorsehen.

Risikobasierte Ansätze zur Gewichtung der Sicherheitsanforderungen.

Hinweis: Risikobasierte Ermittlung von Sicherheitsanforderungen

Um Sicherheitsanforderungen systematisch herleiten und angemessen gewichten zu können, ist es sinnvoll, zuvor Assets, Schutzziele sowie eine Liste möglicher Bedrohungen bzw. Risiken zu identifizieren.

Sicherheitsanforderungen, wie alle anderen Anforderungen auch, müssen auf detaillierte, eindeutige und rückverfolgbare Weise dokumentiert werden. Dadurch ist es möglich, dass Implementierungen und Tests auf die Anforderungen zurückzuführen sind und sich Implementierung und Anforderungen später verifizieren und validieren lassen.

Hinweis: Iteratives Vorgehen

Ein iteratives Vorgehen stellt sicher, dass Sicherheitsanforderungen auch in späteren Entwicklungsphasen an geänderte Benutzeranforderungen angepasst und entsprechend ergänzt, verfeinert und hinzugefügt werden können.

Schlussendlich ist zu beachten, dass 100 %ige Sicherheit, ähnlich wie 100 %ige Fehlerfreiheit, nicht zu erreichen ist. Die Realisierung von Sicherheit geht immer mit Kompromissen einher. Die Realisierung und Prüfung von Sicherheitsmechanismen sind arbeitsintensiv und teuer und Ressourcen sind in der Praxis immer beschränkt. Sicherheitsmechanismen benötigen Rechen- und Übertragungskapazität und können so u.a. die Performance einer Software negativ beeinflussen. Darüber hinaus sind sie häufig nicht vollständig transparent, d.h., Benutzer müssen sich mit den Sicherheitsmechanismen auseinandersetzen und manchmal von ihren intuitiven Interaktionsmustern abweichen. Das kann im schlimmsten Fall dazu führen, dass eine Software nicht genutzt bzw. Sicherheitsmechanismen deaktiviert werden.

Sicherheit ist in der Praxis ein Kompromiss.

Hinweis: Kompromisse zwischen Sicherheit und anderen Benutzeranforderungen

Kompromisse zwischen Sicherheit und anderen Benutzeranforderungen wie Performanz und Benutzbarkeit müssen sorgsam gegeneinander abgewogen werden und das Ergebnis systematischer Entscheidungsfindung sein. So sind Sicherheitsmechanismen, die nicht genutzt und vom Benutzer systematisch umgangen werden, nicht nur wirkungslos, sondern auch gefährlich, da ihre Wirkungslosigkeit bzw. ihr Fehlen in der Regel schwer erkenn- und prüfbar ist.

Beispiel: Kompromisse zwischen Sicherheit und Benutzbarkeit am Beispiel von Richtlinien zur Änderung des Passworts

Beispiel: Kompromisse zwischen Sicherheit und Benutzbarkeit am Beispiel von Richtlinien zur Änderung des Passworts

Das amerikanische National Institute of Standards and Technology (NIST) hat seine Empfehlungen für sichere Passwörter dahingehend angepasst, dass eine in vielen Systemen und Organisationen fest etablierte regelmäßige Änderung des Passwortes nicht mehr empfohlen wird. Die Begründung dafür ist, dass der Sicherheitsgewinn durch das regelmäßige Wechseln der Passwörter letztendlich zu gering war, um das Risiko einzugehen, dass Benutzer aus Überforderung möglichst einfache und kurze Passwortschemata nutzen oder sich die Passwörter in unsicherer Art und Weise notieren. Hierzu passt die ungeschriebene Weisheit von Sicherheitsauditoren, dass der Ort, wo man die meisten Passwörter bzw. Passworthinweise finden kann, die Unterseite der Tastatur am Arbeitsplatz eines Benutzers ist. Die NIST empfiehlt inzwischen möglichst lange Passwörter, die sich gut merken lassen. Das heißt u.a. weniger Passwortänderungen und weniger Sonderzeichen [NIST SP 800-63a 17].

4.1.4 Der Entwurf sicherer Software

Ziel der Entwurfsphase ist es, auf der Basis der in der Anforderungsermittlung identifizierten Anforderungen für ein System bzw. eine Anwendung einen funktionierenden und sicheren Lösungsansatz zu entwerfen. Die Entwurfsphase beginnt mit der Analyse der dokumentierten Anforderungen, setzt sich fort mit der Auswahl der praktikabelsten Herangehensweise, um ein System bzw. eine Anwendung auf sichere Art zu entwickeln, und endet mit dem Dokumentieren des Entwurfs und der Architektur mittels geeigneter Techniken sowie im Einklang mit dem Softwarelebenszyklus.

Hinweis: Dokumentation in agilen Projekten

Aufgrund des Primats des laufenden Codes wird in agilen Softwareprojekten die Erstellung formaler Dokumentationen und Spezifikationen nicht im selben Umfang wie in der klassischen Softwareentwicklung betrieben. Die Herausforderung in agilen Prozessen besteht darin, die Dokumentationspflichten dort einzufordern, wo sie notwendig sind, und trotzdem eine rigide Qualitätssicherung auf Basis der weniger umfangreichen formalen Artefakte realisieren zu können.

Ziel beim Entwurf sicherer Systeme ist die Erstellung eines System- oder Anwendungsentwurfs, der den angegebenen Sicherheitsanforderungen genügt und die Umsetzung der Sicherheitsanforderungen unterstützt.

Hierzu werden ausgehend von den Benutzeranforderungen bzw. den Anforderungen aus der Regulierung konkrete Sicherheitsanforderungen an den Entwurf bzw. die Architektur abgeleitet und diese umgesetzt. Begleitend kann eine entwurfsspezifische Analyse der Angriffsoberfläche sowie der damit einhergehenden Bedrohungen und Risiken erfolgen.

Rückgriff auf existierende Prinzipien für einen sicheren Softwareentwurf

Für den Entwurf sicherer Software findet sich in der Praxis eine Reihe von Empfehlungen und Prinzipien, die als Grundlage für einen sicheren Softwareentwurf verwendet werden können. Als Beispiel seien hier die Empfehlungen zur Vermeidung der 10 typischsten Designfehler [IEEE 14] des IEEE Center for Secure Design genannt. Tabelle 4–1 benennt die 10 typischen Fehler, die im Dokument des IEEE Center dann genauer erläutert werden.

Tab. 4–1
Empfehlungen des IEEE Center for Secure Design [IEEE 14]

Vertrauen kann verdient oder entgegengebracht, aber nie vorausgesetzt werden.
Es ist ein Authentisierungsmechanismus zu nutzen, der sich nicht umgehen oder manipulieren lässt.
Erst authentisieren, dann autorisieren.
Daten und Steuerbefehle sind streng zu trennen. Steuerbefehle aus nicht vertrauenswürdigen Quellen dürfen nie ausgeführt werden.
Es ist ein Vorgehen zu definieren, sodass gewährleistet ist, dass alle Daten explizit validiert werden.
Verschlüsselung muss richtig angewendet werden.
Es sind sensible Daten zu identifizieren und deren (sichere) Handhabung zu definieren.
Es ist stets der Benutzer zu berücksichtigen (...). Die Sicherheit eines Softwaresystems ist untrennbar damit verbunden, wie es durch den Benutzer verwendet wird.
Es muss verstanden werden, auf welche Weise die Integration externer Komponenten die Angriffsfläche eines Systems verändert.
Sei flexibel, wenn es um zukünftigen Änderungen an Objekten und Akteuren geht (...). Die Sicherheit von Software muss auf Veränderungen ausgerichtet sein (...).

Die Empfehlungen entstammen der Praxis renommierter Sicherheitsexperten und beschreiben Sicherheitsprobleme, die schon seit Jahren bekannt sind und sich dennoch immer wieder auch in aktueller Software finden lassen. Gerade deshalb ist es wichtig, die Einhaltung solcher Empfehlungen, so selbstverständlich sie auch klingen mögen, im Softwareentwurf systematisch zu berücksichtigen und ihre Umsetzung nachhaltig zu prüfen.

4.1.5 Die Implementierung sicherer Software

In der Implementierungsphase werden die Anforderungen und der Softwareentwurf in ausführbaren Programmcode überführt. Sichere Software stellt in diesem Zusammenhang besondere Anforderungen an die Implementierungsphase. Einerseits muss gewährleistet werden, dass die in den Sicherheitsanforderungen vorgesehene Sicherheitsfunktionalität implementiert und integriert wird. Hierzu zählt u.a. Software für die Realisierung bzw. Integration von Authentisierung und Autorisierung, Zugriffsschutz, Verschlüsselung etc. Darüber hinaus sollte sichergestellt werden, dass insgesamt sicherer Programmcode erstellt wird, d.h. Programmcode, der unabhängig davon, ob er explizite Sicherheitsfunktionalität realisiert, keine Schwachstellen und sicherheitsrelevanten Fehler enthält.

Hinweis:

Viele klassische Softwarefehler können auch Auswirkungen auf die Sicherheit der Software haben. So produzieren Softwarefehler per se unvorhergesehenes Verhalten und bieten einem Angreifer die Möglichkeit, dieses für seine Zwecke auszunutzen. Darüber hinaus zeigen viele bekannte Sicherheitslücken die gleichen Fehlerwirkungen, die auch bei klassischen Softwarefehlern auffallen. So lassen sich Pufferüberläufe oder andere Speicherfehler häufig durch Systemabstürze und anderes undefiniertes Verhalten erkennen. Sichere Software zeichnet sich immer auch durch geringe Fehlerraten aus.

Beispiel: Vermeiden von SQL-Injection- und Pufferüberlaufschwachstellen

Sichere Software durch Vermeiden von Implementierungsfehlern

Beispiel: Vermeiden von SQL-Injection- und Pufferüberlaufschwachstellen

Während der Implementierung haben Entwickler die beste Möglichkeit, sichere Codierungsverfahren anzuwenden, um Schwachstellen zu vermeiden, die direkt auf unsichere Programmkonstrukte zurückzuführen sind. Zu diesen Schwachstellen gehören SQL-Injection- und Pufferüberlaufschwachstellen (vgl. Kap. 2). Eine Überprüfung des Codes während der Implementierung zielt darauf ab, das Vorhandensein von unsicheren Programmierartefakten zu erkennen, um diese möglichst umgehend beseitigen zu können. Schwachstellen solcher Art in späteren Phasen eines Softwareentwicklungsprojekts zu finden, wäre schwierig und kostspielig, da in späteren Phasen häufig kein direkter Zugriff auf den Programmcode mehr zur Verfügung steht und für den systematischen Test oftmals statische Verfahren zuverlässiger und umfassender als dynamische Verfahren sind.

Beispiel: Erkennen von unsicheren C/C++-Codefragmenten, die potenziell Pufferüberläufe erlauben können

Beispiel: Erkennen von unsicheren C/C++-Codefragmenten, die potenziell Pufferüberläufe erlauben können

Unsicherer Code:

```
char buffer[BUF_SIZE];
gets(buffer);
```

Sichere Alternative:

```
char buffer[BUF_SIZE];
cin >> (buffer);
```

Beispiel: Erkennen von unsicheren Java-Codefragmenten, die potenziell SQL-Injection erlauben können

Beispiel: Erkennen von unsicheren Java-Codefragmenten, die potenziell SQL-Injection erlauben können

Unsicherer Code:

```
createQuery(
  "select * from USER where id = '"+Id+"'"
);
```

Sichere Alternative durch Verwendung des org.owasp.esapi.Encoder:

```
Codec c = new MySQLCodec(MySQLCodec.Mode.ANSI);
Encoder encoder = ESAPI.encoder();
...
createQuery(
      "select * from USER where id = '"+
      encoder.encodeForSQL(c, Id)+ "'"
);
```

In der Praxis haben sich die folgenden »Best Practices« für die Implementierung sicherer Software etabliert.

- Erstellung von Programmcode mit etablierten Werkzeugen und Verfahren
- Verwendung von Programmierrichtlinien für sichere Softwareerstellung (siehe beispielsweise [OWASP 10; SANS 2; CMU 1])
- Durchführung von Komponentenreviews zur Inspektion der Richtigkeit, Wirksamkeit und Sicherheit der Implementierung
- Durchführung von Komponententests zur Überprüfung von Richtigkeit, Wirksamkeit und Sicherheit der Implementierung
- Sichere Verwahrung und Speicherung des Programmcodes, sodass die Integrität des Codes gewahrt bleibt.

4.1.6 Die Integration und Verifikation sicherer Software

Die dynamische Prüfung der Sicherheitsanforderungen in der Integration

In der Integrations- und Validierungsphase wird ein Softwaresystem aus seinen einzeln realisierten Komponenten zusammengesetzt und im Zuge des Zusammensetzens systematisch gegen seine Anforderungen geprüft. Komplexere Funktionalität, wie beispielsweise Autorisierungsfunktionalität oder Zugriffsschutz, steht häufig während eines solchen Integrationsprozesses zum ersten Mal in Form von Software zur Verfügung. Da Sicherheitsfunktionalität oftmals nicht selber erstellt wird, sondern in Form von externen Bibliotheken und Komponenten in ein Softwaresystem integriert wird, ist gesondert darauf zu achten, dass eine solche Integration umfassend und in sicherer Form stattfindet. Insgesamt werden in der Integrationsphase umfangreiche dynamische Sicherheits- und Robustheitstests (wie z.B. Fuzz-Testing) durchgeführt, sodass sichergestellt werden kann, dass die Anforderungen des Softwaresystems auch durch das integrierte System umgesetzt werden.

4.1.7 Die Transition sicherer Software

Die Prüfung der Sicherheit im Hinblick auf die Einsatzumgebung gewährleisten

In der Transitionsphase wird das Softwaresystem auf den Betrieb in einer konkreten Zielumgebung zugeschnitten sowie in diese transferiert und für den Betrieb konfiguriert. Bei diesem Vorgang ist sicherzustellen, dass der Transfer und Installationsprozess dahingehend abgesichert ist, dass die Software nicht vor der Installation manipuliert werden kann und durch die Konfiguration keine neuen Schwachstellen im Zielsystem erzeugt werden können. Als Absicherungsmaßnahmen werden kryptografische Verfahren zum Schutz der Software sowie Sicherheitstests zur Prüfung der konfigurierbaren Sicherheitseigenschaften und Verfahren empfohlen.

Hinweis: Absicherung des Softwaretransfers durch kryptografische Hashverfahren

Bei Software, die zum Download über das Internet angeboten wird, hat sich beispielsweise etabliert, diese durch kryptografische Hashverfahren gegen Manipulation abzusichern. Dieses wird immer wichtiger, wenn die Prozesse automatisiert werden und sich zunehmend ohne menschliche Kontrollen vollziehen, und entspricht u.a. den Vorgaben des BSI IT-Grundschutz für die Sicherstellung der Integrität und Authentizität von Softwarepaketen [BSI M 4.177].

Zur Transitionsphase gehört zudem die Erstellung einer Releasehistorie, sodass bekannt ist, welche Software in welchem Zielsystem installiert ist sowie das Aufsetzen eines Incident-Response-Plans zum Umgang mit Sicherheitsvorfällen während des Betriebs (vgl. Abb. 4–2).

4.1.8 Die Aufrechterhaltung der Sicherheit während des Betriebs

Sicherheit muss gewartet werden.

Auch nach Auslieferung und Inbetriebnahme eines Softwaresystems muss dieses gewartet werden, um die gewünschten Systemeigenschaften auch im laufenden Betrieb abzusichern. Gerade im Hinblick auf die Sicherheit eines Softwaresystems ist eine systematische und sorgfältige Wartung die Grundlage dafür, einmal erzielte Sicherheitseigenschaften über einen längeren Betriebszeitraum aufrechtzuerhalten.

Zur Wartung gehört neben der Aktualisierung von Teilsystemen und Komponenten, wie beispielsweise dem Betriebssystem oder einzelnen Bibliotheken, auch die Änderung des Programmcodes des Softwaresystems sowie die Migration des Softwaresystems auf neue Hard- und Softwareplattformen und in neue Kommunikationsinfrastrukturen. Wartungsaktivitäten können dabei verschiedene Ziele verfolgen.

Eine korrektive Wartung zielt darauf ab, Fehler in bereits freigegebener Software zu beseitigen und die Software dadurch funktional und sicher zu halten. Bekannt sein sollten die umfangreichen Sicherheitsupdates, die Firmen wie Microsoft, Apple oder Adobe turnusmäßig anbieten, um ihre Produkte sicherer und attraktiver zu machen. Mittels adaptiver Wartung wird ein Softwaresystem an sich ändernde Rahmenbedingungen und Anforderungen angepasst. Hierzu würde beispielsweise die Anpassung einer Software an neue Authentisierungsverfahren zählen, damit die Software in einem neuen Firmen- oder Organisationskontext betrieben werden kann. Die verbessernde Wartung hingegen adressiert die Optimierung und Erweiterung bestehender Systemeigenschaften, beispielsweise die Nachrüstung einer Software mit neuen kryptografischen Verfahren, die effizienter arbeiten und eine höheres Maß an Sicherheit bieten.

Sicherheitsbezogene Wartung besteht grundsätzlich in der Bereitstellung effektiver Prozesse und Infrastrukturen für die Softwarepflege (z.B. Change-Management-Prozesse, Update-Management-Prozesse) sowie für den Umgang mit Sicherheitsvorfällen (Incident-Response-Prozesse). Darüber hinaus sollten regelmäßig Penetrationstests sowie ein Review der Sicherheitskonfiguration durchgeführt werden.

Beispiel: Veraltete Software im Bundesweiten Amtliche Anwaltsverzeichnis

Beispiel: Veraltete Software im Bundesweiten Amtliche Anwaltsverzeichnis

Im März 2018 musste das Bundesweite Amtliche Anwaltsverzeichnis (BRAV) vom Netz gehen, nachdem bekannt geworden war, dass zu jenem Zeitpunkt das BRAV eine veraltete Version der Open-Source-Bibliothek PrimeFaces in Verwendung hatte. Das BRAV ist ein zentrales Element zur Kommunikation der Rechtspflege in Deutschland und verwaltet die Stammdaten von Anwälten, d.h. ihre Namen, Kontaktadressen, Kommunikationsdaten sowie die Safe-ID für das besondere Anwaltspostfach (beA) [heise online 18]. Die Schwachstelle in PrimeFaces existiert in alten PrimeFaces-Versionen und basiert auf Sicherheitslücken, die es nicht authentifizierten Benutzern erlauben, böswilligen Code in den PrimeFaces-Parser einzuschleusen. Seit 2016 existieren Versionen von PrimeFaces, die diese Schwachstelle nicht mehr enthalten. Eine systematische Softwarepflege mit der regelmäßigen Aktualisierung zentraler Bibliotheken hätte also ausgereicht, den Betrieb des BRAV über Jahre hinweg sicherer zu gestalten und eine temporäre Abschaltung des Dienstes zu vermeiden.

4.1.9 Sicherheitstesten im Softwarelebenszyklus

Testen zur Prüfung von Qualitätseigenschaften und zur Identifikation von Abweichungen und Mängeln

Die Aufgabe der Qualitätssicherung bzw. des Testens ist es, sowohl die konkrete Umsetzung der Prozesse wie auch die Realisierung der Artefakte im Rahmen eines Lebenszyklusprozesses auf ihre Qualitätseigenschaften zu prüfen und Mängel sowie Abweichungen zu kommunizieren. Konkrete Qualitätssicherungsaktivitäten, wie das Sicherheitstesten oder sicherheitsbezogene Reviews, sollten grundsätzlich so in den Lebenszyklusprozess einer Softwareanwendung integriert werden, dass sie ihre Wirkung so effektiv wie möglich entfalten können. Zwischenartefakte an den Prozessschnittstellen sollten bereits qualitätsgesichert sein, sodass alle nachfolgenden Aktivitäten, die auf diesen Artefakten aufsetzen, reibungsloser vonstattengehen können. So ist es beispielsweise sinnvoll, noch vor der Definition der Sicherheitsanforderungen die grundlegenden Assets und Schutzziele für eine Anwendung zu definieren und zu validieren (vgl. Kap. 1). Anschließend können die Sicherheitsanforderungen auf Basis abgestimmter und qualitätsgesicherter Assets und Schutzziele systematisch abgleitet werden.

Exkurs: ETSI Security Testing Activities im Softwarelebenszyklus

Die ETSI [ETSI TR 101 583 15] unterteilt das dynamische Sicherheitstesten in drei Hauptaktivitäten. Beim *Test der Sicherheitsfunktionen und -eigenschaften* wird das System aus der Perspektive der Systemfunktionalität bzw. der Funktionsanforderungen betrachtet. Im Unterschied zum rein funktionalen Testen wird aber neben der legitimen Nutzung des Systems auch die Möglichkeit von vorsätzlichen Angriffen, d.h. der mutwilligen Überschreitung der intendierten Systeminteraktion, berücksichtigt. *Robustheitstests* sind eine Form der Prüfung, bei der die Systemeingaben zufällig mutiert oder systematisch modifiziert werden, um sicherheitsrelevante Fehler wie Abstürze, Verzögerungsschleifen oder Speicherlecks zu finden. *Security-bezogene Last- und Performanztests* gehen darüber hinaus. Sie sind motiviert durch die hohe Zahl von verteilten Denial-of-Service-Angriffen (DDoS) im Internet *und* zielen darauf ab, das System durch das Aufspielen hochfrequenter, sequenzieller oder paralleler Lastszenarien bis an seine Leistungsgrenze zu bringen.

Abbildung 4–4 zeigt die Verortung der genannten Testaktivitäten im Lebenszyklus eines Softwaresystems und in Relation zu den Aktivitäten der Sicherheitsrisikobeurteilung, des Penetrationstests und des Regressionstests. Es ist zu beachten, dass sich das von der ETSI verwendete Lebenszyklusmodell sowie die Zuordnung der Testaktivitäten von den in diesem Buch verwendeten Definitionen leicht unterscheidet.

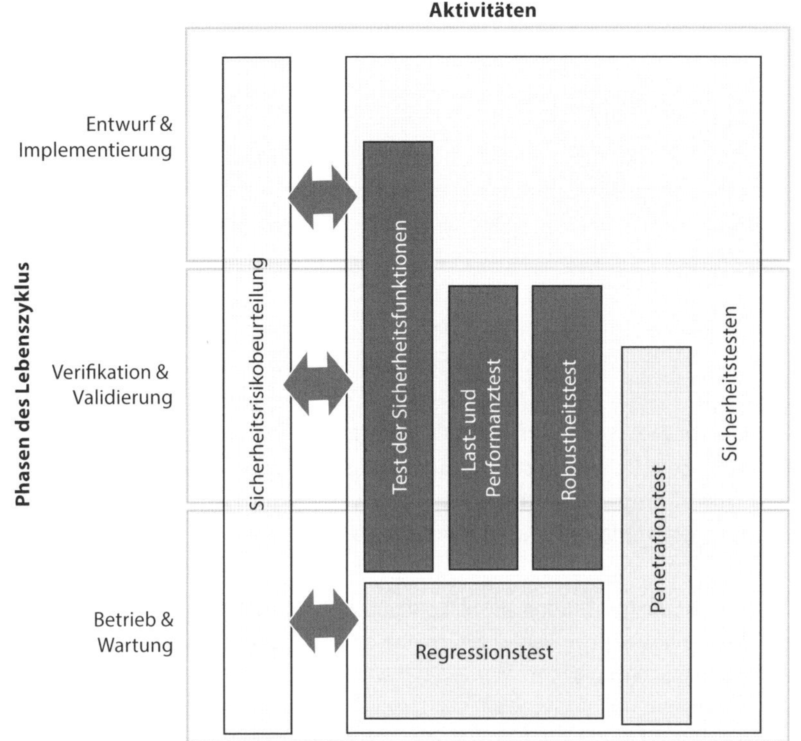

Abb. 4–4 *ETSI-Sicherheitstest-domänen im SDL (nach [ETSI EG 203 251 16])*

Die Sicherheitstest-aktivitäten systematisch in den Lebenszyklus einer Software integrieren

Die Aufgabe der Qualitätssicherung ist es, die sicherheitsbezogenen Testaktivitäten im Lebenszyklusprozess zu definieren und in Bezug auf ihre Ziele, Umfänge und Ressourcen zu konkretisieren. Hierzu zählen insbesondere die Definition der Umfänge sowie der festen Zeitpunkte, zu denen sicherheitsbezogene Testaktivitäten im Lebenszyklus stattfinden sollten. Dies sind u.a.:

- Die Definition von Zielen, Zeitpunkten und Ressourcen für Reviewaktivitäten
- Die Definition von Zielen, Zeitpunkten und Ressourcen für das statische und dynamische Sicherheitstesten
- Die Definition von Eingangs- und Endekriterien für einzelne Entwicklungsartefakte in einem Entwicklungsprojekt bzw. für eine konkrete Softwareanwendung

Sicherheitsbezogene Testaktivitäten so früh wie möglich starten

Grundsätzlich lässt sich festhalten, dass sicherheitsbezogene Testaktivitäten so früh wie möglich starten sollten.

Hinweis: Frühzeitige Umsetzung von Qualitätssicherungsmaßnahmen (Shift Left)

Die frühe Umsetzung von sicherheitsbezogenen Qualitätssicherungsaktivitäten führt dazu, dass Schwachstellen und Verstöße gegen Entwicklungsrichtlinien frühzeitiger erkannt und in der Regel leichter und damit kostengünstiger beseitigt werden können.

Während in Kapitel 3 dieses Buches ein allgemeiner Sicherheitstestprozess beschrieben wurde, wird im Rahmen der folgenden Abschnitte die konkrete Integration einzelner Aktivitäten aus einem solchen Sicherheitstestprozess mit den Aktivitäten eines Softwarelebenszyklusmodells dargestellt. Die Beschreibung ist dabei so allgemein gehalten, dass eine Abbildung auf beliebige Lebenszyklusmodelle, seien es iterative oder sequenzielle, möglich sein sollte.

Exkurs: DevOps und der Softwarelebenszyklus

Neue Entwicklungsphilosophien wie Continuous »Everything« und DevOps gestalten die Übergänge zwischen den einzelnen Phasen eines Lebenszyklus deutlich transparenter und durchgängiger, als wie es der diesem Buch zugrunde liegende Lehrplan des GTB und damit auch dieses Kapitel andeutet. Die DevOps-Philosophie verzahnt und integriert organisatorisch und kulturell ehemals vollständig unabhängige Bereiche wie die Softwareentwicklung und den IT-Betrieb. Der technische Kern des Ansatzes ist eine durchgängige Virtualisierung der IT-Infrastruktur sowie eine möglichst effiziente und umfassende Automatisierung. Dies wird u.a. dadurch erreicht, dass die Praktiken, Techniken, Methoden und Werkzeuge durchgängig harmonisiert werden. Das Ziel von DevOps ist es, die Entwicklung und den Betrieb von Software dadurch effizient zu gestalten, dass Abläufe automatisiert werden und schnelle Entwicklungs- und Deploymentzyklen eine rasche Reaktion auf Kundenanforderungen und Fehler im Betrieb erlauben. Die Herausforderung bezüglich der IT-Sicherheit besteht darin, bei gleichem Automatisierungsniveau die Umsetzung der Sicherheitsanforderungen effektiv realisieren und prüfen zu können und den mit der Verzahnung der Prozesse einhergehenden Kommunikations- und Abstimmungsaufwand bewerkstelligen zu können. IT-Sicherheit muss sich sowohl organisatorisch wie auch technisch in den DevOps-Prozess integrieren und hochgradig automatisieren lassen, um die hochgesteckten Effizienz- und Qualitätsziele zu erreichen. Für den Sicherheitstest bedeutet das insbesondere die Integration automatisierter Codeanalysen, Fuzz-Tests und anderer automatisierbarer Sicherheitstests in den DevOps-Prozess. Grundsätzlich bedarf es Mitarbeiter, die den erhöhten Anforderungen nach Kommunikation und Abstimmung gerecht werden können.

4.2 Die Rolle des Sicherheitstestens in der Anforderungsermittlung

Die Anforderungsermittlung ist zentraler Ausgangspunkt für eine systematische Softwareentwicklung. Abhängig vom gewählten Vorgehensmodell sowie den betrieblichen Vorgaben werden Anforderungen auf vielerlei Art und Weise erfasst und definiert. Ziel der Anforderungsermittlung ist es, die Software auf einem hohen Abstraktionsniveau zu beschreiben und von ihrer Umgebung abzugrenzen. Die Herausforderung besteht insbesondere darin, für die Beschreibung das richtige Abstraktionsniveau zu finden und alle relevanten Perspektiven zu berücksichtigen, aus denen Anforderungen an die Software gestellt werden müssen.

Prüfung der Sicherheitsanforderungen auf Vollständigkeit, Richtigkeit, Verständlichkeit, Eindeutigkeit, Konsistenz und Testbarkeit

Die Qualitätssicherung, d.h. auch der Sicherheitstest in der Anforderungsermittlung, hat zwei verschiedene Ziele. Einerseits sollten die Anforderungen, d.h. die direkten Ergebnisartefakte der Anforderungsermittlung, validiert und verifiziert werden. Hierzu zählt insbesondere die Prüfung der Anforderungen auf Vollständigkeit, Richtigkeit, Verständlichkeit, Eindeutigkeit, Konsistenz und Testbarkeit. Zum anderen können erste Aktivitäten initiiert werden, die einen anforderungs- und risikobasierten Sicherheitstest in den nachfolgenden Phasen des Lebenszyklus vorbereiten. Letzteres wird insbesondere durch die Durchführung einer systematischen und umfassenden Risikoanalyse unterstützt.

Hinweis: Die Prüfung der Anforderung erfolgt größtenteils durch Reviews

Die Prüfung der Anforderung auf Vollständigkeit, Richtigkeit, Verständlichkeit, Eindeutigkeit, Konsistenz und Testbarkeit erfolgt in der Regel durch Reviews, d.h. durch die Sichtung der Anforderungsartefakte und ihre Bewertung.

Prüfung der Vollständigkeit entlang systematisch definierter Abdeckungsziele

Vollständigkeit wird im Allgemeinen dadurch festgestellt, dass geprüft wird, ob alle notwendigen Stakeholder und ihre Anforderungen berücksichtigt wurden. Zu den Stakeholdern speziell beim Thema Sicherheit zählen natürlich die Anwender und Betreiber der Software, aber auch Regulierungs- und Zulassungsbehörden, die in Vertretung der Gesellschaft besonders relevante Themen wie den Schutz personenbezogener Daten und die Absicherung kritischer Infrastrukturen regulieren.

Auf der Ebene der Entwicklungsartefakte lassen sich die folgenden Abdeckungsziele prüfen:

- **Abdeckung der Sicherheitsziele**
  Sind alle Sicherheitsziele durch die Sicherheitsanforderungen abgedeckt und ist die Konkretisierung der Ziele in Form der Anforderungen ausreichend, um die Ziele umsetzen zu können?
- **Abdeckung der Compliance-Anforderungen (z.B. zu Standards und Regulierungen)**
  Sind die Compliance-Anforderungen dokumentiert und die sich aus den Compliance-Anforderungen ergebenden Sicherheitsanforderungen spezifiziert?
- **Abdeckung der Datenschutzanforderungen**
  Sind die Datenschutzanforderungen dokumentiert und ausreichend konkretisiert, um den sicheren und datenschutzkonformen Umgang mit personenbezogenen Daten gewährleisten zu können?
- **Abdeckung der identifizierten Risiken (z.B. Vermeidung gängiger Schwachstellen, Abdeckung der Gegenmaßnahmen)**
  Sind alle Sicherheitsrisiken und die zur Minderung der Risiken notwendigen Anforderungen an Sicherheitsmaßnahmen dokumentiert?

Hinweis: Fehler durch Auslassungen

Fehler durch Auslassungen im Anforderungsmanagement können sehr teuer werden, da auf Basis der Anforderungen bereits in frühen Phasen der Softwareentwicklung weitreichende Entscheidungen für ein Softwareentwicklungsprojekt getroffen werden. Werden beispielsweise aufgrund fehlender Sicherheitsanforderungen falsche Architektur- und Technologieentscheidungen getroffen, können diese später nur unter großem Ressourcenaufwand revidiert werden. Die Gefahr, dass insbesondere Sicherheits- und Datenschutzanforderungen gegenüber rein funktionalen Anforderungen zurückfallen, ist groß, weil gerade die funktionale Perspektive in der frühen Projektphase führend ist.

Beispiel: Recht auf Vergessenwerden

Beispiel: Recht auf Vergessenwerden

Als ein gutes Beispiel dafür, dass unberücksichtigte Sicherheits- und Datenschutzanforderungen zu größeren Änderungen an der Softwarearchitektur führen können, kann das in der DSGVO geforderte »Recht auf Vergessenwerden« betrachtet werden [DSGVO 16] (vgl. auch Kap. 9). Demnach sind personenbezogene Daten unverzüglich zu löschen, sobald die Daten für den ursprünglichen Verarbeitungszweck nicht mehr notwendig sind bzw. die betroffenen Personen ihre Einwilligung zur Datenverarbeitung widerrufen haben. Eine solche Anforderung kann im Konflikt mit modernen Softwarearchitekturen stehen, die eine dezentrale, transaktionsbezogene Speicherung von Daten vorsehen wie beispielsweise beim Event Sourcing oder in der Blockchain. Das einfache Löschen von Daten ist in solchen transaktionsbezogenen Datenstrukturen in der Regel nicht vorgesehen und würde die Integrität der gesamten Datenstruktur zerstören. Soll dennoch gelöscht werden, lässt sich das üblicherweise nur über kryptografische Verfahren realisieren, bei denen die Daten einzeln verschlüsselt werden und im Fall einer Löschanfrage der Schlüssel vernichtet wird.

Die Prüfung der Richtigkeit der Anforderungen erfolgt durch Sicherheitsexperten als Einzelfallprüfung. Verständlichkeit, Eindeutigkeit, Konsistenz und Testbarkeit werden in der Regel durch Experten des Anforderungsmanagements zusammen mit allen anderen Anforderungen geprüft. In diesem Zusammenhang haben die folgenden Aspekte der Anforderungsermittlung einen direkten Einfluss auf die Qualität der Anforderungen und sollten bei Validierung und Verifikation gesondert berücksichtigt werden.

- Es bedarf besonderer Kompetenzen, die Anforderungen der Stakeholder umfassend zu verstehen, sodass man in der Lage ist, sie in Dokumenten niederzulegen oder in Anforderungsmanagementwerkzeuge einzugeben. Speziell für Compliance- und Datenschutzanforderungen muss geprüft und sichergestellt werden, dass die entsprechenden Kompetenzen (z.B. das juristische Verständnis von Regulierungen und Gesetzestexten) vorhanden sind.
- Anforderungen sollten Vorgaben im Hinblick auf Qualitätsmerkmale wie Sicherheit, Leistung, Brauchbarkeit usw. enthalten. Diese Merkmale werden zugunsten der reinen Funktionalität jedoch häufig übersehen.
- Anforderungen ändern sich im Verlauf eines Projekts mit großer Wahrscheinlichkeit. Die Gültigkeit, Konsistenz und Aktualität aller Anforderungen sollte zu definierten Zeitpunkten immer wieder neu geprüft werden.
- Anforderungen können Lücken und Fehler enthalten. Daher ist sowohl eine Verifizierung und wie auch eine Validierung erforderlich.

Checkliste für die Prüfung der Vollständigkeit und Korrektheit von Sicherheitsanforderungen

Eine wirksame Technik bei der Evaluierung der Vollständigkeit und Korrektheit von Anforderungen ist die Nutzung einer Checkliste als Leitfaden für die Prüfung. Diese Checkliste kann eine Vielzahl von Punkten enthalten, um viele Themenbereiche abzudecken. Im Hinblick auf die sicherheitsbezogenen Merkmale sind die folgenden Fragen in Tabelle 4–2 ein guter Ausgangspunkt für eine Validierung.

Tab. 4–2 Beispielfragebogen zur Evaluation von Anforderungen aus dem Lehrplan des GTB Security Tester

Datenschutz	Wurden alle Benutzergruppen und ihre Datenschutzerfordernisse ermittelt und dokumentiert?
	Wurden alle Datentypen, die von dieser Anforderung betroffen sind, ermittelt und die entsprechenden Datenschutzerfordernisse definiert?
	Wurden die Benutzerzugriffsrechte ermittelt und dokumentiert?
Compliance (zu Sicherheitsrichtlinien)	Wurden alle relevanten Sicherheitsrichtlinien ermittelt und dokumentiert?
	Wurden Ausnahmen von Sicherheitsrichtlinien ermittelt und dokumentiert?
Gängige Schwachstellen	Wurden alle gängigen und bekannten Sicherheitsschwachstellen für die zu dokumentierende Funktion als bekannte Risiken ermittelt?
Testbarkeit	Sind die Anforderungen so formuliert, dass auf der Basis dieses Dokuments Sicherheitstests und andere Tests geschrieben werden können?
	Werden zu vage Formulierungen wie »die Verarbeitung muss sicher sein« und »Zugang wird nur autorisiertem Personal gewährt« ermittelt und präzisiert, damit sie konkret und testbar sind?
Benutzerbarkeit	Spiegeln die Anforderungen einen Sicherheitsprozess wider, der in Relation zu der zu spezifizierenden Funktion angemessen ist?
	Sind die Sicherheitsverfahren aussagekräftig und verständlich?
	Werden Maßnahmen spezifiziert, die legitimierten Benutzern, die Probleme beim Zugriff auf Informationen haben, Hilfe zur Verfügung stellen?
Leistung	Spiegeln die Anforderungen eine in Relation zu der zu spezifizierenden Funktion angemessene Wirksamkeit der Sicherheitsvorkehrungen wider?

4.3 Die Rolle des Sicherheitstestens beim Entwurf

Während der Entwurfsphase sind sicherheitsgefährdende Entwurfspraktiken zu ermitteln und zu vermeiden. Testbezogene Aktivitäten wie Reviews tragen zur Erkennung von Entwurfsentscheidungen bei, die wahrscheinlich anfällig für Angriffe sind. Sie steuern den Entwurf von Softwaresystemen mit starken, erkennbaren Sicherheitseigenschaften.

Definition einer sicheren Softwarearchitektur, die Analyse der Angriffsoberfläche und die Durchführung einer Risiko- bzw. Bedrohungsanalyse

Folgt man den Empfehlungen des Microsoft SDL, sind die wichtigen sicherheitsbezogenen Aktivitäten in der Entwurfsphase

- die Definition der Designanforderungen bzw. deren Umsetzung in einer sicheren Softwarearchitektur,
- die Analyse der Angriffsoberfläche mit dem Ziel, potenzielle Angriffsvektoren zu identifizieren, und
- die Durchführung einer Risiko- bzw. Bedrohungsanalyse auf Basis der identifizierten Angriffsvektoren.

Alle drei Aktivitäten bauen aufeinander auf und erlauben es, bereits in der Entwurfsphase schwerwiegende Sicherheitsprobleme zu identifizieren und entsprechende Gegenmaßnahmen zu etablieren, um die Angriffsoberfläche möglichst klein zu halten und die Auswirkungen eines Angriffs zu minimieren.

Prinzipien für sichere Software sind bereits in der Entwurfsphase von Bedeutung.

Die OWASP führt eine Liste mit etablierten Prinzipien für sichere Software [OWASP 16c], die bereits in der Entwurfsphase von hoher Bedeutung sind. Im Folgenden werden exemplarisch Auszüge daraus erläutert und mithilfe von Beispielen konkretisiert.

- **Etablierung sicherer Standardeinstellungen bzw. -prozeduren**
  Die Etablierung sicherer Standardeinstellungen und -prozeduren hilft grundsätzlich dabei, Sicherheitslücken zu vermeiden, die durch Auslassungen oder Unterlassungen entstehen.

Beispiel: Etablierung sicherer Standardeinstellungen bzw. -prozeduren – Absicherung der Kommunikation als Standardeinstellung

Beispiel: Etablierung sicherer Standardeinstellungen bzw. -prozeduren – Absicherung der Kommunikation als Standardeinstellung

Softwarearchitekturen bzw. -plattformen sollten so gestaltet sein, dass gewünschte Sicherheitseigenschaften, wie z.B. die Authentisierung eines Kommunikationspartners, automatisch umgesetzt sind und nicht mehr explizit durch den Entwickler für jeden neu zu entwickelnden Service separat realisiert werden müssen. Für etablierte Technologien wie Java und .NET existieren eine Reihe von Security Frameworks wie z.B. Spring Security, Apache Shiro, ASP.NET, die es erlauben, Sicherheitsmaßnahmen plattformweit zu konfigurieren und damit als Standardeinstellungen zu etablieren. Die Herausforderung beim Testen besteht darin, diesen Sachverhalt so zu prüfen, dass auch sichergestellt ist, dass er für alle Services auch wirklich umgesetzt worden ist.

- **Verwendung des geringsten Privilegs bzw. der geringsten Berechtigung**
  Prozesse und Nutzer sollten ausschließlich die geringsten Privilegien und Berechtigungen zugewiesen bekommen, mit denen sie ihre Prozesse noch ausführen zu können. Dies umfasst alle Formen der Zugangsberechtigung, Benutzerrechte, Dateisystemberechtigungen sowie den Zugriff auf Ressourcen wie CPU, Speicher und Netzwerke.

Beispiel: Prinzip des geringsten Privilegs bzw. der geringsten Berechtigung – Nutzerkonten

Beispiel: Prinzip des geringsten Privilegs bzw. der geringsten Berechtigung – Nutzerkonten

Beim Einrichten von Benutzerkonten sollten die Berechtigungen so ausgelegt sein, dass sie genau die aktuellen Anforderungen an das Nutzerprofil widerspiegeln. So weist das BSI im IT-Grundschutz darauf hin, dass Berechtigungen bei Bedarf Schritt für Schritt anzupassen sind und nicht vorsorglich, evtl. im Hinblick auf zukünftige Aufgaben, erteilt werden sollten (»need to know«-Konzept).

- **Verwendung einer gestaffelten Verteidigung (Defense in Depth)**
  Sicherheitsmechanismen sollten sich gegenseitig so ergänzen, dass, sollte ein Mechanismus ausfallen bzw. verwundbar sein, weitere Sicherheitsmechanismen die Schutzfunktion (zumindest teilweise) übernehmen und damit die grundsätzliche Sicherheit des Systems aufrechterhalten werden kann.

Beispiel: Prinzip der gestaffelten Verteidigung – Verschlüsselung auch für die interne Kommunikation

Beispiel: Prinzip der gestaffelten Verteidigung – Verschlüsselung auch für die interne Kommunikation

Ein gutes Beispiel für eine gestaffelte Verteidigung ist die Nutzung von Verschlüsselung auch für die interne Kommunikation. Selbst wenn die ausgetauschten Daten im Prinzip von allen Mitarbeitern gesehen werden dürfen und Firewalls den Zugriff von außen unmöglich machen sollen, realisiert der Einsatz von Verschlüsselung in firmeninternen Netzwerken bzw. in der Kommunikation zwischen lokalen Softwarekomponenten eine zusätzlichen Absicherung, die auch Daten dann noch schützt, wenn eine Firewall bzw. andere Maßnahmen des Zugriffsschutzes überwunden wurden.

- **Kein Vertrauen in die Sicherheit externer Dienste und Bibliotheken**
  Viele Organisationen oder Unternehmen nutzen die Verarbeitungsfunktionen von Drittanbietern, die in der Regel auf anderen Sicherheitsannahmen beruhen und andere Sicherheitseigenschaften besitzen als die eigene Infrastruktur. Dementsprechend ist darauf zu achten, dass externe Funktionen und Dienste auf ihre Sicherheitseigenschaften evaluiert und entsprechend dem eigenen Sicherheitsniveau integriert werden.

Beispiel: Kein Vertrauen in die Sicherheit externer Dienste und Bibliotheken – GNU C Library Buffer Overflow Vulnerability (CVE-2015-7547)

Beispiel: Kein Vertrauen in die Sicherheit externer Dienste und Bibliotheken – GNU C Library Buffer Overflow Vulnerability (CVE-2015-7547)

Die GNU C Library wird in vielen Applikationen verwendet. Im Jahr 2015 wurde entdeckt, dass eine Funktion für den DNS Lookup eine Pufferüberlauf-Schwachstelle enthält, die sich dazu nutzen lässt, bösartigen Code auszuführen bzw. das System abstürzen zu lassen. Die Schwachstelle blieb über sieben Jahre lang unentdeckt. Obwohl nach 7 Monaten eine aktualisierte Version der GNU C Library zur Verfügung stand, stellte sich trotzdem das Problem, wie die betroffenen Applikationen zu aktualisieren sind, da nicht allein die GNU C Library ausgetauscht werden musste, sondern auch die betroffenen Applikationen vor einer Aktualisierung hätten neu übersetzt werden müssen.

- **Strikte Aufgabentrennung**
  Die Trennung von Zuständigkeiten bei der Erledigung kritischer Aufgaben kann als ein etabliertes Verfahren angesehen werden, um den Missbrauch von Privilegien zu vermeiden bzw. zu verringern. Durch eine systematische Trennung von Aufgaben und Funktionsbereichen in der Software können nach diesem Prinzip auch robuste Softwaresysteme realisiert werden. Prozesse bzw. Applikationen, die ausschließlich einen wohldefinierten und abgegrenzten Aufgaben- bzw. Funktionsbereich bedienen, können abgestimmt auf die jeweilige Kritikalität des Aufgabenbereichs gezielt geschützt werden. Im Fall ihrer Kompromittierung entsteht der Schaden dann auch nur in diesem abgegrenzten Bereich.

Beispiel: Aufgabentrennung – Hardware-Sicherheitsmodule (HSM)

Beispiel: Aufgabentrennung – Hardware-Sicherheitsmodule (HSM)

Für die effiziente und sichere Durchführung kryptografischer Funktionen und zur sicheren Verwahrung von Schlüsseln werden vermehrt Hardware Security Modules (HSM) eingesetzt. Ein HSM bietet Schutz gegen unberechtigten Zugriff auf und die Manipulation von sicherheitsrelevanten Informationen, indem diese Daten über einen eigenen Hardwarebereich geschützt werden und der Zugriff über eine definierte Hardwareschnittstelle erfolgt. Es gibt HSM, deren Sicherheit durch Zertifikate belegt werden, sodass ein dediziertes Sicherheitsniveau garantiert werden kann. Der damit einhergehende Aufwand bei der Entwicklung und Zertifizierung rechnet sich nur für standardisierte Spezialaufgaben wie z.B. das Schlüsselmanagement, d.h., wenn die im HSM verarbeiteten Daten durch sinnvolle Aufgabentrennung auf ein Minimum reduziert werden können.

- **Sicherheit einfach halten**
  Die Komplexität einer Software hat häufig einen direkten Einfluss auf die Größe der Angriffsoberfläche dieser Software. Im Hinblick auf die Sicherheit ist die Verwendung einfacher Lösungen der Verwendung komplexer Lösungen vorzuziehen, weil komplexe Software meist fehleranfälliger ist und sich deutlich schwerer prüfen und warten lässt.

Beispiel: Sicherheit einfach halten – Single Sign-on

Beispiel: Sicherheit einfach halten – Single Sign-on

Single Sign-on bietet die Möglichkeit, Nutzern über ein und denselben Authentifizierungsmechanismus Zugriff auf verschiedene Ressourcen in einer heterogenen Infrastruktur zu geben. Entgegen der landläufigen Meinung, dass unterschiedliche Authentifizierungsmechanismen mit jeweils unterschiedlichen Credentials einen höheren Grad an Sicherheit bieten, besticht ein sauber aufgesetztes Single Sign-on-System durch die Einfachheit der Nutzung und durch eine technisch einfachere Lösung (vgl. Abschnitt 5.2). Beispielsweise muss sich ein Nutzer nicht mehr verschiedene Benutzernamen und Passwörter merken, sondern hat nur noch eines. Zusätzlich erfolgt die Authentifizierung an nur einer Stelle und sensible Daten wie Passwörter müssen auch nur einmal übertragen werden. Dieses entspricht zusätzlich noch dem oben beschriebenen Prinzip Aufgabentrennung.

Die oben genannten Prinzipien sind Beispielhaft, zeigen aber bereits, dass sich Sicherheitsprinzipien nicht immer widerspruchsfrei miteinander kombinieren lassen. Beispielsweise besteht bei der gestaffelten Verteidigung die Herausforderung darin, einen angemessenen Schutz durch sich ergänzende Absicherungsmaßnahmen zu gewährleisten, ohne das Prinzip der Einfachheit zu verletzen. Das Hinzufügen eines neuen Sicherheitsprotokolls durch eine zusätzliche Sicherheitsmaßnahme kann beispielsweise aufgrund der dadurch gewachsenen Komplexität zu neuen Risiken führen. Daher ist auch bei der Anwendung der Prinzipien für sichere Software darauf zu achten, dass diese aufeinander abgestimmt werden, sodass eine ausgewogene und dadurch optimale Sicherheitslösung realisiert werden kann.

4.4 Die Rolle des Sicherheitstestens während der Implementierung

Wie auch beim Testen funktionaler Eigenschaften wird mit dem Sicherheitstest der Software bereits in den frühen Phasen der Implementierung begonnen. Erste Tests finden auf der Ebene des Modul- bzw. Komponententests statt, sodass sicherheitsbezogene Fehler bereits in der Implementierung gefunden werden können. Die Testobjekte sind in der Regel die separat entwickelten Softwarekomponenten, die später das Gesamtsystem bilden. Statische Tests und Reviews stellen sicher, dass sowohl die organisatorisch technischen Grundlagen für die Implementierung sicherer Software existieren als auch die Implementierungsartefakte den Anforderungen einer sicheren Implementierung genügen. Nach der statischen Evaluierung bietet das dynamische Testen dieser Komponenten die erste Möglichkeit, Sicherheitseigenschaften entlang des dynamischen Verhaltens, z.B. in Reaktion auf gültige und ungültige Eingaben, zu prüfen.

4.4.1 Der statische Test von Softwarekomponenten

Statische Tests und Reviews zur Prüfung von Implementierungsartefakten

Der statische Test von Softwarekomponenten umfasst das gesamte Spektrum an Inspektionen, Walkthroughs, Audits und Reviews. Ziel der statischen Tests ist u.a. die Prüfung der Einhaltung von Best Practices bzw. Empfehlungen für die sichere Codierung. Solche Best Practices bzw. Empfehlungen gibt es viele, die sich in Granularität, Umfang und abhängig von der konkret adressierten Anwendungsdomäne bzw. Programmiersprache unterscheiden. So finden sich bei der OWASP [OWASP 10] und bei SANS [SANS 2] Empfehlungen, die speziell auf die Implementierung sicherer Webanwendungen zugeschnitten sind. Ein sehr allgemeines Beispiel für Best Practices bzw. Empfehlungen beim Programmieren sicherer Software enthält der Artikel »Top 10 Secure Coding Practices« [CMU 1]. Dort heißt es:

Beipiel: Sichere Programmierpraktiken

Beipiel: Sichere Programmierpraktiken

»Die Tests einer jeden Komponente sollten die Prüfung auf mögliche Verstöße gegen diese Praktiken einschließen:

- Validierung von Eingaben
- Compiler-Warnungen beachten
- Architektur und Entwurf gemäß den Sicherheitsrichtlinien
- Einfach halten (Keep it Simple)
- Standardmäßiges Blockieren (Default Deny)
- Einhaltung des Grundsatzes der geringstmöglichen Zugriffsrechte
- Bereinigung von Daten, die an andere Systeme geschickt werden
- Gestaffelte Sicherheitsarchitektur (Defense in Depth)
- Nutzung wirksamer Qualitätssicherungstechniken
- Anwendung eines sicheren Programmierstandards«

Die Prüfung der Umsetzung solcher Best-Practice-Checklisten findet im Allgemeinen durch Inspektionen, Audits und technische Reviews statt. Bei der Prüfung gilt es, auf die wichtigsten Anforderungen im Hinblick auf die Angriffswahrscheinlichkeit und das Schadensausmaß zu fokussieren. Eine gut dokumentierte Risikoanalyse, die eine realistische Gefährdungsmodellierung einschließt, stellt hierfür eine wichtige Grundlage dar.

Exkurs: Sichere Programmierstandards

Je stärker die Anwendung eines sicheren Programmierstandards und damit die Prüfung individueller Programmiersprachenkonstrukte Gegenstand der Prüfung ist, desto wichtiger wird der Einsatz statischer Analysewerkzeuge, mit denen sich speziell diese Programmiersprachenkonstrukte in großen Programmen effizient prüfen lassen und so eine Reihe bekannter Schwachstellen wie z.B. Pufferüberläufe und fehlende Eingangsvalidierung automatisiert ermittelt werden können. Sichere Programmierstandards existieren für viele bekannte Programmiersprachen und -plattformen (wie z.B. C, C++, Java und Perl sowie der Android-Plattform). Diese Standards definieren Richtlinien für die sichere Programmierung, sodass einerseits Sicherheitslücken vermieden werden und andererseits Programmcode entsteht, der sich besser verstehen und pflegen lässt. Beispiele sind unter anderem die MISRA C-Richtlinien für sichere C-, C++-Programmierung [MISRA 13], die ISO/IEC TS 17961:2013 [ISO 17961] sowie die CERT Secure Coding Standards [CMU 3]

Mit statischen Analysewerkzeugen Programmcode oder Binärdaten automatisiert prüfen

Mit statischen Analysewerkzeugen lassen sich Programmcode oder Binärdaten in größerem Umfang automatisiert prüfen. Diese Werkzeuge sind hochgradig spezialisiert und liefern gute Ergebnisse für die Programmiersprachen, auf die sie zugeschnitten sind. Ihre Stärke liegt in der Analyse vieler einzelner Komponenten. Die ganzheitliche Bewertung großer Anwendungen sowie die Analyse heterogener Technologiestacks bestehend aus Komponenten, die auf verschiedenen Programmiersprachen beruhen, stellt jedoch eine große Herausforderung dar. Statische Analysewerkzeuge ermitteln in diesem Kontext oft zu viele falsch positive Ergebnisse: Sie zeigen Schwachstellen an, die in Wirklichkeit nicht existieren. Dies passiert häufig deshalb, weil es für diese Werkzeuge extrem schwierig ist, den gesamten Kontext einer analysierten Softwarekomponente korrekt zu erfassen und zu bewerten. Speziell die Bewertung der Integrität und Absicherung von Datenflüssen, die sich in einer Anwendung über verschiedene Komponenten erstrecken, ist eine große Herausforderung. Das Problem vergrößert sich, wenn Komponenten eingesetzt werden, zu denen kein Quellcode verfügbar ist wie z.B. externe Komponenten oder Komponenten von Drittanbietern, die ohne Quellcode ausgeliefert werden.

4.4.2 Der dynamische Test von Softwarekomponenten

Mit dem dynamischen Sicherheitstest beginnen, sobald die ersten ausführbaren Softwarekomponenten verfügbar sind

Der dynamische Test von Softwarekomponenten ist ein Test, bei dem die zu testende Software tatsächlich ausgeführt wird. Der dynamische Sicherheitstest sollte beginnen, sobald die ersten ausführbaren Softwarekomponenten verfügbar sind. Sogenannte Whitebox- und Glassbox-Sicherheitstests können durchgeführt werden, wenn Zugriff auf die Entwicklungsdokumente und auf den Quellcode vorliegt. Stehen

Entwurfsdokumente und Quellcode nicht zur Verfügung, wie beispielsweise bei Bibliotheken und Komponenten von Drittanbietern, können nur anforderungsbasierte und risikobasierte Blackbox-Sicherheitstests durchgeführt werden.

4.4.2.1 Whitebox- und Glassbox-Sicherheitstests

Whitebox- oder Glassbox-Tests sind Tests, die auf Grundlage von Strukturinformationen aus den Artefakten des Softwareentwurfs oder der Softwareimplementierung hergeleitet, ausgewählt, durchgeführt und ausgewertet werden. Die Strukturinformationen werden verwendet, um den Testentwurf zu steuern sowie Überdeckungsmaße und Testendekriterien zu definieren. Beim Blackbox-Testen hingegen stehen diese Strukturinformationen nicht zur Verfügung, sodass allein auf Basis der Anforderungen sowie der verfügbaren Informationen über die Schnittstelle einer Softwarekomponente getestet werden muss.

Durch Whitebox-Sicherheitstests bzw. strukturelle Sicherheitstests lässt sich zielgerichtet die Implementierung einzelner Kontrollmechanismen prüfen. Der Einblick in die Komponentenstruktur bzw. den Quellcode erlaubt es, die Tests speziell auf die Art der Implementierung der Kontrollmechanismen abzustimmen, und ermöglicht die Messung des Überdeckungsgrades der Tests als Prozentwert der ausgeführten ausführbaren Anweisungen, als Prozentwert der ausgeführten Entscheidungsergebnisse oder als Prozentwert der durchlaufenen Logikpfade.

Beispiel: Whitebox-Test einer Zahlungsfunktion für Finanztransaktionen

Beispiel: Whitebox-Test einer Zahlungsfunktion für Finanztransaktionen

Bei der Entwicklung einer E-Commerce-Anwendung wurde im Rahmen einer Risikobeurteilung festgestellt, dass betrügerische Transaktionen zwischen der Anwendung und einer von der Anwendung genutzten externen Zahlungsschnittstelle gravierende Auswirkungen haben können. Im Rahmen einer Whitebox-Analyse wurden alle Komponentenschnittstellen identifiziert und Vertrauensgrenzen für die Komponenteninteraktionen festgelegt. In einem weiteren Schritt wurden die Datenflüsse zwischen den Komponenten identifiziert und analysiert. Es zeigte sich, dass es einen Programmpfad gab, in dem die Eingaben der Benutzer nicht überprüft oder authentifiziert wurden, sodass Zahlungen anonym durchgeführt werden konnten. Der Sachverhalt wurde in einem Testfall operationalisiert, mit dem sich anonym ein Transfer zwischen einem externen Konto an das Händlerkonto durchführen ließ. Es konnte also gezeigt werden, dass die Anwendung eine nicht autorisierte Transaktion über nicht authentifizierte Kanäle zugelassen hatte. Voraussetzung für die Ableitung und Durchführung des Testfalls war einerseits die systematische Risikoanalyse sowie andererseits die systematische Analyse des Quellcodes, d.h. das Whitebox-Vorgehen zur Testableitung (aus [Janardhanud & van Wyk 2005]).

Strukturelle Sicherheitstests sind automatisierbar.

Strukturelle Sicherheitstests können von automatisierten Analysewerkzeugen und Sicherheitsscannern durchgeführt werden.

Beispiel: Fuzz-Testing als Whitebox-Test

Beispiel: Fuzz-Testing als Whitebox-Test

Fuzz-Tests sind eine Sicherheitstesttechnik, die insbesondere die Robustheit eines Systems durch Eingabe großer Mengen von Zufallsdaten bzw. Daten mit Zufallsanteilen in die getestete Komponente bzw. das System prüft. Sicherheitsschwachstellen werden dadurch gefunden, dass diese Daten nichtintendiertes Verhalten auslösen können, das sich dazu nutzen lässt, die Integrität, Verfügbarkeit und Vertraulichkeit des Systems zu unterminieren. Beim Blackbox-Fuzzing besteht die Herausforderung insbesondere darin, das nichtintendierte Verhalten und damit die Fehlerwirkung zu erkennen sowie geeignete Testendekriterien zu definieren. Die Instrumentierung von Code kann dazu genutzt werden, beide Herausforderungen systematisch anzugehen. Durch die Instrumentierung bekommt der Tester Rückmeldung darüber, welche Konstrukte im Code tatsächlich getestet werden und ob diese in beabsichtigter Weise genutzt werden. Whitebox-Fuzz-Tests (an kleinen Softwareblöcken, Funktionen, Klassen) ergeben so u.U. in viel kürzerer Zeit brauchbare Ergebnisse als ein Blackbox-Fuzz-Testwerkzeug. Ein Beispiel für ein bekanntes Open-Source-Werkzeug für Whitebox-Fuzz-Testing ist AFL-Fuzz [AFL 18][1].

Durch strukturelles Testen lassen sich u.a. die folgenden Sicherheitsschwachstellen ermitteln:

- Programmierfehler, die zu Speicherpufferüberläufen oder Systemausfällen führen
- Bösartiger Programmcode, der von einem internen Mitarbeiter oder Auftragnehmer eingeschleust wurde
- Zugang über »Hintertüren« wie beispielsweise bewusst eingebaute und nicht dokumentierte Zugangsschnittstellen

4.4.2.2 Anforderungsbasierte und risikobasierte Sicherheitstests

Anforderungsbasierte und risikobasierte Sicherheitstests prüfen die Umsetzung der Sicherheitsanforderungen sowie die Robustheit des Systems gegenüber zusätzlich identifizierten Risiken. Die Angemessenheit von Sicherheitstests sollte auf jeder Testebene durch den Nachweis der Abdeckung spezifizierter Sicherheitsanforderungen und identifizierter Sicherheitsrisiken ermittelt werden. Dies erfolgt ergänzend zur

1. AFL-Fuzz ist ein instrumentierungsgesteuertes Fuzz-Testing-Werkzeug, das eine Kompilierzeit-Instrumentierung und genetische Algorithmen verwendet, um automatisch Testfälle zu identifizieren, mit denen sich neue interne Zustände im Zielsystem auslösen lassen.

Bewertung der Ergebnisse aus Belastungssituationen, die in den Sicherheitsanforderungen, Sicherheitsrisikobewertungen und ähnlichen Dokumenten nicht explizit aufgeführt sind. Bei der Suche nach Schwachstellen ist grundsätzlich Kreativität gefordert, da Tester untersuchen, was sowohl die Spezifizierer wie auch die Entwickler übersehen haben oder was sich erst nach einer Integration wirklich ergeben hat und daher bis dato nie von einem Entwickler gesehen werden konnte.

4.4.2.3 Abdeckungsmaße zur Bewertung von Sicherheitstests

Eine wichtige Maßzahl für die Angemessenheit von Tests ist die Ermittlung ihres Überdeckungsgrades. Die verschiedenen in der Praxis etablierten Überdeckungsgrade ergeben sich aus der Art des durchgeführten Tests.

Anforderungsbasierte Tests prüfen das System auf korrekt umgesetzte Anforderungen.

Anforderungsbasierte Tests prüfen das System dahingehend, ob es die ihm vorgegebenen Anforderungen erfüllt. Ohne Berücksichtigung der Implementierung (Blackbox) kann der Überdeckungsgrad wie folgt gemessen werden:

- Der Prozentsatz der getesteten Anforderungen
- Der Prozentsatz der spezifizierten und getesteten Anwendungsfälle sowie – speziell beim Sicherheitstesten – der Prozentsatz der spezifizierten und getesteten Missbrauchsfälle und Bedrohungsszenarien
- Der Prozentsatz der getesteten kritischen Funktionen, Szenarien oder Aufgabenpfade

Äquivalenzklassenüberdeckung sowie paarweise und n-weise Überdeckungen als typische Datenüberdeckungskriterien

Beim datengetriebenen Testen wird das Verhalten des Systems über eine Vielzahl von Eingabedaten sowie deren Kombinationen geprüft. Dabei versucht man, so wenig Testwerte wie möglich zu verwenden, indem man den Datenraum in Äquivalenzklassen unterteilt und aus jeder Klasse einen Vertreter wählt. Das geschieht in der Annahme, dass die Elemente einer Klasse im Hinblick auf ihre Fähigkeit, Fehler zu erkennen, äquivalent sind. Paarweise und n-weise Überdeckungskriterien [Spillner & Breymann 16] sind typische Formen von Datenüberdeckungskriterien.

Beispiel: Pairwise Coverage

Beispiel: Pairwise Coverage

Gegeben sei eine Menge von Parametern und Parameterwerten in der Form:

f1 {*f11*, *f12*, *f13*, *f14*},

f2 {*f21*, *f22*, *f23*, *f24*},

f3 {*f31*, *f32*, *f33*, *f34*},

f4 {*f41*, *f42*, *f43*, *f44*}

Die Generierung der Testwerte unter Berücksichtigung der Pairwise Coverage ergibt die folgenden 16 Parametersätze aus den möglichen 256 (d.h. 4^4):

Param.	f1	f2	f3	f4
1.	*f11*	*f21*	*f31*	*f41*
2.	*f12*	*f22*	*f32*	*f41*
3.	*f13*	*f23*	*f33*	*f41*
4.	*f14*	*f24*	*f34*	*f41*
5.	*f13*	*f22*	*f31*	*f42*
6.	*f14*	*f21*	*f32*	*f42*
7.	*f11*	*f24*	*f33*	*f42*
8.	*f12*	*f23*	*f34*	*f42*
9.	*f14*	*f23*	*f31*	*f43*
10.	*f13*	*f24*	*f32*	*f43*
11.	*f12*	*f21*	*f33*	*f43*
12.	*f11*	*f22*	*f34*	*f43*
13.	*f12*	*f24*	*f31*	*f44*
14.	*f11*	*f23*	*f32*	*f44*
15.	*f14*	*f22*	*f33*	*f44*
16.	*f13*	*f21*	*f34*	*f44*

Beim modellbasierten Testen lässt sich Überdeckung mit Bezug zur Modellnotation definieren.

Das modellbasierte Testen [Winter et al. 16] ermöglicht die Ermittlung des Überdeckungsgrades im Hinblick auf eine gewählte Modellierungsnotation. Ein modellbasierter Sicherheitstest [Grossmann et al. 17] basiert dann beispielsweise auf Modellen, die Sicherheitseigenschaften, Sicherheitsfunktionalität und/oder Sicherheitsrisiken und -fehler modellieren. Wenn das Modell eine Notation mit Vor- und Nachbedingungen nutzt, können die Vorbedingungen zur Ableitung der Eingabewerte und die Nachbedingungen für die Ableitung der Testorakel verwendet werden. Mittels einer Grenzwertanalyse lassen sich entlang der Vorbedingung gültige und ungültige Eingabewerte identifizieren. Aus den entsprechenden Nachbedingungen können die erwarteten Ausgabewerte für die gültigen Eingaben abgeleitet werden. Zur Messung des Überdeckungsgrades eignen sich die durch die Vor- und Nachbedingungen definierten Ursache-Wirkungs-Ketten und der Überdeckungsgrad aller Alternativen in den Nachbedingungen. Bei algebraischen Modellierungsnotationen werden Daten in Form abstrakter Datentypen und Funktionalität mittels Axiomen spezifiziert, die das Verhältnis zwischen den

Datentypen mittels mathematischer Definitionen beschreiben. Als Überdeckungskriterium wird typischerweise der Anteil bzw. der Prozentsatz der überdeckten Axiome einer Spezifikation verwendet.

Bei übergangsbasierten Modellen, die explizite Graphen mit Knoten und Kanten nutzen, gehören der Prozentsatz der Knoten (Zustände), der Prozentsatz der Übergänge (Transitionen), der Prozentsatz der Übergangspaare (Transitionspaare) sowie der Prozentsatz der Zyklen zu den üblicherweise verwendeten Überdeckungskriterien. Zu dieser Klasse von Modellen zählen insbesondere Zustandsautomaten, die in der Praxis weit verbreitet sind und durch gängige Modellierungsnotationen wie der Unified Modeling Language (UML) unterstützt werden.

Beispiel: Modellbasierter Test eines Authentisierungsvorgangs

Beispiel: Modellbasierter Test eines Authentisierungsvorgangs

Die Authentisierung an einer Webapplikation lässt sich durch ein Zustandsmodell modellieren. Im Rahmen eines modellbasierten Tests kann dann beispielsweise eine Überdeckung aller Authentisierungszustände avisiert werden. Die Wahl eines höheren Überdeckungsgrades, beispielsweise die Überdeckung aller Zustandsübergänge, würde neben der Erreichbarkeit der einzelnen Authentisierungszustände zusätzlich auch das Auslösen der Bedingungen für den Wechsel zwischen den Authentisierungszuständen unterscheiden und prüfen können. Letzteres würde es bei einer Webapplikation erlauben, einen expliziten Logout und einen automatischen zeitabhängigen Logout, wie er in vielen Banking-Applikationen üblich ist, im Test zu unterscheiden.

Beim strukturellen Testen wird die Überdeckung der Programmstruktur bewertet.

Beim strukturellen Testen wird die tatsächliche Implementierung und ihre Struktur auf Basis von Wissen über den Programmcode analysiert. Der Testüberdeckungsgrad wird üblicherweise als Prozentsatz der durch den Test durchlaufenden Strukturelemente, d.h. über Pakete, Klassen, Methoden, Entscheidungen oder Zeilen des ausführbaren Programmcodes, einer Anwendung definiert. Bekannt sind unter anderem die folgenden Abdeckungskriterien, die sich am Kontrollflussgraphen der Software orientieren:

- Die Anweisungsüberdeckung, bei der der Prozentsatz der ausgeführten Anweisungen eines Programmcodes gemessen wird,
- die Zweigüberdeckung mit der Berücksichtigung aller Kanten im Kontrollflussgraphen,
- die Pfadüberdeckung, bei der alle möglichen Pfade durchlaufen werden müssten, sowie
- verschiedene Formen der Bedingungsüberdeckung unter Berücksichtigung der Ergebnisse der atomaren und kombinierten Teilbedingungen.

Das stärkste der oben genannten Kriterien ist die Pfadüberdeckung. Sie wird über alle ausführbaren Pfade vom Eingang bis zum Ausgang des Kontrollflussgraphen gemessen. Weil ein erschöpfendes Testen von Pfaden aufgrund von Schleifen im Allgemeinen nicht durchführbar ist, lassen sich andere, weniger strenge Kriterien heranziehen. Hierzu zählt die Überdeckung kritischer Pfade oder die Zweigüberdeckung. Die Anweisungsüberdeckung ist das schwächste Überdeckungskriterium. Weiterführende Informationen zu diesem Thema finden sich im Ausbildungsprogramm zum Certified Tester.

Exkurs: Zyklomatische Komplexität

Die zyklomatische Komplexität oder auch McCabe-Maß ist eine Maßzahl, die beschreibt, wie viele verschiedene linear unabhängige Pfade durch ein Programmelement existieren und sich mithilfe eines Kontrollflussgraphen mit Knoten (Entscheidungspunkten) und Kanten (Pfaden) visualisieren lassen. Ein Pfad gilt genau dann als linear unabhängig, wenn er mindestens eine neue Kante enthält. Als Beispiel kann der Java-Programmabschnitt in Listingl 4–1 betrachtet werden. Die Funktion berechnet den größten gemeinsamen Teilers (ggT) nach dem klassischen euklidischen Algorithmus. Abbildung 4–5 zeigt den dazugehörigen Kontrollflussgraf mit zyklomatischer Komplexität V(G)=4.

Listing 4–1

```
int ggT(int x, int y) {
 if(x==0) return y;
  while (y != 0) {
   if (x > y) {x = x - y;}
  else {y = y - x;}
 }
 return x;
}
```

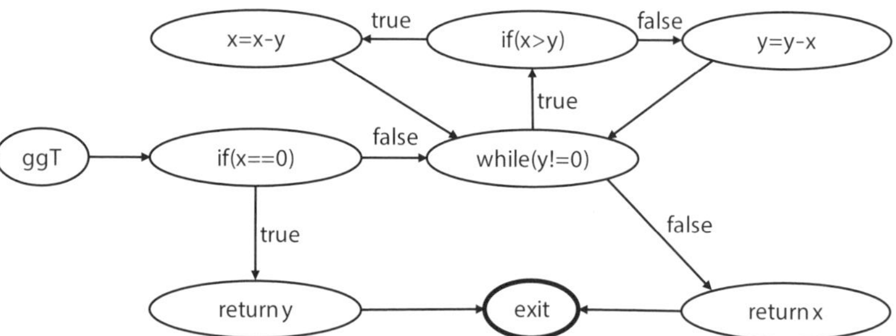

Abb. 4–5 *Kontrollflussgraph für einen Algorithmus zur Berechnung des größten gemeinsamen Teilers (ggT) (angelehnt an [Zeller 02])*

Für einen gegebenen Kontrollflussgraphen lässt sich die zyklomatische Komplexität mit der Formel $V(G) = E - N + 2$ berechnen, wobei E die Anzahl der Kanten und N die Anzahl der Knoten des Kontrollflussgraphen bezeichnet. Die zyklomatische Komplexität ist eine Maßzahl für Softwarekomplexität und stellt im Kontext des strukturellen Testens einen oberen Grenzwert für die Anzahl der Tests dar, die notwendig sind um eine vollständige Zweigüberdeckung minimal realisieren zu können. Solange das Programm und der daraus resultierende Kontrollflussgraph klein ist, kann die zyklomatische Komplexität manuell berechnet werden. Bei größeren Programmen mit komplexen Kontrollflussgraphen müssen Werkzeuge zur Ableitung des Kontrollflussgraphen und der Bestimmung der zyklomatischen Komplexität eingesetzt werden.

4.5 Die Rolle des Sicherheitstestens während der Integration & Verifikation

In der Integrations- und Verifikationsphase wird das Softwaresystem sukzessive integriert und getestet. In der Regel werden begleitend zur Integration der Software Integrationstests durchgeführt. Diese Tests haben das Ziel, Fehlerzustände und Fehlerwirkungen in den Schnittstellen und im Zusammenspiel zwischen integrierten Komponenten aufzudecken.

Im Anschluss an die Softwareintegration wird im Systemtest das dann vollständig integrierte System getestet, um sicherzustellen, dass es vollständig den spezifizierten Anforderungen genügt. Sowohl im Integrationstest wie auch im Systemtest lassen sich wichtige Sicherheitstestaktivitäten verorten.

4.5.1 Sicherheitstests während der Komponentenintegration

Weil Komponenten niederer Ebenen in Subsysteme und letztlich in das komplette Zielsystem integriert werden, sind die Möglichkeiten für Sicherheitsverstöße nicht einfach die Summe der Schwachstellen in den einzelnen, separat betrachteten Komponenten. Aufgrund der Interaktionen zwischen Komponenten und mit größeren Systemen und Organisationseinheiten ergeben sich vielmehr neue Angriffsvektoren, die sich bei der Betrachtung der einzelnen Komponenten nicht erkennen lassen bzw. deren Schadwirkung unterschätzt wurde.

Hinweis:

Fehler oder Schwachstellen, die im Integrationstest entdeckt werden, beruhen häufig auf falschen Annahmen zu den Vor-und Nachbedingungen an den Komponentenschnittstellen. Sicherheitsrelevant werden diese falschen Annahmen dann, wenn sie das Vorhandensein von Sicherheitsmechanismen in einer Komponente voraussetzen, die nicht oder nicht korrekt umgesetzt worden ist. Zu den klassischen sicherheitsrelevanten Fehlern gehört die Weitergabe nicht validierter Daten. Beide Komponenten, sowohl die sendende wie auch die empfangende, gehen davon aus, dass die jeweils andere Komponente fehlerhafte Daten bereinigt. Im schlechtesten Fall werden die Daten ungeprüft verarbeitet bzw. weitergegeben. Fehler wie diese öffnen ggf. ein Einfallstor für Angriffe wie Pufferüberläufe oder Injections bzw. offenbaren Daten, beispielsweise ausführliche Fehlermeldungen, die eigentlich nur gefiltert nach außen getragen werden sollten.

Andererseits können Interaktionen zwischen Komponenten mögliche Abläufe, die zu Sicherheitsverstößen führen, auch mindern oder blockieren. Ein gutes Beispiel dafür ist die Abschirmung fehlerhafter Komponenten durch Schutzmaßnahmen wie zusätzliche Eingabevalidierung (s. u.) oder Firewalls. Auch hier gilt: Sicherheitstester müssen kreativ sein, wenn sie nach Fehlern suchen, die von Entwicklern übersehen wurden.

Beispiel: Längenvalidierung zur Vermeidung von Pufferüberläufen

Beispiel: Längenvalidierung zur Vermeidung von Pufferüberläufen

Häufig stellt sich erst in der Integration dar, ob Sicherheitsmechanismen wie eine Längenvalidierung tatsächlich einen effektiven Schutz für nachgeordnete Komponenten bieten können. So lässt sich häufig erst in der Integration prüfen, ob wirklich alle Eingabekanäle eine effektive Längenvalidierung implementieren, um nachgeordnete Komponenten gegen Pufferüberlauf-Angriffe zu schützen.

Integrationstests dienen dazu, die Integration unterschiedlicher Komponenten, aus denen sich ein späteres System zusammensetzt, zu prüfen. Der Integrationstest ist somit die erste Prüfung der integrierten Komponenten in der erweiterten Komplexität als funktionsfähiges System oder Teilsystem. Die Integration der Komponenten und der damit einhergehende Test erfolgt in der Regel systematisch, d.h. durch eine definierte Vorgehensweise. Die Integration kann iterativ erfolgen, d.h., die Komponenten werden sukzessive integriert. Dieses kann top-down oder bottom-up erfolgen. Beim Top-down-Vorgehen wird mit dem Test der Komponenten auf der höchsten Abstraktionsschicht begonnen. Die Komponenten der tieferen Schichten werden zuerst durch Platzhalter (engl. Teststubs) ersetzt, die dann im Zuge der Integration sukzessive durch reale Komponenten ausgetauscht werden. Beim Bottom-up-Vorgehen werden logisch eng verknüpfte Komponenten zuerst integriert und diese dann sukzessive zu einem Gesamtsystem zusammengesetzt. Testtreiber (engl. Testdriver) übernehmen hier die Aufgabe, die Testeingaben auf die Komponentenschnittstellen anzuwenden.

Das Ziel des Integrationstests ist es, nachzuweisen, dass die Komponenten nach ihrer Integration spezifikationsgemäß funktionieren und dass es durch die Interaktionen zwischen den Komponenten zu keinen zusätzlichen Fehlern kommt. Hierzu werden sowohl Funktionstests, Schnittstellentests und Performanztests durchgeführt. Typische Fehler, die während eines Integrationstests gefunden werden, sind Fehler aufgrund falscher Schnittstellennutzung, Race Conditions oder Sicherheitsprobleme, die aufgrund falscher Annahmen in Bezug auf die Schutzfunktion anderer Komponenten gemacht wurden. Zu beachten ist, dass die gewählte Integrationstestvorgehensweise (z.B. top-down oder bottom-up) sich auf den Zeitpunkt des Aufdeckens von Sicherheitsproblemen auswirken oder die Notwendigkeit für zusätzliche sicherheitsspezifische Tests erzeugen kann.

Beispiel: Testen einer Bibliothek von Drittanbietern

Beispiel: Testen einer Bibliothek von Drittanbietern

Beim Testen einer Bibliothek eines Drittanbieters wird festgestellt, dass die Bibliothek sich durch Pufferüberlauf-Angriffe in einen instabilen Zustand bringen lässt. Patches und Aktualisierungen, die den Fehler beheben, stehen nicht zur Verfügung. Durch weitere Tests muss nun sichergestellt werden, dass Eingaben, die schlussendlich von der Bibliothek verarbeitet werden, durch andere Komponenten dahingehend geprüft und beschränkt werden, sodass im integrierten System ein Pufferüberlauf nicht realisierbar ist. Der Bottom-up-Integrationsansatz führt in diesem Fall dazu, dass die Schwachstelle der Bibliothek identifiziert und dokumentiert werden kann und dass durch nachfolgende Sicherheitstests geprüft werden kann, inwiefern die Ausnutzung der Schwachstelle durch die Integration mit anderen Komponenten möglich bzw. nicht möglich ist.

Wie Komponententests müssen auch Integrationstests auf der Basis einer gut dokumentierten Risikoanalyse, die eine realistische Gefährdungsmodellierung einschließt, entworfen werden. Wenn separate Komponenten zu einem Ganzen integriert werden, ist u.U. die Nutzung eines Testrahmens (in Form von Platzhaltern und Testtreibern) notwendig, um unvollständige Aufrufpfade auch in einem System während der Integration zu testen. Wenn mehr und mehr implementierte Komponenten zum System hinzukommen, verschwindet dieser Testrahmen schrittweise. Das ermöglicht eine umfassendere Bewertung der Funktionalität sowie die Prüfung neuer Pfade zu Schwachstellen, die potenziell ausgenutzt werden könnten.

4.5.2 Sicherheitstesten während des Systemtests

Im Systemtest werden Sicherheitsanforderungen typischerweise im Kontext von Ende-zu-Ende-Testszenarien geprüft.

Systemtests sind die erste durchgängige Ausführung der vollständig integrierten Komponenten eines Systems. Obwohl sie in der Regel noch nicht in der Zielumgebung stattfinden, sollten sie nahezu vollständig die entstehenden Eigenschaften des Systems offenlegen, die vor dem Abschluss der Integration noch nicht unbedingt zu sehen waren. Im Systemtest werden Sicherheitsanforderungen typischerweise im Zusammenhang mit einer oder mehreren funktionalen Anforderungen betrachtet, sodass vollständige Ende-zu-Ende-Testszenarien entstehen. Funktionale Anforderungen, einschließlich der sicherheitsbezogenen, sind in der Regel Muss-Anforderungen.

Beispiel: Wahrung der Integrität einer Zahlungsanweisung

Beispiel: Wahrung der Integrität einer Zahlungsanweisung

In einem Softwaresystem für Finanztransaktionen muss sichergestellt werden, dass der Betrag einer Finanztransaktion auf dem Weg zum Zahlungsdienstleister nicht verändert werden kann. Die Integrität ist durch kryptografische Verfahren sicherzustellen. Zu prüfen ist, ob das System, das die Transaktionsdaten bereitstellt, diese Verfahren unter allen Umständen anwendet und beispielsweise eine kryptografische Signatur für den Zahlungsbetrag zur Verfügung stellt und ob das System des Zahlungsdienstleisters diese Signatur auch tatsächlich prüft.

Im Systemtest können neben den Sicherheitsanforderungen auch sonstige Spezifikationen wie Anwendungsfälle, Prozessmodelle, Zustandsübergangsmodelle, Missbrauchsfälle und Risikoszenarien verwendet werden, um durchgängige Sicherheitstestszenarien ableiten zu können. Insbesondere Missbrauchsfälle und Risikoszenarien bieten durch den Perspektivwechsel, weg von den positiv formulierten Sicherheitszielen und -anforderungen hin zur Perspektive eines potenziellen Angreifers, die Möglichkeit, Schwachstellen und Angriffsszenarien gezielt und systematisch zu testen. Einen ausführlichen Überblick über die Nutzung von Missbrauchsfällen und Risikoszenarien im Kontext des Sicherheitstestens erhält man im ETSI Guide 203 251 [ETSI EG 203 251 16].

Negativszenarien und Missbrauchsfälle sollten systematisch getestet werden.

Hinweis: Negativszenarien und Missbrauchsfälle testen

Wenn funktionale Tests durchgeführt werden, sollte der Sicherheitstester nach Wegen suchen, Sicherheitsbarrieren gezielt zu überwinden.

Die Ziele des Sicherheitstestens während des Systemtests lassen sich wie folgt zusammenfassen:

- Durchführung von Ende-zu-Ende-Tests zur Prüfung der gesamten Funktionalität sowie der Leistungsfähigkeit des vollständigen Systems (Hardware, Software, Daten, Menschen und Verfahren) nach der Implementierung verschiedener Systemkomponenten und deren Integration in ein Komplettsystem
- Testen, dass die Sicherheitsanforderungen aus Systemperspektive richtig implementiert wurden

Die Sicherheitstests finden in der Regel bereits in einer annähernd der endgültigen Zielumgebung entsprechenden Testumgebung statt, sodass der Test auch Aspekte der späteren Zielumgebung berücksichtigen kann. Zu diesem Zweck wird die Software normalerweise aus der Entwicklungsumgebung, in der die vorherigen Implementierungs- und Integrationsaktivitäten erfolgten, in eine spezielle Testumgebung überführt.

Hinweis: Häufige Systemtests bei iterativem Vorgehensmodell

Zu beachten ist, dass bei einigen Vorgehensmodellen, wie z.B. den iterativen Ansätzen, innerhalb kurzer Zeit neue Komponenten hinzukommen oder bestehende Komponenten verfeinert werden. Insofern können hier Systemtests viel häufiger als bei anderen, mehr sequenziellen Ansätzen vorkommen.

4.6 Die Rolle des Sicherheitstestens in der Transitionsphase

Im Verlauf der Transitionsphase wird die Software aus dem Kontext der Softwareentwicklung in ihre tatsächliche Zielumgebung überführt. Abhängig von den organisatorischen und vertraglichen Rahmenbedingungen der Softwareentwicklung, kann sich diese Phase sehr unterschiedlich gestalten.

Bei einer Auftragsentwicklung findet die Übergabe der Software an den Kunden statt. Der Kunde prüft, ob die Software seinen Erwartungen entspricht. Dies erfolgt in der Regel durch systematische Abnahmetests, die die Software in der Zielumgebung bzw. unter Bedingungen der Zielumgebung gegen eine Reihe von Abnahmekriterien prüfen. Eine Prüfung der prozessualen und technischen Voraussetzungen für den Betrieb der Software stellt zudem sicher, dass auch die Umgebung, in der die Software betrieben wird, den Anforderungen eines sicheren Betriebs entspricht.

4.6.1 Sicherheitstesten im Abnahmetest

Grundlage für Abnahmetests sind die Ende-zu-Ende-Aktivitäten der Systemnutzer.

Der Abnahmetest ist die letzte Stufe des Testens im Softwareentwicklungsprozess. Hier überzeugen sich die zukünftigen Benutzer des Systems oder deren Vertreter davon, dass das System auch in der tatsächlichen Zielumgebung die benötigten Eigenschaften besitzt und die gewünschte Funktionalität liefert.

System- und Abnahmetests sind im Wesentlichen Blackbox-Tests bzw. Stimulus-Response-Tests ohne Berücksichtigung der internen Struktur oder des Verhaltens einzelner Komponenten. Die Grundlage für die Definition von Abnahmetests stellen die Interaktionen und die Ende-zu-Ende-Aktivitäten der Systemnutzer dar. Unabhängig davon bilden vorhergehende Komponenten- und Integrationstests jedoch eine ergänzende Bewertungsgrundlage, sodass auch für den Abnahmetest die

Bewertung der internen Komponentenarchitektur und die Interaktion der Komponenten im System berücksichtigt werden können.

Das Ziel des Sicherheitstestens im Abnahmetest ist die Prüfung sicherheitsbezogener Abnahme- bzw. Akzeptanzkriterien aus der Perspektive des Nutzers bzw. eines potenziellen Angreifers. Im Mittelpunkt ihrer Definition stehen häufig die funktionalen Sicherheitsmechanismen und -prozesse, die für das jeweilige System gefordert wurden. Ein Abnahmetest setzt sich in der Regel aus den folgenden Aktivitäten zusammen:

- Installieren des Systems in seiner Betriebsumgebung
- Durchführen von Sicherheitstests entlang der Abnahmekriterien
- Entscheiden auf Basis der Testergebnisse, ob die Abnahmekriterien erfüllt sind und die Abnahme erfolgen kann

4.6.2 Definition und Pflege sicherheitsbezogener Abnahmekriterien

Im Unterschied zum Systemtest werden Abnahmetests in einer realitätsnahen bzw. in der tatsächlichen Betriebsumgebung durchgeführt und ermöglichen so eine angemessene Bewertung der Leistung, der Funktionalität und weiterer Systemeigenschaften wie beispielsweise auch der Sicherheit. Formale Grundlage für den Abnahmetest sind Abnahmekriterien, mit denen sich prüfen lässt, dass die ursprünglichen Entwicklungs- und Projektziele umgesetzt worden sind. Voraussetzung für die erfolgreiche Definition von sicherheitsbezogenen Abnahmetests ist somit das Vorhandensein von Abnahmekriterien, die sich auf die Sicherheitseigenschaften des abzunehmenden Systems beziehen.

Abnahmekriterien werden normalerweise zwischen dem Auftragnehmer und dem Auftraggeber, häufig in Form von Pflichten- und Lastenheften, ausgehandelt und sind somit fester Vertragsbestandteil einer Softwarelieferung. Sie können grundsätzlich einen eher globalen Charakter haben oder sich konkret auf einzelne Systemfunktionen beziehen. Globale Abnahmekriterien beschreiben die Maßnahmen oder Eigenschaften eines Systems, die für eine große Anzahl an Funktionen gelten sollen. Im Kontext der Software- und Systemsicherheit zählen hierzu das Vorhandensein und die Ausgestaltung sicherheitsrelevanter Maßnahmen wie Authentifizierung, Zugriffsschutz und Rechteverwaltung, die verwendeten kryptografischen Verfahren und Algorithmen inklusive der geforderten Schlüsselstärken und -längen oder auch das Vorhandensein einer durchgängigen und konsistenten Fehlerbehandlung sowie von Logging- und Audit-Schnittstellen. Die Herausforderung im Abnahmetest besteht nun darin, das Vorhandensein der globalen Eigenschaften abschließend zu prüfen, ohne sich in Einzelfallprüfungen zu verlieren.

Beispiel: Authentisierung von Kommunikationsendpunkten und Verschlüsselung der Kommunikation

Beispiel: Authentisierung von Kommunikationsendpunkten und Verschlüsselung der Kommunikation

In den Abnahmekriterien für eine Webanwendung mit Microservice-Architektur wird festgelegt, dass sich alle Kommunikationsendpunkte authentisieren müssen und dass die Kommunikation auch zwischen den Microservices verschlüsselt erfolgen muss. Eine entsprechende Prüfung im Abnahmetest muss zeigen, dass die Webanwendung diesen Kriterien entspricht. Dies passiert in der Regel nicht dadurch, dass jede Verbindung einzeln getestet wird. Das wäre zu aufwendig und nicht wirtschaftlich. Im Abnahmetest kann exemplarisch geprüft werden, ob die Authentisierung für einzelne Verbindungen auch in der Betriebsumgebung den gewünschten Kriterien entspricht. Darüber hinaus sollte geprüft werden, dass in der Entwicklung grundlegende architektonische Muster eingehalten wurden, die für eine Endpunktauthentisierung notwendig sind, und im Komponenten- und Integrationstest die notwendigen Einzelprüfungen der Authentisierung erfolgreich absolviert worden sind. Inkrementelle Entwicklungsansätze sind hier klar im Vorteil, weil speziell globale oder invariante Abnahmekriterien für jedes Inkrement einzeln mitgetestet werden können.

In anderen Fällen werden sicherheitsspezifische Abnahmekriterien definiert, die sich auf ein konkretes Szenario oder eine konkrete Funktion beziehen. In solchen Fällen muss dann das Szenario oder die Funktion auch mit allen Ausnahmefällen geprüft werden.

Beispiel: Implementierung des »Vier-Augen-Prinzips«

Beispiel: Implementierung des »Vier-Augen-Prinzips«

In einer Software für Finanztransaktionen gibt es Funktionen wie z.B. das Anweisen von Zahlungen, die, sollte die Zahlung einen bestimmten Betrag übersteigen, die Genehmigung von zwei Personen mit einer konkreten Sicherheitsklassifizierung erfordern. Durch Tests muss geprüft werden, ob diese Funktion auch dann Bestand hat, wenn z.B. größere Geldbeträge gestückelt werden.

Unabhängig von der Art der Abnahmekriterien kann davon ausgegangen werden, dass sich im Verlauf eines Projekts Abnahmekriterien entweder ändern, die Notwendigkeit für neue Abnahmekriterien entstehen oder Abnahmekriterien wegfallen. Im Rahmen des Abnahmetests muss daher sichergestellt werden, dass veränderte bzw. neue Abnahmekriterien bei der Definition der Abnahmetests berücksichtigt und bestehende Abnahmetest entsprechend angepasst werden.

Agile und iterative Entwicklungsansätze tragen diesem Umstand Rechnung, indem Abnahmekriterien iterativ und abhängig vom Projektfortschritt für das jeweilige Inkrement definiert werden.

Exkurs: Sicherheitsabnahmekriterien in agilen Prozessen

Agile und iterative Entwicklungsansätze definieren und detaillieren Anforderungen und Abnahmekriterien nicht zu Projektbeginn, sondern kontinuierlich unter ständiger Neubewertung der Benutzeranforderungen und des Projektstandes. Betrachtet man beispielsweise Scrum, so werden Anforderungen für jeden Iterationszyklus in User Stories heruntergebrochen und mit konkreten Abnahme- und Akzeptanzkriterien unterlegt. Letztere bilden dann die Basis für die Abnahme und den Abnahmetest der User Story im Rahmen des aktuellen Softwarerelease. Die Herausforderung für die Abnahme der Sicherheitseigenschaften besteht nun darin, die Sicherheitsanforderungen als Sicherheitsabnahmekriterien für einzelne User Stories herunterzubrechen. Das ist insofern schwierig, als User Stories in der Regel funktional definiert werden und alle nichtfunktionalen Anforderungen, wie z.B. die Sicherheitsanforderungen, nicht auf den ersten Blick in der User Story erkennbar sind. Darüber hinaus ist es für einen regulären Entwickler nahezu unmöglich, die Vielzahl der Technologien im Auge zu behalten, auf denen die Sicherheit eines Benutzerfeatures, d.h. eine User Story, aufbauen kann und muss. Bereits an dieser Stelle wird klar, dass sich das Thema Sicherheit in agilen Prozessen nur schwer delegieren lässt. Awareness und Sicherheitsexpertise wird in allen gestaltenden Teams benötigt und im Allgemeinen durch die Teammitglieder selbst repräsentiert, die entsprechend sensibilisiert, fortgebildet und ausgebildet sein müssen. Darüber hinaus finden sich in der Literatur eine Reihe von Techniken und Methoden, um die Definition von Sicherheitsabnahmekriterien zu unterstützen.

- Sicherheitsfunktionalität, die durch eigene Softwarebestandteile abgedeckt werden muss, kann in Form von sicherheitsbezogenen User Stories (Security User Stories) direkt beschrieben und mit entsprechenden Abnahmekriterien versehen werden. Eine solche User Story beschreibt dann direkt das zu realisierende Sicherheitsfeature.
- Für globale Sicherheitseigenschaften, die einen Großteil aller Features eines Systems betreffen, lassen sich global gültige Abnahmekriterien ableiten, die automatisch als Sicherheitsabnahmekriterien in alle User Stories integriert und geprüft werden müssen
- Evil Stories und Missbrauchsfälle eignen sich ergänzend dazu, Abnahmekriterien zu definieren, die konkret das Angriffspotenzial auf das zu entwickelnde System berücksichtigen.

Die Integration von Sicherheitsakzeptanzkriterien in jede User Story bedeutet, dass nichts ohne Sicherheit ausgeliefert werden kann. Die Herausforderung besteht darin, die notwendigen Sicherheitsakzeptanzkriterien zu identifizieren und so zu skalieren, dass sie im Rahmen des Projektbudgets für jedes Softwarerelease testbar bleiben. Ergänzend muss geprüft werden, welche der Sicherheitsakzeptanzkriterien sich automatisiert testen lassen, sodass der Aufwand für die Entwicklungsteams reduziert werden kann.

4.6.3 Zusätzliche Umfänge betrieblicher Abnahmetests

Software kann nur sicher betrieben werden, wenn auch die technische und prozessuale Betriebsumgebung Sicherheit gewährleistet.

Der sichere Betrieb von Software kann weiterhin nur gewährleistet werden, wenn auch die technische und prozessuale Umgebung, in der die Software letztendlich betrieben werden soll, sicher ist. Im Rahmen des betrieblichen Abnahmetests sollten auch genau diese prozessualen und technischen Voraussetzungen für den sicheren Betrieb der Software geprüft werden. Das Ziel ist es, festzustellen, dass die sichere Integration und der sichere Betrieb der Software oder des Softwaresystems in die IT- und Prozesslandschaft des Betreibers gewährleistet werden kann. Entsprechende Tests gehören in der Regel nicht zum Abnahmetest, weil sie nicht Teil der Softwareentwicklung bzw. des Softwareentwicklungsauftrags sind, sondern als Prüfung der Infrastruktur für den Betrieb des Softwaresystems im Verantwortungsbereich des Betreibers des Softwaresystems liegen. Die Art der Tests hängt wiederum vom Organisationsmodell des Betreibers, der Art des Softwaresystems und der konkret geforderten Absicherungsmaßnahmen ab. Auf der prozessualen Ebene gehört hierzu unter anderem die Prüfung der Patch-Management- und der Incident-Response-Fähigkeiten einer Organisation in Bezug auf das zu integrierende Softwaresystem. Dabei geht es nicht nur um die Frage, ob ein Betreiber entsprechende Prozesse besitzt, sondern auch darum, wie wirksam diese auf das zu integrierende Softwaresystem angewendet werden können, d.h., ob beispielsweise für die konkrete Software Verträge zur Lieferung von Sicherheitsupdates bestehen oder ob im Fall von Sicherheitsvorfällen Unterstützung durch die Organisation erfolgt, die die Software entwickelt hat. Ähnlich sieht die Prüfung der technischen Infrastruktur für den Betrieb der Software aus. Hier muss sichergestellt werden, dass die Annahmen an die Sicherheit der Infrastruktur, die als Grundlage bei der Entwicklung der Software vorausgesetzt wurden, auch nach dem Deployment zutreffen.

Beispiel: Existenz einer Firewall mit strikter Abschirmung des Systems

---

Beispiel: Existenz einer Firewall mit strikter Abschirmung des Systems

Bei der Realisierung einer Webanwendung wurde davon ausgegangen, dass eine Firewall dafür sorgt, dass Zugriffe auf die Administrations- und Monitoring-Schnittstelle nur aus dem internen Netz der Firma erlaubt sind. Entsprechende Tests, die die Existenz und korrekte Konfiguration der Firewall prüfen, sind Voraussetzung für eine umfassende Einschätzung darüber, ob der Betrieb der Webanwendung sicher ist.

4.7 Die Rolle des Sicherheitstestens während Betrieb & Wartung

Zentrale Aufgabe des Sicherheitstestens in der Betriebs- und Wartungsphase ist es, die Sicherheit eines Softwaresystems auch nach seiner Auslieferung und Inbetriebnahme dauerhaft zu prüfen und nachzuweisen. Das Ziel besteht darin, die Schwachstellen zu finden, die sich erst im Betrieb offenbaren oder zur Betriebszeit, beispielsweise durch Wartungsarbeiten, entstanden sind. Die Hintergründe bzw. Ursachen für das Entstehen solcher Schwachstellen können sehr unterschiedlich sein. Schwachstellen im Betrieb entstehen durch unvorsichtig durchgeführte und ungenügend getestete Änderungen der Software, beispielsweise bei der Fehlerkorrektur oder der Erweiterung des Systems, können aber auch dadurch entstehen, dass in der Betriebsphase Wissen verfügbar wird, das es möglich macht, bisher unbekannte Sicherheitslücken auszunutzen. Grundsätzlich können Tests in der Wartungsphase alle in Abschnitt 2.4 beschriebenen Ziele von Sicherheitstests umfassen und dabei alle in Abschnitt 2.5.1 beschriebenen Phasen des Sicherheitstests durchlaufen. In diesem Kapitel wird speziell noch einmal auf die Themen Regressionstest, Fehlernachtest und Penetrationstest eingegangen, die speziell in der Wartungsphase eine hohe Bedeutung besitzen.

4.7.1 Sicherheitstesten als Regressions- und Fehlernachtest

Sicherheitsregressionstests bestätigen, dass das aktualisierte System die Sicherheitsanforderungen nach wie vor erfüllt.

Im Wartungstest einer Software unterscheidet man das klassische Regressionstesten und das Fehlernachtesten. Der Regressionstest testet die Kernfunktionen einer Software mit dem Ziel, zu prüfen, ob diese Kernfunktionen auch nach Änderungen der Software im spezifizierten Umfang zur Verfügung stehen. Das GTB-Glossar definiert den Regressionstest wie folgt:

Definition: Regressionstest

Testen einer bereits getesteten Komponente oder eines Systems nach einer Modifikation, um sicherzustellen, dass in nicht geänderten Bereichen durch die vorgenommenen Änderungen keine Fehlerzustände eingebaut oder bisher maskierte Fehlerzustände freigelegt wurden. [GTB Glossar 18]

Sicherheitsregressionstesten ist eine Spezialisierung des Regressionstestens, mit dem geprüft wird, ob Änderungen an der Software die Sicherheitseigenschaften der Software beeinträchtigt haben. Während funktionale Sicherheitsregressionstests prüfen, ob definierte Sicherheitsfunktionalität nach wie vor funktioniert, kann mittels negativen Sicherheitstests bestätigt werden, dass das System Angriffen zur Überwindung der eingerichteten Sicherheitsvorkehrungen auch weiterhin erfolgreich standhält.

Beispiel: Beschränkung von Benutzerrechten

Beispiel: Beschränkung von Benutzerrechten

Auch die Administratoren einer IT-Infrastruktur sollten, allein schon aus Gründen des Datenschutzes und der Vertraulichkeit, einen beschränkten Zugriff auf Daten haben und nur Handlungen ausführen dürfen, die in ihren Benutzerrechten explizit definiert sind. Dieses ist sofort augenfällig, betrachtet man die IT eines Krankenhauses. Typischerweise darf hier ein Administrator einen neuen Mitarbeiter, z. B. einen Arzt, hinzufügen bzw. einen ausgeschiedenen Mitarbeiter deaktivieren, hat aber keinen Zugriff auf dessen Daten, d. h., er kann diese weder löschen, einsehen noch verändern. Nach einer Aktualisierung des Role-Based-Access-Control-(RBAC-)Systems in einem solchen Krankenhaus ist demzufolge in der Regression zu prüfen, ob die gewährten Rechte einerseits die typischen Aktivitäten eines Administrators zulassen (d. h. das Anlegen und Verwalten der Benutzer) und andererseits die nicht erlaubten Aktivitäten (d. h. den Zugriff auf die Patientendaten) unterbinden. Hierzu sind sowohl positive wie auch negative Ende-zu-Ende-Testszenarien zu definieren und auszuführen.

Neben anderen Bereichen gelten insbesondere Verbesserungen von Software bezüglich Benutzbarkeit oder Effizienz besonders anfällig dafür, Sicherheitseigenschaften negativ zu beeinflussen. Grundsätzlich sollten Regressionstests so weit wie möglich automatisiert werden, da sie in der Regel sehr häufig ausgeführt werden müssen.

Fehlernachtests (auch Retest genannt) sind eine spezielle Form von Wartungstests, die belegen sollen, dass eine fehlerbereinigte Software die bereits identifizierten Fehler nicht mehr enthält.

Definition: Fehlernachtest

Dynamisches Testen nach einer Fehlerkorrektur zum Zweck der Bestätigung, dass Fehlerwirkungen nicht mehr auftreten, nachdem die dafür ursächlichen Fehlerzustände korrigiert wurden. [GTB Glossar 18]

Das Ziel von sicherheitsbezogenen Regressions- und -fehlernachtests besteht darin, zu prüfen, dass durch die Wartung bzw. Fehlerbeseitigung keine neuen Schwachstellen im System entstanden sind, die bestehenden Sicherheitsvorkehrungen auch nach einer Änderung noch wirksam sind und die bekannten Schwachstellen und Fehler tatsächlich beseitigt worden sind.

Beispiel: Überarbeitung der Benutzerauthentisierung sowie der TLS-Konfiguration

Beispiel: Überarbeitung der Benutzerauthentisierung sowie der TLS-Konfiguration

Bei einem Onlineportal wurde die Nutzerauthentisierung überarbeitet und die Sicherheitskonfiguration dahingehend verändert, dass auf ein Downgrade der SSL/TLS-Verbindung verzichtet wird. TLS 1.0, SSL 2.0 und SSL 3.0 werden nun nicht mehr unterstützt, sodass BEAST-, POODLE- und DROWN-Angriffe verhindert werden können. Benutzer sollten sich nun online am Portal anmelden können und dort sicher ihre Transaktionen tätigen können.

Im Wartungstest nach der Generalüberarbeitung der Software ist u.a. zu prüfen, dass die Transportverschlüsselung zwischen Browser und Webserver weiterhin funktioniert und sich nicht auf die Protokollversionen TLS 1.0, SSL 2.0 und SSL 3.0 zurückstufen lässt (Fehlernachtest). Darüber hinaus sollte geprüft werden, ob der Authentisierungsmechanismus funktioniert und der Zugriff auf die Nutzerdaten in der Datenbank auf den jeweiligen Nutzer beschränkt ist (Test der Kernfunktionen). Abhängig von der Art der Änderungen kann zusätzlich geprüft werden, dass keine Schwachstellen existieren, die unter Umgehung der ordnungsgemäßen Authentisierung einen Zugriff auf die Nutzerdaten erlauben.

Die Herausforderung beim Regressionstesten, insbesondere auch beim sicherheitsbezogenen Regressionstesten, besteht u.a. darin, eine möglichst optimale Menge von Testfällen zu identifizieren, die die Änderungen an der Software und ihre Auswirkungen möglichst passgenau abdecken. Hierzu können verschiedene Strategien verwendet werden. Ein kompletter Regressionstest, d.h. die Ausführung aller Regressionstestfälle, ist häufig zu aufwendig und zu teuer, speziell dann, wenn er nicht vollständig automatisiert ist. Üblich ist es insofern, die Regressionstests auf bestimmte Konfigurationen, Komponenten oder Funktionen einzuschränken. Risikobasierte Methoden der Testauswahl erlauben zusätzlich die Wahrscheinlichkeit für das Eintreten von Fehlern nach einer Änderung sowie die Kritikalität ihrer Fehlerwirkung bei der Testauswahl zu berücksichtigen. Das ist insbesondere bei sicherheitsbezogenen Regressionstests relevant, da sich Sicherheit einerseits generell gut in Form einer Risikoabschätzung beurteilen lässt (vgl. Kap. 1) und sich Sicherheitseigenschaften andererseits häufig nicht eindeutig auf einzelne Komponenten, Konfigurationen und Funktionen abbilden lassen und eine analoge Einschränkung der Regressionstests speziell für sicherheitsrelevante Tests nicht immer zielführend ist.

4.7.2 Penetrationstest

> *»Penetrationstests dienen dazu, die Erfolgsaussichten eines vorsätzlichen Angriffs auf einen Informationsverbund, eines einzelnen IT-Systems oder einer Internetpräsenz abzuschätzen und daraus notwendige ergänzende Sicherheitsmaßnahmen abzuleiten beziehungsweise die Wirksamkeit von bereits umgesetzten Sicherheitsmaßnahmen zu überprüfen.«* [BSI M5.150]

Penetrationstests dienen dazu, die Erfolgsaussichten eines vorsätzlichen Angriffs abzuschätzen.

Als Penetrationstests werden Sicherheitstests bezeichnet, die, häufig durchgeführt durch unabhängige Drittanbieter, die Sicherheit von Infrastrukturen, Netzwerken, Systemen oder einzelnen Anwendungen prüfen. Penetrationstests beziehen sich in der Regel auf ein fertiges, oftmals auch bereits in Betrieb befindliches System. Ziel ist es, unter besonderer Berücksichtigung der Motive und Perspektiven verschiedener Angreiferklassen Schwachstellen im System bzw. dem Informationsverbund zu finden. Im Unterschied zum entwicklungsbegleitenden Sicherheitstesten finden üblicherweise weder funktionale Sicherheitstests statt, noch kann die Software in den verschiedenen Stufen ihrer Entstehung geprüft werden, da in der Regel die dafür notwendigen Entwicklungsartefakte (noch) nicht zur Verfügung stehen und die Software und Systeme in bereits integrierter Form und häufig auch im ausgelieferten Zustand vorliegen. Wie stark die Einnahme der Angreiferperspektive einen Penetrationstest dominiert bzw. dominieren soll, wird üblicherweise zwischen Auftraggeber und Penetrationstester vereinbart. Während noch vor einigen Jahren auch der Entzug von potenziell verfügbaren Informationen zu Architektur und Sicherheitsmaßnahmen als förderlich für die Kreativität des Testers angesehen wurde und damit als Erfolgskriterium für den Penetrationstest galt, hat sich inzwischen etabliert, dass auch dem Penetrationstester alle verfügbaren Informationen über das zu testende System bzw. den Informationsverbund verfügbar gemacht werden sollten.

Im Unterschied zum klassischen Sicherheitstesten muss der Penetrationstest einige Besonderheiten berücksichtigen, die sich aus der Tatsache ergeben, dass die zu testenden Systeme häufig bereits im Produktivbetrieb sind. Wichtige Details und Hinweise hierzu finden sich u.a. in Kapitel 2 dieses Buches. Mit dem IS-Penetrationstest sowie dem BSI Webcheck [BSI 17a] stellt das BSI umfangreiche Hinweise zur Durchführung von Penetrationstests bereit. Das BSI führt eine Liste von zertifizierten Sicherheitsdienstleistern [BSI 17c], die den IS-Penetrationstest nach den Vorgaben des BSI durchführen können.

4.8 Was Sie in diesem Kapitel gelernt haben

In Kapitel 4 wird erläutert, was ein Softwarelebenszyklus ist und warum sich die Sicherheit von Software am besten innerhalb von Aktivitäten realisieren lässt, die sich am Lebenszyklus der Software orientieren.

- In Abschnitt 4.1 werden die Hintergründe zu den wichtigsten sicherheitsbezogenen Aktivitäten im Rahmen eines Softwarelebenszyklus beschrieben.
- In Abschnitt 4.2 wird ausgeführt, dass bereits während der Anforderungsanalyse die Grundlage für sichere Software gelegt werden sollte und auf entsprechende Absicherungsmaßnahmen wie die Prüfung der Anforderungen aus der Sicherheitsperspektive zu achten ist. Es wird beschrieben, wie für einen gegebenen Satz von Anforderungen sicherheitsrelevante Fehler aufgedeckt und Unzulänglichkeiten identifiziert werden können.
- In Abschnitt 4.3 werden die sicherheitsbezogenen Testaktivitäten der Entwurfsphase behandelt. Es wird erläutert, wie sich Sicherheit in den Entwurfsdokumenten widerspiegelt und wie Entwurfsdokumente auf Schwachstellen und sicherheitskritische Fehler hin analysiert werden können.
- In Abschnitt 4.4 werden die implementierungsnahen Sicherheitstestaktivitäten behandelt. Dabei wird insbesondere auf die Bedeutung des Sicherheitstestens im Rahmen der Komponententests eingegangen und genauer erläutert, wie sicherheitsbezogene Codeanalysen durchgeführt, Komponententests implementiert und die daraus resultierenden Testergebnisse ausgewertet werden können.
- In Abschnitt 4.5 werden die notwendigen Sicherheitstestaktivitäten der Integrationsphase beschrieben. Ausgehend vom Komponentenintegrationstest bis hin zum Systemtest wird das notwendige Wissen vermittelt , um sicherheitsbezogene Komponentenintegrationstests wie auch Ende-zu-Ende-Testszenarien spezifizieren, umsetzen und die jeweiligen Ergebnisse interpretieren zu können.

- Abschnitt 4.6 beschreibt das Sicherheitstesten in der Transitionsphase. Grundlage für diese Testphase sind wohldefinierte Abnahmekriterien für die Sicherheitsaspekte einer Software. Es wird gezeigt, wie Abnahmekriterien für die Sicherheitsaspekte eines Softwaresystems erstellt und geprüft werden können. Darüber hinaus wird vermittelt, dass neben dem Softwaresystem auch immer die Betriebsumgebung sowie die Rahmenbedingungen für den Betrieb der Software dahingehend zu prüfen sind, ob die ursprünglichen Sicherheitsannahmen, die als Grundlage der Softwareerstellung vorausgesetzt wurden, noch gelten.
- Abschnitt 4.7 schließt den Lebenszyklus mit der Beschreibung von Sicherheitstestaktivitäten in der Wartungsphase eines Softwaresystems ab. Im Verlauf dieses Kapitels wird erläutert, was eine durchgängige Vorgehensweise für den Sicherheitsregressionstest ist und wie Sicherheitsregressionstests systematisch spezifiziert und ausgewählt werden können. Darüber hinaus wird das Konzept des Penetrationstests eingeführt und beschrieben, wie sich dieser vom entwicklungsbegleitenden Sicherheitstest unterscheidet.

5 Testen von Sicherheitsmechanismen

»Hi, my name is Werner Brandes.
My voice is my passport. Verify Me.«
Stephen Tobolowsky als Dr. Werner Brandes in »Sneakers«, Universal Studios, 1992

Zahlreiche Sicherheitsmechanismen helfen beim Schutz digitaler und physischer Assets. Jeder dieser Sicherheitsmechanismen lässt sich auf verschiedene Arten einsetzen – einige über Werkzeuge und Infrastruktur, andere über händische Arbeiten. Weil in den meisten Fällen keiner dieser Sicherheitsmechanismen allein ausreicht, um Informationen zu schützen, wird oftmals eine Kombination von Sicherheitsmechanismen eingesetzt. Dabei hat jeder Mechanismus seine eigenen Vor- und Nachteile. Dieses Kapitel will die Wirksamkeit grundlegender Sicherheitsmechanismen entlang geeigneter Teststrategien diskutieren.

Damit Sicherheitstester die Nuancen jeder Abwehrfront verstehen, sollten sie Kenntnisse der unterschiedlichen Angriffsoberflächen auf IT-Systeme haben. Die Verifikation und Validation der Wirksamkeit der Sicherheitsmechanismen gelingt u.a. durch Testen. Deshalb ist es ein Lernziel dieses Kapitels, dass Sicherheitstester die Implikationen der einzelnen beschriebenen Sicherheitsmechanismen verstehen, um eine Teststrategie zu entwerfen, die einen Rahmen für das kontinuierliche Testen der Sicherheit liefert.

5.1 Systemhärtung

5.1.1 Das Konzept der Systemhärtung

Systemhärtung bewirkt in den IT-Systemen eine Erhöhung der Sicherheit. Die dabei typische Vorgehensweise ist der dedizierte Einsatz von Software, die nur für die notwendigen Aufgaben (und deren Sicherheitsaspekte) bereitgestellt bzw. konfiguriert ist.

Systemhärtung schützt vor Angriffen.

Dabei werden Softwaredienste oder Module entfernt, die für die Funktion des Systems nicht notwendig oder nicht ausreichend sicher sind. Dadurch stehen diese den potenziellen Angreifern nicht mehr als Angriffspunkte zur Verfügung. Die Annahme ist, dass damit ein besserer Schutz vor externen Angriffen möglich wird.

Das BSI definiert als Härten eines Systems »die Entfernung aller Softwarebestandteile und Funktionen, die zur Erfüllung der vorgesehenen Aufgabe durch das Programm nicht zwingend notwendig sind« [BSI 12] – eine Gelingensbedingung für eine erfolgreiche Systemhärtung sowie zur Vermeidung vielfältiger, administrativer Fehler oder Konfigurationsfehler. Darüber hinaus helfen systematische Sicherheitstests über den gesamten Lebenszyklus hinweg, u.a. Design- und Implementierungsfehler zu finden.

Je nach Kontext kann das Härten auf verschiedenen Ebenen ansetzen:

- Härten einer Software- oder Hardwarekomponente
- Härten eines Produkts bzw. einer Anwendung
- Härten eines Systems
- Härten eines Systems von Systemen

In der Softwareentwicklung müssen wir trotz sorgfältiger Planungs- und Entwicklungsaktivitäten von Sicherheitslücken ausgehen. Aus diesem Grund sollten die Standardeinstellungen (z. B. erforderliche Privilegien) möglichst niedrig gewählt werden und selten benutzte Features standardmäßig deaktiviert werden [Howard & LeBlanc 14].

Minimale Konfiguration von Software

Die Aktivitäten des Systemhärtens wollen die Angriffsoberflächen in der Software reduzieren. Die minimale Konfiguration der Software mit dem Ziel der Reduktion von Angriffsoberflächen stellt dedizierte Software bereit. Damit verbunden ist das Löschen, das Entfernen, das Deaktivieren und das Aktualisieren von Software und korrespondierenden Daten mit dem Ziel »Secure by Default« [Howard & LeBlanc 14].

Praktiken der Systemhärtung

Folgende unternehmensbezogene und technische Sicherheitsvorkehrungen sind umzusetzen und zu testen:

- Minimale Konfiguration: Löschen nicht benötigter Software (kann Defekte enthalten)
- Löschen nicht benötigter Bibliotheken und Entwicklerwerkzeuge (können Defekte enthalten)
- Löschen nicht benötigter Konten/Anmeldedaten (Angriffsvektoren)
- Deaktivierung überflüssiger Systemdienste: Löschen nicht benötigter Anwendungen (können Defekte enthalten) und Netzwerkdienste (Angriffsvektoren) sowie Deaktivierung überflüssiger Systemdienste
- Entfernen nicht benötigter Peripheriegeräte und Hardwareschnittstellen (z.B. USB-Ports, Kartenleser)
- Einschränkung von Treibern auf vertrauenswürdige Hersteller durch Signierung

- Patch-Management: Sofortiges Patchen von Systemen und Installieren von Updates (z.B. automatische Aktualisierung)
- Aktualisieren von Konfigurationen (minimale Konfiguration!)
- Monitoring (entsprechend Sicherheitsrichtlinie): Systemhärtung hat nicht nur das Ziel, die Vertraulichkeit der Daten sicherzustellen, sondern auch deren Verfügbarkeit zu gewährleisten. Monitoring hilft, abweichendes Verhalten und jede Änderung in der Qualität der erbrachten Leistungen zu erkennen. Das Monitoring-Werkzeug rsyslog ist hierfür z.B. eine quelloffene Implementierung des syslog-Protokolls.
- Entsprechendes Konfigurieren des Remote-Anmeldeservers (z.B. rsyslog), damit der Angreifer nur die Protokolldateien auf dem kompromittierten Rechner, nicht aber auf dem Anmeldeserver löschen kann.
- Überprüfung und sichere Einrichtung von technischen Schutzmaßnahmen (z.B. Firewalls, IDS, IPS, Zugangsberechtigungen)
- Einschränkung einer Software durch Sicherheitsrichtlinien
- Überprüfung der Unversehrtheit der Systemdateien
- Logfile-Check (Protokolldateien auf Unstimmigkeiten überprüfen)
- Zugriffskontrolle und Verwaltung digitaler Zertifikate

Dokumentation für Systemhärtung

Die Sollanforderungen für eine Systemhärtung werden dokumentiert. Die Systemhärtung muss auf verschiedenen Softwareebenen erfolgen. Das Dokument der Systemhärtung gibt beispielsweise für jedes Betriebssystem vor, welche Komponenten zu deaktivieren sind sowie die zu implementierenden Abweichungen vom Standard des Betriebssystems (Configuration Baseline).

Die Praktiken des Secure Software Engineering verweisen bereits während des Designs und der Implementierung auf die konstruktive Sicherheit (Secure by Design [Howard & LeBlanc 14]). In Kapitel 4 wurde bereits das Sicherheitstesten im Softwarelebenszyklus diskutiert und der statische Test von Softwarekomponenten (vgl. Abschnitt 4.4.1) eingeführt. Das Thema wird hier erneut aus der Perspektive der Systemhärtung aufgegriffen.

Härtung der Implementierung mit Programmierregeln

Die Härtung der Implementierung zielt auf das Reduzieren systematischer Fehler ab. Diese haben ihre Ursachen in systematischen Programmierfehlern und/oder im unkorrekten Gebrauch der Programmiersprache. Die folgenden Maßnahmen der Härtung werden für die Implementierung in einer Programmiersprache empfohlen (vgl. hierzu auch Abschnitt »Sichere Programmierpraktiken« ab Seite 134):

- Befolgung von Programmierregeln, wie beispielsweise die SEI CERT Coding Standards für die Programmiersprachen C und C++ [CMU 4].
- Die Methoden der statischen Codeanalyse und des spezifischen Codereviews zielen auf die Erkennung von Schwachstellen, die später als Angriffsoberflächen nutzbar würden.

Hinweis: Härtung mit Coding Standard – Was kann überprüft werden?

- Formale Elemente eines Programmstandards
- Unsichere, unspezifizierte und zweideutige Sprachelemente
- Nichtportierbare Sprachkonstrukte
- Überschreitung von Komplexitätsgrenzen
- Einhaltung einer Programmiervorschrift
- Einhaltung einer Namenskonvention

Die C++-Regeln aus dem SEI CERT Coding Standard lassen sich in elf verschiedene Kategorien einteilen:

Tab. 5–1
Kategorien des SEI CERT Coding Standard für C++ [CMU 4]

Regelkategorie	Thema der Kategorie	Aspekt der Härtung
1	Declarations and Initialization (DCL)	Typsicherheit
2	Expressions (EXP)	Bewusster Umgang mit der Integral Promotion in C/C++, Referenz und Gültigkeit, Seiteneffekte
3	Integers (INT)	Überlauf, Interpretation der Daten, Genauigkeit, Zeigerkonversion
4	Containers (CTR)	Korrekter Gebrauch der Iteratoren, korrekte Definition einer Ordnungsrelation
5	Characters and Strings (STR)	Korrekter Gebrauch der Zeichenketten
6	Memory Management (MEM)	Korrekte Speicheranforderung und -freigabe bei dynamischen Variablen, Fehlerbehandlung bei Speicherallokation
7	Input Output (FIO)	Korrekte Nutzung des Streamkonstrukts
8	Exceptions and Error Handling (ERR)	Korrekte Fehlerbehandlungsstrategien
9	Object Oriented Programming (OOP)	Regeln für korrekte Nutzung des Klassenkonzepts (Konstruktor, Destruktor, Initialisierung, virtuelle Methoden)
10	Concurrency (CON)	Thread Safety und korrekter Umgang mit Synchronisation
11	Miscellaneous (MSC)	Hinweis für Zufallszahlen etc.

Beispiel: Die Regel OOP50-CPP [CMU 4]

Beispiel: Die Regel OOP50-CPP [CMU 4]

Rufen Sie keine virtuellen Funktionen aus einem Konstruktor oder Destruktor auf.

Hintergrund: Im Konstruktor einer Basisklasse ist der Zugriff auf überladene Funktionen der abgeleiteten Klasse noch nicht definiert (undefined behaviour).

Hinweis: Tipp für praktische Umsetzung von Programmierregeln

Gehen Sie die Beispiele der *Noncompliant Code Example* und der *Compliant Solution* sowie die Begründungen auf der Website des SEI CERT Coding Standards [CMU 4] für die einzelnen Regeln der Programmiersprachen C und C++ schrittweise durch.

Weitere Programmierregeln für die Anforderungen der Informationssicherheit und funktionalen Sicherheit finden sich u.a. bei den MISRA-Richtlinien [MISRA 95], MISRA C [MISRA 13], MISRA C++ [MISRA 08], HIC++ [PR 13], JSF++ [Lockheed 05], cpp core guidelines [cpp 16] und den 101 Regeln von Sutter in [Sutter & Alexandrescu 05].

Hinweis: Bewusstsein für Sicherheitslücken (Security Awareness) [Pitchfo 14] (vgl. auch Abschnitt 5.8)

Rund zwei Drittel aller Sicherheitslücken resultieren aus **Programmierfehlern**. Also sollte man hier ansetzen, wenn man die Sicherheit von Software verbessern will. Die wirkungsvollste Methode für das Erstellen von sicherem Code aber ist die sichere Programmierung, unter anderem durch den Einsatz statischer und dynamischer Sicherheitsmaßnahmen. Die lohnendste Investition stellt die Durchsetzung sicherer Programmierregeln mithilfe statischer Analysetools dar.

Codereviews tragen zur Härtung bei.

Sicherheitsgerichtete Codereviews [Paulus 11] gibt es in unterschiedlichen Komplexitätsstufen:

- **Informelles Review**
  Es gibt keine formalen Anforderungen.
- **Walkthrough** (geführtes Review)
  Der Entwickler führt eine Gruppe von Experten durch den Code.
- **Technisches Review**
  Peer-Entwickler aus anderen Gruppen und externe Experten identifizieren Schwachstellen.
- **Inspektion**
  Ein professioneller Moderator führt durch den kompletten Codereview-Prozess unter Beteiligung von betroffenen Entwicklern, Peer-Entwicklern und externen Experten. Maßnahmen zur Behebung werden sofort beschlossen.

In der Gesamtsicht gelingt die Systemhärtung durch den Einsatz von Techniken sicheren Designs (Secure by Design) und sicherer Konfiguration bzw. Administration (Secure by Default). Eine Übersicht der empfohlenen Sicherheitsmechanismen, die in den folgenden Abschnitten näher erläutert werden, finden sich in Tabelle 5–2.

Tab. 5–2
Sicherheitsmechanismen für den Sicherheitstest

Sicherheitsmechanismus	Bemerkung	Abschnitt
Starke Authentifizierung	Nur die Rechte gewähren, die für die Aktionen der jeweiligen Rolle nötig sind	5.2
Verschlüsselung	Umwandlung von Klartextdaten in verschlüsselte Daten mittels eines kryptografischen Algorithmus	5.3
Firewalls	Überprüfung und sichere Einrichtung von technischen Schutzmaßnahmen: personen-, system- oder webanwendungsbezogen	5.4
Definierte Sicherheitszonen	Ausführung in Sandbox und Blockierung verbotenen Verkehrs	5.4
Angriffs-erkennungssystem	Negatives Sicherheitsmodell (signaturbasierte Erkennung oder Blacklist-Erkennung) oder positives Sicherheitsmodell (verhaltensbasierte Erkennung oder Whitelist-Erkennung)	5.5
Anti-Malware/ Anti-Spyware	Bösartigen Code aus verschiedenen Quellen erkennen, analysieren und entfernen	5.6
Maskierung von Daten und Anwendungen	Schutz von Quellcode gegen einfaches Kopieren	5.7

Die Systemhärtung ist sowohl eine konstruktive als auch eine administrative Tätigkeit, die letztendlich mögliche Angriffsflächen reduzieren und entfernen will.

Oftmals treten widersprüchliche Anforderungen auf, die sich nicht gleichzeitig optimieren lassen, weil die Benutzbarkeit des Systems gegen die Auswirkung von Schutzmaßnahmen auf andere nichtfunktionale Anforderungen abgewogen werden müssen. Beispielsweise birgt das Deaktivieren der Schutzmaßnahmen zur Steigerung der Produktivität (Durchsatz, Performanz) des Unternehmens im Extremfall ein hohes Risiko. Letztendlich muss dann eine Risikoanalyse für eine Entscheidung hinzugezogen werden.

5.1.2 Testen der Wirksamkeit der Mechanismen der Systemhärtung

Das Testen der Wirksamkeit der Systemhärtungsmechanismen lässt sich auf verschiedene Arten vornehmen. Die Tests hängen vom Charakter des zu härtenden Systems oder der Anwendung, des Schutzbedarfs der bedrohten Assets und der ermittelten Gefährdungen ab. Mit dem Härten des Systems wird erreicht, dass der Zugang zum System auf die richtigen Rollen beschränkt wird, dass nur die benötigten Dienste geöffnet werden und Updates für Anwendungen überwacht werden. Zum Testen der Wirksamkeit der Systemhärtung müssen daher Tests entworfen werden, mit denen sich ermitteln lässt, ob die Härtung funktioniert und an den richtigen Orten und auf die richtige Weise wirkt. Ferner ist wichtig, dass dabei nach geeigneten Maßnahmen der Systemhärtung gesucht wird, die weder zu restriktiv noch zu wenig restriktiv sind. Eine geeignete Systemhärtung gewährleistet die Funktionsweise der Software und hat die Angriffsoberfläche reduziert.

Hinweis: Penetrationstest und Systemhärtung

Ein Penetrationstest (vgl. Abschnitt 4.7) ist ein gezielter, in der Regel simulierter, Angriffsversuch auf ein IT-System und dient der Systemhärtung. Er wird als **Wirksamkeitsprüfung** vorhandener Sicherheitsmaßnahmen eingesetzt [BSI 12].

Einige Systemhärtungstests können reviewbasiert oder auditbasiert sein, andere können darauf basieren, dass bestimmte Benutzergruppen bestimmte Aktionen durchführen oder auf bestimmte Daten zugreifen können.

Folgende Tests sind denkbar:

- Prüfung der Konfiguration von Datenbank- und Anwendungsservern auf Änderung der voreingestellten Passwörter
- Prüfung der Systemkonfiguration auf nicht benötigte Dienste und Netzwerkports
- Prüfung der Versionen von Komponenten, Bibliotheken und Anwendungen, um zu ermitteln, ob sie veraltet und damit anfällig sind

Beispiel: Prüfung der Systemkonfiguration auf nicht benötigte Dienste und offene Netzwerkports [OWASP 16b]

Beispiel: Prüfung der Systemkonfiguration auf nicht benötigte Dienste und offene Netzwerkports [OWASP 16b]

Eine einfache Überprüfung gelingt mit dem **Portscanner nmap.**

Befehl: **nmap –PN –sT –sV –p0-65535 192.168.1.100.**

Ausgabe:
901/tcp open http Samba SWAT administration server
1241/tcp open ssl Nessus security scanner
3690/tcp open unknown
8000/tcp open http-alt?
8080/tcp open http Apache Tomcat/Coyote JSP engine 1.1

Interpretation: Port 3690 hat einen unspezifizierten (unknown) Service. Dies sollte Ausgangspunkt für eine weitere Prüfung sein.

Fragenkatalog zur Systemhärtung

Die Prüfung der Wirksamkeit von Sicherheitsmaßnahmen kann durch die Anwendung von Checklisten gesteuert werden. Tabelle 5–3 zählt auszugsweise Fragen in Anlehnung an eine Checkliste der Systemhärtung auf (BSI-CS067 [BSI 18b]):

Tab. 5–3 *Checkliste zur Systemhärtung (Auszug)*

ID	Frage
1	Gibt es Empfehlungen bzgl. der Konfiguration für einen sicheren Betrieb (z.B. Leitfaden zur Systemhärtung)?
1a	Gibt es ausreichende Hinweise für die Änderung von Standardpasswörtern und zum Deaktivieren von unbenötigten Accounts?
1b	Sind die sicherheitsspezifischen Konsequenzen der möglichen Konfigurationsoptionen/-alternativen dokumentiert? Welche Komponenten existieren im Betrieb?
1c	Patchverifikationsmethodik: Wie werden Patches auf Verträglichkeit geprüft?
1d	Gibt es Hinweise darauf, welche Einstellungen als kritisch zu betrachten sind und ggf. zu einer erhöhten Gefährdung führen?
1e	Gibt es eine Checkliste zur Übersicht über die Konfiguration und deren sicherheitsspezifischen Implikationen?
2	Gibt es Referenzen auf weiterführende Informationen zur Absicherung bzw. zum sicheren Betrieb (Produktkonfiguration)?
3	Backup- & Disaster-Recovery-Plan: Wie kann im Ernstfall der Softwarestand wiederhergestellt werden?
4	Werden Programmierrichtlinien eingesetzt und wird die Codequalität geprüft?

Die Konfigurationsmöglichkeiten sind von besonderer Bedeutung für die Sicherheit einer Komponente, da hierüber u.a. Sicherheitsmechanismen gesteuert und parametriert werden. Hierzu sind insbesondere die folgenden Leitfragen [BSI 18b] zu beachten:

1. Erfolgt die Auslieferung in einer sicheren Basiskonfiguration?
2. Können unsichere/nicht benötigte Dienste deaktiviert werden?
3. Sind Passwörter, Zertifikate usw. für sämtliche Dienste austauschbar?
4. Kann die Konfiguration nur nach vorheriger Authentisierung modifiziert werden?

Hinweis: Leitfrage aus der BSI-Checkliste [BSI 12]

Wird die Wirksamkeit von Sicherheitsmaßnahmen regelmäßig überprüft?

Zur Vereinfachung der Aufgaben der Schwachstellenerkennung kann ein Schwachstellenscanner verwendet werden – vor allem bei komplexen Systemen (z. B. eine über mehrere Standorte verteilte Umgebung). Mit statischen Analysewerkzeugen lassen sich Verstöße gegen Programmierregeln ermitteln, die Schwachstellen im Code erzeugen können. Sicherheitsorientierte Analyseprogramme können bei der Suche nach Schwachstellen besonders hilfreich sein.

5.2 Authentifizierung und Autorisierung

Dieser Abschnitt widmet sich der Absicherung der Identität von Nutzern oder Systemkomponenten in IT-Systemen.

Um entscheiden zu können, ob ein Gegenstand, eine Person, ein Rechner oder ein Prozess, der auf eine Ressource zugreifen möchte, authentisch – also derjenige ist, der er behauptet zu sein –, bedarf es zweier Schritte: Authentisierung und Authentifizierung. Der erste Schritt beweist die Identität, der zweite überprüft die Gültigkeit des Beweises. Danach wird entschieden, was der Benutzer oder das System darf (Autorisierung).

5.2.1 Authentizität und Authentisierung

Authentizität

Unter Authentizität versteht die [ISO 25010] den Grad, zu dem die Echtheit der Identität einer Person, eines Gegenstandes oder einer Ressource bewiesen werden kann.

Authentisierung

Authentisierung (engl. identification) beschreibt die Art und Weise, in der der Nachweis einer Identität erbracht wird.

Authentisierungsmechanismen

Typische Authentisierungsmechanismen sind:

- **Die Kenntnis eines Geheimnisses**
  Die bekanntesten Beispiele sind Parolen z.B. im militärischen Bereich oder eben die Vergabe eines Passwortes im IT-Bereich. Auch die auf Sicherheitsfragen hinterlegten Antworten, die manche Plattformen für die Zurücksetzung eines Passwortes einfordern, gehören dazu.
- **Der Besitz eines Beweisgegenstandes oder »Tokens«**
  Wer jetzt z.B. an die »Halsbandaffäre« in Dumas drei Musketiere denkt, liegt goldrichtig. Hier soll die französische Königin ihre Treue durch das Tragen einer Kette auf einem Ball beweisen, die sie aber leichtsinnig ihrem Geliebten Lord Buckingham gegeben hat. Der weilt samt Kette in England. Ein anderes, echtes historisches Beispiel ist die Verwendung von Siegeln, Siegelringen und Unterschriften. Im digitalen Zeitalter sind diese durch Zertifikate und digitale Signaturen ersetzt. Die zugrunde liegende Idee ist jedoch die gleiche.
- **Die Person oder der Gegenstand selbst** (im weitesten Sinne) dient zur Authentisierung. Hierzu zählt die Verwendung biometrischer Merkmale, wie Fingerabdrücke, Handflächenabdrücke, die Stimme oder Retina-Scans. Für Hardware wird eine nicht bzw. nur schwer zu simulierende Eigenschaft der Hardware genutzt – eine »physical unclonable function«. Auch mittels Hashverfahren gebildete Checksummen können zu dieser Authentisierungsmethode gezählt werden.
- **Mischformen**
  Insbesondere im digitalen Bereich werden die drei genannten Verfahren häufig kombiniert. Checksummen können z.B. mithilfe digitaler Signaturen gebildet werden, um zusätzlich die Echtheit der Herkunft einer Datei oder eines Programms zu bestätigen. Der elektronische Signaturprozess kann zusätzlich durch ein Passwort gesichert sein.

5.2.2 Der Zusammenhang zwischen Authentifizierung und Autorisierung

Authentifizierung

Die Authentifizierung (engl. authentication) überprüft, ob eine erfolgte Authentisierung glaubhaft ist. Sie bestätigt damit die Echtheit der Authentisierung.

Die folgenden Abschnitte diskutieren Beispiele für gängige Methoden der Identitätsüberprüfung:

Challenge-Response

Im **Challenge-Response**-Verfahren werden Identifizierungsmerkmale (in der Regel) direkt vom Benutzer abgefragt. Dabei muss der Benutzer auf eine mehr oder weniger spezifische Challenge (z.B. die Frage nach einem Passwort) antworten. Das vorzuweisende Merkmal kann dabei aus jeder der oben genannten Kategorien der Authentisierung stammen.

Mehrfaktor-Authentifizierung

Bei der **Mehrfaktor-Authentifizierung** werden mehrere Merkmale abgefragt. So können neben einem Passwort zusätzlich ein Zertifikat oder ein Token verlangt werden. Ein Beispiel für ein Token ist in diesem Zusammenhang z.B. eine über ein Mobiltelefon zugesandte Zahlenkombination oder eine über ein kryptografisches Verfahren ermittelte Transaktionsnummer (TAN).

Einmalpasswörter

TANs kann man auch als Beispiel für das Konzept des **Einmalpasswortes** (engl. nonce) ansehen. Ein solches Passwort wird nur einmal für eine einzige Transaktion vergeben. Ein Beispiel sind temporäre Passwörter, die von manchen Administratoren oder Webseiten bei der Neuanmeldung vergeben werden und bei der Erstanmeldung geändert werden müssen. Auch bei Single-Sign-on-Systemen können bei der Kommunikation zwischen einem Client und einem Dienst Einmalpasswörter für jeden Datenaustausch erzwungen werden, um die Kommunikation vor Replay-Angriffen (vgl. Abschnitt 5.2.3) zu schützen.

Single Sign-on und Föderierte Identität (engl. Federated Identity)

Single-Sign-on-Systeme werden verwendet, wenn die Authentifizierung eines Anwenders für mehrere Dienste und/oder Rechner mit nur einem einzigen Anmeldevorgang erfolgen soll. Ein solcher Dienst muss sicherstellen, dass sowohl der anfragende Client gegenüber dem angefragten Dienst authentifiziert als auch der Dienst gegenüber dem Client. Um Man-in-the-Middle-Angriffe zu unterbinden, wird hierzu ein dritter Dienst – der Single-Sign-on-Dienst – genutzt, gegenüber dem beide Parteien ausgewiesen sind. In Abbildung 5–1 ist der Anmeldevorgang im Kerberos-Protokoll [RFC 41] schematisch dargestellt. Der Single-Sign-on-(SSO-)Server benötigt Zugriff auf einen geheimen Schlüssel des Clients/Anwenders und des Dienstes, den der Anwender nutzen möchte. Außerdem verfügt er über einen eigenen geheimen Schlüssel.

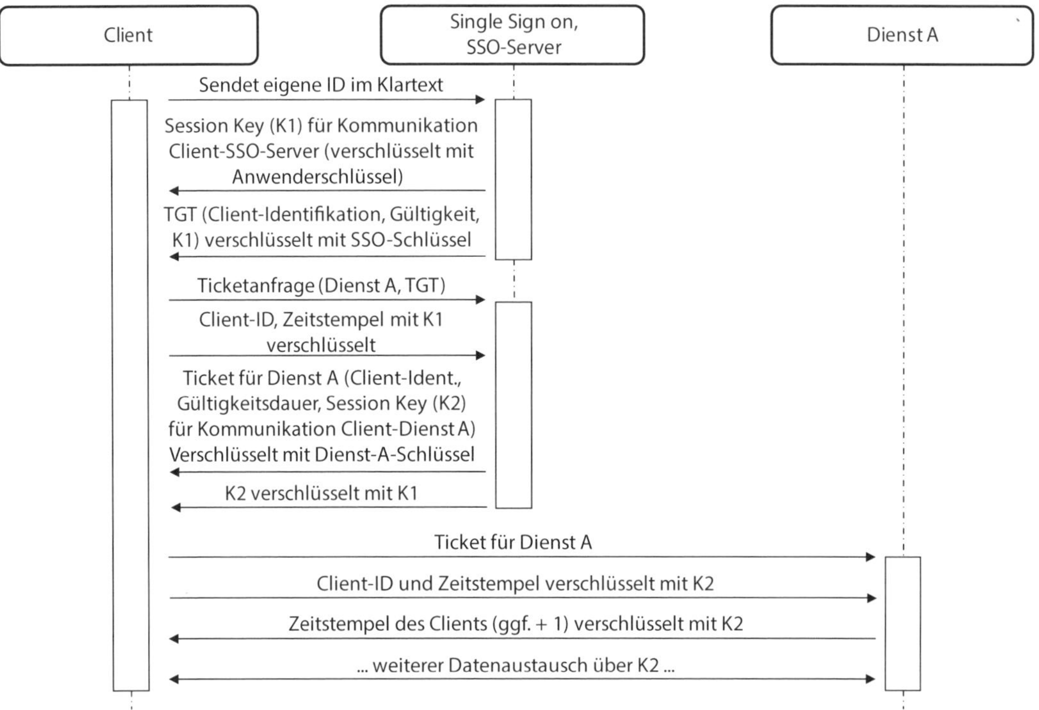

Abb. 5–1
Schematischer Ablauf einer Single-Sign-on-Anmeldung nach dem Kerberos-Protokoll

Die Anmeldung des Clients am Dienst A erfolgt in 3 Schritten:

1. Der Client fragt beim SSO-Dienst ein allgemeines Anfrageticket (TGT) an. Der SSO-Server sendet einen Session Key (K1), der mit dem geheimen Schlüssel des Clients verschlüsselt ist. Alle weiteren Anfragen des Clients müssen mit dem Session Key K1 verschlüsselt sein. Ohne Kenntnis des Clientschlüssels können also keine weiteren Anfragen an den SSO-Dienst gestellt werden. Außerdem sendet er ein TGT-Ticket (TGT = Ticket Granting Ticket), das Identifikationsdaten des Clients (inklusive Netzwerkadressdaten und den Session Key K1) enthält. Dies ist mit dem eigenen geheimen Schlüssel des SSO-Dienstes verschlüsselt.

2. Der Client stellt eine Anfrage zur Nutzung des Dienstes A am SSO-Server. Die Anfrage enthält das TGT. Danach authentisiert sich der Client durch das Senden seiner ID und eines Zeitstempels, die mit dem Session Key K1 verschlüsselt sind. Der SSO-Dienst liest den im TGT enthaltenen Session Key K1 aus der ersten Nachricht und entschlüsselt damit die zweite. Ferner vergleicht er die im TGT enthaltenen Identifikationsdaten des Clients mit denen des anfragenden Clients. Ist dieser Vorgang erfolgreich, ist der Client authentifiziert. Der SSO-Dienst fasst die Client-Identifika-

tionsdaten, einen Schlüssel K2 für die Kommunikation zwischen Client und Dienst A und ein Verfallsdatum in einem Ticket zusammen. Dieses wird mit dem geheimen Schlüssel des Dienstes A verschlüsselt und an den Client geschickt. Danach überträgt der SSO-Dienst den mit K1 verschlüsselten Schlüssel K2 an den Client.

3. Im letzten Schritt sendet der Client das im vorangegangenen Schritt erhaltene Ticket an den Dienst A und danach seine mit K2 verschlüsselte Client-ID mit einem Zeitstempel. Authentisierung und Authentifizierung des Clients beim Dienst A erfolgen nach dem gleichen Muster wie in Schritt 2. Der Dienst authentisiert sich schließlich beim Client, indem er den Zeitstempel aus der letzten Nachricht des Clients mit K2 verschlüsselt an diesen zurücksendet. Die Anmeldung des Clients am Dienst A ist damit abgeschlossen und der weitere Datenaustausch zwischen Client und Dienst wird mit dem Schlüssel K2 gesichert.

Hinweis: Authentifizierung und Autorisierung

Erst wird authentifiziert, dann wird entschieden, was der Nutzer oder der Prozess darf (Autorisierung).

Autorisierung

Autorisierung beschreibt im allgemeinen deutschen Sprachgebrauch das Recht oder die Befugnis, eine Handlung vorzunehmen. Darf nur ein eingeschränkter Nutzerkreis Informationen oder Dienste eines Systems nutzen, muss die Authentifizierung der Autorisierung vorangehen. Ist Zugang zum System erteilt worden, muss dieser auch weiterhin kontrolliert werden. Zugehörige Prinzipien der Zugangskontrolle wurden bereits in Abschnitt 3.3.1.1 erläutert.

5.2.3 Testen der Wirksamkeit von Authentifizierungs- und Autorisierungsmechanismen

Für einen Angriff auf Authentifizierungs- und Autorisierungsmechanismen gibt es drei erfolgversprechende Ansätze, die alle im Sicherheitstest der Authentifizierungs- und Autorisierungsmechanismen betrachtet werden müssen:

1. Diebstahl oder Fälschung von Authentisierungsmerkmalen
2. Ausnutzen von Lücken und Implementierungsfehlern in den Authentifizierungsmechanismen
3. Umgehen der Zugangskontrolle

Siehe hierzu auch den Abschnitt zu **Intrusion** in Kapitel 3 ab Seite 145.

Diebstahl oder Fälschung von Authentisierungsmerkmalen

Im Eingangszitat dieses Kapitels findet sich ein Satz aus dem 1992 gedrehten Film »Sneakers – die Lautlosen«. Im Film dient dieser Satz zur Authentisierung in der Zugangskontrolle zum Hochsicherheitsbereich einer (scheinbaren) Computerspielefirma, in den die Protagonisten eindringen wollen. Mittels Social-Engineering-Taktiken verschaffen sie sich Tonaufnahmen ihres Opfers und schneiden aus diesen den Passwortsatz zur Überwindung der Zugangskontrolle zusammen, den sie dann über ein Diktiergerät abspielen. Dies ist ein Beispiel für einen sogenannten Replay-Angriff, der auch im Test realer Zugangskontrollen eine Rolle spielen kann – wenn auch meist weniger spektakulär als im Film.

Replay-Angriff

Der Replay-Angriff ist eine einfache Form des Diebstahls von Authentisierungsmerkmalen. Diese werden bei ihrer Übertragung einfach mitgeschnitten und dann wiederholt. Replay-Angriffe sollten insbesondere im Test der folgenden Mechanismen berücksichtigt werden:

- **Unlock-Mechanismen** wie per E-Mail versendete Links, mit denen gesperrte Konten wieder freigeschaltet werden können. Hier kann eine Wiederholung desselben Links nach erneuter Kontensperrung als Test genutzt werden. Zusätzlich sollte untersucht werden, ob der Link einen vorhersagbaren Aufbau hat und somit nicht fälschungssicher ist.
- Die angemessene Verwendung jeglicher Form von **Einmalpasswörtern**. Das gleiche Passwort könnte wiederholt verwendet werden, insbesondere wenn dies wegen einer zu kurzen Länge oder eines zu geringen Zeichensatzes wahrscheinlich ist.
- **Session-IDs** wie z.B. Session-Cookies, die wiederholt genutzt werden oder kein Verfallsdatum besitzen. Hier kann z.B. getestet werden, ob eine eigentlich bereits beendete Session durch die Nutzung einer alten Session-ID wieder aufgerufen werden kann.
- **Single-Sign-on**-Verfahren arbeiten häufig mit Einmalpasswörtern und Session-IDs wie z.B. sogenannten Tickets. Deren Anfälligkeit gegen Replay-Angriffe muss evtl. an mehreren Punkten getestet werden. Dazu ist eine sorgfältige Analyse des Protokolls erforderlich. Das im obigen Beispiel beschriebene Kerberos-Protokoll nutzt u.a. Zeitstempel zum Schutz vor Replay-Angriffen. Neben Kerberos gibt es viele weitere solide und gut implementierte Authentifizierungsprotokolle. Von einer Eigenentwicklung ist daher abzuraten: Selbst geschriebene Authentifizierungsprotokolle weisen oft gravierende Sicherheitslücken in Architektur und Implementierung auf. Ein Sicherheitstester sollte daher vorgefundene Nicht-Standardlösungen besonders sorgfältig analysieren.

Weiterhin müssen die bereits in Kapitel 3 beschriebenen Brute-Force-Szenarien wie Account Harvesting und Wörterbuchangriffe zum Raten bzw. Knacken von Passwörtern im Test berücksichtigt werden. Zusätzlich zu der in Kapitel 3 beschriebenen Vorgehensweise muss untersucht werden, wo Passwörter z.B. als Hash übertragen werden. Auch hier kann der Wörterbuchangriff eingesetzt werden. Die Hashwerte aller im Wörterbuch vorkommenden Wörter werden gebildet und mit dem übertragenen Hashwert verglichen. Insbesondere bei den Wörterbuchangriffen sollten eigene Wörterbücher erstellt werden. Angreifer verwenden dieses Verfahren auch, wenn es ihnen gelungen ist, eine Datenbank mit verschlüsselten Passwörtern zu stehlen. [Weidman 14] erläutert ein Beispielvorgehen im Zusammenhang mit Angriffen auf WPA2-verschlüsselte WLAN-Systeme.

Brute-Force-Angriffe

Lücken und Implementierungsfehler in den Authentifizierungsmechanismen

Unsichere Standardeinstellungen (Defaults) gehören oft zu von Herstellern übersehenen Angriffspunkten. Dazu zählen vorhandene Defaultkonten, Defaultpasswörter für Administratorkonten oder Gäste-Accounts, mit denen man über den ganz normalen Anmeldeprozess Zugang zu einem System erhalten kann. Insbesondere Netzwerk- und IoT-Komponenten sollten hierauf getestet werden.

Unsichere Defaulteinstellungen

Beispiel: Rechteausweitung in Mac OS 10.13

In macOS-Versionen ist standardmäßig das »root«-Konto deaktiviert und kein Passwort für diesen Account gesetzt. Über einen Gast-Account konnte man sich in der Version 10.13 Zugang zu Administratorrechten auf Macintosh-Rechnern verschaffen, indem man in der Benutzerverwaltung das Anlegen eines neuen Benutzers auswählte. Bei der anschließend erscheinenden Anmeldemaske zur Anmeldung als Administrator führte die Eingabe von »root« ohne Angabe eines Passwortes mit wenigen zusätzlichen Mausklicks zum Erfolg [Schwan 17]. Ein Angreifer mit lokalem Zugang zum Rechner konnte anschließend mit Administratorrechten weiterarbeiten und z.B. eigene Benutzer mit Administratorrechten anlegen. Dies ist ein Beispiel für eine Rechteausweitung (engl. Privilege Escalation), bei der der Angreifer seine eigenen Zugriffsrechte auf dem System erweitert.

Beispiel: Rechteausweitung in Mac OS 10.13

Rechteausweitung (Privilege Escalation)

Auch das Mirai-Botnet, mit dem 2016 DDOS-Angriffe auf Internetanbieter und Telekommunikationsunternehmen durchgeführt wurden, nutzte Defaultpasswörter verschiedener IoT-Geräte [Kan 16]. Ob Defaultpasswörter genutzt werden, sollte bereits in der Informationssammlungsphase eines Sicherheitstests berücksichtigt werden.

Das Testen von Fehlern in der Implementierung der Authentifizierungsmechanismen beruht typischerweise auf dem Testen von Injection-Schwachstellen, wie z.B. SQL-Injections. Dies wurde bereits in Kapitel 3 besprochen.

Umgehen der Zugangskontrolle

Der einfachste Weg, eine Zugangskontrolle zu umgehen, ist die Lücke im Zaun zu nutzen – d.h. dort einzudringen, wo die Zugangskontrolle nicht greift. Lässt ein System zu, dass ein Angreifer den Zugang zu einer Ressource direkt durch seine Eingaben steuert, kann er eventuell eine Lücke im Zaun finden oder selbst eine schaffen. Dies muss daher vom Tester geprüft werden. [MITRE 2] unterscheidet drei Arten für ein Umgehen der Zugangskontrolle, die zu testen sind:

- Die **direkte Umgehung** der Zugangskontrolle. Beispiele hierfür sind Pfade oder URLs, die direkt vom Benutzer eingegeben werden können und für die keine Zugangskontrolle stattfindet. [GTB CTAL 18] nennt die Eingabe eines relativen Pfades wie ../../ in einem ftp-Konto als Beispiel. In vielen Situationen können hierbei auch Fuzz-Testing-Werkzeuge (vgl. Fuzzing in Abschnitt 3.3.1) eingesetzt werden. Beim Test, ob eine Webseite direkten Zugriff auf Dateien oder Ressourcen ohne vorherige Anmeldung erlaubt, können URL-Fuzzer eingesetzt werden. Diese prüfen für eine große Zahl typischer Pfade, ob ein direkter Zugang möglich ist. Außerdem sind viele dieser Werkzeuge in der Lage, versteckte Verzeichnisse zu finden und die Struktur einer Webseite abzubilden.
- Eine **horizontale Rechteausweitung** liegt vor, wenn ein angemeldeter Nutzer die Daten eines anderen Nutzers lesen oder verändern kann. Auf einer Webseite kann dies z.B. durch die Manipulation der URL oder eines Cookies nach Anmeldung an einem gültigen Konto möglich werden. Können Angaben zu Anwenderprofil oder -gruppe anwenderseitig manipuliert werden, kann dies eventuell für eine Rechteausweitung genutzt werden. Im Test muss darum bereits in Architektur- und Codereviews darauf geachtet werden, ob und wie die Zugriffserlaubnis auf einzelne Ressourcen nach der Authentifizierung erfolgt. In Integrations- und Systemtests können ebenfalls Manipulationsmöglichkeiten von Cookies und anderen clientseitig veränderbaren Daten getestet werden. Fuzzer können auch dabei gute Dienste leisten.

- Die **vertikale Rechteausweitung** liegt vor, wenn ein Nutzer Daten oder Dienste nutzen kann, die einer höheren Freigabestufe unterliegen. Vertikale Rechteausweitung kann unter Umständen auf denselben Wegen wie die horizontale Rechteausweitung erreicht werden. Häufiger werden allerdings schwer zu entdeckende Schwachstellen ausgenutzt, die aus Implementierungsfehlern herrühren. Diese sind in Kapitel 3 ausführlich diskutiert.

5.3 Verschlüsselung

Die Basis unseres modernen Finanz- und Wirtschaftswesens beruht auf Verschlüsselungstechnologien. Ohne die Kryptografie (abgeleitet vom griechischen κρυπτός geheim und γράφειν schreiben) gäbe es keine Webshops, kein Onlinebanking, keinen Online-Börsenhandel und kein bargeldloses Bezahlen. Die Kryptografie und ihr Gegenstück die Kryptoanalyse (griech. ανάλυσις = auflösen) sind die zwei Teildisziplinen der Kryptologie und Hauptthema dieses Abschnitts.

5.3.1 Das Konzept der Verschlüsselung

Kryptografie ist die Lehre von der Verschlüsselung, d.h. der Umwandlung eines Textes, des Klartextes, in einen Geheim- oder Chiffretext, der nur mit speziellem Wissen wieder in den ursprünglichen Klartext umgewandelt werden kann. Zur Umwandlung des Klartextes in den Chiffretext sind eine Verschlüsselungsmethode sowie ein oder mehrere Schlüssel erforderlich. Zur Rücktransformation des Chiffretextes in den Klartext werden eine Entschlüsselungsmethode und ggf. die bereits zuvor verwendeten Schlüssel oder sogar weitere Schlüssel benötigt (vgl. Abb. 5–2). Wird eine geheime Information lediglich verborgen, so spricht man von einem steganografischen Verfahren.

Definition: Verschlüsselung

»Verschlüsselung ist der Prozess der Umwandlung von Klartextdaten in verschlüsselte Daten mittels eines kryptographischen Algorithmus und geheimer Schlüssel, so dass nur autorisierte Personen auf die Klartextdaten zugreifen können, indem sie sie entschlüsseln.« [GTB CTAL ST 18]

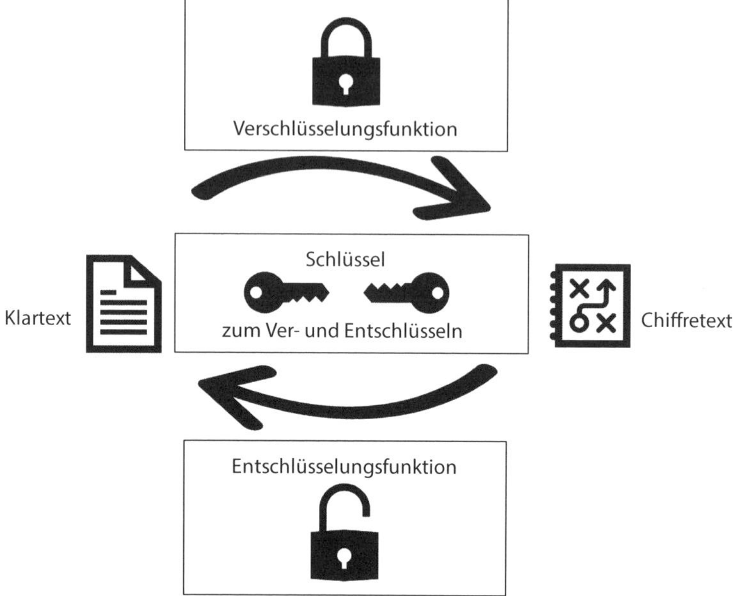

Abb. 5–2
Verschlüsseln und Entschlüsseln im Überblick

Verschlüsselung wird sowohl zum Schutz von Informationen bei der Speicherung von Daten als auch beim Datentransfer eingesetzt. Leider dient die Datenverschlüsselung auch Angreifern: Ransomware, wie das berüchtigte Programm Cryptowall, verschlüsselt Dateien und Festplatten mittels moderner kryptografischer Methoden. Die Angreifer erpressen dann Lösegeld, das in einer Kryptowährung wie Bitcoin gezahlt werden soll. Ohne die Lösegeldzahlung werden die Dateien nicht wieder entschlüsselt [BSI 15].

5.3.1.1 Kryptografische Grundprinzipien

Schlecht durchdachte Algorithmen, fehlerhafte Architekturen oder Implementierungsfehler führen dazu, dass scheinbar sichere Verschlüsselungen leicht gebrochen werden. Sehr häufig sind dabei wichtige Prinzipien für eine sichere Verschlüsselung verletzt. Diese sollten einem Sicherheitstester daher geläufig sein.

Grundprinzip 1: Das Kerckhoffs-Prinzip[1]

Die Sicherheit des Systems darf nicht von der Geheimhaltung des verwendeten Algorithmus abhängen.

---

1. Benannt nach Jean Guillaume Auguste Victor François Hubert Kerckhoffs von Nieuwenhof, 1835 – 1903, niederländischer Linguist und Kryptologe.

Bei einem Buchcode wird jedes Wort eines Klartextes mit einer Zahlenkette verschlüsselt, die eine Seitenzahl, Zeile und Stelle in einem vereinbarten Buch bezeichnet, an der das zu verschlüsselnde Wort vorkommt. 226-1-1 wäre zum Beispiel ein Chiffretext für das Wort »Verschlüsselung«, wenn dieses Buch benutzt wird. Erkennt ein Kryptoanalytiker, dass zur Verschlüsselung ein Buchcode verwendet wird, und findet er heraus, welches Buch zur Verschlüsselung benutzt wird, ist der Chiffretext sehr einfach zu entziffern.

Grundprinzip 2: Ausreichend großer Schlüsselraum

Der Schlüsselraum muss so groß sein, dass es auch bei Kenntnis des Algorithmus zu lange dauert, alle möglichen Schlüssel einfach durchzuprobieren.

Eine Cäsar-Chiffre ist eine Verschlüsselung, bei der die Buchstaben des Alphabets einfach um eine feste Anzahl von Positionen verschoben werden. Bei einer Verschiebung um 1 wird »a« zu »b«, »b« zu »c« usw. und »z« schließlich zu »a«. Dabei gibt es 25 verschiedene Schlüssel, die man ohne Mühe von Hand durchprobieren kann. Versuchen Sie einfach einmal durch Probieren herauszufinden, was sich hinter dem Chiffretext »noduwhaw« verbirgt.

Die Größe des geforderten Schlüsselraumes wächst mit dem Fortschritt von Rechnergeschwindigkeiten und Dechiffrieralgorithmen, hängt aber auch vom Verschlüsselungsverfahren ab. So werden für kryptografische Verfahren, die auf elliptischen Kurven basieren, in der Regel kleinere Schlüsselräume benötigt als für asymmetrische Verfahren wie RSA (vgl. Abschnitt 5.3.1.3), um das gleiche Maß an Vertraulichkeit zu erreichen [Rounak et al. 13]. Das BSI gibt regelmäßig aktualisierte Empfehlungen zu Schlüssellängen für gängige kryptografische Algorithmen heraus (vgl. z.B. [BSI 18e]).

Grundprinzip 3: Zufälligkeit des Chiffretextes

Alle Symbole des Chiffretextes sollen an jeder Position mit gleicher Wahrscheinlichkeit auftreten. Eine kleine Änderung im Klartext muss zu einem völlig anderen Chiffretext führen.

Chiffretexte, in denen bestimmte Symbole z.B. erkennbar häufiger oder häufiger in bestimmten Abständen auftreten, erlauben Rückschlüsse auf das Verschlüsselungsverfahren und ermöglichen es, den Schlüssel mithilfe statistischer Methoden zu brechen. Eine weitere Methode der Kryptoanalyse besteht darin, Beziehungen zwischen Klartext-Chiffretext-Paaren zu untersuchen. Führt eine kleine Änderung eines Klartextes zu einem komplett anderen Chiffretext, wird diese Form der Analyse deutlich aufwendiger.

Grundprinzip 4: Folgenlosigkeit oder Perfect Forward Secrecy

Das verwendete Verschlüsselungsprotokoll sollte mit temporären Schlüsseln arbeiten. Selbst wenn die Verschlüsselung eines Informationsaustauschs gebrochen wird, dürfen weiter zurückliegende Informationsübertragungen dadurch nicht kompromittiert werden.

In gängigen Kommunikationsprotokollen wie TLS wird dies dadurch erreicht, dass für jede Sitzung ein eigener Schlüssel generiert und danach gelöscht wird (vgl. die Anmerkungen zum TLS-Protokoll in Abschnitt 5.3.1.5).

5.3.1.2 Symmetrische Verschlüsselungen

Definition: Symmetrisches Verschlüsselungsverfahren

Ein Verfahren, bei dem die Informationen zur Verschlüsselung (geheimer Schlüssel) auch zur Entschlüsselung verwendet werden. Der Aufwand für Ver- und Entschlüsselung ist dabei von der gleichen Größenordnung. [Koblitz 94]

Ein einfaches Beispiel hierfür ist die in vielen Protokollen mitverwendete XOR-Verschlüsselung.

Beispiel: XOR-Verschlüsselung

Beispiel: XOR-Verschlüsselung

Zur Anwendung der XOR-Verschlüsselung müssen Klartext und Schlüssel als binäre Zeichenfolge vorliegen[2]. Zur Ver- und Entschlüsselung wird die XOR-Operation (vgl. Tab. 5–4) verwendet. Die XOR-Operation wird für Berechnungen im Binärsystem durch das Symbol ⊕ dargestellt. Für sie gelten das Kommutativ- und Assoziativgesetz. Außerdem ist sie selbst-invers, d.h., $A \oplus A$ ist stets 0. Diese Eigenschaften erlauben eine schnelle Ver- und Entschlüsselung mit dem gleichen Schlüssel.

Angenommen, der ASCII-Code für den Buchstaben A (41 – binäre Darstellung 101001) wird mit XOR und dem Schlüssel 110010 verschlüsselt. Als Chiffretext ergibt sich $101001 \oplus 110010 = 011011$.

Eine erneute XOR-Verknüpfung des Chiffretextes mit dem Schlüssel ergibt wieder den Klartext: $011011 \oplus 110010 = 101001$

2. Das ist bei auf einem Rechner gespeicherten Zeichenfolgen ohnehin der Fall.

Klartext	Schlüssel	XOR (⊕)
0	0	0
0	1	1
1	0	1
1	1	0

Tab. 5–4 *Wahrheitstafel der XOR-Verknüpfung*

Damit symmetrisch verschlüsselte Texte die Grundprinzipien 2 und 3 aus dem vorigen Abschnitt erfüllen, muss der Schlüssel mindestens so lang wie der zu verschlüsselnde Text sein. Um die Zufälligkeit des Chiffretextes zu gewährleisten, werden mehrere Vorgehensweisen kombiniert. Einerseits wird der Schlüssel zufällig erzeugt, wie im Falle von Stromchiffren (siehe unten). Ferner werden für Blockchiffren Permutations- und Verschiebetechniken eingesetzt, wie z.B. im Advanced Encryption Standard [NIST 01]. Diese sorgen dafür, dass kleine Änderungen im Klartext oder im Schlüssel zu einem vollständig anderen Chiffretext führen. Zudem schützt dieses Vorgehen die Integrität von Nachrichten: Ändert ein Angreifer ein Bit der verschlüsselten Nachricht, führt das zu schwerer vorhersagbaren Änderungen im entschlüsselten Klartext.

Einmalschlüssel-Verfahren (One-Time-Pad)

Je öfter ein Schlüssel verwendet wird, desto höher ist die Gefahr, dass er gebrochen wird. Daher sollte ein Schlüssel nur ein einziges Mal verwendet werden. Besteht der Schlüssel zudem aus einer echten Zufallsfolge von Zeichen und ist er mindestens so lang wie der zu verschlüsselnde Klartext, spricht man von einem Einmalschlüsselverfahren (engl. One-Time-Pad). Bei richtiger Verwendung kann es nicht gebrochen werden.

Für symmetrische Verschlüsselungen kommen zwei Verfahrensarten zum Einsatz – Blockchiffren und Stromchiffren [BSI 18e].

Stromchiffren

Stromchiffren nutzen typischerweise die XOR-Operation, um Datenströme zu verschlüsseln. Auf Sender- wie Empfängerseite wird dabei dieselbe Pseudozufallsfolge von Bits als Schlüssel generiert. Die Schlüsselgeneratoren auf beiden Seiten müssen dazu synchronisiert sein (vgl. Abb. 5–3). Richtig verwendet erzeugt diese Vorgehensweise einen Einmalschlüssel. Die Verwendung von Stromchiffren kann in der Praxis dennoch anfällig gegen Replay- und Known-Plaintext-Angriffe (vgl. Abb. 5.3.2) sein.

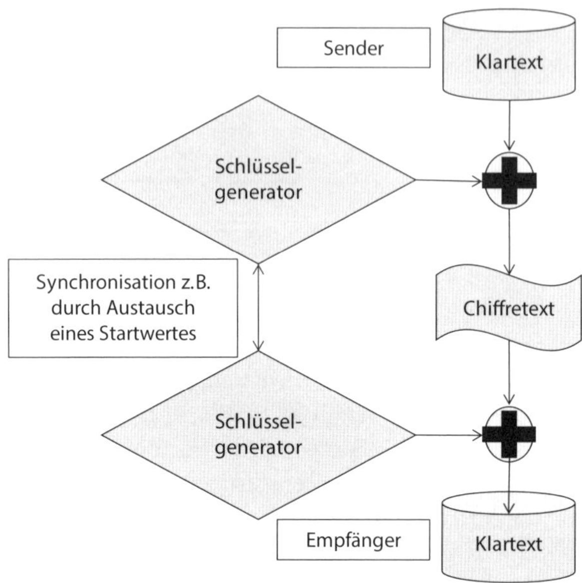

Abb. 5–3 *Verschlüsselung mithilfe einer selbstsynchronisierenden Stromchiffre*

Blockchiffren

Blockchiffren sind Algorithmen, die Klartextblöcke fester Länge (z.B. 128 Bit) zu Chiffretextblöcken gleicher Länge verschlüsseln [BSI 18e]. Hat der Klartext eine andere als die vorgegebene Länge, wird er in Blöcke fester Länge aufgeteilt. Der letzte Block wird bei Bedarf durch Nullen oder Zufallswerte aufgefüllt. Außerdem wird eine sogenannte Betriebsart zur Verschlüsselung eines Klartextes, der aus mehreren Blöcken besteht, ausgewählt. [BSI 18e] hebt folgende Betriebsarten hervor:

- Im **Counter Mode** (CM) wird mithilfe der Blockchiffre ein Zähler (Counter) in Blocklänge verschlüsselt. Aufeinanderfolgende Blöcke haben unterschiedliche Zähler. Der verschlüsselte Zähler wird nun genutzt, den zugehörigen Klartextblock mittels XOR zu verschlüsseln. CM ist damit eigentlich eine Stromchiffre. Das BSI empfiehlt neben dem Counter Mode den Einsatz des **Galois/Counter Mode**. Er erlaubt zusätzlich die Überprüfung der Integrität der übermittelten Daten.
- Im **Cipher-Block Chaining** (CBC) wird der zu verschlüsselnde Block zunächst mit dem Chiffretext des vorhergehenden Blocks mit XOR verknüpft und dann verschlüsselt. Damit sichergestellt ist, dass nicht durch Kenntnis oder Raten des Klartextes im Anfangsblock der Schlüssel gebrochen werden kann, sollte ein Zufallsblock vor den Beginn des Klartextes gesetzt werden. CBC stellt damit die Integrität der verschlüsselten Daten sicher. Wird ein chiffrierter Block verändert, sind alle Nachfolgerblöcke nicht mehr lesbar.

Weitere Betriebsarten sind z.B. in [Eckert 18] beschrieben.

5.3.1.3 Asymmetrische Verschlüsselungen

Eine symmetrische Verschlüsselung ist absolut sicher, wenn ein One-Time-Pad verwendet wird, das nur den beiden Parteien bekannt ist, die Informationen austauschen wollen. Genau darin liegt aber auch die größte Schwäche des Verfahrens: Der Einmalschlüssel muss geheim vom Sender zum Empfänger kommen. Wenn sich beide Seiten nicht persönlich und abhörsicher treffen können, ist das ein schwieriges Unterfangen. Die weltweit sichere Abwicklung von Onlinetransaktionen ist über eine rein symmetrische Verschlüsselung daher nicht praktikabel.

Definition: Asymmetrische Verschlüsselung

Lässt sich bei Kenntnis des Chiffrierschlüssels und -verfahrens der Schlüssel zum Dechiffrieren nur mit unverhältnismäßig hohem Aufwand berechnen, spricht man von einer asymmetrischen Verschlüsselung. Da damit der Chiffrierschlüssel öffentlich bekannt sein darf, spricht man auch von einem Public-Key-Verfahren. [Koblitz 94]

Asymmetrische Verschlüsselungen haben ihren Namen vom Unterschied in der Rechenzeit, die benötigt wird, um eine Nachricht zu verschlüsseln und den Dechiffrierschlüssel aus dem Chiffrierschlüssel zu ermitteln[3]. Ihre wohl bekanntesten Vertreter sind das Diffie-Hellman- und das RSA[4]-Verfahren. Die Unterschiede in den Rechenzeiten rühren daher, dass bestimmte mathematische Operationen nur mit hohem Rechenaufwand umkehrbar sind. Um dies näher zu erläutern, sind Kenntnisse in Zahlentheorie notwendig, die den Rahmen dieses Buches sprengen.

Zur verschlüsselten Kommunikation bestimmen beide Kommunikationspartner ein Schlüsselpaar, bestehend aus einem öffentlichen und einem geheimen Teil. Der öffentliche Teil wird dem Partner mitgeteilt. Er dient zur Verschlüsselung einer Botschaft. Der zweite Teil verbleibt geheim beim Ersteller des Schlüsselpaares. Er dient der Entschlüsselung von Botschaften, die mit dem öffentlichen Teil des Schlüssels chiffriert wurden.

Public-Key-Signaturen

Asymmetrische Verfahren erlauben es in einfacher Weise, einen Text mithilfe der Schlüsselpaare zu signieren. Hier ist das Prinzip kurz erläutert (vgl. auch [Koblitz 94]): Angenommen, Nachrichten an Adam werden mittels f_A verschlüsselt und mittels f_A^{-1} entschlüsselt. Bernd ver- und entschlüsselt entsprechend mittels f_B und f_B^{-1}. Will Bernd eine signierte Nachricht N an Adam schicken, so verschlüsselt er als Unterschrift zunächst einen zusätzlichen Text S (z.B. seinen Namen) mittels

3. Empfehlungen zur Lebensdauer von Schlüsseln werden vom NIST und dem BSI herausgegeben (vgl. z.B. [BSI 18d]).
4. Namensgebend sind die Anfangsbuchstaben der Nachnamen der Erfinder: Ron Rivest, Adi Shamir und Leonard Adleman.

$f_B^{-1}(S)$. Diesen hängt er an die Nachricht S an. Dann verschlüsselt er den gesamten Text mithilfe von f_A. Nach dem Entschlüsseln durch Adam kann dieser die Nachricht N lesen, der Unterschriftenteil $f_B^{-1}(S)$ bleibt aber unleserlich. Erst wenn Adam hierauf den öffentlichen Schlüssel von Bernd mithilfe von f_B anwendet, wird Bernds Unterschrift lesbar.

5.3.1.4 Hashverfahren

Definition: Hashfunktion

Eine Hash- oder Streuspeicherfunktion ist eine Funktion, die eine gegebene Datenmenge (z.B. ein Passwort oder den Inhalt einer ganzen Datei) auf eine Indexmenge abbildet (vgl. [Goos 06]).

In gängigen Hashverfahren werden die berechneten Indexwerte mit einer festen Länge ausgegeben. Das Hauptanwendungsgebiet ist das schnelle Auffinden von Dateneinträgen. Da sich Indexmengen mittels binärer Suche schneller durchsuchen lassen als andere Datentypen, werden Dateneinträge dem Hashwert (Index) des zugehörigen Suchbegriffs oder Datenschlüssels zugeordnet. Nach Übergabe eines Suchbegriffes an ein entsprechendes Programm wird in einer Tabelle nach dessen Hashwert gesucht und die in der Tabelle referenzierten Daten (falls vorhanden) aufgerufen.

Eine typische Eigenschaft einer Hashfunktion ist, dass der Indexwert sehr schnell berechnet werden kann. Die Rückberechnung des ursprünglichen Suchbegriffes aus dem Hashwert ist allerdings sehr aufwendig. Hashfunktionen werden daher zum Speichern von Passwörtern eingesetzt. In manchen Protokollen wie z.B. Kerberos wird auch das Passwort niemals übertragen, sondern nur der zusätzlich verschlüsselte Hashwert des Passwortes.

Wörterbuchangriff

Eine Angriffsmöglichkeit auf die so verschlüsselten Passwörter ist der in Kapitel 3 beschriebene Wörterbuchangriff. Ein Angreifer berechnet dabei die Hashwerte möglicher Passwörter vor und vergleicht sie mit den erbeuteten Passwort-Hashwerten. Erzielt er einen Treffer, kennt er ein Passwort. Gegen diese Form des Angriffs bieten der Einsatz von Salts und Pepper einen guten Schutz:

Salt (Salz)

Ein **Salt** ist ein eigens für jedes Passwort erzeugter Zufallstext, der dem Passwort bei dessen Erstellung vor dem Hashen hinzugefügt wird. Der zum Passwort zugehörige Salt wird mit dem Passwort-Hashwert gespeichert, damit der Hashwert bei der Authentifizierung erneut berechnet und mit dem gespeicherten Passwort-Hash verglichen werden kann. Salting erschwert Wörterbuchangriffe, da für jeden Salt die komplette Hashtabelle für das Wörterbuch erzeugt werden muss.

Ein **Pepper** ist genau wie der Salt ein Text, der dem Passwort vor dem Hashen hinzugefügt wird. Er wird allerdings nicht für jedes Passwort eigens generiert, sondern muss geheim bleiben. Daher darf er nicht mit dem Passworthash zusammen gespeichert werden. Ferner muss er eine ausreichende Länge haben, damit er nicht über einen Brute-Force-Angriff ermittelt werden kann, falls ein Angreifer ein Passwort kennt.

Pepper (Pfeffer)

5.3.1.5 Transport Layer Security (TLS)

Das Transport Layer Security Protocol [IETF 18b] ist eine Sammlung von Verschlüsselungsprotokollen, die der sicheren Übertragung von Informationen über ein Computernetzwerk dienen. Hierbei können unterschiedliche symmetrische und asymmetrische Verfahren zum Einsatz kommen. Wie sicher die Übertragung tatsächlich ist, hängt wesentlich von der Server- und Clientkonfiguration ab. Die eigentliche Datenübertragung wird symmetrisch verschlüsselt. Der dabei verwendete Sitzungsschlüssel wird dabei zu Beginn einer Verbindung mithilfe eines asymmetrischen Verschlüsselungsverfahrens (z.B. Diffie-Hellman) ausgetauscht. Wird der Sitzungsschlüssel zufällig generiert und nach der Nutzung »vergessen«, ist die Nachrichtenübermittlung *folgenlos* (vgl. Grundprinzip 4 in Abschnitt 5.3.1.1). TSL unterstützt eine ganze Reihe weiterer Mechanismen wie z.B. Authentisierung über Zertifikate oder Cookies.

5.3.2 Testen der Wirksamkeit gängiger Verschlüsselungsmechanismen

Verletzt ein Verschlüsselungsprotokoll eines der ersten drei Grundprinzipien des Abschnitts 5.3.1.1, ist es direkt angreifbar. Natürlich gibt es Verschlüsselungssysteme, die vom Prinzip her sicher sind. Das One-Time-Pad ist das beste Beispiel. Dennoch werden auch Protokolle, die mit Einmalverschlüsselungen arbeiten, gelegentlich gebrochen. Gründe hierfür sind meist Fehler in der Konfiguration, der Implementierung oder ein sorgloser Umgang mit dem Protokoll seitens der Nutzer. Diese Punkte sollten beim Test kryptografischer Mechanismen unbedingt berücksichtigt werden. Sie sind daher Gegenstand dieses Abschnitts.

5.3.2.1 Tests auf Designschwächen der Verschlüsselung

Tests auf Designschwächen erfolgen am besten in Form technischer Reviews der Spezifikation eines Verschlüsselungssystems. Im Folgenden sind Beispiele für typische Designschwächen und Angriffe gelistet (vgl. [GTB CTAL ST 18]).

Verwendung von unsicheren Verfahren

Beispiele hierfür sind die Verwendung von veralteten Verfahren wie der Vigenère-Verschlüsselung. Ein weiteres Beispiel ist die Nutzung einer Blockchiffre (vgl. Abschnitt 5.3.1.2), die mit einer bekanntermaßen unsicheren Betriebsart wie dem Electronic Code Book Mode (ECB) arbeitet[5]. In ECB wird jeder Block einer Nachricht einzeln chiffriert. Chiffre-Klartext-Paare lassen sich daher direkt einander zuordnen. Damit ist das dritte Grundprinzip aus Abschnitt 5.3.1.1 verletzt. Genau wie Stromchiffren bietet ECB daher keinen Integritätsschutz. Wenn ein Angreifer ein Bit einer verschlüsselten Nachricht ändert, so ändert er damit auch das gleiche Bit des Klartextes.

Insbesondere wird bei ECB der gleiche Schlüssel zur Verschlüsselung jedes einzelnen Blocks verwendet. Dies erlaubt z. B. einen Known-Plaintext-Angriff zum Brechen des Schlüssels.

Known-Plaintext-Angriff

Known-Plaintext-Angriff

Bei einem Known-Plaintext-Angriff kennt der Angreifer mindestens einen Teil des gesendeten Klartextes. Da in Netzwerkverkehren Header-Informationen bei Datenübertragungen in der Regel bekannt oder vorhersagbar sind, ist diese Angriffsform praktisch immer möglich. Ob sie erfolgreich sein kann, hängt davon ab, ob der angegriffene Schlüssel wiederverwendet wird, welches Verschlüsselungsverfahren benutzt wird und ob der komplette Klartext bekannt ist.

Ist bei einem ECB-Verfahren, das XOR zur Verschlüsselung benutzt, dem Angreifer ein Klartextblock bekannt, so kann er den Schlüssel leicht berechnen. In Abschnitt 5.3.1.2 wurde der Buchstabe A (101001) mittels des Schlüssels 110010 und XOR als 011011 verschlüsselt. Anwendung des Klartextes auf den Chiffretext ergibt wieder den Schlüssel: $011011 \oplus 101001 = 110010$.

Verwendung eines zu kurzen Schlüssels

Ein zu kurzer Schlüssel erlaubt das Entschlüsseln einer Nachricht durch Ausprobieren aller möglichen Schlüssel, mit denen die Nachricht verschlüsselt werden konnte. Die damit zusammenhängende Problematik wird im Zusammenhang mit dem 2. Grundprinzip in Abschnitt 5.3.1.1 diskutiert.

5. Hierbei kann es sich auch um einen Konfigurationsfehler handeln, wenn sichere Betriebsarten zur Verfügung stehen.

Validierung von Merkmalen zur Authentisierung

Viele wichtige zu berücksichtigende Punkte sind bereits in den Ausführungen zur Zugangskontrolle und Authentifizierung in Kapitel 3 und Abschnitt 5.2 diskutiert. Im Zusammenhang mit Verschlüsselung muss zusätzlich noch an die Rückmeldung des Programms an den Anwender gedacht werden:

- **Positives Feedback** zeigt dem Anwender oder Programm, dass mit einer authentifizierten Stelle kommuniziert wird und Daten verschlüsselt übertragen werden.
- Ein Programm muss zusätzlich **negatives Feedback** in Form von Warn- oder Fehlermeldungen geben, wenn sensible Informationen unverschlüsselt übermittelt werden oder der Kommunikationspartner nicht eindeutig authentifiziert werden konnte[6]. Je nach benötigtem Grad an Vertraulichkeit und Integrität darf eine Datenübermittlung nur stattfinden, wenn der Kommunikationspartner authentifiziert und ein ausreichender Grad an Verschlüsselung erzwungen werden kann. Ein Beispiel für negatives Feedback zeigt Abbildung 5–4. Der Anwender wird explizit darauf hingewiesen, dass persönliche Daten von Dritten mitgelesen werden können, für die diese nicht bestimmt sind.[7]

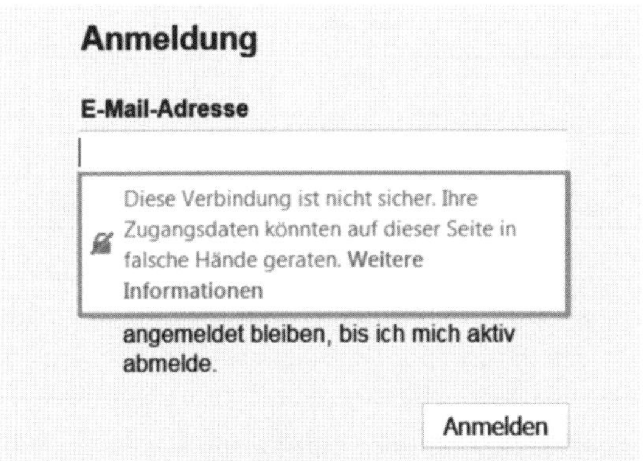

Abb. 5–4
Negatives Feedback in Firefox

Der in Kapitel 2 beschriebene SSL-strip-Angriff zeigt, dass positives Feedback nicht ausreicht. Der Angriff trachtet gezielt danach, Browserwarnungen an den Benutzer zu vermeiden. Er baut darauf, dass ein Benutzer nicht auf positives Feedback achtet, wie z. B. Schlosssymbole

6. Zum Beispiel aufgrund der Verwendung eines nicht beglaubigten Zertifikats [GTB CTAL ST 18].
7. Vgl. *https://support.mozilla.org/de/kb/warnung-unsichere-anmeldung-mit-passwort-firefox*.

im Browser, die eine sichere Verbindung anzeigen. Schlafende Hunde soll man schließlich nicht wecken.

Replay-Angriffe

Replay-Angriffe wurden bereits in Abschnitt 5.2.3 angesprochen. Im Zusammenhang mit Verschlüsselungssystemen werden bei einem Replay-Angriff verschlüsselte Nachrichten oder Teile davon aufgezeichnet, die der Authentisierung dienen. Sie werden im Anschluss durch den Angreifer erneut an das zu überlistende System gesendet.

Ein Replay-Angriff auf das in Abbildung 5–1 schematisch dargestellte Kerberos-Verfahren könnte versuchen, eine Ticketanfrage für den Dienst A an den SSO-Server aufzuzeichnen und erneut an diesen zu senden. Das Kerberos-Protokoll verfügt hier über mehrere Schutzmechanismen wie die Nutzung eines clientabhängigen Session Key und eines Zeitstempels der Anfrage. Leider verfügen nicht alle Authentifizierungsmechanismen über entsprechende Schutzmaßnahmen. Ohne die Verwendung eines Session Key oder eines Einmalpasswortes bzw. Zeitstempels, die die Anfrage eindeutig identifizieren, ist ein Replay-Angriff erfolgversprechend. Systeme sollten Replay-Angriffe erkennen können und warnen, wenn der Verdacht besteht, dass ein solcher Angriff stattfindet.

Replay-Angriffe können allerdings auch bewusst manipulierte Tickets zum Brechen eines Schlüssels in ein Netzwerk einschleusen. Diese Technik wurde im Chopchop-Angriff von KoreK (vgl. [Caneill & Gilis 10]) zum Brechen der WEP-Verschlüsselung[8] verwendet.

5.3.2.2 Tests auf Schwachstellen in der Implementierung

Schwachstellen in der Implementierung betreffen einerseits die bereits diskutierten typischen Programmierfehler wie den Heartbleed-Bug (vgl. Kap. 3). Andererseits können ungeeignete Algorithmen zur Erzeugung von Zufallszahlen oder bei der Verschlüsselung selbst eingesetzt worden sein. Beides sollte in Codereviews überprüft werden. Auch dynamische Tests, wie z.B. Fuzz-Tests, sollten durchgeführt werden, da sie auf Programmierfehler hinweisen können (vgl. Kap. 3 und [GTB CTAL ST 18]). Weitere Anhaltspunkte liefern die folgenden Beispiele:

Zufallszahlengeneratoren

- Zufallszahlen spielen eine große Rolle bei der Erzeugung von Schlüsseln und Initialisierungssequenzen bei Block- und Stromchiffren. Werden **Zufallszahlengeneratoren** (kurz auch Zufallsgeneratoren) zur Erzeugung dieser Zufallszahlen genutzt, muss sichergestellt sein,

8. Einer von etlichen erfolgreichen Angriffen auf WEP (Wired Equivalent Privacy).

dass keine vorhersagbaren Sequenzen von Pseudozufallszahlen erzeugt werden. Standardbibliotheksfunktionen wie random() in Java oder C sind hierzu nicht geeignet, da sie deterministische Sequenzen erzeugen, die nur von einem Initialisierungswert (seed) abhängen[9]. In einem Codereview sollte sich der Sicherheitstester davon überzeugen, dass der verwendete Zufallszahlenalgorithmus als kryptografisch sicher gilt und ggf. korrekt implementiert wurde. Kryptografische Module sollten zudem über Selbsttestfunktionen verfügen, die den erzeugten Zufallszahlenstrom prüfen [NIST FIPS 140-2 02].

- **Seitenkanalangriffe** (Side-Channel-Angriff) nutzen Zusatzinformationen wie die Dauer einer Berechnung, den Energieverbrauch oder Schwankungen in der elektromagnetischen Strahlung eines Gerätes aus, um Rückschlüsse über die in der Berechnung verwendeten Daten zu ziehen. Zeiten für Rechenschritte und der punktuelle Energieverbrauch können bei der Entschlüsselung einer bekannten Chiffre messbar abweichen, je nachdem ob im Dechiffrierschlüssel eine 1 oder eine 0 steht. Dies macht sich der Angreifer zunutze, um z.B. geheime Schlüssel zu entziffern. Ein bekanntes Beispiel hierfür ist der Schindler-Angriff [Schindler 00].

Seitenkanalangriffe

5.3.2.3 Prüfung auf Schwachstellen in der Konfiguration von Verschlüsselungssystemen

Eine Prüfung der Schwachstellen in der Konfiguration kann durch Reviews und den Einsatz von Schwachstellenscannern erfolgen. Anforderungen an Konfigurationen sollten in einschlägigen Richtlinien wie z.B. einer Richtlinie zur Serversicherheit oder zur Datensicherheit dokumentiert sein. Auch die Dokumentation der zu konfigurierenden Protokolle ist ein wichtiger Bestandteil der Testbasis. Bei einer Prüfung müssen zudem die folgenden Punkte berücksichtigt werden [GTB CTAL ST 18]:

- Sind die verwendeten Konfigurationen aktuell? Dazu muss geprüft werden, ob zu kurze Schlüssel oder bereits als unsicher bekannte Verfahren noch eingesetzt werden dürfen.
- Stellen Konfigurationen, die eine Rückwärtskompatibilität sichern sollen, eine Gefährdung der Sicherheit dar? Ein MiM-Angreifer kann eventuell eine schwächere Verschlüsselung einer Datenübertragung

9. Auch die aktuelle Systemzeit als Seed zu nehmen ist nicht sicher und durch einen Brute-Force-Angriff zu brechen.

erzwingen und dann brechen (vgl. die Beschreibung des Logjam-Angriffs in Abschnitt 2.1.6).

- Werden Defaultwerte, z.B. eine bereits voreingestellte Primzahl, für die Erzeugung von Sitzungsschlüsseln benutzt? In diesem Fall ist die Verschlüsselung durch einen Brute-Force-Angriff bedroht. Eine aufwendige Vorberechnung aller möglichen Session Keys lohnt sich für einen Angreifer, da er davon ausgehen kann, dass eine Defaultkonfiguration häufiger vorkommt.

5.4 Firewalls und Netzwerkzonen

Das aus dem Hochbau stammende englische Wort Firewall lässt sich als Brandschutzmauer übersetzen. Die Metapher der »Brandschutzmauer« beschreibt die Funktionsweise einer Firewall nur unzureichend. Im Gegensatz zu einer Brandschutzmauer hat ein Firewall nicht nur eine abweisende, sondern auch eine durchlassende Funktion [Gruschka & Schneider 02].

Definition Firewall [BSI B 3.301 11]

Das BSI definiert die Firewall als ein System, das aus soft- und hardwaretechnischen Komponenten bestehend IP-Netze sicher koppelt. Dazu wird die technisch mögliche auf die in einer Sicherheitsrichtlinie ordnungsgemäß definierte Kommunikation eingeschränkt. Sicherheit bei der Netzkopplung bedeutet hierbei die ausschließliche Autorisierung erwünschter Zugriffe oder Datenströme zwischen verschiedenen Netzen.

Die Firewall und das Netzwerk

Eine Firewall ist eine Komponente oder eine Reihe von Komponenten, die den Zugang zwischen einem geschützten Netzwerk und dem Internet oder zwischen anderen Netzen beschränken [Chapman et al. 00]. Auch kann eine Firewall den Netzwerkverkehr im Übergang von Netzwerkzonen mit verschiedenen Vertrauensgraden überwachen und steuern.

Eine Firewall implementiert eine Sicherheitsrichtlinie, die auf der Definition autorisierter und verbotener Datenübertragungsvorgänge basiert, und setzt diese durch. Eine Firewall kann hostbasiert (Software, die auf einem Host läuft und den Netzwerkverkehr sowie Eingaben/Ausgaben von Anwendungen überwacht) oder netzwerkorientiert sein (Netzwerkfirewall: Software, die den Verkehr zwischen Netzwerken überwacht).

Die Verwendung des Begriffs Sicherheitsgateway anstatt des üblicherweise verwendeten Begriffs Firewall soll verdeutlichen, dass zur Absicherung von Netzübergängen heute oft nicht mehr ein einzelnes Gerät verwendet wird, sondern eine ganze Reihe von IT-Systemen, die unterschiedliche Aufgaben übernehmen, z. B. Paketfilterung, Schutz vor Viren oder die Überwachung des Netzverkehrs (Intrusion Detection) [BSI B 3.301 11].

Generell gilt schon vor der Konfiguration einer Firewall ein einfacher Merksatz: Sicherheitslücken in einer Software, die auf einem System nicht aktiv ist, können nicht ausgenutzt werden. Speziell gilt dies für nicht notwendige Netzwerkdienste, die über das Netzwerk von Angreifern oder Würmern ausfindig gemacht und angegriffen werden können. Daher sollten nicht benötigte Softwarekomponenten und Dienste abgeschaltet oder erst gar nicht installiert werden (Systemhärtung) [Kappes 07].

5.4.1 Konzepte von Firewalls

Hauptaufgabe einer Firewall ist es, den Verkehr zwischen vertrauenswürdigen Netzwerkzonen zu kontrollieren, indem sie die Daten filtert, die sich zwischen diesen Zonen bewegen (vgl. Abb. 5–5). Auf diese Weise wird bösartiger Verkehr aus einer nicht vertrauenswürdigen Zone erkannt und blockiert.

Funktionsweise einer Firewall

Im Wesentlichen besteht eine Firewall aus der gezielten Kombination von Paketfiltern und Proxies, die mit Virenscannern oder anderen Schutzprogrammen (Filter-, Verschlüsselungs- oder Authentisierungsprogrammen) ergänzt werden.

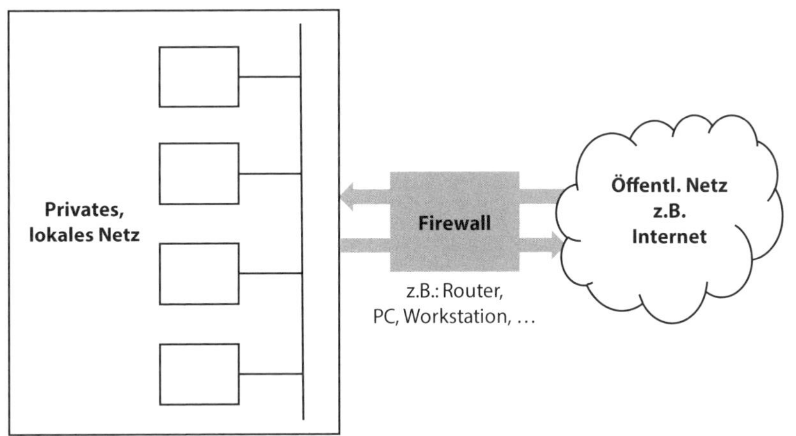

Abb. 5–5
Funktionsweise einer Firewall (basierend auf [Eckert 18])

5.4.1.1 Paketfilterung

Paketfilterung

Bei der Paketfilterung wird in der Regel auf den OSI-Schichten drei (Netzwerkschicht) und vier (Transportschicht) der TCP/IP-Protokollfamilie überprüft, welche Pakete an ein externes Netz oder aus einem externen Netz an die angegebene interne Zieladresse weitergereicht werden dürfen (vgl. Abb. 5–6):

Beispiel: Firewall verwirft Pakete

Beispiel: Firewall verwirft Pakete

Jedes Datenpaket, das über das Internetprotokoll übertragen wird, hat wichtige Erkennungsmerkmale. Dazu gehören die Absendeadresse und die Zieladresse jeweils mit Portnummern sowie Information über die Größe der enthaltenen Daten. Anhand dieser und anderer Informationen kann eine Firewall bestimmte Pakete filtern, also nicht in das Netzwerk hineinlassen. Beispielsweise kann die Firewall nur Internetpakete durchlassen, die an den Port 587 (SMTPS) eines Computers im Netzwerk gerichtet sind. Alle anderen Pakete werden verworfen. Alternativ kann eine Firewall Pakete umschreiben.

Die Paketfilterung kann den Empfang bestimmter Absendeadressen verbieten, sodass Daten von bestimmten Servern im Internet gar nicht erst angenommen werden. Ebenso kann die Firewall anhand der Adressen bestimmte Webseiten erkennen und diese für den Abruf sperren [Gruschka & Schneider 02].

Die Analyseaufgaben der Paketfilter-Firewalls kann auch auf die Nutzdaten (Payload) ausgedehnt werden. Eine mögliche Payload-Information könnte eine Adresse einer Webseite sein, die von einem Benutzer angefordert wird.

Abb. 5–6 *Funktionsweise eines Paketfilters (basierend auf [Eckert 18])*

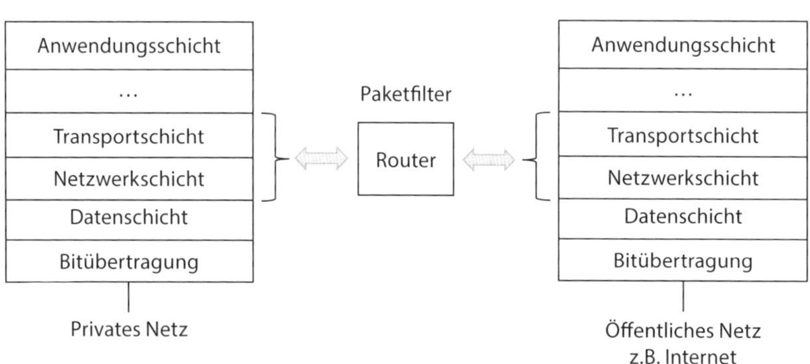

Paketfilter können einfache Plausibilitätsüberprüfungen ermöglichen. Der Vergleich der tatsächlichen mit der behaupteten Paketgröße ist ein Beispiel. Mit absichtlich falsch konstruierten Paketen lassen sich Denial-of-Service-Angriffe durchführen; diese können erkannt werden. Paketfilter nutzen eine Zugriffskontrollmatrix mit Filterregeln. In einem Listeneintrag werden Einträge für Berechtigungen (blockieren, erlauben), Subjekte (Sendeadresse und Sendeport), Objekte (Zieladresse und Zielport) und weitere Entscheidungsinformationen (u.a. Optionen) beschrieben.

Während dedizierte Router ohne Paketfilter nur die optimale Verbindung für die Weiterleitung eines Pakets anhand ihrer Routing-Tabellen ermitteln, prüfen Router mit Paketfilter (gelegentlich auch als Filter- oder Überwachungsrouter bezeichnet) mittels interner Regeln, ob das Paket an das Zielsystem weitergeleitet werden darf oder nicht. Die Paketfilterung wird meistens auf sogenannten Überwachungsroutern eingesetzt, kann aber auch auf den Bastion-Hosts (Firewall mit zwei Netzwerksegmenten, vgl. Abschnitt 5.4.1.4) und dedizierten Firewall-Systemen (Single-Box-Lösungen) stattfinden. Die Anforderungen an einen geeigneten Paketfilter für eine Firewall hat das BSI im IT-Grundschutz (M2.74: Geeignete Auswahl eines Paketfilters [BSI 12]) ausführlich dargestellt [Gruschka & Schneider 02].

Statische und dynamische Paketfilter

Definition: Statische Paketfilter [BSI 12]

Paketfilter, die eine Entscheidung anhand der Header-Daten der UDP/IP- und TCP/IP-Schichten (z.B. anhand der IP-Quelladresse, der IP-Zieladresse und der TCP-Flags) treffen, werden statische Paketfilter genannt.

Definition: Dynamische Paketfilter/Stateful Inspection [BSI 12]

Dynamische Paketfilter (auch Paketfilter mit »Stateful Inspection« genannt) erweitern die Funktionalität der statischen Paketfilter um die Möglichkeit zur Betrachtung des Kommunikationskontextes. Dynamische Paketfilter können auch bei verbindungslosen Protokollen (wie z. B. UDP) eine Entscheidung treffen, ob ein eintreffendes Paket die Antwort auf eine Anfrage ist, oder ob dieses Paket zu einer Kommunikationsinitiierung gehört.

Eine Netzwerkzone ist ein identifiziertes Subnetzwerk mit einem definierten Grad von Vertrauenswürdigkeit:

- Internet/öffentliche Zone gilt nicht als vertrauenswürdig.
- Verschiedene Sicherheitszonen, die auch als entmilitarisierte Zonen oder DMZs bezeichnet werden, besitzen verschiedene Grade an Vertrauenswürdigkeit.
- Private/interne Netzwerke, die als vertrauenswürdigste Netzwerkzone gelten: Hier dienen Firewalls der Definition autorisierter Datenströme zwischen den verschiedenen Netzwerken. Sämtlicher verbotener Verkehr wird blockiert.

Filterfunktion einer Firewall

Eine Firewall filtert den Datenverkehr in der Regel anhand folgender Aspekte:

- Quell- und Zieladressen und -protokolle (Ethernet- oder IP-Adressen, TCP/UDP-Ports usw.)
- Protokolloptionen (Fragmentierung, TTL usw.)
- Größe der Daten

Web Application Firewalls (WAFs) sollen vor Angriffen über das Hypertext Transfer Protocol (HTTP) schützen und filtern den Datenverkehr anhand folgender Aspekte:

- Kontrolle der Benutzerverbindungen (unberechtigter Zugriff auf Server)
- Datenfilterung (z.B. unter Verwendung von Musterbeschreibungen)

Beispiel: Spoofing-Angriffe mit Firewall erkennen

Beispiel: Spoofing-Angriffe mit Firewall erkennen

Das Erkennen einfacher Spoofing-Angriffe ist möglich. Hierzu muss eine Filterregel implementiert werden, die ein von außen kommendes Paket mit einer internen Absendeadresse blockiert. In Abbildung 5–7 findet sich als Beispiel der Adressbereich 147.141.210.0/24 mit der Filterregel

```
acc 101 deny ip 147.141.210.0 0.0.0.255 any
```

für eine Erkennung von Spoofing (vgl. auch [Cisco 18]).

Hinweis: CISCO-Filterregeln bei Paketfiltern

Man unterscheidet bei den Filterregeln drei Varianten:

allow	Paket wird durchgelassen
deny/drop	Paket wird verworfen (Sender bekommt einen »Timeout« bzw. keine Meldung)
reject	Paket wird zurückgewiesen (Sender bekommt eine Fehlermeldung)
any	Wildcard für eine beliebige Zieldresse

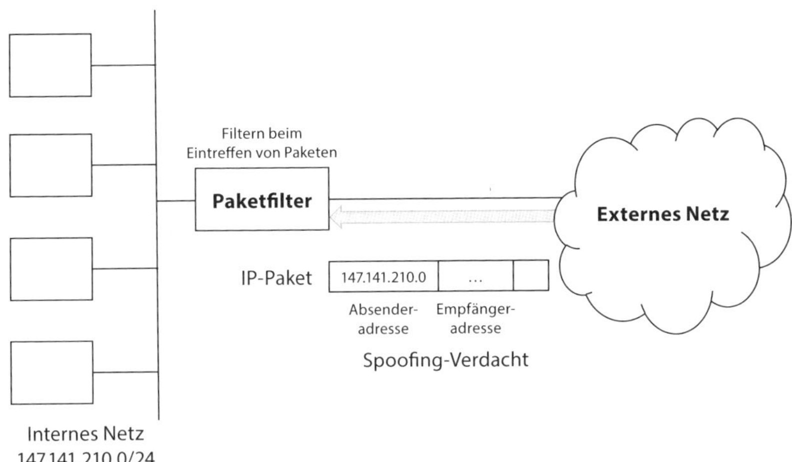

Abb. 5–7 Erkennung von Spoofing mit einem Paketfilter (nach [Eckert 18])

Vor- und Nachteile der Paketfilterung

Die Vor- und Nachteile der Paketfilterung sind in Tabelle 5–4 aufgezählt.

Tab. 5–5 Vor- und Nachteile der Paketfilterung (orientiert an [Gruschka & Schneider 02])

Vorteil	Nachteil
Prüfung der Paket-Header durch Router: Günstige Stelle, um Kontrollen (Prüfungen auf Grundlage der Ziel- und Quelladresse, Auswertung der verwendeten Sitzungs- und Anwendungsports) durchzuführen.	Konfiguration schwer: Filterregeln unübersichtlich und komplex.
Paketfilter sind sehr leistungsfähig.	Paketfilterregeln lassen sich nur aufwendig testen.
Wenig Aufwand, eingebaute Filtersysteme	Paketfiltereigenschaften sind zum Teil eingeschränkt, nicht alle Arten von Filterregeln sind möglich.
Die Kontrolle ein- und ausgehender TCP-Verbindungen ist auf Grundlage des Drei-Wege-Initialisierungsprozesses (three-way-handshake) sehr effizient und sicher möglich. Damit können unter anderem bestimmte Arten von Portscans und DoS-Attacken verhindert werden.	Fehler in der Konfiguration oder Implementierung von Paketfiltern führen eher zu Sicherheitsproblemen als Fehler in Proxy-Systemen.
Mithilfe dynamischer (zustandsgesteuerter) Paketfilter können nicht nur laufende Verbindungen überwacht, sondern auch in Abhängigkeit von bestimmten Protokolleigenschaften neue Filterregeln generiert und Ports temporär geöffnet bzw. nach Verbindungsende wieder geschlossen werden. UDP-Pakete können ohnehin nur auf Basis der dynamischen Paketfilterung einer bestehenden UDP-Verbindung zugeordnet werden. Manche dynamischen Paketfilter erlauben, wenn auch in beschränktem Umfang, neben der Überwachung des Zustands einer Verbindung auch eine Prüfung der Paketdaten auf der Ebene einiger Kommunikationsprotokolle der Anwendungsschicht.	Paketfilter verbergen keine Strukturen des zu schützenden Netzwerks und trennen dies nicht vom unsicheren Netz.

Paketfilter sind Sicherheitsmechanismen für Protokolle der Anwendungsschicht, bei denen keine spezifischen Proxies verfügbar sind, sondern die lediglich mit einem generischen Proxy arbeiten.

5.4.1.2 Proxy-Firewall (Vermittler)

Proxy-Firewall

Eine Proxy-Firewall (vgl. Abb. 5–8) übernimmt die Funktion eines Vermittlers von TCP- und UDP-Verbindungen zwischen Client und Server mit einer physischen Trennung durch zwei Netzwerkanschlüsse. Der Vorteil der Proxy-Firewall besteht darin, auch Zustandsinformationen zu speichern. Analog zu dynamischen Paketfiltern können auch UDP-Pakete, die von einem internen Client an einen externen Server gerichtet sind, von dessen Antworten unterschieden werden. Deshalb müssen Proxy-Firewalls von allen ausgesendeten Paketen deren Adressen und Ports speichern.

Abb. 5–8
Proxy-Firewall für einen Service mit Authentifikation, Zugriffskontrolle und Auditing (orientiert an [Eckert 18])

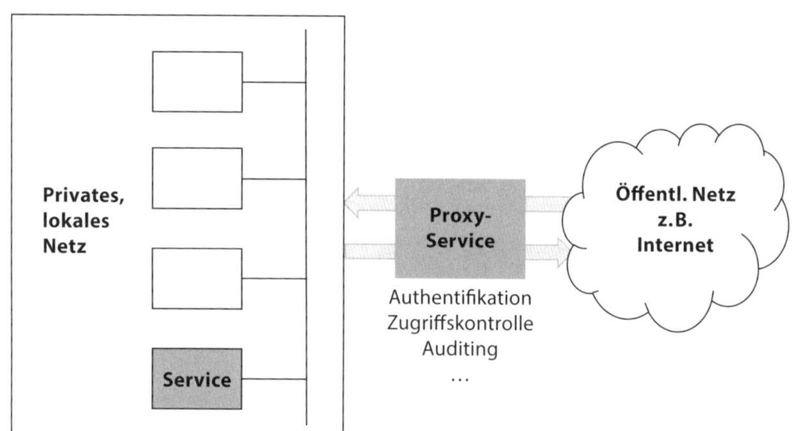

Nur Pakete, deren Empfängeradresse und Empfängerport mit der gespeicherten Sendeadresse sowie dem gespeicherten Sendeport übereinstimmen und für die zusätzlich gilt, dass deren Sendeadresse und -port mit der gespeicherten Empfängeradresse und dem Empfängerport übereinstimmen, werden als externe Antworten auf eine Anfrage zugelassen. Tabelle 5–6 nennt Vor- und Nachteile von Proxy-Firewalls.

Vorteil	Nachteil
Der Proxy-Server ist der einzige Rechner, der eine gültige, im Internet sichtbare IP-Adresse benötigt.	Der Betrieb von Filter-Proxies erfordert auf Clientseite eine Proxy-taugliche Anwendungs- oder Betriebssystem-software oder einen entsprechenden Router, der Pakete automatisch abfängt und zum entsprechenden Proxy-Server umleitet.
Es besteht keine direkte Verbindung zwischen dem internen Client und dem Internet. Die Strukturen des inneren Netzwerks (z.B. Domainnamen, IP-Adressen, Rechnername) werden komplett verborgen.	Passende Filterproxies ggf. nicht vorhanden.
Ein dedizierter Proxy-Server kennt die zugelassenen Befehle des jeweiligen Protokolls und lässt deshalb nur gültige Anfragen auf dem jeweiligen Port durch oder ermöglicht deren Filterung.	Proxies haben gegenüber Paketfiltern eine geringere Geschwindigkeit beim Datendurchsatz.
Protokollierung und Kontrolle der Zugriffe sind auf einer höheren Ebene möglich und deshalb wesentlich leistungsfähiger und variabler als auf der Ebene der niedrigeren Protokolle (IP, TCP, UDP), bei denen die auswertbaren Informationen einfach durch den Aufbau des Headers begrenzt sind.	

Tab. 5–6
Vor- und Nachteile der Filter-Proxies (orientiert an [Gruschka & Schneider 02])

5.4.1.3 Applikationsfilter

Applikationsfilter operieren auf der Anwendungsschicht.

Auf der obersten ISO/OSI-Schicht (Anwendungsschicht) sind Applikationsfilter (engl. application-level gateway) angeordnet. Dies sind spezielle Firewalls, die ausschließlich auf Anwendungsebene arbeiten. Diese Firewalls arbeiten nicht generisch, sondern sie müssen die Spezifikation der zu untersuchenden Protokolle (beispielsweise http) kennen und dedizierte Regeln überprüfen. Damit erweitern die Applikationsfilter die Funktion der bereits vorgestellten Firewall-Typen.

Applikationsfilter haben spezifisches Wissen über die jeweilige Anwendung. Damit können Applikationsfilter anders als die Proxies der Transportebene dienstspezifische Regeln überprüfen.

Beispiel: Applikationsfilter – Anwendungsspezifischer FTP-Proxy [Eckert 18]

Beispiel: Applikationsfilter – Anwendungs-spezifischer FTP-Proxy [Eckert 18]

Ein anwendungsspezifischer FTP-Proxy (vgl. Abb. 5–9) kann beispielsweise die Nutzdaten analysieren und unterscheiden, ob es sich um Befehle wie PUT oder GET, um Dateiangaben wie HTTP-URLs oder um Programme wie mobilen Code handelt, und diese dann gemäß der festgelegten Sicherheitsstrategie differenziert behandeln. Verbietet beispielsweise die Strategie schreibende

Zugriffe auf einen anonymen FTP-Server, so muss der Applikationsfilter die FTPPUT-Kommandos filtern. Kommerziell verfügbare Firewalls bieten meist standardmäßig Proxy-Server dediziert für wichtige TCP-basierte Dienste an. Dazu gehören beispielsweise Proxies für Telnet, FTP, SMTP und HTTP.

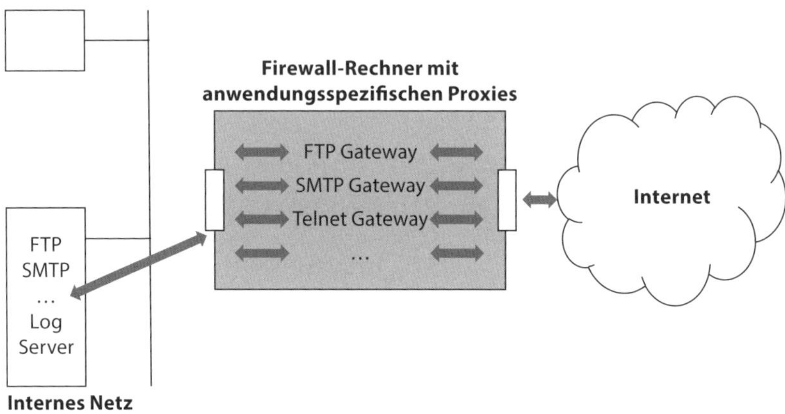

Abb. 5–9 *Firewall-Rechner mit anwendungsspezifischen Proxies, der dedizierte Proxies für den Telnet-, SMTP-, NNTP- und FTP-Dienst enthält [Eckert 18]*

5.4.1.4 Dual-Homed Bastion

Kopplung von Netzwerksegmenten mit Dual-Homed Bastion

Während Bastion-Hosts als Firewall zwischen dem Internet und dem geschützten Netzwerk wirksam sind, realisieren Dual-Homed-Bastion-Firewalls mit zwei Netzwerkschnittstellen eine sichere Kontrolle von zwei Netzsegmenten (vgl. Abb. 5–10). Die beiden Netzsegmente sind typischerweise das lokale Netz und das Internet. Anfragen aus dem lokalen Netz können mit unterschiedlichen Regeln in der Firewall anders als Anfragen aus dem Internet behandelt werden. Die Isolation der beiden Netzsegmente gelingt dadurch, dass IP-Routing- und Forwarding-Dienste nicht unterstützt werden.

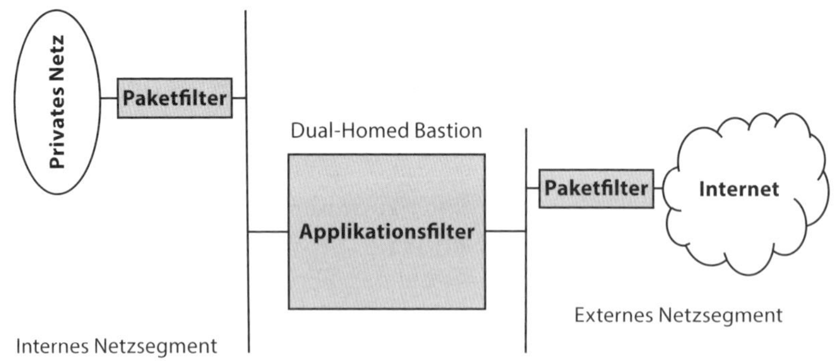

Abb. 5–10 *Dual-Homed-Bastion-Firewall (basierend auf [Eckert 18])*

5.4.2 Testen der Wirksamkeit von Firewalls

Sowohl die Vielzahl der Kommunikationsprotokolle als auch deren Komplexität gestalten es schwierig, eine Firewall effizient zu konfigurieren. Bei der Überprüfung der Wirksamkeit von Firewalls können u.a. die folgenden Testszenarien, die auch für Angriffe oder für die Vorbereitung von Angriffen geeignet sind, genutzt werden:

- Testen der Konfiguration einer Firewall
- Mittels Portscannern oder ähnlichen Analysetools können die verfügbaren Ports und Dienste auf dem Zielsystem ermittelt werden. Damit lässt sich die richtige Implementierung einer Sicherheitsrichtlinie prüfen.
- Verwendung fehlerhafter Netzwerkpakete und Netzwerk-Fuzzing zur Ausnutzung eines unerwarteten Systemverhaltens (z.B. Dienstblockaden)
- Fragmentierungsangriffe zur Umgehung von Filterfunktionen mit dem Ziel, einen Angriff hinter der Firewall fortzusetzen

In den folgenden Abschnitten werden diese möglichen Testszenarien erörtert.

5.4.2.1 Testen der Konfiguration einer Firewall

Die Prüfung einer angemessenen Firewall-Konfiguration kann nachweisen, dass die Konfiguration sich tatsächlich so verhält, wie es die Absicht war. Die naheliegende Strategie, mit einem Host außerhalb des eigenen Netzwerks zu versuchen, in die Firewall einzubrechen, kann eine ziemlich mühselige Angelegenheit werden und erfordert zudem viel Zeit. Außerdem können nur die IP-Adressen getestet werden, die zur Verfügung stehen [Kirch & Dawson 01].

Beispielsweise kann mit der Linux-Firewall-Software eine schnelle und einfache »Simulation« echter beliebiger Datagramme und damit einer Testabdeckung gelingen. Die Firewall verhält sich beim Empfang der simulierten Datagramme so, als ob sie echte Datagramme empfangen würde.

Die Firewall-Software-Varianten ipfwadm, ipchains oder iptables bieten Unterstützung für diese Art von Tests. Die Umsetzung der Tests baut auf dem jeweiligen check-Befehl auf [Kirch & Dawson 01].

Beispiel: Grundsätzliches Verfahren unter Linux [Kirch & Dawson 01]

Grundsätzliches Testverfahren einer Firewall

Beispiel: Grundsätzliches Verfahren unter Linux [Kirch & Dawson 01]

1. Gestalten und **konfigurieren** einer Firewall mit *ipfwadm*, *ipchains* oder *iptables*.
2. **Entwurf einer Reihe von Tests**, die feststellen, ob die Firewall nach den geplanten Vorstellungen funktioniert. Für diese Tests können Sie beliebige Quell- und Zieladressen verwenden; dazu wählt man einige Adresskombinationen, die akzeptiert werden sollten, und andere, die abgewiesen werden sollten.
3. Formulieren von **Regeln für *ipfwadm*, *ipchains* oder *iptables***, um die **Tests** zu **implementieren**. Es lohnt sich, alle diese Regeln in ein Skript zu schreiben, sodass die Regeln leicht wiederholt getestet werden können, nachdem die notwendigen Korrekturen oder Änderungen durchgeführt sind.
4. Ausführen eines jeden **Testbefehls** und protokollieren der Ausgaben. Die Ausgabe jedes Tests besteht aus einem einzigen Wort, nämlich der endgültigen Zieladresse der für das Datagramm auszuführenden Aktion, nachdem es die gesamte Firewall-Konfiguration durchlaufen hat. Bei *ipchains* und *iptables* werden außer den fest installierten Ketten auch die benutzerdefinierten Ketten getestet.
5. Vergleichen der **Ausgaben** eines jeden Tests mit den gewünschten Resultaten. Gibt es irgendwelche Diskrepanzen, erfolgt die erneute Analyse des Regelsatzes, um festzustellen, wo noch ein Fehler vorliegt.

Beispiel: Einfaches Testskript zum Testen der Firewall

Beispiel: Einfaches Testskript zum Testen der Firewall

Das lokale Beispielnetzwerk hat die Adresse 172.16.1.0 mit der Netzmaske 255.255.255.0 und es sollen nur TCP-Verbindungen zu netzwerkfremden Webservern zugelassen werden.

Befehl:
ipchains -C forward -p tcp -s 172.16.1.0 1025 -d 44.136.8.2 80 -i eth0

Antwort:
accepted

Befehl mit Hostadresse, die nicht zu unserem Netzwerk gehört:
ipchains -C forward -p tcp -s 172.16.2.0 1025 -d 44.136.8.2 80 -i eth0

Antwort:
denied

Alternativ lassen sich z.B. mit dem Open-Source-Tool nmap die Konfiguration und Wirksamkeit einer Firewall testen. Der FIN-Scan baut keine Verbindung auf, sondern untersucht das Verhalten auf Folgepakete (vgl. Tab. 5–7).

Beispiel: FIN-Scan mit nmap

Der nachfolgende Befehl führt zum Beispiel einen FIN-Scan aus, der die gefälschte Portnummer 25 (SMTP) benutzt und die Ausgabe in der Datei firewallreport.txt speichert:

```
nmap -sF -g 25 -oN firewallreport.txt www.example.org
```

Beispiel: FIN-Scan mit nmap

Open-Source-Tool nmap

Hinweis: Prüffrage für Paketfilter (M 2.74) [BSI 12]

Wurden die Anforderungen an den Paketfilter und die Gründe, die für die getroffene Auswahl ausschlaggebend waren, nachvollziehbar dokumentiert?

5.4.2.2 Portscans

Portscans greifen verschiedene Ports des Zielsystems an.

Mit der Technik der Portscans können über das Netzwerk gewisse Zustandsinformationen eines Computers untersucht werden. Portscans gehören zu den grundlegenden Techniken, mit denen Hacker einen Angriff starten.

Der Beobachter schickt systematisch spezielle Datenpakete an verschiedene Ports des Zielsystems. Ein Portscanner ermittelt innerhalb weniger Minuten eine Menge Antworten und Fehlermeldungen über den Zustand des Zielsystems. Die Analyse kann Antworten auf die folgenden Fragen geben:

- Welche Ports sind geöffnet und geschlossen?
- Welche Arten von Serverprogrammen sind aktiv (zum Teil inklusive Name und Versionsnummer)?
- Welches Betriebssystem ist auf dem Computer installiert?
- Wie lange ist der Computer bereits eingeschaltet?

Systemadministratoren nutzen Portscans als Arbeitsmittel, um Netzwerke zu kontrollieren. Weil das untersuchte System nicht beeinträchtigt wird, ist ein Portscan kein Angriff im eigentlichen Sinne. Dennoch sind Portscans für viele Angreifer interessant, weil Portscans die oben genannten Systeminformationen liefern können. Viele Systemadministratoren und Überwachungssysteme sehen daher einen Portscan als den Beginn eines Angriffs an und reagieren entsprechend [Hessen-IT 18]. In Tabelle 5–7 sind exemplarisch Beispiele von Portscans aufgeführt.

Tab. 5–7 *Auswahl von Portscan-Beispielen*

Art des Portscans	Beschreibung
TCP-connect()-Scan	Einfachste Scanmethode: Portscanner nutzt den connect()-Systemaufruf.
TCP-SYN- Scan	TCP-Paket mit SYN-Flag an den Zielhost senden, um einen Verbindungsversuch vorzutäuschen: Der Port ist offen und akzeptiert Verbindungen, wenn ein SYN/ACK-Paket zurückkommt.
TCP-FIN/Xmas/Null-Scan	Kein Verbindungsaufbau, Verhalten auf Folgepakete: ▪ **Offener Port** Ignorierung von Folgepaketen ▪ **Geschlossener Port** Resetpaket kommt zurück
TCP-Idlescan	Scan über eine dritte Komponente Zombie; der gescannte Host sieht nur den Zombie.
UDP-Scan	Leeres UDP-Paket an Port des Hosts; offener Port: Rückmeldung eines UDP-Pakets
FTP-Bounce-Scan	Der FTP-Bounce-Angriff ist ein Exploit des FTP-Protokolls, bei dem ein Angreifer den PORT-Befehl verwenden kann.

5.4.2.3 Fehlerhafte Netzwerkpakete und Netzwerk-Fuzzing

Robustheitstest der Kommunikation (Communication Robustness Testing) beinhalten generische Protokolltests zur Überprüfung des Systemverhaltens des SUT (System under Test) beim Empfang von fehlerhaften Netzwerkpaketen und bei Lasttests (siehe auch der Entwurf von Sicherheitstests für Anwendungen in Abschnitt 3.3.1).

Als eine spezielle Ausprägung der Robustheitstests sei hier das Fuzz-Testing oder Fuzzing als eine Methode zum Testen von Software genannt, mit der Programmierfehler und Sicherheitslücken in Anwendungen, Betriebssystemen und Netzwerken entdeckt werden können. Beim Fuzzing wird eine große Anzahl zufälliger Attacken automatisch in den Netzwerk-Traffic eingeschleust, einschließlich fehlerhafter oder unerwarteter Variationen des legitimen Datenverkehrs (vgl. hierzu auch Abschnitt 4.4.2).

Fuzz-Testing nutzt zufällige Daten.

Die Schnittstellen werden also mit zufälligen Daten, genannt Fuzz, überflutet, um das jeweilige System zum Abstürzen zu bringen. Wenn eine Schwachstelle gefunden wurde, kommt ein spezielles Tool, ein Fuzz-Tester oder Fuzzer, zum Einsatz, der die Ursachen für den Crash herausfinden soll. Fuzz-Testing wurde zuerst von Barton Miller an der University of Wisconsin im Jahr 1989 entwickelt.

Fuzzing stellt eine Strategie der Schwachstellensuche dar. Schon bei einem einfachen Absturz, der die Verfügbarkeit des Systems drastisch reduziert, kann man in der Regel von einer Schwachstelle und Sicherheitslücke sprechen. Mit der Kenntnis, welche Eingabedaten zu

Abstürzen führen, kann ein Angreifer gezielt Programme oder Internetdienste lahmlegen (Denial of Service). Die weitere Analyse der Absturzursache kann Anhaltspunkte liefern, ob und wie sich der Fehler beispielsweise sogar zum Einschmuggeln von Schadcode nutzen lassen könnte.

5.4.2.4 Fragmentierungsangriffe

Die Fragmentierung und Reassemblierung von IP-Paketen ermöglicht eine Reihe weiterer Angriffsmöglichkeiten [Schäfer 05]. So ist es beispielsweise ohne Weiteres möglich, eine Reihe von IP-Fragmenten zu senden und dabei ein Fragment – beispielsweise das erste, letzte oder ein beliebiges anderes Fragment des Pakets – nicht zu senden.

Hinweis: Fragmentierungsangriff [BSI 12]

Angreifer können mithilfe grundlegender Mechanismen in den Netzprotokollen die Firewall-Regeln umgehen (z. B. durch Fragmentierungsangriffe), um in einen durch die Firewall geschützten Bereich einzudringen. Im geschützten Bereich können sie anschließend weiteren Schaden anrichten (z.B. sensible Daten auslesen, manipulieren oder löschen).

Fragmentierung kann für Angriffsszenarien genutzt werden.

Die IP-Protokollinstanz des empfangenden Systems wartet in diesem Fall auf das ausstehende Fragment, um das ursprüngliche Paket reassemblieren zu können. Da die bereits empfangenen Fragmente Speicher belegen, kann bei gezielter Anwendung dieser Technik eine Ressourcenerschöpfung des Empfängers erreicht werden. Damit wird ein verteilter Denial-of-Service-Angriff möglich.

Hinweis: Fragmentierungsangriff und Firewall-Konfiguration

Sind in der Firewall die verfügbaren Mechanismen gegen Fragmentierungsangriffe aktiviert?

Eine weitere Möglichkeit, den Netzbetrieb erheblich zu stören, bietet ein Angriff, der durch die ICMP-Nachricht **fragmentation needed and DF set** verursacht wird. Diese Nachricht wird versandt, wenn ein IP-Paket in seiner vollen Größe nicht weiter vermittelt werden kann und eine Fragmentierung des Pakets erforderlich ist, aber vom Absender eine Fragmentierung durch das gesetzte »don't fragment«-Bit verboten wurde. Mit der Nachricht wird der Absender aufgefordert, Datenpakete zu fragmentieren, was zu einer Erhöhung der Netzlast führt, da jedes Fragment mit Header-Informationen auszustatten ist. Das Versenden synthetischer Aufforderungen zur Fragmentierung führt somit zu Denial-of-Service-Angriffen [Eckert 18].

Beispiel: Ping of Death

Beispiel: Ping of Death

Dieser Angriff basiert auf einem extrem langen ICMP-Echo-Request-Paket, das in fragmentierter Form (aufgeteilt auf mehrere Teilpakete) an das Zielsystem gesendet wird. Normalerweise dient die Fragmentierung dazu, Netzwerkabschnitte, deren maximale Paketlänge geringer ist als die eines bestimmten IP-Paketes, zu überbrücken (IP-Pakete können bis maximal 65535 Bytes lang sein). Beim Ping of Death wird nun allerdings ein unzulässig langes Paket (>65535 Bytes) in fragmentierter Form übertragen. Nach dem Zusammensetzen des Paketes versuchen die Netzwerktreiber des Opfers dieses Paket zu verarbeiten und verursachen dabei einen Systemabsturz.

5.4.2.5 IT-Grundschutz einer Firewall

Für den IT-Grundschutz einer Firewall (Sicherheitsgateways) werden die typische Gefährdungen angenommen [BSI B 3.301 11], die in Sicherheitstests überprüft werden müssen, wobei die Wirksamkeit einer Firewall nachzuweisen ist. Tabelle 5–8 gibt einen Überblick der BSI-Richtlinie B 3.301 Sicherheitsgateway (Firewall).

Tab. 5–8 *Gefährdungen und Wirksamkeit von Maßnahmen an Firewalls [BSI B 3.301 11]*

Kategorie	BSI Ref.	Gefährdungen an Firewalls
Organisatorische Mängel	G 2.24	Vertraulichkeitsverlust schutzbedürftiger Daten des zu schützenden Netzes
	G 2. 1	Unzureichende Notfallvorsorge bei einem Sicherheitsgateway
Menschliche Fehlhandlungen	G 3.3	Nichtbeachtung von Sicherheitsmaßnahmen
	G 3.9	Fehlerhafte Administration von IT-Systemen
	G 3.38	Konfigurations- und Bedienungsfehler
Technisches Versagen	G 4.10	Komplexität der Zugangsmöglichkeiten zu vernetzten IT-Systemen
	G 4.11	Fehlende Authentisierungsmöglichkeit zwischen NIS-Server und NIS-Client
	G 4.12	Fehlende Authentisierungsmöglichkeit zwischen X-Server und X-Client
	G 4.20	Überlastung von Informationssystemen
	G 4.22	Software-Schwachstellen oder -Fehler
	G 4.39	Software-Konzeptionsfehler

→

Kategorie	BSI Ref.	Gefährdungen an Firewalls
Vorsätzliche Handlungen	G 5.2	Manipulation an Informationen oder Software
	G 5.9	Unberechtigte IT-Nutzung
	G 5.18	Systematisches Ausprobieren von Passwörtern
	G 5.24	Wiedereinspielen von Nachrichten
	G 5.28	Verhinderung von Diensten
	G 5.39	Eindringen in Rechnersysteme über Kommunikationskarten
	G 5.48	IP-Spoofing
	G 5.49	Missbrauch des Source-Routing
	G 5.50	Missbrauch des ICMP-Protokolls
	G 5.51	Missbrauch der Routing-Protokolle
	G 5.78	DNS-Spoofing
	G 6.143	Man-in-the-Middle-Angriff

5.5 Angriffserkennung

Intrusion-Detection-Systeme

Angriffserkennungssysteme oder Intrusion-Detection-Systeme (IDS) helfen (dem Firewall-Administrator), die anfallenden Protokolldateien zu analysieren, da eine zeitnahe Angriffserkennung wichtig ist. Aufgrund der Fülle der Daten und der Vielzahl und Komplexität der verschiedenen Angriffsmöglichkeiten entsteht dadurch ein beträchtlicher Arbeitsaufwand.

Intrusion-Response-Systeme

Intrusion-Response-Systeme (IR) können Intrusion-Detection-Systeme ergänzen. Ziel eines IDS muss es sein, einen durchschnittlichen Administrator so weit zu unterstützen, dass dieser auch ohne tiefgreifende Kenntnisse im Bereich Internetsicherheit in der Lage ist, einen Angriff in einer großen Anzahl von Protokolldaten zu erkennen. IR-Systeme dagegen dienen dazu, automatisch Gegenmaßnahmen einzuleiten, sobald ein Angriff erkannt wurde [BSI M 5.71 13].

5.5.1 Verstehen des Konzepts von Werkzeugen zur Angriffserkennung

Ein Angriffserkennungssystem ist ein System (eigenständige(s) Gerät/Anwendung), das Aktivitäten auf verschiedenen Schichten (von der Netzwerk- bis zur Anwendungsschicht im OSI-Modell) überwacht, um Verstöße gegen die Sicherheitsrichtlinie zu erkennen. Dabei unterscheidet sich ein IDS dahingehend von einer Firewall, dass eine Firewall den Verkehr nach außen überwacht, um Angriffe zu stoppen, während das

IDS verdächtige Vorgänge analysiert und bei Bestätigung einen Alarm auslöst, der sich zur Einleitung weiterer Maßnahmen nutzen lässt (wie z.B. Verkehrsblockierung, virtuelles Patching).

Hinweis: Patches [Kappes 07]

Wenn Schwachstellen in Betriebssystemen oder Anwendungen entdeckt werden, stellen die Hersteller der Software so schnell wie möglich Patches oder Updates zur Verfügung, die die Sicherheitslücken beseitigen. Es empfiehlt sich dringend, solche Patches umgehend zu installieren.

Wird eine neue Lücke bekannt, so dauert es in der Regel nicht lange, bis Malware auftaucht, die diese ausnutzt. Daher empfiehlt es sich, die auf einem System vorhandene Software regelmäßig dahingehend zu überprüfen, ob sie auf dem neuesten Stand ist. Die meisten Betriebssysteme und Anwendungen überprüfen mittlerweile automatisch über das Netzwerk, ob sicherheitsrelevante Patches und Updates vorliegen.

Hinweis: Virtuelles Patching

Die Idee hinter Virtual Patching ist, dass die Schwachstelle nicht geflickt, aber dafür gegen bösartige Zugriffe abgeschirmt wird. Oft sind für Webanwendungen keine Patches verfügbar. Eine Web Application Firewall (WAF) regelt dann, wer wie auf die zu schützende Applikation zugreifen kann.

Negatives und positives Sicherheitsmodell

Bezüglich der IDS-Standardisierung beschreibt das Intrusion Detection Exchange Format der Internet Engineering Task Force [IETF 18] ein Entwurfsmodell für ein IDS, das auf zwei Sicherheitsmodellen basiert:

- **Negatives Sicherheitsmodell**
  (signaturbasierte Erkennung oder Blacklist-Erkennung)
  Es gilt die Regel, dass »alles erlaubt ist, was nicht ausdrücklich verboten ist«. Die Angriffserkennung nutzt als Basis eine Liste mit bekannten Angriffen oder Mustern.
- **Positives Sicherheitsmodell**
  (verhaltensbasierte Erkennung oder Whitelist-Erkennung)
  Es gilt die Regel, dass »alles verboten ist, was nicht ausdrücklich erlaubt ist«. Die Angriffserkennung basiert auf der Spezifikation des Verhaltens des zu schützenden Systems, z.B. den Merkmalen einer Eingabe in einer als regulären Ausdruck beschriebenen Form. Ein Angriff wird erkannt, wenn das Verhalten vom normalen oder erwarteten Verhalten des Systems abweicht (Anomalieerkennung). Ein als vertrauenswürdig verifizierter Datenverkehr kann genutzt werden, um die Spezifikation des Sicherheitsmodells zu erzeugen.

Als Anomalieanalyse werden Auswertungsmethoden bezeichnet, bei denen die Abweichung des Systems von seinem Normalverhalten erkannt und gemeldet wird. Die Anomalieanalyse kann folgende Verfahren einzeln oder in Kombination nutzen [BSI 18d]:

- Protokollanalyse
- Anomalieerkennung auf Basis statistischer Daten (vgl. Abschnitt 5.5.3)
- Anomalieerkennung auf Basis von künstlicher Intelligenz (vgl. Abschnitt 5.5.3)
- Anomalieerkennung auf Basis von Honeypots

In Tabelle 5–9 findet sich ein Vergleich für negatives und positives Sicherheitsmodell nach BSI M 5.71 Intrusion-Detection- und Intrusion-Response-Systeme [BSI M 5.71 13].

Hinweis: Intrusion Detection und Intrusion Response System [BSI M 5.71 13]

Ziel eines ID-Systems muss es sein, einen durchschnittlichen Administrator so weit zu unterstützen, dass dieser auch ohne tiefgreifende Kenntnisse im Bereich Internet-Sicherheit in der Lage ist, einen Angriff in einer großen Anzahl von Protokolldaten zu erkennen.

IR-Systeme dagegen dienen dazu, automatisch Gegenmaßnahmen einzuleiten, sobald ein Angriff erkannt wurde.

Tab. 5–9
Beispiele für negatives und positives Sicherheitsmodell nach M 5.71 Intrusion-Detection- und Intrusion-Response-Systeme [BSI M 5.71 13]

Negatives Sicherheitsmodell – signaturbasiert	Positives Sicherheitsmodell – verhaltensbasiert (Anomalieerkennung)
Die Signaturanalyse beruht auf der Annahme, dass sich viele Angriffe anhand einer bestimmten Abfolge von Protokolldaten erkennen lassen. Ein Beispiel ist das sogenannte Portscanning. Als Vorarbeit für einen Angriff wird zunächst festgestellt, welche Dienste auf dem angegriffenen Rechner ansprechbar sind, d. h., zu welchen TCP-Ports eine Verbindung aufgebaut werden kann. Hierzu wird mithilfe eines Programms ein Verbindungsaufbaupaket nacheinander an alle TCP-Ports geschickt. Erfolgt ein Verbindungsaufbau, ist dort ein Dienst installiert und kann angegriffen werden. Die entsprechende Signatur, also das Erkennungsmerkmal, dieses Angriffs ist einfach: Verbindungsaufbaupakete, die nacheinander an alle TCP-Ports geschickt werden.	Bei der Anomalieerkennung geht man davon aus, dass sich das normale Verhalten der Benutzer oder Rechner statistisch erfassen lässt, und wertet Abweichungen hiervon als Angriff. Ein Beispiel hierfür ist der Zeitraum, in dem eine Benutzerin normalerweise an ihrem Rechner angemeldet ist. Arbeitet sie z.B. fast immer montags bis freitags in der Zeit von 8.00 Uhr bis 17.00 Uhr mit Abweichungen von maximal 2 Stunden, so kann eine Aktivität am Samstag oder um 24.00 Uhr als Angriff gewertet werden. Das Problem bei der Anomalieerkennung ist die Festlegung des normalen Verhaltens. Hierfür lassen sich zwar mithilfe von Schwellwerten oder Wahrscheinlichkeitsbetrachtungen einige Aussagen machen. Ob es sinnvoll ist, eine Aktivität des Benutzers A am Montag um 19.10 Uhr sofort als Angriff zu bewerten, erscheint aber fraglich. Auch ändert sich das normale Verhalten eines Benutzers in der Regel, sodass eine Anpassung vorgenommen werden muss.

Es lassen sich drei Einsatzszenarien für Angriffserkennungssysteme (Intrusion-Detection-Systeme, IDS) unterscheiden [BSI 18d]:

- Einsatz von IDS zur ergänzenden Absicherung von Netzübergängen und Fernwartungszugängen
- Einsatz von IDS zur Überwachung von Serversystemen
- Einsatz von IDS zur Überwachung interner Netze

Heutige Angriffserkennungssysteme (IDS) bestehen typischerweise aus den folgenden Komponenten:

- **Netzsensoren** (an bestimmten Punkten)
  Sie überwachen den Netzverkehr eines Rechners oder eines ganzen Teilnetzes auf verdächtige Ereignisse.
- **Hostsensoren** (im zu überwachenden System)
  Sie werden typischerweise eingesetzt, um Angriffe zu erkennen, die auf Anwendungs- oder Betriebssystemebene durchgeführt werden. Beispiele für derartige Angriffe sind Rechteüberschreitungen von Nutzern, Login-Fehlversuche oder Trojaner.
- **Datenbankkomponenten**
  Intrusion-Detection-Systeme erzeugen bei der Angriffserkennung Ereignisdaten, die zur späteren Weiterverarbeitung gespeichert werden müssen.
- **Managementstation**
  Über die Managementstation erfolgt die Konfiguration und Kalibrierung des IDS.
- **Auswertungsstation**
  Die Auswertungsstation verfügt typischerweise über Funktionen zur Analyse aufgezeichneter Ereignisse und zum Reporting.

Beispiel: Netzbasiertes Intrusion-Detection-System (NIDS)

Beispiel: Netzbasiertes Intrusion-Detection-System (NIDS)

Mit Applikationsfiltern können differenzierte Authentifikationen und Überprüfungen durchgeführt werden. Auffällige Zugriffsmuster aus Angriffsversuchen auf das zu schützende Netz lassen sich mit zustandsbehafteten Filtern frühzeitig erkennen. Erkannte Angriffsversuche können mit einer spezifischen Softwarekomponente, dem Netz-basierten Intrusion-Detection-System (NIDS), erkannt und protokolliert werden. Eine unmittelbare Alarmmeldung kann den Systemadministrator erreichen.

Zahlreiche Architekturbeispiele für die Einsatzszenarien von Angriffserkennungssystemen sind in [BSI 18d] als Basisarchitekturen aufgeführt.

Angriffsmethoden mit einem Honeypot verstehen

Hinweis: Honeypot [Schmitz 17]

Bestandteil vieler Intrusion-Detection-Systeme ist ein sogenannter Honeypot. Es handelt sich dabei um einen besonderen Service oder einen speziellen Computer im Netzwerk, der einen Angriff provozieren soll. Er zieht quasi die Angriffe auf sich und bietet die Möglichkeit, diese genauer zu analysieren. Um Angriffe auf den Honeypot zu lenken, sind dort bewusst Sicherheitslücken vorhanden. Da der Honeypot selbst keine kritischen Daten für Angreifer bereithält und vom restlichen System abgeschottet ist, stellt der Angriff kein Sicherheitsproblem dar. Aufgrund der analysierten Angriffsmethoden können Abwehrmaßnahmen und -strategien entwickelt werden.

5.5.2 Testen der Wirksamkeit von Werkzeugen der Angriffserkennung

Die signaturbasierte Erkennung lässt sich leicht umgehen, weil nur bekannte Angriffsmuster erkannt werden. Tests können folgende Umgehungstechniken einschließen:

- **Zeichencodierung oder Modifikation von Daten**
  (Hinzufügen eines Leerzeichens, Zeilenumbruchs usw.)
- **IP-Fragmentierung**
  (Aufteilung eines IP-Datenpakets auf mehrere physikalische Datenblöcke, falls die Gesamtlänge des Datenpakets größer als die Maximum Transmission Unit der Netzwerkschnittstelle ist)

  Als historisches Beispiel ist die Teardrop-Attacke im Windows-Betriebssystem (1997) zu nennen. IP-Fragmentierung kann in mehrfacher Hinsicht für Angriffe missbraucht werden. Sie kann genutzt werden, um beim Zielsystem die IP-Kommunikation zu attackieren, aber auch, um Sicherheitskomponenten auf dem Weg zum Zielsystem anzugreifen.
- **TCP-Segmentierung**
  (Zerteilung großer Datenpakete in kleinere Datenpakete, die als Segmente bezeichnet werden)
- **TCP-Verbindungsaufbau**
  Historisches Beispiel ist der SYN-Flood-Angriff als Denial-of-Service-Attacke, der den Verbindungsaufbau des TCP-Transportprotokolls nutzt, um einzelne Dienste oder ganze Computer aus dem Netzwerk unerreichbar zu machen.

- **Verschlüsselung**
  Mittels eines Schlüssels wird Klartext in Geheimtext umgewandelt, um den Text gegenüber unbefugtem Zugriff zu schützen (vgl. Abschnitt 5.3.2.1).
- **Maskierung**
  Datenmaskierung will Daten und Quellcode für Menschen nicht lesbar darstellen. Im Regelfall ist Maskierung kryptografisch unsicher (vgl. Abschnitt 5.7.2).
- **URL-Codierung**
  Darstellung nicht druckbarer Zeichen oder von Zeichen mit besonderer Bedeutung in URLs, die eindeutig und allgemein von Webbrowsern und Servern akzeptiert wird. Im Regelfall ist URL-Codierung kryptografisch unsicher.

Beispiel: SYN-Flood-Angriff TCP-Verbindungsaufbau

Beispiel: SYN-Flood-Angriff TCP-Verbindungsaufbau

Der SYN-Flood-Angriff beruht auf einer Implementationsschwäche des TCP/IP-Protokolls. Daten einer halb geöffneten TCP-Verbindung werden dabei über einen bestimmten Zeitraum im Speicher gehalten, um eventuell verspätet eintreffende Pakete noch korrekt zuordnen zu können. Wird nun in rascher Folge eine große Anzahl von Verbindungsanforderungen an ein System gesendet, ohne die jeweiligen TCP-Handshakesequenz zu beenden, so kann das betreffende Computersystem rasch zum Absturz gebracht werden. Moderne Implementierungen von IP-Stacks setzen die Timeout-Zeit bis zur Freigabe des Speichers herunter bzw. legen ab einem Schwellwert nur einen kurzen Hash zur Identifikation der Verbindung ab. Die komplette Datenstruktur wird dann erst nach Empfang des ersten Datenpaketes aufgebaut.

Analyse von Logfiles

Zur Erkennung von Angriffen in Logfiles können verschiedene Kriterien bei Kenntnis des Kontextes und der Infrastruktur herangezogen werden, wie »optische« oder statistische Auffälligkeiten:

- Kürzere oder längere Logeinträge
- Wiederholungen
- Ungewöhnliche Muster
- Fehlermeldungen
- Schlagwörter und deren Kombinationen
  (beispielsweise Break-In, Error, Failed und danach Success)

Aus der Analyse der Logfiles lassen sich grundsätzliche Anforderungen bezüglich der IT-Sicherheit erfüllen. U.a. sind dies:

- Böswillige Aktivitäten
- Erkennen von Denial-of-Service-Angriffen (ungewöhnliche Anzahl von Verbindungen)
- Identifizierung von verdächtigen Verbindungszielen

Hinweis: Sicherheitstesten und Angriffserkennungssystem

Das Sicherheitstesten kann mit den Techniken des Penetrationstestens Angriffsszenarien durchspielen und überprüfen, wie diese vom Angriffserkennungssystem in den Logdateien diagnostiziert werden. Schwachstellen in der Angriffserkennung können rechtzeitig erkannt und die Anomalieerkennung des Angriffserkennungssystems kann angepasst werden.

Die verhaltensbasierte Erkennung (Anomalieerkennung) erzeugt viele falsch-positive und falsch-negative Ergebnisse. Ein falsch-negatives Ergebnis ist jeder Alarm, der hätte ausgelöst werden müssen, aber nicht ausgelöst wurde. Falsch-negative Ergebnisse können eintreten, wenn ein neues Angriffsmuster entwickelt wurde, das ein signaturbasiertes IDS nicht kennt, oder eine Regel so geschrieben wurde, dass bestimmte Angriffe nicht als solche erkannt werden. Außerdem ist die Genauigkeit und Erkennungsrate eines Erkennungsverfahrens zu berücksichtigen.

Will man die sogenannte falsch-positive Rate senken und macht dazu die Erkennung unschärfer, dann sinkt natürlich auch die Rate für die erkannten richtigen Angriffe auf das Netz. Dieses Dilemma lässt sich z.B. mit der Kombination aus einem anomaliebasierten IDS und einem regelbasierten IDS deutlich reduzieren.

Das IDS sollte im Netz nicht sichtbar sein, da Angriffe gegen das IDS verhindert werden müssen; Penetrationstests gegen das IDS sollen zur Systemhärtung des IDS selbst beitragen.

Hinweis: Angriff auf Intrusion-Detection-System [BSI 13]

Um Angriffe gegen ein IDS-System selbst auszuschließen, sollte dieses vom Netz her weitestgehend unsichtbar sein. Einfachste Maßnahme ist die Zuweisung einer IP-Adresse, die im Internet nicht geroutet wird. Empfohlen sei weiterhin die Deaktivierung des Protokolls ARP für das entsprechende Interface, sodass weder auf ARP- noch auf IP-Pakete reagiert wird.

Zur Sicherstellung einer wirksamen Sicherheitsgesamtfunktionalität ist von besonderer Bedeutung, wie IDS mit anderen, bereits im Einsatz befindlichen Sicherheitskomponenten zusammenspielen, deren Funktionalität ergänzen bzw. möglicherweise einschränken [BSI 18d]. Im Einzelnen sind dies:

- Virenscanner
- Content-Filter
- Vulnerability-Scanner
- Verschlüsselungskomponenten
- Firewalls
- Hochverfügbare Systeme

Hier sei auf den BSI-Leitfaden zur Einführung von Intrusion-Detection-Systemen [BSI 18d] verwiesen.

Exkurs: Verfahren für die Anomalieerkennung zur Identifikation von Angriffen

5.5.3 Verfahren für die Anomalieerkennung zur Identifikation von Angriffen

Verschiedene Verfahren der anomaliebasierten Identifikation von Angriffen sind bekannt. Diese sollen im Folgenden bewertet und verglichen werden. Es handelt sich um regelbasierte Verfahren, parametrische und nicht parametrische Klassifikatoren sowie Clusterverfahren.

Eine Unterscheidung der Klassifikationsverfahren erfolgt in den zwei Gruppen der parametrischen und nicht parametrischen Verfahren. Auf Basis eines stochastischen Modells operieren parametrische Verfahren, d.h., sie benötigen sowohl zur Erstellung eines Klassifikationsmodells als auch für die eigentliche Klassifikationsentscheidung vorgegebene Wahrscheinlichkeitsverteilungen.

Verfahren der Anomalieerkennung

Beispielsweise werden im Fall eines Bayes-Klassifikators [Rish 01] die Verteilungen jedes einzelnen Eingabeparameters sowie die Wahrscheinlichkeit, mit der ein Eingabewert einer bestimmten Klasse zugeordnet wird, im Voraus benötigt, um die Klassifikation durchführen zu können.

Auf Basis einer Ähnlichkeitsmetrik wird die Klassifikationsentscheidung bei nicht parametrischen Verfahren getroffen, d.h., die Eingabedaten werden derjenigen Klasse zugeordnet, der sie am meisten ähneln. Wang und Battiti [Wang & Battiti 06] führen beispielsweise zuerst eine Reduktion der zur Anomalieerkennung verwendeten Daten mittels Principal Component Analysis durch, bevor die eigentliche Anomalieerkennung mithilfe eines nicht parametrischen Klassifikators realisiert wird [Gamer 10].

Durch die auf Wahrscheinlichkeitsverteilungen bzw. Ähnlichkeitsmetriken zurückzuführende Unschärfe der durchgeführten Identifikation sind die Ergebnisse eines Klassifikators nicht so präzise wie im Fall der regelbasierten Verfahren. Im Gegensatz zu diesen Verfahren sind Klassifikatoren aufgrund dieser Unschärfe allerdings in der Lage, auch bei ungenauen und unvollständigen Eingabedaten eine Identifikation durchzuführen und mit unbekannten Elementen umzugehen [Gamer 10].

Clusterverfahren können eine Menge von Eingabedaten zu Gruppen mit ähnlichen Eigenschaften zusammenfassen. Dies reduziert die Menge an Eingabedaten auf eine deutlich geringere Menge an Clustern. Im Bereich der Identifikation von Angriffen sind

Clusterverfahren gut geeignet, um unbekannte Angriffe zu identifizieren, da diese in keinen der bekannten Cluster eingruppiert werden und durch das Entstehen eines neuen Clusters einfach zu erkennen sind [Gamer 10].

Zusammenfassend stellt Tabelle 5–10 [Gamer 10] die Eigenschaften Genauigkeit der Ergebnisse und Flexibilität sowie für die Identifikation a priori benötigter Daten die Notwendigkeit von Metadaten und die eines stochastischen Modells aller vier Verfahren gegenüber.

	Regelbasiert	Parametrischer Klassifikator	Nicht param. Klassifikator	Clustering
Genauigkeit	Gut	Akzeptabel	Akzeptabel	Schlecht
Flexibilität	Schlecht	Gut	Akzeptabel	Gut
Meta-Daten notwendig	Ja	Nein	Ja	Ja
Stochastisches Modell notwendig	Nein	Ja	Nein	Nein

Tab. 5–10 *Gegenüberstellung verschiedener Verfahren zur Identifikation von Angriffen für die Anomalieerkennung [Gamer 10]*

5.6 Schadprogrammscans

Bösartiger Programmcode (Schadprogramm) gelangt meist unbemerkt auf ein System und kann auf Servern und Computern der Endbenutzer (gewöhnlich getarnt) schädliche Aktionen auslösen, sodass seine Urheber die erwarteten Zugriffsrechte und die gewünschten sensiblen Daten erhalten. Diese Kompromittierung gelingt durch bösartigen Programmcode, der sich verschiedener Mittel wie E-Mails mit bösartigen Anhängen, gefälschter URLs, clientseitiger Codeausführung usw. im Zielsystem bedient.

Wirkungsweise von Schadprogrammen

Definition: Schadprogramm – BSI G 0.39 [BSI G 0.39 11]

Ein Schadprogramm ist eine Software, die mit dem Ziel entwickelt wurde, unerwünschte und meistens schädliche Funktionen auszuführen. Zu den typischen Arten von Schadprogrammen gehören unter anderem Viren, Würmer und Trojanische Pferde. Schadprogramme werden meist heimlich, ohne Wissen und Einwilligung des Benutzers aktiv.

Schadprogramme bieten heutzutage einem Angreifer umfangreiche Kommunikations- und Steuerungsmöglichkeiten und besitzen eine Vielzahl von Funktionen. Unter anderem können Schadprogramme gezielt Passwörter ausforschen, Systeme fernsteuern, Schutzsoftware deaktivieren und Daten ausspionieren.

Als Schaden ist hier insbesondere der Verlust oder die Verfälschung von Informationen oder Anwendungen von größter Tragweite. Aber auch der Imageverlust und der finanzielle Schaden, der durch Schadprogramme entstehen kann, sind von großer Bedeutung.

Im Unterschied zu früher gefährden heutige Schadprogramme nicht nur Computer im engeren Sinne, sondern haben prinzipiell jedes softwaregesteuerte und vernetzte System im Visier [BSI 18b].

Hinweis: Wirkung von Malware (Schadprogramm)

Der Begriff Malware stammt aus der englischen Sprache und steht für »malicious software« (schädliche Software). Diese kann auf allen Softwareebenen operieren und angreifen. Der Begriff der Softwareebene ist der Schichtenarchitektur für Software entnommen, wobei einzelne Aspekte des Softwaresystems konzeptionell in einer Schicht (Ebene) verortet sind. Beispiele sind Betriebssystem, Basissoftware, Applikationssoftware und Middleware. Malware kann prinzipiell jede Softwareebene angreifen.

In Tabelle 5–11 ist eine Auswahl möglicher Schadprogramme (Malware) aus dem Artikel »Malware, Viren und Trojaner – Das Schädlings-ABC« [Minich 16] zusammengestellt.

Tab. 5–11
Auswahl möglicher Schadprogramme (Malware) [Minich 16]

	Schadprogramm (Malware)	Beschreibung
1	Computervirus	Ein Virus nistet sich in intakte Dateien ein und nutzt diese als Wirt. Da ein Virus nicht selbstständig lauffähig ist, benötigt er für seine schadhafte Funktion die Ausführung eines Trägerprogramms. Startet eine mit einem Virus infizierte Anwendung, so wird der Virus ebenfalls gestartet. Viren verbreiten sich mittels Kopieren der jeweils infizierten Datei durch die Dateien eines Benutzerkontos innerhalb von Netzwerken, Servern oder E-Mails. Viren lassen sich klassifizieren in Programmvirus, Bootsektor-Virus und Makro-Daten-Virus.
2	Computerwurm	Würmer ähneln in ihrer Wirkung ein wenig den Viren. Sie infizieren Dateien, Programme und Systeme und führen dort ihre programmierte Schadroutine aus. Dazu nutzen sie ungesicherte Netzwerke oder auch Hintertüren und Programmierfehler in Anwendungen. Im Gegensatz zu einem Virus wartet ein Wurm jedoch nicht darauf, vom Nutzer verbreitet zu werden, sondern verbreitet sich selbst aktiv über Hilfsprogramme und/oder Netzwerkdienste unter Ausnutzung von Sicherheitslücken und vor allem auch über die Weitergabe von Wechseldatenträgern wie USB-Sticks.
3	Trojanisches Pferd	Ein als nützliche Anwendung getarntes Programm – ganz im Sinne eines trojanischen Pferdes –, das tatsächlich aber dazu dient, Schaden anzurichten, bezeichnet man als Trojaner. Diese Art der Malware kann Dateien, Programme und ganze Rechnersysteme infiltrieren, manipulieren, löschen oder sperren.

→

	Schadprogramm (Malware)	Beschreibung
4	Hintertür (Backdoor)	Die Hintertür ist eine vom jeweiligen Software-Autor eingebaute Lücke, die es ermöglicht, gesicherte Zugänge zu Rechnern, Programmen oder einzelnen Funktionen von Programmen zu umgehen. Auf diesem Wege gelangen die unterschiedlichsten Schädlinge unbemerkt in Systeme – in den meisten Fällen jedoch Trojaner.
5	Spyware	Spyware dient, wie der Name bereits erahnen lässt, in erster Linie dem Ausspionieren. Das Ziel dieser Spionagetools können Nutzerdaten wie Passwörter oder persönliche Daten, aber auch das Nutzerverhalten an sich sein. Diese Daten werden dann von der Spyware unbemerkt an Dritte übermittelt oder auch unmittelbar dazu genutzt, um angepasste Werbung auszuspielen.
6	Ransomware	Ransomware gehört zur Familie der Trojaner. Diese Art der Schadsoftware gelangt meist durch eine unbedachte Handlung des Nutzers – beispielsweise das Öffnen eines E-Mail-Anhangs – zunächst unbemerkt auf den Rechner. Dort verschlüsselt der Erpressungs-Trojaner im Hintergrund die Daten auf der Festplatte und nimmt diese sozusagen als Geisel. Die Ransomware macht sich meist nach einem erneuten Start des Rechners bemerkbar und fordert den Nutzer auf, ein Lösegeld im Austausch für die Entschlüsselung der eigenen Daten zu bezahlen. Eine Variante der Ransomware sind die Lockscreen-Trojaner, die nicht die Daten, sondern die allgemeine Nutzung des Rechners beeinträchtigen.
7	Dialer	Dialer sind ein Relikt aus der Zeit von 56k-Modems und ISDN-Verbindungen. Ein Dialer baut unbemerkt eine Wählverbindung zum Internet auf, um zusätzliche Verbindungskosten zu erzeugen und dem Nutzer finanziell zu schaden. Dank moderner DSL-Verbindungen sind Dialer aber weitestgehend obsolet geworden, zumindest was den Einsatz auf heimischen Rechnern betrifft. Im Bereich der Mobiltelefonie sowie VoIP-Telefonie kommen diese unerwünschten Einwahlprogramme aber auch heute noch vor. Auf dem Handy stellt ein solcher Dialer beispielsweise eine Verbindung zu einem Mehrwertdienst mit erhöhten Verbindungskosten her und fordert die Kosten über die Mobilfunkrechnung ein.
8	Rogueware	Eine Software, die dem Anwender vorgaukelt, vermeintliche andere Schadprogramme zu entfernen. In Wirklichkeit werden aber weitere Schadprogramme installiert.
9	Krypto-Mining	Ist u.a. eine schädliche Form der Finanzierung von Webseiten, wenn die Hardware- und Energieressourcen der Benutzer unbemerkt und ohne deren Zustimmung zum rechenintensiven Mining verwendet werden.

Des Weiteren gibt es für Malware noch die Begriffe Adware, Bloatware, Dropper, Exploit, Hoax, Keylogger, Rootkit, Scareware und Toolbar. Eine vollständige Übersicht findet sich bei [Minich 16].

Die vorgestellten Schadprogramme lassen sich in selbstreplizierende und nicht selbstreplizierende Malware-Typen unterscheiden. Als weiteres Klassifikationsmerkmal wird herangezogen, ob eine Benutzeraktion zur Verbreitung der Malware notwendig ist. Nicht selbstreplizierende Malware gelangt entweder auf ein System, indem ein Benutzer des Systems Aktionen ausführt, beispielsweise die Malware selbst installiert. Nicht selbstreplizierende Malware kann nur dann ohne Benutzerinteraktion auf ein System gelangen, wenn ein manueller Angriff auf das System über das Netzwerk oder durch einen Innentäter erfolgreich war [Kappes 07]. Eine Einordnung einer Auswahl an Schadsoftware hinsichtlich ihrer Verbreitungsmechanismen gibt Tabelle 5–12.

Tab. 5–12
Klassifikation einer Auswahl von Schadsoftware (Malware) hinsichtlich ihrer Verbreitungsmechanismen [Kappes 07]

	selbstreplizierend	**nicht selbstreplizierend**
mit Benutzeraktion	Virus	Spyware, Adware, Trojaner, Dialer
ohne Benutzeraktion	Wurm	Hintertür (Backdoor), Hackerangriff

Erfolgreiche Angriffe mit Malware haben negative Auswirkungen auf die wichtigen Schutzziele der Informationssicherheit:

- Vertraulichkeit (unberechtigter Zugriff auf Daten) und/oder
- Integrität (Modifikation von Daten) und/oder
- Verfügbarkeit (Löschen von Daten, Stören von Diensten).

5.6.1 Konzepte der Schadprogrammscanner

Ein Malware-Scanner ist ein Programm, das bösartigen Programmcode aus verschiedenen Quellen erkennt, analysiert und entfernt sowie verschiedene Erkennungsziele hat: Malware, Phishing und Pharming.

Phishing und Pharming

Phishing und Pharming – [BSI G 5.157 11]

Phishing ist ein Kunstwort aus Passwort und Fishing und bezeichnet Angriffe, bei denen Benutzern gezielt Passwörter, Kreditkartendaten oder andere vertrauliche Informationen entlockt werden.

Beim **Pharming** werden Manipulationen an der Namensauflösung von Internet-Domainnamen vorgenommen, um Clientzugriffe auf gefälschte Server umzuleiten. Ein Angreifer kann damit beispielsweise erreichen, dass im Browser des Opfers eine gefälschte Webseite statt der eigentlich gewünschten Seite angezeigt wird. Pharming hat sich aus Phishing weiterentwickelt. Der Begriff Pharming leitet sich aus Phishing und Farming ab.

Signaturbasierte Strategie

Der Malware-Scanner bedient sich in erster Linie einer **signaturbasierten Strategie**. Das Prinzip besteht darin, in einer Datenbank nach bekannten Datenmustern zu suchen, die verdächtigen Programmcode signalisieren. Neue Malware oder Malware, deren Signatur in der Datenbank nicht erfasst ist, wird jedoch nicht erkannt und kann das Opfer infizieren. Häufig ist in diesen Scannern eine Heuristik eingebettet, die auch leichte Variationen von bekannten, bösartigen Mustern erkennt und dazu beiträgt, dieses Problem zu bekämpfen.

Verhaltensbasierte Strategie

Im Gegensatz zur signaturbasierten Strategie werden bei der **verhaltensbasierten Erkennung** von Malware die Bytemuster von (ungewöhnlichen) Verhaltensweisen und Aktionen von Software mit der Historie verglichen. Man unterscheidet statische heuristische Scanner und dynamische heuristische Scanner. Statische heuristische Scanner greifen bei der Überprüfung von Dateien und Programmen auf Datenbanken zurück, die historische Datenmuster und Signaturen enthalten. Dynamische heuristische Scanner erzeugen einen virtuellen Computer, der den gesamten Scanprozess vom eigentlichen Rechner abschottet. In der sogenannten Sandbox wird die Datei in einem geschützten und abgedichteten Raum ausgeführt, sodass potenzieller Schaden die Sandbox nicht verlassen kann.

5.6.2 Testen der Wirksamkeit von Schadprogrammscannern

Entwickler von Malware und Hintertüren nutzen verschiedene Techniken, um ihren Programmcode vor Reverse Engineering und Erkennung durch Malware-Scanner zu schützen. Dazu gehören:

- Ausnutzung von Systembibliotheksfunktionen (z.B. FindWindow, das genutzt werden kann, um einen Malware-Scanner zu schließen)
- Zeichenfolgenmaskierung zur Verhinderung der Erkennung des Verhaltens von bösartigem Programmcode (z.B. durch Verschlüsselung). Ein Beispiel dafür wäre die Einbettung von JavaScript in ein PDF-Dokument. Ein weiteres Beispiel ist die Nutzung von Komprimierungswerkzeugen wie UPX (Ultimate Packer for eXecutables).
- Funktionen für das dynamische Laden von Bibliotheken (z.B. zur Limitierung der Analyse von bösartigem Programmcode)
- Automatische Aktualisierung von Anwendungen (z.B. Skype-Trojaner)

Malware kann auch andere Hardwareressourcen wie die GPU (Grafikprozessor) nutzen, um bösartigen Programmcode zu entpacken und im Speicher abzulegen, damit er vom Prozessor ausgeführt wird. In diesem Fall lässt sich eine Malware vor ihrer Ausführung schwer analysieren.

Eicar bietet eine Malware-Testdatei an.

Aus der Perspektive der funktionalen Tests kann ein Werkzeug wie die EICAR-Testdatei [EICAR 18] verwendet werden, um die Wirksamkeit von Malware-Scannern zu testen, ohne dazu echten bösartigen Programmcode entwickeln zu müssen: Die Testdatei von EICAR (European Institute for Computer Anti-Virus Research) ist eine Textdatei oder eine Menge von Dateien mit einem speziellen Inhalt, die zum Prüfen von Virenscannern verwendet wird. Die Anforderung an jeden Virenscanner ist, diese Dateien als Virus erkennen zu müssen. Schon beim Herunterladen der EICAR-Dateien sollte eine Warnung des installierten Virenscanners erfolgen.

Eine wichtige Überlegung bei der Implementierung eines neuen oder beim Upgrade eines bestehenden Schadprogrammscanners ist das Testen der Implementierung auf einer repräsentativen Plattform vor ihrer Bereitstellung im gesamten Unternehmen. Es kommt vor, dass Anti-Malware-Software fälschlicherweise legitime Betriebssystemdateien als Malware identifiziert, unter Quarantäne stellt und damit die gesamte Rechenkapazität des Unternehmens lahmlegt.

Hinweis: Einsatz des Schadprogrammscanners

Der Schadprogrammscanner sollte vor dem erstmaligen Ausführen der Malware bereits laufen, um die Infektion verhindern zu können.

Wird ein Scan erst nach einer Infektion durchgeführt, kann die Funktionalität des Schadprogrammscanners nur bedingt wirksam sein. Selbst wenn sich das System also erfolgreich scannen lässt, wird mitunter nur ein Teil oder gar nichts von der Malware erkannt.

Die EU-Richtlinie [EU 06] »Standard on Controls Against Malicious Code« gibt eine Handreichung von Maßnahmen für eine effiziente und effektive Vorbeugung und Erkennung von Schadsoftware und zugehörigen Sicherheitsrisiken.

Hinweis: Maßnahmen gegen Schadsoftware (Controls against malicious code, A.10.4.1 in ISO 27001) [Kersten et al. 08]

Maßnahmen zur Erkennung, Verhinderung und Wiederherstellung zum Schutz vor Schadsoftware sowie ein angemessenes Bewusstsein der Benutzer müssen umgesetzt sein.

Die folgende Checkliste in Tabelle 5–13 lässt sich aus [EU 06] ableiten:

Tab. 5–13
Checkliste Schadprogrammscanner (Malware) zur Gewährleistung deren Wirksamkeit (orientiert an [EU 06])

	Checkliste zur regelmäßigen Überprüfung der Schadprogrammscanner
1	Regelmäßige Evaluation von Schadprogrammscannern und ggf. Upgrade
2	Schadprogrammscanner ist aktiv (enabled)
3	Korrekte Konfiguration des Schadprogrammscanners
4	Erfolgreiche Installation aller Updates (Updatemechanismus und-frequenz)
5	(Automatische) Notfallprozeduren bei Schadprogrammerkennung: Logfiles und Alarmauslösung (Meldung von Schadprogramminfektionen)
6	Zustellung der Schadprogrammreports an alle verantwortlichen Rollen (z.B. Systemadministrator)
7	Effektivität der Schadprogrammerkennung Monitoring der Schadprogrammpattern, Rate der Falsch-negativ- und Falsch-positiv-Erkennung auswerten
8	Wirksamkeit der Desinfektion, Prüfung des Löschens oder des Unter-Quarantäne-Stellens der Schadsoftware
9	Verteilung der Schadprogrammscanner auf alle Rechner des Netzwerks
10	Regelmäßiger vollständiger Scan aller Computer des Netzwerks
10	Klärung der Sicherheitsgesamtfunktionalität in Wechselwirkung mit IDS
11	Training für ein Sicherheitsbewusstsein bzgl. Schadprogrammen (vgl. auch Abschnitt 6.5)

Hinweis: Meldung von Schadprogramminfektionen – [BSI M 2.158 13]

Bei Auftreten eines Schadprogramms muss vorrangig verhindert werden, dass weitere IT-Systeme infiziert werden. Generell sollte das jeweilige Virenschutzprogramm eine automatische Meldung von Schadprogramminfektionen unterstützen. Die automatische Meldung muss an einer zentralen Stelle angenommen und bearbeitet werden. Dabei sollten die zuständigen Mitarbeiter je nach Sachlage über das weitere Vorgehen entscheiden.

5.7 Datenmaskierung

Obwohl Datenmaskierung (engl. data masking) oft als Synonym für den Begriff Anonymisierung verwendet wird, handelt es sich in der Regel um ein anderes Vorgehen, das auch auf nicht personenbezogene Daten angewandt werden kann.

Die Strategie ist hierbei, bestimmte Attributwerte anhand definierter Regeln durch Platzhaltersymbole oder zufällige Werte zu ersetzen. Alle denkbaren Datentypen lassen sich maskieren.

Gelegentlich wird verlangt, dass die Werte danach noch das gleiche Format besitzen müssen. Dies ist sinnvoll, wenn man beispielsweise Testdaten für die Anwendungsentwicklung generieren möchte. Die Datenmaskierung ist im Gegensatz zur Pseudonymisierung in der Regel nicht umkehrbar [Roebuck12].

Um die Identitäten von Personen zu schützen, kann man Daten auch verschlüsseln. Verschlüsselung ist ein umkehrbarer Prozess und kann auch als Methode zur Datenmaskierung oder **Pseudonymisierung** eingesetzt werden. Verschlüsselte Daten können in vollem Umfang nur von Personen genutzt werden, denen der Schlüssel bekannt ist. Wenn man beabsichtigt, Datensätze zu veröffentlichen, ist die Verschlüsselung ungeeignet. Zusätzlich wird die Performanz bei Berechnungen über verschlüsselten Daten deutlich vermindert.

Im Gegensatz zu Datenmaskierung verfolgt **Anonymisierung** das Ziel, dass die Daten nach dem Anonymisierungsvorgang weiterhin für sinnvolle Analysen genutzt werden können. Pseudonymisierung oder eine schwache Datenmaskierung stellen in der Regel keine ausreichende Anonymität der Daten sicher, sodass Personen weiterhin identifizierbar sind.

Definition: Datenmaskierung [GTB Glossar 18]

Transformation von Daten, die es den Menschen schwer macht, die Originaldaten zu erkennen.

Hinweis: Reversible Datenmaskierung

Die Transformation von Daten muss nicht zwangsläufig umkehrbar (reversibel) sein.

5.7.1 Konzept der Datenmaskierung

Datenmaskierung will Daten anonymisieren bzw. verfremden. Sehr unterschiedliche Techniken der Datenmaskierung sind verfügbar. Die Techniken der Datenmaskierung sind unter Umständen auch Maßnahmen des Datenschutzes. Gelegentlich wird auch der Begriff der Datenverschleierung (Data Obfuscation) genutzt.

Pseudonymisierte und anonymisierte Daten

Ein besonderer Anwendungsfall ist der des Testdatenmanagements [Franz et al. 18]: Hier werden Produktivdaten von Testdaten (synthetisierte oder pseudonymisierte Daten) unterschieden. Datenmaskierung kann also sowohl auf Produktivdaten als auch auf Testdaten angewandt werden. Je nach Nutzer oder Anwender der Produktiv- oder Testdaten muss zudem die EU-Datenschutz-Grundverordnung (EU-DSGVO) [Franz et al. 18] berücksichtigt werden.

Definition: Pseudonymisierte Daten [Franz et al. 18]

Pseudonymisierte Daten sind Daten, die durch den Prozess der Pseudonymisierung aus Produktivdaten gewonnen werden.

Definition: Anonymisierte Daten [Franz et al.18]

Anonymisierte (Test-)Daten sind Daten, die durch verschiedene Verfahren der Anonymisierung entstehen, bei denen Produktivdaten manipuliert werden, bis der gewünschte Anonymisierungsgrad erreicht ist.

Pseudonymisierte Daten werden anonym, wenn die Zuordnungsregel nicht verfügbar ist. Der Anonymisierungsgrad gibt die Wahrscheinlichkeit an, dass ein Angreifer die anonymisierte Information aufgrund der ihm zugänglichen anonymisierten Informationen errät [Franz et al. 18]. Tabelle 5–14 gibt einen Überblick über verschiedene Anonymisierungsgrade, die durch Datenmaskierung erreichbar sind.

Tab. 5–14 *Vergleich unterschiedlicher Anonymisierungsgrade (angelehnt an [Franz et al. 18])*

Anonymisierungsgrad	Merkmal	Beispiel
Keine Anonymisierung	Lesbare Produktivdaten	Originaldatensatz
Formale Anonymisierung	Nur Entfernung der direkten Identifikatoren	Name und Adresse sind entfernt. Nur noch die Kombination anderer Merkmalsausprägungen kann eine Zuordnung ermöglichen.
Faktische Anonymisierung	Deanonymisierung nicht direkt ausgeschlossen	Wie oben, aber extrem hoher Aufwand (Zeit, Kosten) erforderlich, um eine Zuordnung herzustellen.
Absolute Anonymisierung	Identifikation ausgeschlossen	Keine eindeutige und fehlerfreie Zuordnung möglich.

Bundesdatenschutzgesetz

In § 22 »Verarbeitung besonderer Kategorien personenbezogener Daten« widmet sich das Bundesdatenschutzgesetz (BDSG) [Recht 18] der Implementierung angemessener und spezifischer Maßnahmen zur Wahrung der Interessen der betroffenen Personen hinsichtlich der Verarbeitung und Speicherung ihrer Daten.

Dazu enthält das neue Regelwerk Anregungen zur Datenmaskierung in folgenden Bereichen:

- Pseudonymisierung personenbezogener Daten (§22 Abs. 2.6)
- Verschlüsselung personenbezogener Daten (§22 Abs. 2.7)

Europäische Datenschutz-Grundverordnung (EU-DSGVO)

Hinweis: Datenmaskierung nach EU-Datenschutz-Grundverordnung (EU-DSGVO) [Kranig & Ehmann18]

Die Verordnung erfordert stärkeren Datenschutz, um Compliance-Anforderungen einzuhalten. Dabei geht es vor allem um die Pseudonymisierung. Bei diesem Prozess werden vertrauliche Daten so anonymisiert, dass sie sich nicht mehr einer bestimmten Person zuordnen lassen, und auch im Falle eines Diebstahls sind die Daten geschützt. Das neue Regelwerk enthält deshalb Anregungen zur Datenmaskierung in verschiedenen Bereichen.

5.7.1.1 Techniken der Datenmaskierung

Datenmaskierung ist ein Mechanismus, der bewirkt, dass Daten und Quellcode für Menschen nicht lesbar sind. Diese Technik dient vorrangig dem Schutz sensibler Daten gegen:

- Kopieren, Umgehung von Lizenzschutzmechanismen
- Reverse Engineering, um Programmcode untersuchen zu können und auf Schwachstellen abzuklopfen

Unterschiedliche Techniken der Datenmaskierung

Die folgenden Techniken der Datenmaskierung können einzeln oder in Kombination genutzt werden:

- **Ersetzung (Substitution)**
  Ersetzung ist eine der effektivsten und einfachsten Methoden der Datenmaskierung. Ein Wert wird durch einen anderen ersetzt. Das authentische Look & Feel der Datensätze kann erhalten werden.
- **Zufällige Ersetzung (Random Substitution)**
  Der simple Einsatz einer Zufallsumbenennungsfunktion verändert kritische Daten. Diese Maskierung ist nicht umkehrbar.
- **Nullabgleich oder Löschung (Redaction/Nulling)**
  Es handelt sich hier um eine spezielle Form der Ersetzung. Sensible Daten werden durch einen generischen Wert, beispielsweise »X« für Telefonnummern, ersetzt. Ein weiteres Beispiel ist die Verpixelung von Bildern oder das Schwärzen definierter Textbereiche.
- **Mischen (Shuffling)**
  Mischen ist als Randomisierungstechnik eine weitere Form der Ersetzung. Diese Technik wird häufig für die Datenverschleierung in Tabellen (auch Datenbanken) eingesetzt. Das Verfahren ist ver-

gleichbar mit der Substitutionsmethode. In der gleichen Spalte der Datentabelle werden die Daten nach dem Zufallsprinzip gemischt. Das Verfahren soll Aggregations- oder Statistikwerte (Mittelwerte, ...) der Datensätze erhalten.

- **Versetzung (Transposition)**
Hier handelt es sich um eine Ersetzung innerhalb eines Datums, indem beispielsweise eine Teilzeichenkette in der Zeichenkette des Datums geändert wird. Der Algorithmus kann einfach (triviale Ersetzungsregel) oder komplex (Verschlüsselung) sein.
- **Mittelwertbildung (Averaging)**
Numerische Werte werden durch den Mittelwert der jeweiligen Tabellenspalte ersetzt.
- **Nummern- und Datumvarianz (Number and Date Varianz)**
Die numerische Varianz-Methode ist sehr nützlich für die Anwendung auf finanzielle und datumgetriebene Informationsfelder.
- **Verschlüsselung (Encryption)**
Verschlüsselung ist oft der komplexeste Ansatz zur Lösung des Datenmaskierungsproblems. Der Verschlüsselungsalgorithmus erfordert oft, dass ein »Schlüssel« angelegt wird, um die Daten basierend auf Benutzerrechten anzuschauen. Der »Nachteil« dieses Verfahrens ist, dass die verschlüsselten Daten nur für die Besitzer gültiger Schlüssel lesbar bleiben.
- **Ausblenden (Deleting)**
Ausblenden von bestimmten Bereichen ist eine wirksame Methode, um sensible Informationen zu schützen. Auch das Löschen von Tabulator-, Return- und Leerzeichen gehört in diese Kategorie.
- **Keine Identifizierung (De-identification)**
Es handelt sich um eine Strategie für Datenbankentabellen in höherer Normalform, die verhindern soll, dass durch ein Reverse Engineering von maskierten Daten die Abbildung auf persönliche Daten ermöglicht wird.
- **Tokenization (Tokenization)**
Der englische Begriff Tokenization wird für Prozesse verwendet, bei denen sensible Daten durch eindeutige Identifikationsmerkmale ersetzt werden, sodass die Daten erhalten bleiben, ohne dass dabei aber ihre Sicherheit gefährdet wird. Mit einer Umwandlung von Daten in Token wird außerdem versucht, die Datenmenge zu minimieren, die ein Unternehmen für seine Geschäftstätigkeit verarbeiten muss.

- **Formaterhaltende Verschlüsselung (Format Preserving Encryption)**
  Viele kryptografische Verschlüsselungsalgorithmen transformieren die Daten in ein nicht mehr lesbares Format, beispielsweise in eine Zeichenkette beliebiger Länge. Formaterhaltende Verschlüsselung erhält das Format des Originaldatensatzes.
- **Statische Datenmaskierung (Static Data Masking)**
  Bei der statischen Datenmaskierung wird der Personenbezug gespeicherter Daten in einem dedizierten Schritt vor der weiteren Verwendung entfernt [Franz et al. 18].
- **Dynamische Datenmaskierung (DDM, Dynamic Data Masking)**
  Bei der dynamischen Datenmaskierung werden Daten beim Produktionsabzug so abgewandelt, dass keine personenbezogenen Daten gespeichert werden.
- **»Fliegende« Datenmaskierung (On-the-Fly Data Masking)**
  Während dynamische Datenmaskierung den ganzen Datenbankbestand auf einmal maskiert, will die »fliegende« Datenmaskierung für jeden gerade angeforderten Datensatz eine Maskierung durchführen.
- **Quellcodeverschleierung (Source Code Obfuscation)**
  Quellcodeverschleierung verändert den ausführbaren Code eines Programms so, dass die Funktion des Programms erhalten bleibt. Als Beispiele sind hier zu nennen konstante Transformationen (alle Zahlen sind um x höher), Veränderung des Kontrollflusses, überflüssige Vergleiche (bedingte Anweisungen, die immer wahr sind), Veränderung der Funktionshierarchie, Einfügen von redundantem Code, Einfügen von schwer compilierbarem Code (Compilerflags, Optimierung), Tarnung durch Verschlüsselung (spezielle Zeichenketten), Mischen von Funktionen, Mischen von Hochsprache und Inline-Assembler und die Umstrukturierung von Datencontainern (beispielsweise Arrays oder Listen). Mit diesen Techniken kann das Re-Engineering erschwert, wenn auch nicht komplett verhindert werden. Theoretisch kann binärer Programmcode sich nicht selbst gegen Demaskierung schützen, weil stets Debugging genutzt werden kann. Es gibt zwar Werkzeuge für den Schutz von binärem Programmcode gegen Dekompilierung, dennoch bleiben Risiken und Beschränkungen, was den Schutz proprietärer Informationen angeht, die durch binären Programmcode abgebildet werden.

Hinweis: Datenmaskierung und Verschlüsselung

Datenmaskierung unterscheidet sich von der Verschlüsselung darin, dass in der Regel keine kryptografischen Algorithmen zur Datentransformation benutzt werden.

Ein Beispiel für Source Code Obfuscation[10] zeigt das folgende Programmlisting in Abbildung 5–11 in der Programmiersprache C. Das Programm berechnet auf eine ungewöhnliche Art die Zahl π [CISE 18]. Werkzeuge für Quellcodeverschleierung sind am Markt erhältlich.

```
#define _ F-->00 || F-OO--;
long F=00,OO=00;
main(){F_OO();printf("%1.3f\n", 4.*-F/OO/OO);}F_OO()
{
            _-_-_-_
       _-_-_-_-_-_-_-_-_
    _-_-_-_-_-_-_-_-_-_-_-_
  _-_-_-_-_-_-_-_-_-_-_-_-_-_
 _-_-_-_-_-_-_-_-_-_-_-_-_-_-_
 _-_-_-_-_-_-_-_-_-_-_-_-_-_-_
_-_-_-_-_-_-_-_-_-_-_-_-_-_-_-_
_-_-_-_-_-_-_-_-_-_-_-_-_-_-_-_
_-_-_-_-_-_-_-_-_-_-_-_-_-_-_-_
_-_-_-_-_-_-_-_-_-_-_-_-_-_-_-_
 _-_-_-_-_-_-_-_-_-_-_-_-_-_-_
 _-_-_-_-_-_-_-_-_-_-_-_-_-_-_
  _-_-_-_-_-_-_-_-_-_-_-_-_-_
    _-_-_-_-_-_-_-_-_-_-_-_
        _-_-_-_-_-_-_-_
            _-_-_-_
}
```

Abb. 5–11
Beispiel für Quellcodeverschleierung in der Programmiersprache C aus [CISE 18]

Hinweis: Angreifer und Datenmaskierung

Die Datenmaskierung wird von Angreifern häufig verwendet, um ihren böswilligen Programmcode und ihre Angriffe zu verschleiern.

Auch der Datenschutz nutzt Datenmaskierung: Das oberste Gebot des Datenschutzes ist Datenvermeidung und Datensparsamkeit [Franz et al. 18]. Daher sind rollenbasierte Zugriffsrechte auf Datenbestände notwendig. Wo es sich anbietet und sinnvoll ist, müssen maskierte Daten benutzt werden. Beispielsweise müssen Supportmitarbeiter und Funktionstester bei Software im Gesundheitswesen maskierte, also nicht sensible Daten nutzen. Die eigentlichen sensiblen Originalinformationen bleiben für diesen Nutzerkreis nicht lesbar.

---

10. Es gibt auch einen internationalen Wettbewerb für Quellcodeverschleierung: The International Obfuscated C Code Contest [IOCCC 19].

5.7.1.2 Diskussion ausgewählter Techniken der Datenmaskierung

Als eine Kombination zweier Maskierungstechniken, nämlich der Substitution und Transposition, kann die Base64-Codierung genutzt werden, da diese Codierung die Bitmuster der Zeichen in einer anderen Weise strukturiert und codiert. Diese Art der Maskierung ist umkehrbar.

Base64-Codierung

Definition: Base64-Codierung

Mit dem Base64-Verfahren werden 8-Bit-Binärdaten in lesbare ASCII-Zeichen codiert. Zur Codierung werden die Zeichen A-Z, a-z, 0-9, + und/verwendet, sowie 0, 1 oder 2 = am Ende des Base64-codierten Strings, die die Anzahl der Füllbytes darstellen. Zur Codierung werden jeweils 3 Byte der Eingabedaten in vier 6-Bit-Blöcke aufgeteilt und diese 64 möglichen Zeichen auf druckbare ASCII-Zeichen abgebildet (vgl. Tab. 5–15).

Tab. 5–15
Codierungstabelle für das Base64-Verfahren

	xxx 000	**xxx 001**	**xxx 010**	**xxx 011**	**xxx 100**	**xxx 101**	**xxx 110**	**xxx 111**
000 xxx	A (00)	B (01)	C (02)	D (03)	E (04)	F (05)	G (06)	H (07)
001 xxx	I (08)	J (09)	K (0a)	L (0b)	M (0c)	N (0d)	O (0e)	P (0f)
010 xxx	Q (10)	R (11)	S (12)	T (13)	U (14)	V (15)	W (16)	X (17)
011 xxx	Y (18)	Z (19)	a (1a)	b (1b)	c (1c)	d (1d)	e (1e)	f (1f)
100 xxx	g (20)	h (21)	i (22)	j (23)	k (24)	l (25)	m (26)	n (27)
101 xxx	o (28)	p (29)	q (2a)	r (2b)	s (2c)	t (2d)	u (2e)	v (2f)
110 xxx	w (30)	x (31)	y (32)	z (33)	0 (34)	1 (35)	2 (36)	3 (37)
111 xxx	4 (38)	5 (39)	6 (3a)	7 (3b)	8 (3c)	9 (3d)	+ (3e)	/ (3f

Beispiel: Base64-Codierung

Beispiel: Base64-Codierung

Eingabe: A

ASCII-Code von A: 65

Bitmuster der 3-Byte-Zeichenkette AAA (A ist 65):
01000001 01000001 01000001

Aufteilung der Bitmuster von 8 Bit in vier Bitmuster von 6 Bit:
010000 010100 000101 000001

Base64-Code (vgl. Tab. 5–15): QUFB

Als weitere Maskierungstechnik kann die binärbasierte XOR-Chiffre eingesetzt werden. Wie in Abschnitt 5.3 liegt ihre Leistungsfähigkeit in der Qualität des verwendeten Schlüssels und der Betriebsart im Falle von Stromchiffren begründet.

XOR-Chiffre als Maskierungstechnik

5.7.2 Testen der Wirksamkeit von Datenmaskierungsverfahren sowie maskierter Daten

Ein Test der Wirksamkeit von Datenmaskierungsverfahren ist zu erbringen. Das Bundesdatenschutzgesetz fordert in § 22 Abs. 2.9 [Recht 18], dass zur Gewährleistung der Sicherheit der Verarbeitung (personenbezogener Daten) die Einrichtung eines Verfahrens zur regelmäßigen Überprüfung, Bewertung und Evaluierung der Wirksamkeit der technischen und organisatorischen Maßnahmen notwendig ist.

Bei der Datenvalidierung wird zwischen dem Whitelist- und dem Blacklist-Ansatz unterschieden. Beide Ansätze sind auf maskierte Daten übertragbar.

Whitelist- und Blacklist-Ansatz der Validierung

Definition: Validierungsansatz [BSI 12]

Bei dem Whitelist-Ansatz werden ausschließlich solche Daten zugelassen, die in einer Liste enthalten sind. Dabei werden, ausgehend von einer möglichst kleinen Zeichenmenge, Regeln erstellt, die Daten in einem festgelegten Zeichenraum zulassen und Daten zurückweisen, die abweichende Zeichen enthalten. Hierbei sollten komplexe Regeln durch die sequenzielle Verwendung einfacher Regeln abgebildet werden.

Dagegen werden bei einem Blacklist-Ansatz solche Daten als unzulässig eingestuft und abgewiesen, die in einer Liste enthalten sind. Alle Daten, die nicht explizit verboten sind, werden bei diesem Ansatz akzeptiert. Bei dem Blacklist-Ansatz besteht jedoch die Gefahr, dass nicht alle Variationen unzulässiger Daten berücksichtigt und somit erkannt werden. Daher sollte der Whitelist-Ansatz dem Blacklist-Ansatz vorgezogen werden.

Tabelle 5–16 gibt eine Auswahl möglicher Kontexte und Strategien, um die Wirksamkeit von Datenmaskierung zu verifizieren.

Testen der Wirksamkeit von Datenmaskierung

Tab. 5–16
Prüfen (Test) der Wirksamkeit von Datenmaskierungsverfahren. Die fettgedruckten Kontexte und Teststrategien sind aus dem Lehrplan des ISTQB®-Kurses Basiswissen Sicherheitstests [GTB CTAL ST 18]

ID	Kontext und Teststrategie	Bemerkung
1	Prüfen der Algorithmen zur Datenmaskierung mit Blackbox- und Whitebox-Test	Entscheidungsabdeckung (siehe [Spillner & Linz 19])
2	**Prüfen der kontextsensitiven Maskierung der Daten (für zu interpretierende Daten)**	Interpretierbare Daten sind wegen der Gefahr ausführbaren Codes zu maskieren. Die Wirkungsweise der Datenmaskierung ist auf Vollständigkeit hinsichtlich der Applikations-kontexte (Anwendungsfälle) zu testen. Weil bei einigen Tests auch private Daten involviert sein können, ist für Testzwecke u.U. eine Datenmaskierung nötig, um Produktionsdaten, die in einer Systemtestumgebung verwendet werden, zu anonymisieren.
3	Prüfung von maskierten Daten und Prüfen der Abwehr von Code-Injektion	Allgemein sollten nie Eingaben ohne vorherige Prüfung (Plausibilisierung) weitergegeben werden. Benutzereingaben jeglicher Art müssen gefiltert oder maskiert werden. Um Injection-Angriffe zu vermeiden, ist es notwendig, Eingabeparameter aus der Schnittstellenbeschreibung (bspw. WSDL -Datei) heraus auf schädlichen Code zu filtern und zum Beispiel über eine Whitelist [BSI 12] nur systemkonforme Strings zuzulassen. Empfohlen wird außerdem, Strings als Eingabetyp möglichst komplett zu vermeiden und zudem Integerwerte auf deren Länge zu überprüfen.
4	**Prüfen der Behinderung von Reverse Engineering durch Maskierung**	Überprüfen der Komplexität des Reverse Engineering: Aufwand und Kosten des Reverse Engineering bei maskiertem Java-Bytecode (bspw. Neuerzeugung von Java-Quellcode mittels Java Decompiler) oder maskierten .NET-Programmen (z.B. Erzeugung von .NET-Quellcode mit .NET Reflector) bestimmen.
5	**Prüfen mit Brute-Force-Angriffen auf maskierte Daten**	Beispielsweise Wörterbuchangriffe als Versuch, aus maskierten Daten Klardaten zu erzeugen. Wird zur Maskierung kein kryptografisches Verfahren genutzt, kann der Angriff leicht gelingen.
7	Prüfen mit Penetrationstests	Schwachstellen im Design und in der Implementierung bei Nutzung maskierter Daten (Verifikation von Security by Design)
8	Prüfen der Behandlung von Fehleingaben (Exception Handling)	Robustheit der Datenverarbeitung maskierter Daten bei Fehleingaben überprüfen.
9	**Prüfen der Konfigurationskontrolle für spezielle Daten bei Maskierungsalgorithmen, wie beispielsweise für Schlüssel**	Strikte Konfigurationskontrolle zwischen maskierten Daten und den für die Maskierung genutzten Schlüsseln ist nötig, um sicherzustellen, dass die richtigen Versionen der Schlüssel verwendet werden. Andernfalls können die Daten nicht zur Verwendung demaskiert werden.

Beispiel: Testen der Maskierung für eine Zeichenkette [OWASP 16b]

Eine maskierte Zeichenkette (Token) soll hinsichtlich verschiedener Maskierungstechniken (Hex, Base64, MD5 Hash) verglichen werden.

Beispielzeichenkette: "92.168.100.1:owaspuser:password:15:58"

Hex	3139322E3136382E3130302E313A6F77617370757 365723A70617373776F72643A31353A3538
Base64	MTkyLjE2OC4xMDAuMTpvd2FzcHVzZXI6c GFzc3dvcmQ6MTU6NTg=
MD5	01c2fc4f0a817afd8366689bd29dd40a

Beispiel: Testen der Maskierung für eine Zeichenkette [OWASP 16b]

Fingerprinting nutzt Maskierung

Ein weiterer Anwendungsfall der Maskierung ist das Fingerprinting [OWASP 16b]. Während bisher die Maskierung als probates Mittel zur Anonymisierung und Pseudonymisierung genutzt wurde, will Fingerprinting individuelle in Daten maskierte Merkmale zur Identifikation von Nutzern heranziehen. Ein Beispiel hierfür ist das Canvas-Fingerprinting. Als »Canvas« bezeichnet man in HTML ein per JavaScript erstelltes Bild, erzeugt aus Farbverläufen, Zeichnungen, Grafiken und Text. Das Besondere an dieser HTML5-Technik ist nun, dass die auf diese Weise generierten Grafiken auf unterschiedlichen PCs und mit verschiedenen Browsern nicht wirklich völlig identisch und damit einzigartig sind. Diese Vorgehensweise führt dazu, dass mithilfe dieser generierten Grafiken eine Identifizierung der Nutzer möglich wird.

Das Erkennen und Verhindern von Fingerprinting ist Gegenstand der Systemhärtung, die in Abschnitt 5.1 besprochen wird.

5.8 Schulungen

Einer Organisation Raum und Zeit für das Schulen von Sicherheit zu geben, ist eine Kulturfrage. Jedes Unternehmen produziert eine eigene Sicherheitskultur, die davon geprägt ist, wie der einzelne Mitarbeiter das Unternehmen als Ganzes und seine Stellung innerhalb seines Teams erlebt. Dabei wird die Kommunikation zum Thema Sicherheit ein Schlüsselthema, das in vielfacher Hinsicht wirkt, wie beispielsweise das Publizieren von Sicherheitsstrategien (Security Policies), die Durchführung von Sicherheitsschulungen oder anderer Trainingsmaßnahmen oder kompletter Awareness-Kampagnen. Die folgenden Abschnitte widmen sich der Bedeutung von Sicherheitsschulungen und dem Testen der Wirksamkeit von Sicherheitsschulungen.

5.8.1 Bedeutung von Sicherheitsschulungen

Das schwächste Glied in der Sicherheitskette ist häufig der Mensch. Daher bedarf es der konsequenten und kontinuierlichen Schulung, um die Bedeutung folgender etablierter Sicherheitsrichtlinien in Erinnerung zu rufen und zu betonen, warum Richtlinien benötigt werden. Diese Schulung muss während des Softwarelebenszyklusprozesses erfolgen und entsprechend aktualisiert werden, wenn neue Richtlinien hinzukommen oder neue Gefährdungen entstehen. Thema der Schulungen muss immer auch die Erkennung von Angriffen mittels sozialer Manipulation und Gefährdung durch Betriebsangehörige sein.

Sensibilisierung und Schulung

Hinweis: Sensibilisierung und Schulung zur Informationssicherheit [BSI B 1.13 14]

Es ist nur dann möglich, Informationssicherheit innerhalb einer Institution erfolgreich und effizient zu verwirklichen, wenn alle Mitarbeiter erkennen und akzeptieren, dass sie ein bedeutender und notwendiger Faktor für den Erfolg der Institution ist und wenn sie bereit sind, Sicherheitsmaßnahmen wirkungsvoll zu unterstützen. Hierfür müssen eine Sicherheitskultur und ein Sicherheitsbewusstsein (Awareness) aufgebaut und gepflegt werden. Mitarbeiter müssen für relevante Gefährdungen sensibilisiert werden und wissen, wie sich diese auf ihre Institution auswirken können.

Wachsendes Sicherheitswissen der Mitarbeiter wird auch deren Akzeptanz der durchzuführenden Sicherheitsmaßnahmen erhöhen. Denn je mehr sie sich damit auskennen, desto eher akzeptieren sie entsprechende Sicherheitsmaßnahmen.

Das Verstehen und Anwenden der korrekten Maßnahmen setzt Sicherheitskenntnisse voraus, insbesondere was in den unterschiedlichen Phasen der Entwicklung vom Sicherheitstester erwartet wird.

Dies gelingt mit einem Schulungs- und Sensibilisierungskonzept, das den Mitarbeitern das notwendige Wissen vermittelt. Ziel der Sensibilisierung für Informationssicherheit ist es, die Wahrnehmung der Mitarbeiter für sicherheitskritische Situationen und ihre Auswirkungen zu schärfen, indem sie die notwendigen Kenntnisse und Kompetenzen für sicherheitsbewusstes Verhalten erwerben.

Erst wenn eine langfristige Verhaltensänderung einsetzt und Mitarbeiter Informationssicherheit und Sicherheitstesten als selbstverständlichen Teil ihrer Arbeitsumgebung wahrnehmen, gelingt der Wandel in die gelebte Sicherheitskultur. Hilfreich ist es dabei, einen kontinuierlichen Schulungsprozess zu etablieren, der in der Institution ein durchgängiges Sensibilisierungs- und Schulungsprogramm zur Informationssicherheit ausgestaltet. Bereits nach der Einstellung neuer Mitarbeiter soll mit dem Schulungsangebot für Informationssicherheit und Sicherheitstesten eine Begleitung bei den sicherheitsorientierten Aufgaben des Mitarbeiters erfolgen.

Das BSI hat für die Sensibilisierung und Schulung zur Informationssicherheit typische Gefährdungen analysiert [BSI B 1.13 14]. Tabelle 5–17 zeigt eine Kategorisierung in organisatorische Mängel, menschliche Fehlhandlungen und vorsätzliche Handlungen.

Tab. 5–17
Typische Gefährdungen für Sensibilisierung und Schulung [BSI B 1.13 14]

Kategorie	BSI Ref.	Typische Gefährdungen für Sensibilisierung und Schulung
Organisatorische Mängel	G 2.2	Unzureichende Kenntnis über Regelungen
	G 2.7	Unerlaubte Ausübung von Rechten
	G 2.102	Unzureichende Sensibilisierung für Informationssicherheit
	G 2.103	Unzureichende Schulung der Mitarbeiter
	G 2.105	Verstoß gegen gesetzliche Regelungen und vertragliche Vereinbarungen
	G 2.141	Nicht erkannte Sicherheitsvorfälle
	G 2.201	Unzureichende Berücksichtigung von Veränderungen im Arbeitsumfeld von Mitarbeitern
Menschliche Fehlhandlungen	G 3.1	Vertraulichkeits- oder Integritätsverlust von Daten durch Fehlverhalten
	G 3.3	Nichtbeachtung von Sicherheitsmaßnahmen
	G 3.6	Gefährdung durch Reinigungs- oder Fremdpersonal
	G 3.8	Fehlerhafte Nutzung von IT-Systemen
	G 3.9	Fehlerhafte Administration von IT-Systemen
	G 3.44	Sorglosigkeit im Umgang mit Informationen
	G 3.77	Mangelhafte Akzeptanz von Informationssicherheit
Vorsätzliche Handlungen	G 5.1	Manipulation oder Zerstörung von Geräten oder Zubehör
	G 5.2	Manipulation an Informationen oder Software
	G 5.9	Unberechtigte IT-Nutzung
	G 5.19	Missbrauch von Benutzerrechten
	G 5.20	Missbrauch von Administratorrechten
	G 5.42	Social Engineering
	G 5.102	Sabotage
	G 5.104	Ausspähen von Informationen

Beispiel: Unzureichende Schulung der Mitarbeiter (G 2.103) [BSI B 1.13 14]

Häufig wenden Benutzer neu eingeführte Sicherheitsprogramme deswegen nicht an, weil sie nicht wissen, wie sie bedient werden und eine selbstständige Einarbeitung oft als zu zeitaufwendig im täglichen Arbeitsablauf gesehen wird.

5.8.2 Testen der Wirksamkeit von Sicherheitsschulungen

Die Wirksamkeit der Sicherheitsschulungen kann sowohl »prozessorientiert« mit einem Fragebogen zur Erhebung des Reifegrads der entsprechenden definierten Praktik eines Reifegradmodells erhoben als auch »produktorientiert« durch Prüfungsergebnisse der Teilnehmer nach Kursdurchführung ermittelt werden.

5.8.2.1 Der Schulungsprozess

Das Rahmenwerk Software Assurance Maturity Model (SAMM) des Open Web Application Security Project [OWASP 19] hat für die sichere Softwareentwicklung die wichtigen Sicherheitspraktiken Ausbildung und Beratung (Education and Guidance) definiert. Ausbildung und Beratung wollen durch unternehmensweites Training die erforderlichen Sicherheitskompetenzen für die verschiedenen Rollen, die bei der Softwareentwicklung notwendig sind, ausbilden. In drei Reifegraden werden aufeinander aufbauende Ziele und Aktivitäten beschrieben.

Reifegrade für Ausbildung und Beratung im Software Assurance Maturity Model

Dieses Rahmenwerk kann für das Thema der Schulungen im Sicherheitstesten herangezogen werden. Die entsprechenden Inhalte aus [OWASP 19] sind aus dem Englischen übersetzt. Tabelle 5–18 gibt einen ersten Einblick in die Ziele und Aktivitäten je Reifegradstufe.

Tab. 5–18
Security-Praktiken für Ausbildung und Beratung (Reifegrade EG1, EG2 und EG3) nach SAMM [OWASP 19]

Ausbildung und Beratung (Education and Guidance)			
Reifegrad	**EG1**	**EG2**	**EG3**
Ziel	Angebot von Quellen für sichere Programmierung und Secure Software Engineering	Ausbildung aller Rollen im Softwarelebenszyklus mit rollenspezifischer Beratung für Secure Software Engineering	Beauftragung eines umfassenden Sicherheitstrainings und Zertifizierung der Mitarbeiter für eine Sicherheitsrichtlinie
Aktivität	(A) Koordination eines Trainings für Sicherheitsbewusstsein (B) Aufbau und Wartung von Richtlinien für IT-Sicherheit	(A) Koordination eines rollenspezifischen Sicherheitstrainings (B) Erweiterung des Projektteams mit Security Coaches	(A) Einführung eines Portals zur Unterstützung in Sicherheitsfragen (B) Einführung von rollenbasierten Prüfungen/ Zertifizierung des Secure Software Engineering

Angepasste Assessmentfragen für Ausbildung und Beratung im Software Assurance Maturity Model

Mögliche angepasste Assessmentfragen zur Erhebung des Prozessreifegrads der Praktiken für eine Schulung in Sicherheitstests sind nach [OWASP 19] in Tabelle 5–19 zu finden.

Tab. 5–19
Angepasste Assessmentfragen zur Ermittlung des Reifegrads der Security-Praktiken für Ausbildung und Beratung für das Sicherheitstesten (Reifegrade EG1, EG2 und EG3) orientiert an SAMM [OWASP 19]

Reifegrad	Assessmentfrage
EG1	Haben alle Entwickler ein Training für Sicherheitsbewusstsein (im Hinblick auf Sicherheitstests) besucht?
	Hat jedes Entwicklungsteam Zugriff auf Best Practices (des Sicherheitstestens) bezüglich Informationssicherheit?
EG2	Haben die meisten beteiligten Rollen im Entwicklungsprozess Training und Beratung (für Sicherheitstests) erhalten?
	Haben alle Beteiligten (Stakeholder) im Softwareprojekt die Möglichkeit, auf Security Coaches (bei Fragen zu Sicherheitstests) zuzugreifen?
EG3	Ist sicherheitsrelevante Beratung (für Sicherheitstests) zentral organisiert und wird dieses Thema in der gesamten Organisation kontrolliert?
	Haben sich die meisten Mitarbeiter für Secure Software Engineering (insbesondere Sicherheitstests) in einer rollenbasierten Prüfung qualifiziert?

Ergebnisse für Ausbildung und Beratung im Software Assurance Maturity Model

Wichtige Ergebnisse bei Erlangung der Reifegradstufe der Security-Praktiken für Ausbildung und Beratung [OWASP 19] werden in Tabelle 5–20 zusammengefasst.

Tab. 5–20
Ergebnisse bei Erlangung der Reifegradstufe der Security-Praktiken für Ausbildung und Beratung (Reifegrade EG1, EG2 und EG3) nach SAMM [OWASP 19]

Reifegrad	Ergebnisse
EG1	Zunahme des Sicherheitsbewusstseins der Entwickler auf Codeebene
	Wartung von Software auf Basis rudimentärer Best Practices
	Festlegung einer Security Baseline für das Team
	Freigabe qualitativer Sicherheitschecks für das Wissen in der Security Baseline
EG2	Bewusstsein der Ursachenkette (End-to-End) von Sicherheitsschwachstellen auf Produkt-, Design- und Codeebene
	Entwicklung von Plänen zur Beseitigung von Schwachstellen und Designfehlern in laufenden Projekten
	Definition von qualitativen Sicherheitsmeilensteinen in der Anforderungs-, Design- und Implementierungsphase
	Tiefer werdendes Verständnis der Sicherheitsthemen fördert eine proaktive Planung der Sicherheit
EG3	Effiziente Beseitigung von Schwachstellen sowohl im eigenen Quellcode als auch in Legacycode
	Schneller Verstehen und Abschwächen neuer Attacken und Gefährdungen
	Einordnung der Sicherheitskompetenz des Teams und Ermittlung einer Metrik hinsichtlich eines allgemeinen Standards
	Einrichtung ausreichender Leistungsanreize für Sicherheitsbewusstsein

Erfolgsmetriken für Ausbildung und Beratung im Software Assurance Maturity Model

Das Software Assurance Maturity Model definiert für die einzelnen Reifegradstufen Metriken zur Vermessung der Security-Praktiken für Ausbildung und Beratung. Diese sind in [OWASP 19] zu finden. Tabelle 5–21 gibt einen Überblick über die Erfolgsmetriken zur Vermessung der Wirksamkeit des Schulungsprozesses in der jeweiligen Organisation.

Tab. 5–21
Erfolgsmetriken für Ausbildung und Beratung (Reifegrade EG1, EG2 und EG3) nach SAMM [OWASP 19]

Reifegrad	Erfolgsmetrik
EG1	>50% der Mitarbeiter sind in IT-Sicherheit innerhalb des vergangenen Jahres ausgebildet
	>75% der erfahrenen Mitarbeiter und Softwarearchitekten sind in IT-Sicherheit innerhalb des vergangenen Jahres ausgebildet
	Innerhalb drei Monate nach dem ersten Training erfolgt eine Beratung der Mitarbeiter
EG2	>60% der Mitarbeiter sind in IT-Sicherheit innerhalb des vergangenen Jahres ausgebildet
	> 50% der Managementmitarbeiter und Softwaredesigner sind in IT-Sicherheit innerhalb des vergangenen Jahres ausgebildet
	>80% der erfahrenen Mitarbeiter und Softwarearchitekten sind in IT-Sicherheit innerhalb des vergangenen Jahres ausgebildet
	Rückmeldung über die Eignung der Schulung in der Evaluation >3.0 (Likertskala)
EG3	>80% der Mitarbeiter sind zertifiziert im vergangenen Jahr

5.8.2.2 Szenarien während der Schulung

Der Lehrplan des ISTQB®-Kurses Basiswissen Sicherheitstester [GTB CTAL ST 18] legt Lernziele in unterschiedlichen Kompetenzniveaus fest. Der Lehrplan kategorisiert die Lernziele des Sicherheitstestens in den folgenden vier kognitiven Stufen:

- **Wiedererkennen**
  Auf relevantes Wissen im Langzeitgedächtnis zugreifen (K1)
- **Verstehen**
  Informationen in der Lerneinheit Bedeutung zuordnen, seien sie mündlich, schriftlich oder grafisch (K2)
- **Anwenden**
  Einen Handlungsablauf (ein Schema, eine Methode) in einer bestimmten Situation ausführen oder verwenden (K3)
- **Analysieren**
  Lerninhalte in ihre konstruierten Elemente zerlegen und bestimmen, wie diese untereinander zu einer übergreifenden Struktur oder einem übergreifende Zweck verbunden sind (K4)

Entsprechend den kognitiven Stufen lassen sich unterschiedliche Szenarien zu Lehr- und Lernsituationen gestalten.

Entscheidend in einem aktivierenden Lernformat ist, dass die Lernenden selbst Lernhandlungen für das Sicherheitstesten durchführen können. Deshalb wird die Theorievermittlung ergänzt durch situative praktische Fallstudien. Dabei will situatives Lernen anwendungsnah und orientiert an der beruflichen Praxis ein Lernarrangement ausgestalten; entscheidend sind dabei reale Anwendungskontexte mit authentischen Fällen und alltagsnahen Problemstellungen. Beim Lernen des Sicherheitstestens wird eine differenzierte Wissensstruktur der Lernenden angestrebt. Dazu werden Konzepte und Begriffe explizit gemacht, zueinander in Beziehung gesetzt, erläutert, reflektiert, erweitert und differenziert. Sicherheitstesten lernen heißt die Integration von Theorie und Praxis durch die praktische Anwendung von Wissen erlebbar zu gestalten, indem die Lernenden wichtige Parameter ihres Lernens in Fallbeispielen selbst kontrollieren.

Realität wird dies, wenn das Lernen in der Sicherheitsschulung in einer offenen Kommunikation gestaltet wird. Das bedeutet, dass nicht nur der Lernstoff klar und strukturiert vermittelt, sondern auch auf Fragen der Teilnehmenden eingegangen wird, Diskussionen moderiert, Teilnehmende beraten, Konflikte erkannt und gelöst werden. An der Kommunikation nehmen gleichberechtigte Partner (Mitarbeiter und Coaches) teil und gegenseitiges Vertrauen, Wertschätzung und Respekt prägen das Miteinander.

Fallbeispiele in der Schulung

Beispielsweise können die folgenden situativen Fallbeispiele Gegenstand einer Schulung im Kurs Basiswissen Sicherheitstester sein:

- **Social Engineering – Rollenspiel zu Elizitation**
  Um Benutzer bei einem fingierten Telefongespräch mit einem Supportmitarbeiter dazu zu bringen, ihr Passwort zu verraten. Ein Thema der Sicherheitsschulung ist, wie wichtig sicherere Passwörter und deren Geheimhaltung sind (vgl. auch Abschnitt 6.4).
- **Social Engineering – Rollenspiel zu Pretexting**
  Ein Tester versucht, unbefugt Zugang zu einem Büro zu erlangen und Unterlagen einzusehen, die dort offen herumliegen (vgl. auch Abschnitt 6.4).
- **Quellen zur Informationssammlung**
  Suche auf Schreibtischen nach Haftnotizen mit notierten Passwörtern (vor allem unter Tastaturen) (vgl. auch Tab. 6–6 in Abschnitt 6.3.2).
- Nutzung von Passwort-Audit-Werkzeugen zur Ermittlung schwacher Passwörter. Dabei besteht allerdings die Gefahr, dass Passwörter für den Tester sichtbar sind.

- **Schwachstellen im Code, Beispiel SQL-Injection**
  Ein Entwickler legt ein Feld zur Dateneingabe fälschlicherweise so an, dass dort SQL-Befehle eingegeben werden können. Dadurch kann ein Sicherheitstester einen SQL-Befehl einschleusen und den Inhalt einer Kundendatenbank einsehen. Das ist ein Zeichen dafür, dass der Entwickler Schulungsbedarf zu sicheren Programmierpraktiken hat. Gut wäre es auch, die Programmierpraktiken anderer Entwickler zu prüfen, um zu sehen, ob diese Praktik weit verbreitet ist und eine allgemeine Initiative zur Prozessoptimierung angebracht ist (vgl. auch die Implementierung sicherer Software in den Abschnitten 4.1.5 und 5.1.1).

5.8.2.3 Wirksamkeit von Übungen und Prüfungen im Sicherheitstesten

Nach dem Primat der Didaktik wird Lernen wirksam, wenn klar definiert ist, was gelernt werden soll und wie es geprüft wird. Wie gut Sicherheitstesten gelernt wurde, wird messbar durch Übungen und Prüfungen. An die Prüfungen und Zertifizierungen im Sicherheitstesten selbst werden Anforderungen gestellt, die deren Wirksamkeit messbar machen.

Im Sinne der klassischen Gütekriterien Reliabilität und Validität ist es deshalb wichtig, eine Kompetenz nicht durch einzelne isolierte Leistungen darzustellen oder zu erfassen. Der Bereich von Anforderungssituationen umfasst immer ein mehr oder weniger breites Leistungsspektrum. In Prüfungen müssen also möglichst Handlungsräume geschaffen werden, in denen der Prüfling Gelegenheit hat, seine Kompetenz angemessen unter Beweis zu stellen [Bender 13].

Kompetenzorientiertes Prüfen folgt den drei Gütekriterien, die als Qualitätskriterien wirksam werden:

- Objektivität
- Reliabilität
- Validität

Das Kriterium Objektivität für kompetenzorientiertes Prüfen

Definition: Objektivität [Bender 13]

Mit Objektivität einer Prüfung ist vor allem gemeint, dass das Prüfungsergebnis einer Person nur von den Merkmalen der Person abhängt und nicht durch die Prüfungssituation oder den Prüfer beeinflusst wird.

Definition: Reliabilität (Zuverlässigkeit) [Bender 13]

Während es bei der Objektivität darauf ankommt, dass zwei verschiedene Prüfer zu derselben Bewertung der Prüfung kommen, geht es bei der Reliabilität darum, dass bei zweimaliger Durchführung derselben Prüfung von demselben Prüfling dasselbe Ergebnis resultiert (Retest-Reliabilität). Reliabilität bezeichnet also die Messgenauigkeit eines Tests bzw. einer Prüfung, d. h., wie reproduzierbar und damit zuverlässig das Prüfinstrument ist.

Das Kriterium Reliabilität für kompetenzorientiertes Prüfen

Definition: Validität [Bender 13]

Die Validität klärt, inwiefern eine Prüfung tatsächlich das Merkmal (die Kompetenz) erfasst, das es erfassen soll. Um eine hohe Validität zu erreichen, ist eine hohe Reliabilität unabdingbar: Eine Prüfung kann nur gültig sein, wenn das in ihr ermittelte Ergebnis auch zuverlässig ist. Und nur wenn eine Prüfung valide ist, darf ihr Ergebnis, wie weiter oben geschildert, für das Ziehen individueller Konsequenzen eingesetzt werden. Inhaltsvalidität liegt vor, wenn die jeweiligen Prüfungsaufgaben das zu messende Konstrukt gut repräsentieren und nicht sachfremde Faktoren erfassen.

Das Kriterium Validität für kompetenzorientiertes Prüfen

5.9 Was Sie in diesem Kapitel gelernt haben

Das Kapitel 5 widmet sich dem Testen von Sicherheitsmechanismen und verfolgt dabei 16 Lernziele [GTB CTAL ST 18]:

- Abschnitt 5.1 beginnt mit Systemhärten: Die Aktivitäten des **Systemhärtens** wollen die Angriffsoberflächen in der Software reduzieren.
- Die Checkliste zur Systemhärtung in Abschnitt 5.1 ist ein hilfreiches Werkzeug, um die Wirksamkeit der Mechanismen der Systemhärtung zu testen.
- Abschnitt 5.2 hat folgenden Inhalt: **Authentisierung** ist eine Vorgehensweise zum Nachweis einer Identität. **Authentifizierung** überprüft die Gültigkeit des Beweises. Beide Schritte sind Voraussetzung für eine Autorisierung – d.h. für die Entscheidung, was ein Benutzer oder ein anfragendes System darf.
- Für einen Angriff auf Authentifizierungs- und Autorisierungsmechanismen gibt es drei erfolgversprechende Ansätze, die bei Wirksamkeitstests überprüft werden müssen: Diebstahl oder Fälschung von Authentisierungsmerkmalen, Ausnutzen von Lücken und Implementierungsfehlern in den Authentifizierungsmechanismen und Umgehen der Zugangskontrolle.

- Abschnitt 5.3 geht auf Verschlüsselung ein: Kryptografie ist die Lehre von der **Verschlüsselung**, d.h. der Umwandlung eines Textes (Klartext) in einen Geheim- oder Chiffretext, der nur mit speziellem Wissen wieder in den ursprünglichen Klartext umgewandelt werden kann. Kryptografische Grundregeln müssen eingehalten werden, um eine ausreichende Geheimhaltung zu gewährleisten. Die drei wichtigsten sind das Prinzip von Kerckhoffs, der ausreichend große Schlüsselraum und die Zufälligkeit des Chiffretextes.
- Tests von Verschlüsselungssystemen erfolgen am besten in Form technischer Reviews der Spezifikation eines Verschlüsselungssystems und von Codereviews der Implementierung. Schlüssel dürfen z.B. nicht durch Seitenkanalangriffe entziffert werden können. Auch die für die Schlüsselerzeugung genutzten Verfahren zur Erzeugung von Zufallszahlen müssen bewertet werden.
- Abschnitt 5.4 zielt auf die **Firewall**, als eine Komponente oder eine Reihe von Komponenten, die den Zugang zwischen einem geschützten Netzwerk und dem Internet oder zwischen anderen Netzen beschränkt. Man unterscheidet Paketfilter, Proxy-Firewalls, Applikationsfilter und Dual-Homed Bastion. Portscans und Fragmentierungsangriffe zeigen die Wirksamkeit der Firewall.
- Mögliche Testtechniken sind das Testen der Konfiguration einer Firewall, der Einsatz von Analysetools wie Portscannern, die Verwendung fehlerhafter Netzwerkpakete, Netzwerk-Fuzzing oder Fragmentierungsangriffe.
- **Angriffserkennung**ssysteme oder Intrusion-Detection-Systeme (IDS), in Abschnitt 5.5 dargestellt, helfen (dem Firewall-Administrator), die anfallenden Protokolldateien zu analysieren, da eine zeitnahe Angriffserkennung wichtig ist. Zwei Sicherheitsmodelle lassen sich unterscheiden: negatives Sicherheitsmodell (signaturbasierte Erkennung oder Blacklist-Erkennung) und positives Sicherheitsmodell (verhaltensbasierte Erkennung oder Whitelist-Erkennung).
- Das Sicherheitstesten kann mit den Techniken des Penetrationstestens Angriffsszenarien durchspielen und überprüfen, wie diese vom Angriffserkennungssystem in den Logdateien diagnostiziert werden.
- Schadprogrammscans finden sich in Abschnitt 5.6. Ein **Schadprogramm** ist eine Software, die mit dem Ziel entwickelt wurde, unerwünschte und meistens schädliche Funktionen auszuführen. Der Malware-Scanner bedient sich in erster Linie einer signaturbasierten Strategie. Im Gegensatz zur signaturbasierten Strategie werden bei der verhaltensbasierten Erkennung von Malware die Bytemuster von (ungewöhnlichen) Verhaltensweisen und Aktionen von Software mit der Historie verglichen.

- Der Gebrauch einer Checkliste zur regelmäßigen Überprüfung der Schadprogrammscanner wird empfohlen.
- **Datenmaskierung** (Abschnitt 5.7) will Daten anonymisieren bzw. verfremden. Sehr unterschiedliche Techniken der Datenmaskierung sind verfügbar. Bei der Datenvalidierung wird zwischen dem Whitelist- und dem Blacklist-Ansatz unterschieden.
- Ein Katalog von Datenmaskierungstechniken steht zur Verfügung.
- Das Thema der Schulungen greift Abschnitt 5.8 auf: Das Rahmenwerk Software Assurance Maturity Model (SAMM) des Open Web Application Security Project (OWASP) hat für die sichere Softwareentwicklung die wichtigen Sicherheitspraktiken Ausbildung und Beratung (Education and Guidance) definiert.
- Die Wirksamkeit der **Sicherheitsschulungen** kann sowohl »prozessorientiert« mit einem Fragebogen zur Erhebung des Reifegrads der entsprechenden definierten Praktik eines Reifegradmodells erhoben als auch »produktorientiert« durch Prüfungsergebnisse der Teilnehmer nach Kursdurchführung ermittelt werden. Nach dem Primat der Didaktik wird Lernen wirksam, wenn klar definiert ist, was gelernt werden soll und wie es geprüft wird.

6 Menschliche Faktoren beim Test der IT-Sicherheit

»It's human nature to trust our fellow man, especially when the request meets the test of being reasonable. Social engineers use this knowledge to exploit their victims and to achieve their goals.«

Kevin Mitnick in »The Art of Deception«

Im Hinblick auf die Informationssicherheit stellt der Mensch sowohl die größte Gefahr als auch den schwächsten Punkt in der Gefahrenabwehr dar. Sicherheitsrelevante Angriffe werden von Menschen mit unterschiedlichen Motiven und Fähigkeiten durchgeführt. Darüber hinaus sind es (meist) Menschen, die Sicherheitsangriffe überhaupt ermöglichen. Nur die Sicherheitstechnik, deren Implementierung und Anwendung zu kennen reicht nicht, um sich wirksam gegen Angriffe zu verteidigen. Man muss auch die Mentalität, die Motive und die Methoden der gutartigen und böswilligen Angreifer kennen und wissen, wo die menschgemachten Schwächen in der Abwehr liegen. Insbesondere hilft es, Angriffsszenarien des Social Engineering zu verstehen und ein Sicherheitsbewusstsein zu etablieren.

6.1 Motivation

Kapitel 6 dieses Buches will eine kurze Einführung in das Querschnittsthema des Social Engineering (zu deutsch: soziale Manipulation, vgl. [GTB Glossar 2018]) geben. Ziel ist es, zu verstehen, wie menschliches Verhalten zu Sicherheitsrisiken führen kann und inwieweit es die Aufdeckung und damit die Wirksamkeit von Sicherheitsmechanismen beeinträchtigt.

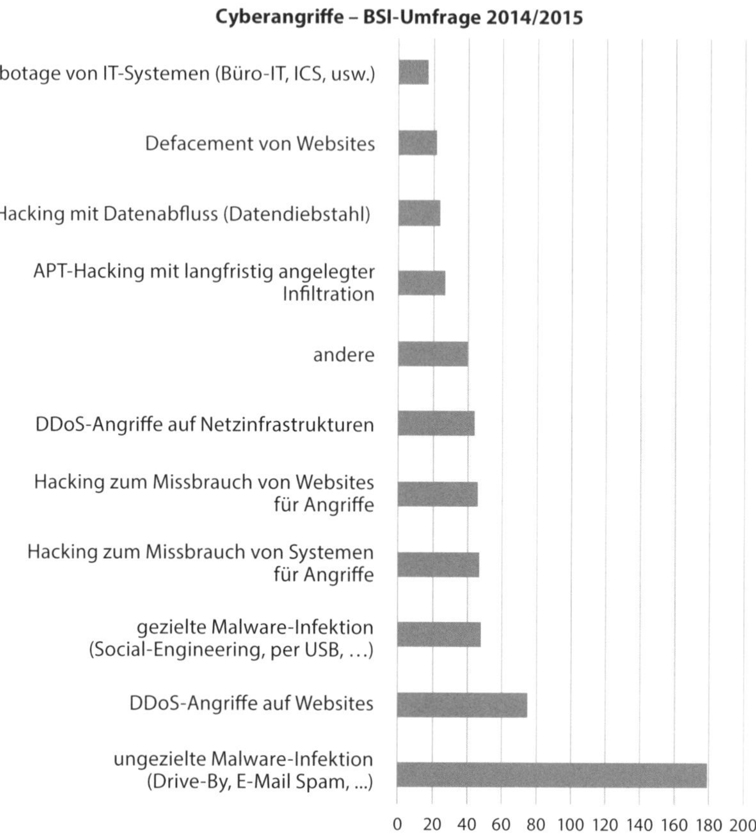

Abb. 6–1
Cyber-Sicherheits-Umfrage 2015 des BSI [BSI 15a]. Auf dem ersten Platz ist die gezielte Malware-Infektion mit Angriffen, denen Aktivitäten des Social Engineering vorausgingen. Die Anzahl der jeweiligen Rückmeldungen ist angegeben.

Cyber-Sicherheits-Umfrage verweist auf Social Engineering.

Die Allianz für Cyber-Sicherheit ist eine Initiative des Bundesamts für Sicherheit in der Informationstechnik, die 2012 in Zusammenarbeit mit dem Bundesverband Informationswirtschaft, Telekommunikation und neue Medien e.V. (BITKOM) gegründet wurde. Die Cyber-Sicherheits-Umfrage 2015 [BSI 15a] der Allianz für Cyber-Sicherheit hat gezielte Malware-Infektionen mit vorgelagerten Aktivitäten des Social Engineering hoch gewertet (vgl. Abb. 6–1).

Ausgesprochen vielfältig sind die Wege, auf denen ein Angreifer wichtige Informationen über ein Ziel erlangen kann. Die Kenntnis dieser Wege ist wichtig, um Maßnahmen zum Schutz der Umgebung zu ergreifen. Dabei hilft das Verständnis der allgemeinen Motive und Quellen für die Durchführung von Angriffen auf Computersysteme. Die beispielhafte Analyse eines Angriffsszenarios (Angriff durchgeführt und entdeckt) und die Ermittlung möglicher Quellen und Motive für den Angriff trainieren unser Denken als *Social Engineer* in der Abwehr von Angriffen.

6.2 Kommunikationsmodelle für Social Engineers

Exkurs: Kommunikationsmodelle für Social Engineers

Sicherheitsrelevante Angriffe werden von Menschen mit unterschiedlichen Motiven und Fähigkeiten durchgeführt.

Kommunikation als Schlüsseldisziplin des Social Engineer

Die Art und Weise der Kommunikation der Beteiligten spielt eine wichtige Rolle. Kommunikation ist ein Prozess des Informationstransfers. Die Interaktion der Beteiligten zeigt sich in einem Informationsaustausch und umfasst die Entwicklung oder Abfolge von Gedanken, Gefühlen oder Ideen bezogen auf ein gegenseitig akzeptiertes Ziel oder eine Handlungsrichtung.

Verschiedene Kommunikationsmodelle sind in der Psychologie bekannt. Die Analyse der menschlichen Kommunikation deckt verschiedene Aspekte und Muster in Kommunikationsmodellen auf. Wer diese Modelle kennt, kann typische Angriffsszenarien des Social Engineering besser verstehen und Angriffe des Social Engineering abwehren.

Tabelle 6–1 gibt einen Überblick über unterschiedliche Modelle der Kommunikation und des Feedbacks. Jedes Modell verfolgt dabei das Ziel, gewisse Aspekte der Kommunikation zu beschreiben, und stellt genau diese Aspekte gut dar.

Tab. 6–1 *Kommunikationsmodelle im Überblick*

Modell	Aspekte der Kommunikation
Kanalmodell nach Berlo	Elementares Kanalmodell
Kommunikationsquadrat nach Friedemann Schulz von Thun	Vier Seiten einer Botschaft
Feedback nach den logischen Ebenen nach Dilts	Selbstbezug als Feedbackgeber
Wertemodell nach Graves	Wertemodell des Gesprächspartners

6.2.1 Kanalmodell nach Berlo

Verbale und nonverbale Kommunikation findet immer statt.

Wie von einer Instanz zu einer anderen Information transferiert werden kann, wird durch Kommunikationsmodelle erklärbar. In Abbildung 6–2 findet sich das Kommunikationsmodell von Berlo, das die Aspekte Sender, Botschaft, Kanal und Empfänger abdeckt [Hadnagy 11]. Dieses Kommunikationsmodell kann auch das Verhalten eines Angreifers bzw. Social Engineer modellieren. Das Ziel eines Social Engineer ist es, ein gemeinsames Ziel per Kommunikation zu schaffen. Dazu will er sowohl den verbalen als auch den nonverbalen Signalen die Chance geben, die Wahrnehmung der Zielperson zu verändern, damit die vom Social Engineer gewünschte Wirkung erzielt wird [Hadnagy 11]. Der Kommunikationskanal kann vielerlei unterschiedliche Formen (Sehen, Hören, Fühlen, Riechen, Schmecken) annehmen. Der Begriff Social Engineering ist nicht nur negativ belegt, denn die Fähigkeiten eines Social Engineer können auch positiv eingesetzt werden.

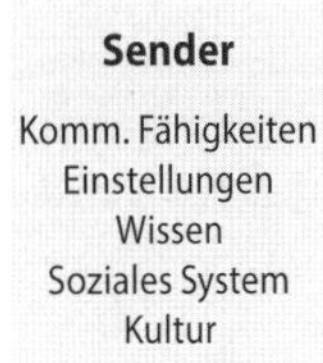

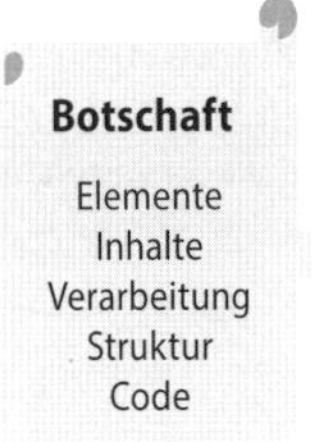

Abb. 6–2 *Kommunikationsmodell nach Berlo [Hadnagy 11]*

Ein Angriff kann gelingen, wenn der Sender sich auf die kommunikativen Fähigkeiten des Empfängers einstellt. Weitere Kenntnis der Haltungen und der Einstellungen des Empfängers sind ein wichtiger Faktor im Aufbau von Vertrauen. Je mehr Informationen der Sender (Angreifer) über den Empfänger kennt, desto erfolgversprechender kann der Angriff werden. Hilfreich ist auch die Kenntnis des sozialen Systems des Empfängers und dessen kultureller Hintergrund.

6.2.2 Kommunikationsquadrat nach Friedemann Schulz von Thun

Das Kommunikationsquadrat (vgl. Abb. 6–3) nach Friedemann Schulz von Thun [Schulz 06] wird auch als Vier-Seiten-Modell bezeichnet. Die Botschaften der Kommunikationspartner lassen sich nach vier Aspekten hin interpretieren:

- **Sachseite**
  Sprecher informiert über Daten und Fakten (Sachinhalt)

  Leitfrage
  Worüber informiere ich?
- **Selbstoffenbarung**
  eigene momentane Stimmung, positive und negative Gefühle, die man zu erkennen gibt

  Leitfrage
  Was gebe ich von mir preis?
- **Beziehungsseite**
  nonverbale Kommunikation beispielsweise mit Mimik und Gestiken; Zeigen von Status und Wertschätzung

  Leitfrage
  Was halte ich vom anderen? Wie stehe ich zu ihm?
- **Appellseite**
  Ausdruck von Befehlen, Wünschen und Ratschlägen

  Leitfrage
  Was möchte ich beim anderen erreichen?

Abb. 6–3 *Kommunikationsquadrat nach Friedemann Schulz von Thun [Schulz 06]*

Codierung der Botschaften nach Friedmann Schulz von Thun

Ein und dieselbe Nachricht kann viele Botschaften enthalten, da ein Sender immer gleichzeitig auf allen vier Seiten senden kann. Das Modell des Kommunikationsquadrates hilft, die Botschaften zu ordnen. Diese Interaktion bezeichnet Friedemann Schulz von Thun als das gemeinsame Spiel von Sender und Empfänger. Social Engineers nutzen dieses gemeinsame Spiel zur Informationssammlung aus. Der Social Engineer will an die

Sachseite (auszuspähende Information) herankommen und nutzt dabei geschickt die Beziehungs- und Appellseite sowie die Selbstoffenbarung.

Übung: Vier Seiten einer Nachricht im Social Engineering anwenden

Zahlreiche historische Fallbeispiele von Angriffsszenarien des Social Engineering finden sich in [Hadnagy 11; Hadnagy 14; Mitnick 11]. Nach Auswahl eines historischen Fallbeispiels lassen sich die Botschaften in der Kommunikation im Kommunikationsquadrat nach Friedemann Schulz von Thun anordnen. Ein Beispiel ist in Tabelle 6–2 dargestellt.

Beispiel: Im Folgenden ist das Fallbeispiel 1 dieses Buches »Chef-Masche« (vgl. Abschnitt 6.6) herangezogen. Die Botschaften der dargestellten Kommunikation sind im Kommunikationsquadrat nach Friedemann Schulz von Thun angeordnet. Tabelle 6–2 zeigt dies exemplarisch.

Tab. 6–2
Das Fallbeispiel »Chef-Masche« in den vier Seiten einer Nachricht nach Friedemann Schulz von Thun [Schulz 06]

Nachricht [Schulz 06]	Sender	Empfänger
Sachinhalt	Besondere Befugnisse vortäuschen	**Stellt auszuspähende Information bereit**
Selbstoffenbarung		
Beziehung	Sich als »Chef« ausgeben	
Appell	Kooperation für das Thema des »Chefs« auslösen wollen	

6.2.3 Feedback nach den logischen Ebenen nach Dilts

Der Social Engineer kann durch geschicktes Feedbackgeben im Dialog Vertrauen bilden und der Kontaktperson Informationen entlocken. Unterschiedliche Ebenen des Feedbacks hat Dilts [Dilts 93] kategorisiert. Abbildung 6–4 zeigt den sichtbaren und unsichtbaren Bereich des Feedbacks.

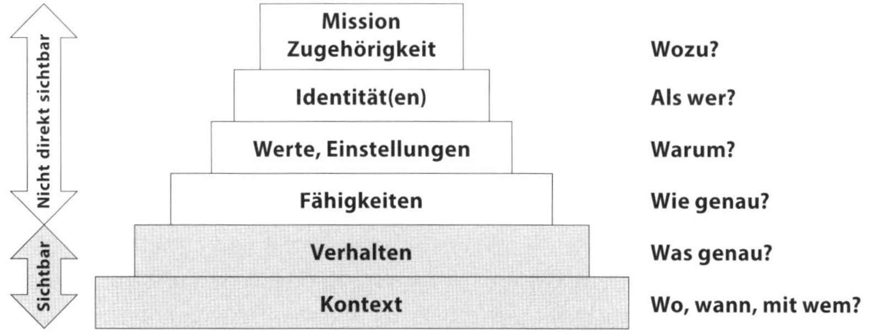

Abb. 6–4
Feedbackmodell nach Robert Dilts [Dilts 93]

Wir unterscheiden die sichtbaren von den nicht sichtbaren Ebenen. Tabelle 6–3 gibt einen Überblick über typische Fragen im Hinblick auf den Feedbackgeber und den Feedbacknehmer – in unserem Fall der Auszuspähende.

Tab. 6–3
Die logischen Ebenen im Feedbackmodell nach Dilts [Dilts 93]

Ebene und Kernfrage	Selbstbezug Feedbackgeber	Bezogen auf den Feedbacknehmer
Kontext	Wann und wo findet das Feedback statt?	Auf welche Fakten stütze ich mein Feedback?
Verhalten	Was möchte ich tun und sagen?	Auf welches konkrete Verhalten beziehe ich mich?
Fähigkeiten	Auf welche meiner Fähigkeiten möchte ich mich stützen?	Was schließe ich bezogen auf meine Beobachtungen und auf die Fähigkeiten und Kompetenzen des Feedbacknehmers?
Werte Einstellungen	Wie denke ich über mein Gegenüber?	Woran kann ich das Wertesystem des Gegenübers erkennen?
Identität	Ich welche Identität agiere ich?	Als wen spreche ich den anderen an?
	Der Social Engineer nutzt Elizitieren und Pretexting, siehe Abschnitt 6.4	
Mission Zugehörigkeit	Was ist der eigentliche Zweck des Gesprächs?	Welche gemeinsame Mission verbindet uns?

Das Feedbackmodell nach Dilts [Dilts 93] gibt ein Verständnis über die Rückmeldungen in der Kommunikation. Insbesondere nutzt der Social Engineer die nicht sichtbaren Ebenen der Identität und Mission für Feedback an den Auszuspähenden. Die dabei verwendeten Techniken des Social Engineer werden als Elizitieren und Pretexting bezeichnet (vgl. Abschnitt 6.4).

Exemplarisch wird in Tabelle 6–4 das Fallbeispiel 1 dieses Buches »Chef-Masche« (vgl. Abschnitt 6.5) aufgegriffen.

Tab. 6–4
Das Fallbeispiel »Chef-Masche« im Feedbackmodell nach Dilts [Dilts 93]

Ebene	Leitfrage (bezogen auf den Auszuspähenden)	»Chef«-Masche
Identität	Als wen spreche ich den anderen an?	Durch klares Auftreten mit Hintergrundwissen wird die Rolle des »Chefs« überzeugend.
Mission Zugehörigkeit	Welche gemeinsame Mission verbindet uns?	Die Verbesserung der Geschäftsprozesse ist das gemeinsame Ziel. Dieses gemeinsame Ziel ist Mission und verbindet. Der Auszuspähende will seinen Beitrag leisten.

6.2.4 Wertemodell nach Graves/Falter/Mottok

Menschen und ihr Handeln ordnen sich in unterschiedliche Werte nach Graves ein.

Das Wertemodell nach Clare Graves [Graves 70] wurde erstellt, um anhand von persönlichen Werten zu ermitteln, welche Art von Tätigkeit zu einer Person passt, damit diese langfristig im Beruf gesund bleibt. Graves hat dazu acht Wertesysteme ermittelt, die verschiedene Werte zusammenfassen. Thomas Falter [Falter 16] hat dieses Wertemodell aufgegriffen, einen Fragebogen zur Ermittlung der menschlichen Werte entwickelt und wissenschaftlich validiert, die verwendeten Begriffe aktualisiert und für den beruflichen Kontext angepasst. Personen haben demnach ein persönliches Werteprofil, das Wertesysteme enthält, die sie anstreben, aber auch Wertesysteme, die sie versuchen zu vermeiden. Die Kenntnis eines Werteprofils einer Person hat daher einen Vorhersagewert auf verschiedene Aspekte des Verhaltens von Personen und ist deshalb auch auf Social Engineering anwendbar. Da jede Person ein bestimmtes Werteprofil besitzt, kann sie in unterschiedlichen Situationen durch geeignete Ansprache aktiviert/motiviert werden, bestimmte Dinge zu tun oder zu lassen. Der Social Engineer kann versuchen, mit Fragen und Aussagen (z. B. Anweisungen oder Loben) die angestrebten und vermiedenen Wertesysteme der Zielperson zu erfassen und damit eine Passung herzustellen, die zu Vertrauen führen kann, und dann dieses Vertrauen für seine Absichten nutzen. Jeder Mensch hat zwar ein gutes Gespür, wann er manipuliert wird, dies kann aber speziell, wenn eine Person in seiner Aufgabe unzufrieden ist, leicht ausgeblendet werden. Unzufriedenheit kommt oft daher, wenn die drei psychischen Grundbedürfnisse nach Falter (AAA) [Falter 16] Autonomie (Selbstwirksamkeit, Entscheidungsfreiheit, ...), Anschluss (Zugehörigkeit, gegenseitige Hilfestellung, ...) und Anerkennung (Wertschätzung, Nachgefragt werden, ...) vom aktuellen Umfeld nicht ausreichend gesättigt werden. Wie diese psychischen Grundbedürfnisse gesättigt werden können, bestimmen die persönlichen Werteprofile. Nur wenn der Social Engineer nicht gesättigte psychische Grundbedürfnisse vorfindet, kann er durch gezielte Ansprache der relevanten Wertesysteme erfolgreich einen Angriff starten (vgl. Tab. 6–5). Wenn er allerdings die falschen Worte/Argumente nutzt, wird der Beziehungsaufbau nicht gelingen.

Tab. 6–5
Graves/Falter/Mottok-Modell und Verhaltensmuster (orientiert an [Mottok 16])

Wertesysteme (nach Graves/Falter/Mottok)	**Stellvertretende Werte** sind gleichzeitig grundsätzliche Voraussetzungen, damit Vertrauen entsteht	**Beispiele von »Türöffnern«, um Vertrauen aufzubauen und Verhaltensmuster auszulösen**
Bonding	Tradition, Verbundenheit, Beständigkeit	In unserem Verband machen wir das seit Jahren so. Wenn Sie das so machen, gehören Sie dazu und können sich auf den Schutz verlassen.
Power	Durchsetzungswille, Entscheidungsfreude, Konfliktbereitschaft	Sie können und wollen das doch zeitnah entscheiden und umsetzen, Sie werden doch Ihre Kollegen dazu bekommen, ... und sich dadurch persönliche Vorteile sichern.
Assurance	Absicherung, Struktur, Verpflichtung, Regeleinhaltung	Sie haben die DSVGO noch nicht implementiert? Folgen Sie den vorgegebenen Schritten im Detail und Sie können nichts falsch machen, ... und am Ende bekommen Sie ein Zertifikat.
Success	Ergebnisorientierung, Kundenorientierung, Status	Wir können Ihnen helfen, Ihre persönlichen oder Unternehmensziele zu erreichen. Damit sichern Sie sich einen Wettbewerbsvorteil und Ihre Kunden werden es Ihnen vergüten. Folgende Mitbewerber haben schon damit gestartet, ...

→

Wertesysteme (nach Graves/ Falter/ Mottok)	**Stellvertretende Werte** sind gleichzeitig grundsätzliche Voraussetzungen, damit Vertrauen entsteht	**Beispiele von »Türöffnern«, um Vertrauen aufzubauen und Verhaltensmuster auszulösen**
Equality	Gruppenzugehörigkeit, Harmonie, Konsens, Kommunikation in Netzwerken	Besser Sie bringen es in Ihr Netzwerk ein als andere. Ihre Kollegen werden es Ihnen danken. Wir können das gerne ausführlich besprechen und alle einbinden, die noch Bedenken haben. Es ist uns wichtig, alle ins Boot zu bekommen.
Understanding	Verstehen, komplexe Zusammenhänge, Innovationen	Lassen Sie uns wissen, an was Sie gerade arbeiten. Das ist ja genial. Können Sie noch mehr davon erzählen?
Sustainability	Globale Orientierung, gesellschaftliche Relevanz und Verantwortung	Wir wollen uns gemeinsam mit Ihnen um die gesellschaftlich relevanten Themen kümmern und brauchen dazu Ihre Hilfe. Hier können Sie wesentliche Beiträge für die Gemeinschaft und auch zukünftige Generationen leisten.

Bereits als Leser werden Sie beim Wahrnehmen der Türöffner sehr schnell feststellen, dass bestimmte Sätze bei Ihnen Resonanz erzeugen, andere hingegen Widerstand. Daran ist ersichtlich, wie schwer es beim Social Engineering ist, die richtige Sprache in einer günstigen Gelegenheit, d.h. bei vorliegender Unzufriedenheit der Zielperson, zu finden, um eine Beziehung und Vertrauen aufzubauen und anschließend Informationen über ein Unternehmen zu bekommen. Allerdings, wenn der Social Engineer es geschafft hat, gibt es nahezu keine Tabus mehr und das kann teuer und gefährlich werden.

6.3 Verstehen der Angreifer

Dieser Abschnitt widmet sich der Fragestellung des Einflusses menschlichen Verhaltens auf Sicherheitsrisiken und der Mentalität von Angreifern.

6.3.1 Der Einfluss des menschlichen Verhaltens auf Sicherheitsrisiken

Die wichtigste Phase bei jedem Angriff ist die Phase der Informationsbeschaffung (Erkundung), in der der Angreifer versucht, Informationen zum Ziel zu sammeln. Alle Informationen über ein Unternehmen, verwendete Systeme usw., die (mitunter unwissentlich) öffentlich einsehbar und im Internet verfügbar sind, werden gefunden und können/werden bei einem Angriff Verwendung finden.

Eine neue Form des Angriffs ist Doxing: Das Wort Doxing setzt sich zusammen aus den englischen Wörtern »document tracing« und heißt wörtlich übersetzt »Verfolgen von Dokumenten«. Gemeint ist mit Doxing das Sammeln und Zusammentragen persönlicher Daten im Internet. Die anschließende Veröffentlichung dieser personenbezogenen Daten im Internet ist zumeist mit bösartigen Absichten gegenüber den Betroffenen verbunden.

Immer wenn Angreifern dank aktueller Software sowie Firewalls und Virenscannern keine Kompromittierung mittels technischer Angriffe auf Sicherheitslücken gelingt, fokussieren sie sich auf den Faktor Mensch (oft in Kombination mit technischen Schwachstellen) als schwächstes Glied in der Sicherheitskette. Analog zum klassischen Trickbetrug wird so versucht, mittels manipulativer Methoden die Opfer zu bewegen, Schadsoftware zu installieren oder sensible Daten herauszugeben [BSI 17b].

Kevin Mitnick erläutert, dass viele Angriffe von Social Engineers kompliziert seien und eine Reihe von Einzelschritten mit ausgefeilter Planung benötigen, bei denen eine Mischung aus Manipulation und technologischem Know-how zum Tragen kommen [Mitnick 11].

Soziale Netzwerke im Internet bieten eine gute Ausgangsbasis für Social Engineering. Über diese Plattformen können eine Vielzahl von Hintergrundinformationen über Personen gefunden werden. Die Informationen, die sie über ihr Profil preisgeben, können gesammelt und als Grundlage für die weitere Informationsbeschaffung genutzt werden [BSI G 5.42 11].

Neben den vom Unternehmen offiziell veröffentlichten Informationen legen auch Mitarbeiter über ihre sozialen Netzwerke unternehmensbezogene Informationen offen. Umfang und Inhalt dieser Informationen ändern sich ständig. Häufig liefern sie Angreifern wichtige Erkenntnisse.

Je mehr Vektoren und Methoden der Infiltrierung der Social Engineer hat, desto besser kann er ein Bild der Stärken und Schwächen der Zielperson konstruieren [Hadnagy 14].

Angreifer nutzen beim Angriff auf ein System keine Richtlinien (bspw. Sicherheitsrichtlinie) und keine vordefinierten Verfahren. Auf der Basis der Informationen, die sie gesammelt haben, entscheiden sie über ihre Strategie. Für jeden Angriff bringen sie ihr Wissen auf den neuesten Stand, indem sie selektive Suchen durchführen und bereits bekannte IP-Adressen »besuchen«.

Wenn die Sicherheitsrichtlinie für ein Unternehmen formuliert wird, geschieht dies in der Regel auf der Basis der gegebenen Umstände und verfügbaren Fakten. Mitunter schließt das nicht alle öffentlich zugänglichen Informationen ein. Falls doch, ändern sich diese wahrscheinlich jedoch mit der Zeit. Sicherheitstests, die bei ihrer Entwicklung wirksam waren, decken vielleicht nicht mehr genug ab, wenn sich veröffentlichte Informationen ändern.

Ein Social Engineer stellt sich typischerweise folgende Fragen bei der Informationssammlung [Hadnagy 11]:

- Wie mache ich die Informationen ausfindig?
- Welche Quellen existieren für meine Informationssammlung?
- Was kann ich durch diese Informationen herausbekommen?
- Wie kann ich all diese Informationen zur späteren Verwendung lokalisieren, speichern und kategorisieren?

6.3.2 Verstehen der Mentalität von Angreifern

Angreifer nutzen verschiedene Quellen.

Während der Erkundungsphase (Auskundschaften des Opfers) versucht der Angreifer, sich mit passiven und/oder aktiven Mitteln alle möglichen Informationen über das Ziel zu besorgen. IT-Systeme können über Schnittstellen zu öffentlichen Netzwerken verfügen. Angreifer hinterlassen in diesen Netzwerken sogenannte Fußabdrücke (footprints). Der Social Engineer kann viele unterschiedliche Quellen nutzen. Hierzu gibt die Tabelle 6–6 einen Überblick. Die vorbereitende Informationssammlung hilft dem Social Engineer bei der Konstruktion eines Bildes der Zielperson. Aufbauend auf diesem Wissen entwickelt der Social Engineer eine Strategie, wie er der Zielperson weiteres Wissen entlocken kann.

Tab. 6–6
Quellen zur Informationssammlung (orientiert an [Hadnagy 11])

Nr.	Informationsquelle	Informationen
1	Website	▪ Was jemand macht? ▪ Stellenangebote, Kontakttelefonnummern, Biografien, Kundendienstforen, Konventionen bei E-Mail-Adresse ▪ Spezielle Wörter oder Formulierungen, die beim Profiling der Passwörter hilfreich sind
2	Suchmaschinen	▪ Google Hacking Database[a] ▪ Shodan[b]: Suche nach Servern und Routern im Internet
3	Passive Erkundungs-techniken: Whois-Ermittlungen	▪ Zum Teil vollständige Kontaktinformationen ▪ *www.whois.net* ▪ Ripe-Datenbank[c] ▪ DNS-Suchläufe (DNS Lookup)[d]
4	Passive Angriffstechniken	▪ Belauschen von Gesprächen ▪ Beim Tippen »über die Schulter schauen« (shoulder surfing) ▪ Liegenlassen präparierter USB-Sticks (baiting)

→

Nr.	Informationsquelle	Informationen
5	Aktive Erkundungstechniken	▪ Werkzeuge zur Entdeckung von Hosts, offenen Ports, Betriebssystemen und Anwendungen durch direkten Zugriff auf das System: · Pinging – Fping[e], Hping[f] · TCP/UDP-Scan – Nmap[g], Zenmap[h] · Betriebssystemerkennung – Nmap · Xprobe2[i] ▪ Service Fingerprinting (Nmap bietet Funktionen zur zusätzlichen Ermittlung des Typs und der Version des Dienstes, der auf dem entdeckten offenen Port läuft. Dies erfolgt durch Vergleich des »Fingerabdrucks« des entdeckten Dienstes mit den Fingerabdrücken in der Nmap-eigenen Datenbank.)
6	Öffentliche Server	Fingerprint des Servers erstellen (Betriebssystem, Applikationen, IP-Informationen, ...)
7	Social Media	▪ Frei verfügbare Informationen über das Leben und die Gegebenheiten anderer Menschen ▪ Facebook, LinkedIn, Twitter, Xing, ...
8	User Sites	Offenbarung eines sehr detaillierten Profils der Zielperson: Beruf, Bilder, Hobbys
9	Blogs	
10	Öffentliche Berichte	Quartalsberichte, Newsticker, Konferenzbeiträge, Messen, ...
11	Recherchedienste	Käufliche Hintergrundinformationen
12	Dumpster Diving, Müll durchwühlen	▪ Dokumente aus dem Papierkorb im Müll ▪ Selbst Schredderstreifen sind noch lesbar

a. *https://www.exploit-db.com/google-hacking-database*
b. *https://www.shodan.io*
c. *https://www.ripe.net/manage-ips-and-asns/db*
d. *https://who.is/dns/*
e. *https://fping.org*
f. *http://www.hping.org/*
g. *https://nmap.org*
h. *https://nmap.org/zenmap/*
i. *http://null-byte.wonderhowto.com/how-to/hack-like-pro-conduct-os-fingerprinting-with-xprobe2-0148439/*

Als erste Informationsquellen zum Angriffsziel sind Google (einschließlich Google Earth und Street View) oder andere Suchmaschinen, Shodan, Facebook, LinkedIn und andere soziale Netzwerke zu nennen: IP-Adressen, Webseiten, Telefonnummern, Namen und E-Mail-Adressstrukturen, Betriebssystem und Anwendungen liefern einem Angreifer hilfreiche Informationen.

Die gesammelten Informationen lassen sich unterscheiden in:

- Information über die Organisation,
- Information über die verwendeten Systeme,

- Information über die Geschäftspartner und
- Information über die Benutzer.

6.3.3 Allgemeine Motive und Quellen für Angriffe auf Computersysteme

Der Begriff »Social Engineering« bezeichnet eine Vorgehensweise, bei der die Schwachstelle Mensch ausgenutzt wird, um Sicherheitsvorkehrungen zu umgehen und sensible Informationen preiszugeben.

Hacker treten oft auch als Social Engineer auf, weil sie damit einen erfolgreichen Angriff auf ein IT-System erzielen wollen.

Im IT-Grundschutzkatalog des Bundesamts für Informationssicherheit ist Social Engineering aufgeführt (G 5.42) [BSI G 5.42 11].

Definition: Social Engineering [BSI G 5.42 11]

Social Engineering ist eine Methode, um unberechtigten Zugang zu Informationen oder IT-Systemen durch »Aushorchen« zu erlangen. Beim Social Engineering werden menschliche Eigenschaften wie z. B. Hilfsbereitschaft, Vertrauen, Angst oder Respekt vor Autorität ausgenutzt. Dadurch können Mitarbeiter so manipuliert werden, dass sie unzulässig handeln.

Die Motivation der Hacker ist unterschiedlich. Ursprünglich war mit dem Wort Hacker ein enthusiastischer und engagierter Computernutzer gemeint, der optimierte Programme kreativ zu bauen wusste.

Drei Hackergruppen

Heute hat der Begriff des Hackers eine andere Prägung erfahren: Wir unterscheiden *Black Hat* und *White Hat* sowie *Grey Hat*. Während der *White Hat* ethisch innerhalb der Gesetze agiert, achtet der *Black Hat* nicht auf Gesetze und handelt oft mit kriminellen Absichten. Als Grey Hat gilt eine Person, die eine »Mischung« der beiden vorher genannten Typen ist, und Gesetzesverstöße bewusst in Kauf nimmt und damit beispielsweise ein soziales oder politisch höheres Ziel erreichen will.

Die Begriffe Hacker und Cracker werden im angloamerikanischen Sprachraum unterschieden: Die Sicherheitsmaßnahmen von Software untersucht der gutartige Hacker als ausgewiesener Computerspezialist. Der Cracker als »Criminal Hacker« nutzt die Schwachstellen in Software kriminell für individuelle Zwecke. Sowohl gutartige Hacker als auch Cracker können die Techniken des Social Engineering nutzen.

Hacker lassen sich in drei Qualifizierungsstufen (vgl. Tab. 6–7) einteilen.

Tab. 6–7
Qualifizierungsstufen von Hackern [Paulus 11]

Stufe	Bezeichnung	Beschreibung
1	Skript-Kiddie	■ Intelligenter Anwender ■ Nutzt vorhandene Angriffssoftware
2	Engagierter Hacker	■ Klar gesetztes Angriffsziel ■ Nutzt Schwachstellen aus ■ Programmiert keine Viren, Würmer, …
3	Fachkundiger Hacker	■ Professionelle Ausbildung ■ Kennt Angriffspunkte zur Entwicklung von Exploits ■ Bereitstellung der Angriffsmethode ■ Programmiert Angriffssoftware

Hacker haben unterschiedliche Motive.

Für die Vorbeugung von Hackerangriffen ist eine Kenntnis des Hackerprofils hilfreich. Allerdings besteht zwischen Angriffszielen und der Motivation der Hacker kein allgemeiner Zusammenhang [Paulus 11]. Tabelle 6–8 stellt verschiedene Motivationen von Hackern zusammen. Auch Social Engineers können böswillig oder freundlich sein und lassen sich einem der genannten Hackertypen zuordnen.

Tab. 6–8
Hackertypen und Beschreibung (orientiert an [Paulus 11] und erweitert)

Hackertyp	White Hat	Grey Hat	Black Hat	Beschreibung	Charakterisierung und Faktoren der Motivation
Sicherheitsforscher Social Engineer Ethical Hacker	X			Wissenschaftler, Security Engineer, Student	■ Akademisches Interesse an der Entdeckung und Analyse von Sicherheitslücken ■ Oft langwierige Forschung ■ Klassische Untersuchungen im Labor ■ Reverse Engineering, Sourcecode-Analysen, Protokollanalysen, Seitenkanalangriffe, Debugging ■ Sicherheitsforscher will, dass eine Schwachstelle gefixt und er als Entdecker bekannt wird
Social Hacker (Social Engineer)			X	Oft in Kombination mit anderen Black-Hat-Hackertypen	Recherchieren von Hintergrundinformationen, Vortäuschen einer Autoritätsperson, Auftreten als Problemlöser in der Not, Kommunikation im Fachjargon des Unternehmens, Vertrauensgewinnung des Opfers, Personen ohne Fachwissen zu sicherheitsgefährdenden Taten verleiten
Penetrationstester	X			Security Engineer	■ Echte Penetrationstester lernen die Skills, die auch böswillige Hacker nutzen ■ Handeln im Auftrag des Systembetreibers

→

Hackertyp	White Hat	Grey Hat	Black Hat	Beschreibung	Charakterisierung und Faktoren der Motivation
Intellek-tueller	(X)	X		Neugierig Interessierter	Handeln aus Neugierde
Experimen-tierer	(X)	X		Wissen über Schwachstellen gezielt sammeln	Handeln aus Neugierde
Harmloser Spaßvogel	(X)	X		Auch als Skript-Kiddies bezeichnet	■ Keine bösartigen Absichten ■ Freude am Hacken ■ Skript-Kiddies suchen gezielt nach einer bestimmten Vulnerability (z.B. mit einem Scanner), für die ein »Skript« geschrieben wurde. ■ Opfer-Auswahl zufällig/unspezifisch ■ Kein Feedback von Betroffenen
Persönlich Motivierter		X	X	Große Bandbreite von Spaß bis bewusst schädigen	Persönliche Feindbilder führen zu Racheakten
Verärgerter Mitarbeiter			X	Kriminelle Handlung	Zugangsinformationen ehemaliger Mitarbeiter
Trickbetrü-ger			X	Kriminelle Handlung	Schaffen geschickt Situationen, um ein Opfer anzugreifen
Sozial Motivierter			X	Ideologisch motivierter Hacker	Angriff um »soziale Ungleichheiten« zu beseitigen
Whistle-Blower [Rost & Glass 11]	X	X	X	Hinweisgeber, Enthüller oder Skandalaufdecker	Für die Allgemeinheit wichtige Informationen aus einem geheimen oder geschützten Zusammenhang an die Öffentlichkeit
Politisch Motivierter			X	Ideologisch motivierter Hacker	Verfälschung von Nachrichten, um die öffentliche Meinung zu verfälschen
Hacktivist		X	X	Angreifer, die durch einen Cyberangriff auf einen politischen, gesellschaftlichen, sozialen, wirtschaftlichen oder technischen Missstand aufmerksam machen oder eine diesbezügliche Forderung durchsetzen wollen	■ Einige, wenige Köpfe mit hohen Skill: Aktives, bewusstes Hacken, meist gerechtfertigt durch moralische Überlegenheit und/oder ein höheres Ziel. ■ Bei großen »Organisationen« wie Anonymous: Viele Mitläufer mit Skript-Kiddie-Fähigkeiten

→

Hackertyp	White Hat	Grey Hat	Black Hat	Beschreibung	Charakterisierung und Faktoren der Motivation
Cyber-Krieger			X	Hackerangriffe von staatlichen Organisationen	▪ Spionage und Informationsbeschaffung ▪ Speziell ausgebildete Profis mit Zugang zu Laboren, Proxy-Netzwerken und sonstigem technischem Equipment
Cyber-Terrorist			X	Terrorist	Angriffe auf kritische Infrastrukturen durch paramilitärische Einheiten
Finanziell Motivierter			X	Wirtschafts-krimineller	Finanzielle Interessen

6.3.4 Angriffsszenarien und -motive

Die Analyse von Hackingversuchen behandelt die Untersuchung von Sicherheitsstörfällen. Dabei ist ein sicherheitsrelevantes Systemereignis zu finden, bei dem die Sicherheitsrichtlinie des Systems verletzt wurde [RFC 2828]. Der Spurensicherungsprozess will die digitalen Spuren des erfolgten Angriffs bzw. Angriffsversuches sicherstellen und umfasst die folgenden drei Phasen:

1. Erfassung und Authentifizierung
2. Analyse
3. Berichterstellung

Der Erfassung und Authentifizierung von Sicherheitsstörfällen sowie der dazugehörigen angemessenen Reaktion widmen sich die folgenden Abschnitte.

6.3.4.1 Erfassung und Authentifizierung

Unter Angriff versteht man die Verletzung oder versuchte Verletzung von IT-Sicherheitsregeln. Überwachungswerkzeuge und *Intrusion-Detection-Systeme* (IDS) können dem Systemadministrator Warnungen über Symptome von Sicherheitsstörfällen geben (vgl. hierzu Kap. 1).

6.3.4.2 Reaktion bei Sicherheitsstörfällen

Im Fall von Sicherheitsstörfällen wird die folgende Vorgehensweise empfohlen:

- Anfertigen eines Schnappschusses oder eine Kopie des zu untersuchenden Systems, um alle nötigen Beweise zu sichern.
- Nach der Authentifizierung der Beweise [Steffens 18]: Erzeugen einer echten und vollständigen Kopie und Ablage an einem sicheren Ort.
- Analysieren der Beweise.
- Nach Abschluss des forensischen Prozesses erfolgt Beseitigung der Ursachen des Störfalls (Ausmerzung).
- Das System wird in seinen Normalzustand zurückversetzt (Wiederherstellung).

Mit Plan in den Angriffsfall

Während dieser Schritte werden sämtliche Schwachstellen mit Patches oder durch Installation neuer Software beseitigt. Bei der Protokollierung der Ergebnisse in einem Bericht müssen der genutzte Prozess und die dabei verwendeten Werkzeuge beschrieben werden.

6.3.4.3 Analyse und Beweissicherung

Indikatoren helfen den Sicherheitsteams, Hackerangriffe zu beschreiben. Dabei ist ein Indikator ein technisches Merkmal, das sich beispielsweise durch Prüfung der Protokolldateien des Systems und aktiver Netzwerkverbindungen ermitteln lässt. Gegebenenfalls wird sogar der Ursprung der Angriffe auffindbar.

Liegt ein Sicherheitsstörfall vor, müssen Kopien von allen Protokolldateien angelegt und die Prozessstatus-Informationen erfasst werden. Während eines laufenden Angriffs kann es sinnvoll sein, die Systeminformationen zu erfassen, die in Zusammenhang mit dem Angreifer stehen, bevor man ihn aussperrt.

Beispiele für mögliche Verletzungen der IT-Sicherheit sind:

- Verdächtige Protokolleinträge
- Unerklärliche Benutzerkonten
- Modifizierte Dateien/Ordner
- Ausführung ungewöhnlicher Dienste
- Ungewöhnliches Systemverhalten
- Erfolglose Anmeldeversuche

Die Spurensicherung

Jeder Angriff über das Internet lässt sich auf die Ursprungs-IP-Adresse oder Proxy-Adresse zurückverfolgen, unabhängig davon, ob E-Mail oder Internetverbindungen genutzt wurden. Wenn Logging-Daten zur Verfügung stehen, ist das nur eine Frage der Zeit, des Geldes und des Aufwands sowie der Abwägung der damit einhergehenden Kosten. Die meisten Angreifer nutzen Proxies oder Proxy-Ketten, das Tor-Netzwerk [Tor Project[1]] oder andere kostenlose Anonymisierungsdienste, um ihre reale IP-Adresse zu verschleiern. Je mehr Proxies Angreifer nutzen, desto länger dauert die Ermittlung der Ursprungsadresse. Diese Nachforschungen können auch durch Gesetze behindert werden, die an den jeweiligen Standorten der Proxy-Server gelten.

Die Entdeckung von Eindringlingen und die Verfolgung einer IP-Adresse zurück zu ihrem Ursprung kann mit Werkzeugen wie Netstat[2] (Windows), Tracert[3] und der IP-Tracer-Website[4] erfolgen. Netstat zeigt die Verbindungen zu einem Rechner, Ports und laufende Dienste an. Mit diesem Werkzeug kann nach merkwürdigen oder unbekannten IP-Adressen oder Portnummern gesucht werden. Hinweis: Auch im Microsoft Windows-Betriebssystem gibt es ein tracert-Dienstprogramm (in Linux und OS/X heißt es »traceroute«), die oben genannten, webbasierten Dienste sind jedoch unabhängig von diesen Betriebssystem-Dienstprogrammen.

Im Header einer E-Mail, die Viren enthält, ist u.U. die IP-Adresse des Internet Service Provider (ISP) aufgeführt, der die E-Mail verschickt hat. Bei den meisten webbasierten E-Mail-Clients (Gmail, Yahoo, Outlook.com) ist das die IP-Adresse des E-Mail-Providers. Um die tatsächliche IP-Adresse herauszufinden, muss man sich den »X-Originating-IP«-Wert anschauen. Die Whois-Datenbanken[5] führen zu den Details, mit denen sich der ISP kontaktieren lässt, um die Untersuchung fortzuführen. Es ist zu bedenken, dass E-Mails von privaten Servern und offenen Relay-Mail-Servern stammen können. In diesem Fall kann es sehr schwer sein, den tatsächlichen Ursprung einer E-Mail zu ermitteln.

Die Untersuchung von Angriffen, bei denen Botnetze genutzt wurden, ist ebenfalls schwierig. Der Angreifer braucht keine Onlineverbindung mit dem Botserver oder den Botclients. Das Tracing ist daher sehr schwierig bis nahezu unmöglich. In diesem Fall kann die Untersuchung der Botclients zum Botserver führen. Man braucht jedoch Zugriff auf den Server, um den tatsächlichen Ursprung des Angriffs

1. *https://www.torproject.org*
2. *https://technet.microsoft.com/en-us/library/Bb490947.aspx*
3. *http://www.tracert.org*
4. *http://www.ip-adress.com/ip_tracer*
5. *https://www.whois.net*

ermitteln zu können. Die Betreiber dieser Server wissen u.U. gar nicht, dass ihre Rechner Teil eines Botnetzes sind.

Im Checklisten-Handbuch »IT-Grundschutz« [BSI 16a] zielt die Prüffrage M 6.134 auf die Dokumentation von Sicherheitsvorfällen.

Verhaltensregeln bei Auftreten von Schadprogrammen: Maßnahmenkatalog Dokumentation von Sicherheitsvorfällen (M 6.134) – aus der BSI-Checkliste [BSI 16]

- Werden alle Sicherheitsvorfälle nach einem standardisierten Verfahren dokumentiert?
- Ist die Vertraulichkeit bei der Dokumentation und Archivierung der Berichte gewährleistet?

Die Art und Weise, wie über Sicherheitsschwachstellen zu berichten ist, wird in Kapitel 7 vertieft.

6.4 Social Engineering

Social Engineering will das soziale Verhalten eines Menschen als Angriffsvektor nutzen: Als soziales Wesen neigt der Mensch dazu, Fremden zu vertrauen und zu helfen. Das erzeugt eine Schwachstelle, an der Angriffe ansetzen können. Durch Manipulieren, Beeinflussen und Überreden hilfsbereiter Menschen versucht der Angreifer, an Zugangsdaten oder andere sensible Informationen zu gelangen. Dabei sind die typischen eingesetzten Vorgehensweisen Elizitieren und Pretexting:

Definition: Elizitieren

Beim Elizitieren versucht der Angreifer z.B. während eines Gesprächs mit einer Person auf subtile Weise relevante Informationen zu extrahieren. Dieses Vorgehen funktioniert in der Regel gut, weil Menschen höflich sein wollen oder gerne mehr reden, wenn sie gelobt werden. [Hadnagy 11]

Definition: Pretexting

Pretexting umfasst das Vortäuschen falscher Tatsachen anhand einer erfundenen Hintergrundgeschichte, Verhalten (Dialekte, Redensarten, ...) und eines angepassten Aussehens (Kleidung, Frisur, ...), welches für den Angriff als Szenario relevant ist. Pretexting kann so weit gehen, eine komplett andere Identität für den Angriff zu erschaffen. [Hadnagy 11]

Social Engineering erfolgt entweder über direkte, menschliche Interaktion oder computergestützt (siehe hierzu auch die Quellen zur Informationssammlung in Tabelle 6–6). Die folgenden Beispiele wollen dies in einer Auswahl verdeutlichen.

Die direkte, menschliche Interaktion schließt folgende Methoden ein:

- Tailgating bzw. Piggybacking (ein Angreifer ohne Zugangsberechtigung hängt sich an autorisierte Mitarbeiter an, um Zutritt zu einem zugangsbeschränkten Bereich zu erhalten)
- Lauschen (die vertraulichen Gespräche anderer ohne deren Wissen mithören)
- Schulter-Surfen (jemandem ohne sein Wissen über die Schulter schauen, während er am Computer oder an Unterlagen arbeitet)
- Telefongespräche (sich am Telefon als leitender Angestellter oder Supportmitarbeiter ausgeben, um von arglosen Mitarbeitern Passwörter zu erfahren)

Zum letzten Punkt sind folgende Beispiele typisch [BSI G 5.42 11]:

- Vorzimmerkraft, deren Vorgesetzter schnell noch etwas erledigen will, aber sein Passwort vergessen hat und es jetzt dringend braucht.
- Administrator, der wegen eines Systemfehlers anruft, da er zur Fehlerbehebung noch das Passwort des Benutzers benötigt.
- Telefonentstörer, der einige technische Details wissen will, z.B. unter welcher Rufnummer ein Modem angeschlossen ist und welche Einstellungen es hat.
- Externer, der gerne Herrn X sprechen möchte, der aber nicht erreichbar ist. Die Information, dass Herr X drei Tage abwesend ist, sagt ihm auch gleichzeitig, dass der Account von Herrn X in dieser Zeit nicht benutzt wird, also unbeobachtet ist. Wenn kritische Rückfragen kommen, ist der Neugierige angeblich »nur eine Aushilfe« oder eine »wichtige« Persönlichkeit.

Ein computergestütztes Social Engineering kann beispielsweise wie folgt erfolgen:

- Senden von E-Mails, die mit Schadsoftware infiziert sind.
- Verwenden von Chat- oder Instant-Messaging-Programmen. Über Chat- und Instant-Messaging-Programme lassen sich anonyme Gespräche mit anderen irgendwo auf der Welt führen, ohne dass die wahre Identität des Gesprächspartners bekannt ist. Darüber hinaus lassen sich Daten über Instant Messenger leicht ausspähen.

- Verwendung von Pop-up-Meldungen. So kann beispielsweise auf dem Computerbildschirm ein Fenster mit einer Meldung für den Benutzer auftauchen, in der es heißt, die Netzwerkverbindung sei unterbrochen.
- Der Benutzer wird aufgefordert, seinen Benutzernamen und sein Passwort erneut einzugeben. Ein vorher vom Eindringling installiertes Programm kann diese Daten dann an einen anderen Ort übermitteln.
- Verschicken von Spam-E-Mails. Spam-E-Mails enthalten betrügerische Angebote und Links. Beim Klicken auf diese Links kann Schadsoftware installiert werden, die ein ganzes Netzwerk seines Schutzes beraubt.
- Menschen dazu bringen, infizierte (manipulierte) Websites zu besuchen. Diese Phishing-Versuche können an viele verschickt werden oder stark individualisiert sein (Spear-Phishing).

6.5 Sicherheitsbewusstsein

Sicherheitsbewusstsein ist ein zentrales Attribut einer Sicherheitskultur. Der folgende Abschnitt widmet sich der Sensibilisierung und Schaffung einer Sicherheitskultur. Danach folgt ein Abschnitt, der sich mit der kontinuierlichen Verbesserung des Lernens aus Sicherheitstests als auch aus realen Sicherheitsstörfällen befasst.

6.5.1 Die Bedeutung des Sicherheitsbewusstseins

Gegen Social Engineering gibt es kein alleiniges Gegenmittel, es lassen sich aber Vorkehrungen zur Schadensminimierung treffen (z.B. möglichst geringe Zugriffsrechte, die das Ausführen der zugewiesenen Tätigkeit gerade noch zulassen, Aufteilung von Pflichten, rotierende Weitergabe von Pflichten). Die wichtigste Vorkehrung besteht jedoch in Aufklärung und Schaffung von Sicherheitsbewusstsein auf allen Ebenen des Unternehmens.

IT-Security erfordert Awareness.

Sicherheitsbewusstsein bildet sich aus einer Sicherheitskultur heraus, die die gemeinsam verfassten Werte auch in einem Leitbild des Unternehmens sichtbar macht. Konkret bedeutet dies, die Beschäftigten für IT-Sicherheit zu sensibilisieren. Das Thema Sicherheitsbewusstsein allokiert der BSI-Grundschutz an verschiedenen Stellen, die im Folgenden zitiert werden.

Der BSI IT-Grundschutz empfiehlt die **Schulung des Projektteams für die Software-Entwicklung** (M 3.97) [BSI 3.97 16]: »Ein geschärftes Sicherheitsbewusstsein des Entwicklungsteams spielt eine entscheidende

Rolle bei der Erstellung von sicheren IT-Systemen. Dabei muss dieses Sicherheitsbewusstsein nicht nur bei der Implementierungsphase sondern beim gesamten Lebenszyklus der Software-Entwicklung vorhanden sein.«

Die **Sensibilisierung und Schulung zur Informationssicherheit** (B 1.13) [BSI B 1.13 14] fokussiert der BSI IT-Grundschutz: »Es ist nur dann möglich, Informationssicherheit innerhalb einer Institution erfolgreich und effizient zu verwirklichen, wenn alle Mitarbeiter erkennen und akzeptieren, dass sie ein bedeutender und notwendiger Faktor für den Erfolg der Institution sind und wenn sie bereit sind, Sicherheitsmaßnahmen wirkungsvoll zu unterstützen.«

Als Checkliste für die Etablierung einer Kultur des Sicherheitsbewusstseins empfehlen wir zwölf Fragen, die eine proaktive Haltung gegenüber den Sicherheitsthemen ausdrücken:

1. Sind die Mitarbeiter Partner in der Sicherheitskultur (Selbsteinschätzung)?
2. Werden die Mitarbeiter regelmäßig in sicherheitsrelevanten Themen geschult?
3. In welchem Maße sind die Mitarbeiter eigenverantwortlich an Themen der IT-Sicherheit beteiligt?
4. Werden vertrauliche Informationen und Datenträger mit vertraulichen Informationen sorgfältig aufbewahrt und zusätzlich geschützt?
5. Erhalten alle Mitarbeiter einen Sicherheitsleitfaden, in dem sämtliche sicherheitsrelevanten Themen und ein Verhaltenskodex enthalten sind?
6. Sind alle Mitarbeiter mit den Grundsätzen des rechtskonformen Umgangs mit personenbezogenen Daten vertraut (DSGVO)?
7. Werden vertrauliche Informationen vor Wartungs- und Reparaturarbeiten von Datenträgern und IT-Systemen, die Mitarbeitern von Fremdfirmen zugänglich sein könnten, entfernt und gelöscht?
8. Gibt es Maßnahmen, die das Sicherheitsbewusstsein der Mitarbeiter erhöhen sollen?
9. Werden Lernmaterialien zum Training der IT-Sicherheit eingesetzt?
10. Wird der Kenntnisstand der Mitarbeiter in IT-Sicherheit regelmäßig überprüft?
11. Werden die bestehenden Sicherheitsvorgaben kontrolliert und Verstöße dagegen geahndet?
12. Ist jedem Mitarbeiter klar, wie er sich bei einem Verdacht auf eine Schadcode-Infektion oder einer anderen Art des Angriffs (Hacking, Wissenschaftsspionage, Phishing-Mails etc.) verhalten sollte?

6.5.2 Schärfung des Sicherheitsbewusstseins

Die Mitarbeiter in einer reifen Sicherheitskultur wollen stets aus identifizierten Schwachstellen oder aus erfolgten Angriffen lernen. Das sicherheitsbewusste Denken wird sowohl durch die Ergebnisse der Sicherheitstests als auch durch reale Sicherheitsstörfälle weiterentwickelt.

Die Abarbeitung des folgenden Fragenkatalogs kann helfen, die Sicherheit der IT-Systeme zu verbessern:

- Wie sind die Angreifer (bzw. wir) vorgegangen?
- Welche Folgen hatte das für das Unternehmen?
- Was kostete es, den Störfall zu untersuchen und aufzuarbeiten?
- Was kostete es, das Problem zu beheben?
- Wie hätte sich der Störfall vermeiden lassen?
- Welche Änderungen werden eingeleitet?

Der Klassiker des Social Engineering von Mitnick

Eine Sammlung von guten Praktiken zur Schärfung des Sicherheitsbewusstseins findet sich in den Mitnick Spots [Mitnick 11]. Die Mitnick Spots helfen eine Sicherheitskultur zu etablieren, hier folgt eine Auswahl von vier Mitnick Spots:

- Jedermann sollte sich über die Vorgehensweise des Social Engineer im Klaren sein: Zuerst so viele Informationen wie möglich über das Ziel sammeln und diese Informationen nutzen, um das Vertrauen eines Insiders zu erlangen.
- Bevor neuen Angestellten ein Zugang zu den Firmennetzwerken gewährt wird, müssen sie in der Befolgung guter Sicherheitsrichtlinien ausgebildet werden.
- Kein blindes Verlassen nur auf Sicherungen des Netzwerks und auf die Firewalls. Die am meisten gefährdete Stelle sind die eigenen Mitarbeiter! Die Fallbeispiele in Abschnitt 6.6 belegen dies eindrucksvoll.
- Es ist erstaunlich, wie leicht es einem Social Engineer fällt, über die Art und Weise, wie er sein Anliegen vorträgt, Menschen zur gewünschten Handlung zu bringen.

Darüber hinaus hat Mitnick in seinem Buch »Die Kunst der Täuschung« [Mitnick 11] in Kapitel 16 eine Empfehlung von Firmenrichtlinien genannt (siehe hierzu auch den BSI IT-Grundschutz [BSI G 5.42 11]).

Abschnitt 1.2 in diesem Buch enthält ebenfalls Hinweise auf zahlreiche Richtlinien.

6.6 Zwei Fallbeispiele

In diesem Abschnitt sind zwei Fallbeispiele aufgeführt, die in unterschiedlichen Szenarien einen Einblick in die erfolgreichen Handlungsweisen und Strategien des Social Engineering geben.

Die zwei gezeigten Fallbeispiele lassen sich mithilfe der Tabelle 6–9 klassifizieren.

Tab. 6–9
Klassifikation der Fallbeispiele

Fallbeispiel		
	Beschreibung	**Klassifikation**
1	Chef-Masche [heise.online 16]	Klassisches Social Engineering Direkte menschliche Interaktion Elizitieren
2	Geänderte Bankverbindung [Sachsen 18]	Phishing (mit E-Mail) Computergestütztes Social Engineering Elizitieren

In den folgenden Quellen [Mitnick 11] und [Hadnagy 11] finden Sie eine Vielzahl von Fallbeispielen und eine vertiefte Diskussion des Social Engineering.

Fallbeispiel 1: »Chef-Masche«: Kriminelle klauen wohl per Social Engineering 40 Millionen Euro

Beispiel: »Chef-Masche« [heise.online 16]

Klassisches Social Engineering

Beispiel: »Chef-Masche« [heise.online 16]

»Am Ende fehlten auf den Unternehmenskonten 40 Millionen Euro – um diese Summe haben unbekannte Kriminelle jüngst den Autozulieferer Leoni erleichtert. Manches deutet daraufhin, dass auch Leoni Opfer der »Chef-Masche« wurde.

Der Autozulieferer Leoni ist nach eigenen Angaben Opfer eines millionenschweren Betrugs geworden. Unter Verwendung gefälschter Dokumente und Identitäten sowie unter Nutzung elektronischer Kommunikationswege seien Gelder des Unternehmens auf Zielkonten im Ausland transferiert worden, teilte das im MDax notierte Unternehmen am Dienstag überraschend mit. Der Schaden belaufe sich auf einen Abfluss an liquiden Mitteln von insgesamt rund 40 Millionen Euro.

Ein Sprecher wollte sich auf Nachfrage wegen laufender Ermittlungen nicht zu weiteren Details äußern. Aus dem Firmenumfeld hieß es, jemand habe sich gegenüber Mitarbeitern des Hauses als Leoni-Mitarbeiter ausgegeben und behauptet, »besondere Befugnisse zu haben«. Auf diese Weise habe er »bestimmte Geschäftsvorgänge vorbereiten« lassen. Das Besondere sei dabei nicht das Vorgehen der Betrüger an sich, »sondern die Höhe des Schadens«, hieß es. Das Vorgehen der Täter ähnelt der »Chef-Masche«, bei der

Unbekannte bereits in den vergangenen Monaten andere Unternehmen um große Beträge erleichtert hatten.

Nach Angaben eines Leoni-Sprechers hat der Vorstand umgehend eine Untersuchung der Vorfälle eingeleitet und prüft derzeit Schadenersatz- und Versicherungsansprüche. Ebenso sei Anzeige erstattet worden. Die Auswirkungen auf die Ergebnisprognose kann das Unternehmen derzeit noch nicht abschätzen. Die Liquiditätslage des Konzerns sei nicht wesentlich beeinträchtigt. Trotzdem brach der Aktienkurs des Unternehmens nach der Mitteilung um zeitweise mehr als 8 Prozent ein.«

Fallbeispiel 2: »Achtung – geänderte Bankverbindung!« – Betrug bei Rechnungsstellung per E-Mail

Beispiel: Phishing mit E-Mail [Sachsen 18]

Phishing (mit E-Mail)

Beispiel: Phishing mit E-Mail [Sachsen 18]

»Seit einiger Zeit verbreitet sich in Deutschland und auch im Bundesland Sachsen eine neue Betrugsmasche. »*Wir haben unsere Bankverbindung geändert*« – so oder so ähnlich heißt es in der E-Mail, welche die potentiell Geschädigten in ihrer elektronischen Rechnungsstellung finden. Dabei handelt es sich möglicherweise um einen Betrug.

In Zeiten des elektronischen Zahlungsverkehrs werden Rechnungen in vielen Geschäftsbereichen nur noch elektronisch versandt. Kriminelle nutzen dies aus und schalten sich mit verschiedensten Methoden in den Nachrichtenaustausch zwischen Verkäufer/Dienstleister und Kunde. Letzterer überweist daraufhin den tatsächlich offenen Rechnungsbetrag auf das Konto der Betrüger.

Doch woher wissen die Täter, dass eine offene Forderung besteht, und wie schalten sie sich in die Kommunikation ein?

Die Kriminellen »hacken« sich auf einen der beteiligten E-Mail-Server ein, fangen die relevanten E-Mails ab und verändern die Inhalte ganz oder teilweise. Oft handelt es sich um E-Mail-Accounts ausländischer Produktionsfirmen bzw. Lieferanten. In diesen manipulierten elektronischen Rechnungen wird darauf hingewiesen, dass sich die Bankverbindung des Rechnungsstellers geändert hat. Die Täter manipulieren die Kommunikation so, dass auch bei Rückfragen per E-Mail der Betrug zunächst unentdeckt bleibt. Es gibt auch Fälle, in denen die Betrüger zusätzlich gefälschte Dokumente per Briefpost verschickten, um den manipulierten E-Mail-Verkehr glaubwürdig zu machen. Bei den so umgeleiteten Geldbeträgen handelt es sich pro Betrugsfall fast immer um eine 5-stellige Schadenssumme.«

Leitfragen für das Fallbeispiel Phishing (mit E-Mail)

- Wie sollte man sich verhalten?
- Wie könnten man einem Betrug vorbeugen?

Aus dem Fallbeispiel lassen sich Regeln für die Sensibilisierung der Organisation ableiten. Im Folgenden sind Regeln und Tipps des LKA Sachsen zum Fallbeispiel 2 aufgelistet:

- Sensibilisieren der eigenen Mitarbeiter zu Informationen über diese und andere Betrugsmaschen in Ihrem Unternehmen (Schulung des Sicherheitsbewusstseins!)
- Sorgfältiges Überprüfen von E-Mails mit Rechnungen auf den richtigen Absender und die korrekte Schreibweise der E-Mail-Domain
- Überprüfen der vorliegenden Informationen bei verdächtigen E-Mails über einen zweiten Kommunikationskanal, beispielsweise Nutzung des Telefons anstelle E-Mail
- Aktueller Stand der eigenen Software (beispielsweise durch ein Patch-Management-System)
- Prophylaktische Information in der geschäftlichen E-Mail-Signatur, dass Kunden eine Änderung der Bankverbindung niemals via E-Mail mitgeteilt wird
- Nutzung digitaler Signaturen
- Vorbereitung auf den Schadensfall: Die Einbeziehung der Hausbank, die Information des möglicherweise ebenfalls betroffenen Geschäftspartners und die Anzeige bei der Polizei

6.7 Reverse Social Engineering

Exkurs: Reverse Social Engineering

Beim Reverse Social Engineering verursacht der Angreifer ein Problem, um anschließend als fiktive Autoritätsperson aufzutreten, die mit der Lösung dieses Problems beauftragt worden sei [Hackerboard 18]: Ziel dieser Aktion ist es, die Hilfsbereitschaft der betroffenen Opfer auszunutzen, die natürlich an einer möglichst schnellen Lösung des Problems interessiert sind. Überstürzt, ohne viel nachzudenken, werden dem Angreifer dabei bereitwillig alle Informationen geliefert, die er »zur Lösung des Problems« benötigt. Auch hierfür sind wieder fundierte Hintergrundinformationen notwendig, um glaubwürdig erscheinen zu können.

Eine andere Form des Reverse Social Engineering dreht den Spieß um [Mitnick 11]: Die Zielperson erkennt den Angriff und setzt psychologische Prinzipien der Beeinflussung ein, um vom Angreifer so viele Informationen wie möglich zu erhalten, damit das Unternehmen das bedrohte Firmenkapital so gut wie möglich schützen kann.

Exkurs: Social Engineering Pentests

6.8 Social Engineering Pentests

In einem funktionierenden Informationssicherheitsmanagementsystem (ISMS) muss die Wirksamkeit der umgesetzten Sicherheitsmaßnahmen durch regelmäßige Audits – und damit auch Penetrationstests – überprüft werden.

Social Engineering Pentests [Watson et al. 2014] können aufzeigen, wie Hacker ihre Angriffe durchführen, und die damit verbundenen potenziellen Risiken identifizieren. Die »Ethical Hacker« nutzen die Tools und Methoden des Social Engineering wie dies »bösartige« Hacker tun, nur mit dem Ziel, die gefundenen Sicherheitslücken zu schließen. Die Vorgehensweise eines »Ethical Hackers« könnte dann der folgenden Gliederung entsprechen:

1. Planung und Zielfestlegung (zusammen mit dem Auftraggeber)
2. Informationsakquise und Auskundschaften mit den Techniken des Social Engineering (vgl. Abschnitte 6.3 und 6.4)
3. Spezifikation der durchzuführenden Angriffe (»Szenarien«) und Entwicklung der Angriffsvektoren
4. (Unbemerktes) Durchführen der Angriffe
5. Ergebnisbericht (siehe Abschlussberichtserstattung in Abschnitt 7.2)
6. Kundenberatung, Schulung und Training (siehe Schulungen in Abschnitt 5.8)

6.9 Was Sie in diesem Kapitel gelernt haben

Das Kapitel 6 widmet sich den menschlichen Faktoren beim Test der IT-Sicherheit und verfolgt dabei sieben Lernziele [GTB CTAL ST 18].

- In Abschnitt 6.3 wird dargestellt, dass die wichtigste Phase bei jedem Angriff die Phase der **Informationsbeschaffung (Erkundung)** ist, in der der Angreifer versucht, Informationen zum Ziel zu sammeln. Der Begriff »Social Engineering« bezeichnet eine Vorgehensweise, bei der die Schwachstelle Mensch ausgenutzt wird, Sicherheitsvorkehrungen zu umgehen und sensible Informationen preiszugeben.
- Die **Angreifer-Motivation** der Hacker ist unterschiedlich (Black Hat, White Hat, Grey Hat). Die Handlungsmotive der Hacker erstrecken sich vom Erforschen der Sicherheit über Neugierde bis hin zu Spionage und Sabotage. Beim Elizitieren versucht der Angreifer z.B. während eines Gesprächs mit einer Person auf subtile Weise relevante Informationen zu extrahieren. Pretexting umfasst das Vortäuschen falscher Tatsachen (vgl. hierzu Abschnitt 6.4).

- In Abschnitt 6.4 wird Social Engineering dargestellt: **Social Engineering** will das soziale Verhalten eines Menschen als Angriffsvektor nutzen, denn als soziales Wesen neigt der Mensch dazu, Fremden zu vertrauen und zu helfen. Zahlreiche Fallbeispiele belegen die Vorgehensweise der Hacker.
- Abschnitt 6.5 legt dar, dass **Sicherheitsbewusstsein** ein zentrales Attribut einer Sicherheitskultur ist. Es bildet sich aus einer Sicherheitskultur heraus, die die gemeinsam verfassten Werte auch in einem Leitbild des Unternehmens sichtbar macht. Konkret bedeutet dies, die Beschäftigten für IT-Sicherheit zu sensibilisieren. Ein Fragenkatalog und die Mitnick-Spots tragen zum Aufbau eines Sicherheitsbewusstseins bei.

7 Auswertung von Sicherheitstests und Abschlussberichte

»If you reveal your secrets to the wind, you should not blame the wind for revealing them to the trees.«

Kahlil Gibran

Die Ergebnisse von Sicherheitstests liefern wesentliche Informationen über die Sicherheit eines Systems. Da sie sensible Daten über Schwachstellen eines Systems oder einer Organisation enthalten können, sind diese vertraulich zu behandeln. Zudem müssen sie den Stakeholdern zeitnah bereitgestellt werden, damit diese rechtzeitig die Risikolage richtig einschätzen und entsprechende Entscheidungen treffen können. Dashboards, die automatisiert die Ergebnisse von Sicherheitstests aufbereiten, sind ein wirksames Mittel, zeitnah den Stakeholdern auf ihre Anforderungen zugeschnittene Informationen bereitzustellen. Da Zwischen- und Abschlussberichte zu Sicherheitstests letztlich der Entscheidungsfindung dienen, bestimmte Sicherheitsrisiken zu akzeptieren oder Gegenmaßnahmen zu ergreifen, ist die Genauigkeit, Verständlichkeit und Zweckmäßigkeit unter Berücksichtigung der Anforderungen der verschiedenen Zielgruppen essenziell.

7.1 Auswertung von Sicherheitstests

Im Rahmen des Testens erfährt der Sicherheitstester viel über die Eigenschaften eines Testobjekts, über dessen Stärken und Schwächen, und auch über potenzielle Sicherheitslücken. Mit gründlichen Sicherheitstests kann er das Testobjekt deutlich besser kennenlernen als dessen Autor, insbesondere, da er meist im Gegensatz zu ihm auch eine dem Produktiveinsatz nachgebildete Testumgebung vorfindet.

Definition: Testergebnis

»Das Ergebnis der Ausführung eines Tests. Dazu gehören die Bildschirmausgaben, Datenänderungen, Berichte und versendete Mitteilungen.« [GTB Glossar 18]

Sicherheitstestergebnisse sind also die Resultate, die sich aus der Ausführung von Sicherheitstests gegen das Testobjekt ergeben, und können unmittelbar bereits erste Hinweise auf potenzielle Sicherheitslücken liefern. Diese werden in Fehlerabweichungsberichten dokumentiert und daraufhin weiter analysiert. Schlussendlich kann dies in eine Menge von Informationen münden, die das Ausnutzen einer Schwachstelle ermöglichen. Derartige Schwachstellen können bereits vermutete Sicherheitsrisiken bestätigen oder neue darstellen. Daraus ergibt sich die Notwendigkeit, Sicherheitstestergebnisse vertraulich zu behandeln.

Um ein Bild der Sicherheit eines Systems zu bekommen, müssen die Ergebnisse von Sicherheitstests hinsichtlich der darauf aufbauenden Sicherheitserwartungen, der Erreichung der Endekriterien und der Abnahmekriterien ausgewertet werden. Metriken machen den Testfortschritt und das Erreichen der Testendekriterien mess- und belegbar. Darauf aufbauend können begründete Entscheidungen hinsichtlich des weiteren Testverlaufs und des Sicherheitsstatus getroffen werden.

Definition: Endekriterien

»Die Menge an Bedingungen für den offiziellen Abschluss einer bestimmten Aufgabe.« [GTB Glossar 18]

Testendekriterien sind also die Bedingungen, die für den Abschluss von Tests erreicht werden müssen. Diese werden sich bei Sicherheitstests immer auch auf die Ergebnisse der Sicherheitsrisikoanalyse beziehen, also auf die Sicherheitsrisiken, die die Sicherheitstests überdecken müssen. Zudem werden Testendekriterien auf die Testausführung und die Testergebnisse insofern Bezug nehmen, als beispielsweise darin festgelegt ist, wie viele Testfälle mindestens ausgeführt worden sein müssen und ob oder unter welchen Umständen es akzeptabel ist, dass Testfälle nicht ausgeführt worden sind.

Die Sicherheitsrisiken bilden einen wichtigen Bezugspunkt, da sie eine Priorisierung der Tests und damit auch der Testendekriterien ermöglichen. So lassen sich obligatorische und fakultative Testendekriterien definieren. Beispielsweise kann die Ausführung all der Sicherheitstests, die hohe Risiken überdecken, verpflichtend sein, während Sicherheitstests, die sich auf mittlere Risiken beziehen, nur zu 90 % ausgeführt worden sein müssen. Eine solche Staffelung lässt sich genauso feingranular wie die Ergebnisse der Sicherheitsrisikoanalyse definieren.

Die Auswertung von Sicherheitstestergebnissen wird durch verschiedene Umstände erschwert, die dazu führen können, dass die Auswertung und die daraus erstellten Abschlussberichte ein falsches Bild vermitteln.

Geänderte Sicherheitsrisiken

Im Projektverlauf ändert sich meist der Wissensstand bezüglich der Sicherheitsrisiken, weil die technischen Rahmenbedingungen des Systems bekannt werden und sich gleichzeitig die Bedrohungslage ändern kann.

Die veränderte Informationslage führt dazu, dass Sicherheitsrisikobewertungen im Verlauf eines Projekts überarbeitet werden müssen. In der Folge kann es notwendig sein, weitere Sicherheitstests zu entwerfen und auszuführen und ggf. die Priorisierung der Testendekriterien und damit auch der Sicherheitstestfälle anzupassen. Da die Auswertung von Sicherheitstestergebnissen Bezug und Einfluss auf die Sicherheitsrisikobewertung nimmt, müssen die Auswertung und Testendekriterien an die geänderten Sicherheitsrisiken sowie daraus resultierenden Sicherheitserwartungen regelmäßig angepasst werden. Sicherheitsrisiken können sich dahingehend verändern, dass sie akzeptabel werden, auch wenn sie bestehen (vgl. Kap. 1). Sie können auch nicht mehr akzeptabel sein, weil sich die Bedrohungslage und damit die Eintrittswahrscheinlichkeit erhöht oder sich die Bewertung der davon betroffenen Schutzgüter verändert hat. Zudem können natürlich neue Sicherheitsrisiken bekannt werden, die berücksichtigt werden müssen.

Testendekriterien

Testendekriterien sollten robust genug definiert sein, um mit solchen Veränderungen umgehen zu können. Dies erfordert dann eine entsprechende Flexibilität bei deren Auswertung, weil ggf. der aktuelle Stand der Sicherheitsrisikoergebnisse ermittelt werden muss, um die Überdeckung der Sicherheitsrisiken zu bestimmen. Klassifizierungen von Sicherheitsrisiken sind hilfreich, um ausreichend flexible Testendekriterien auch für Sicherheitstests definieren zu können.

Beispiel: Robuste Formulierung von Testendekriterien

Beispiel: Robuste Formulierung von Testendekriterien

Als Gegenstand dieses Beispiels betrachten wir eine Webapplikation, die einen Webshop realisiert. Als Gefährdungen seien hier folgende potenzielle Schwachstellen identifiziert:

1. SQL-Injection
2. Cross-Site Scripting

Wir klassifizieren die entsprechenden Gefährdungen und Risiken, beispielsweise den Zugriff auf vertrauliche Daten und die Auslieferung von Schadcode, wie folgt:

1. **Zugriff auf vertrauliche Daten mittels SQL-Injection**
   Eintrittswahrscheinlichkeit hoch, Schadensausmaß hoch, Risikobewertung hoch.
2. **Auslieferung von Schadcode** (Cross-Site Scripting)
   Eintrittswahrscheinlichkeit mittel, Schadensausmaß mittel, Risikobewertung mittel.

Dazu könnte man unter anderem folgende Testendekriterien definieren:

1. Es müssen 100 % der Sicherheitstestfälle bezüglich SQL-Injection ausgeführt worden sein.

2. Es müssen wenigstens 70 % der Testfälle gegen Cross-Site Scripting ausgeführt worden sein.

Das Problem: Werden nun z. B. durch eine geänderte Bedrohungslage neue potenzielle Schwachstellen bekannt, die mit erheblichen Risiken verbunden sind, spiegeln die Testendekriterien dies nicht wider und können erreicht werden, ohne dass Sicherheitstests diese neuen Sicherheitsrisiken berücksichtigen. Jede Änderung an den Ergebnissen der Sicherheitsrisikoanalyse zieht also Anpassungsaufwand in Bezug auf die Testendekriterien nach sich mit entsprechendem Fehlerpotenzial, dass dies nicht korrekt passiert oder womöglich sogar vergessen wird.

Daher ist es sinnvoll, nicht direkt Risiken und potenzielle Schwachstellen für die Formulierung der Testendekriterien zu verwenden, sondern sich auf eine Klassifikation von Risiken zu stützen. Entsprechende Testendekriterien könnten daher lauten:

1. Es müssen für alle Schwachstellen, die zu einer hohen Risikobewertung führen, 100 % der Sicherheitstestfälle ausgeführt werden.
2. Es müssen für alle Schwachstellen, die zu einer mittleren Risikobewertung führen, 70 % der Sicherheitstestfälle ausgeführt werden.

Wendet man diese Testendekriterien an, würde man bei deren Bewertung feststellen, dass nicht allen Risiken mit Sicherheitstests Rechnung getragen wurde, auch wenn neue Risiken hinzukommen oder sich die Risikobewertung ändert. Bei der Auswertung könnte man zwar nicht mehr die Testendekriterien wie eine Checkliste abhaken. Aber die Flexibilität bei der Auswertung unter Berücksichtigung der neuesten Erkenntnisse hinsichtlich der Sicherheitsrisiken führt dazu, dass man auch nichts vergisst und der Prozess nicht als Entschuldigung für nicht betrachtete Sicherheitsrisiken in ausgelieferten Produkten missbraucht werden kann.

Natürlich ist dieses Beispiel stark vereinfacht. Wenn neue Sicherheitsrisiken auftreten, müssen auch entsprechende Sicherheitstestfälle entworfen werden. Ohne diese erfüllen die obigen Beispielkriterien auch nicht ihren Zweck. Zudem sagt die pure Anzahl an ausgeführten Sicherheitstestfällen nichts über deren Eignung zum Aufdecken entsprechender Schwachstellen aus. Die Überdeckungskriterien mit Prozentwerten anzugeben ist in der Regel nicht ausreichend. Sie sollten konkret genug sein, um qualitative Aussagen bei Erreichen der Testendekriterien zu ermöglichen, indem für die Testendekriterien auch Elemente des Testobjekts, beispielsweise Schnittstellen, Sicherheitsanforderungen und zu verwendende Testarten definiert werden.

Qualität der Tests

Während die Bewertung des Testfortschritts und die Auswertung von Tests üblicherweise quantitativ erfolgt, können Probleme beim Testentwurf und bei der Testausführung dazu führen, dass ein falsches Bild entsteht. So können Sicherheitstests das Ziel haben, eine Pufferüberlauf-Schwachstelle zu identifizieren, verwenden aber keine ausreichend langen Eingaben, damit sich diese tatsächlich in einem beobachtbaren Fehlerzustand niederschlägt. Auch können die erwarteten Ergebnisse bei einem Sicherheitstest für eine potenzielle SQL-Injection-Schwachstelle unzureichend definiert sein, weil lediglich auf Fehlermeldungen im Frontend geprüft wird, diese aber dort gar nicht ausgegeben werden. Derartige Probleme fallen in die Klasse der falsch-negativen Ergebnisse, d.h., es werden Fehler nicht erkannt und können sich in höhere Teststufen fortpflanzen oder gar bis zur Auslieferung und darüber hinaus bestehen.

Wenn eine Testentwurfstechnik zum ersten Mal eingesetzt wird, sind deren Ergebnisse womöglich nicht so verlässlich wie die Ergebnisse, die mithilfe von Techniken erzielt werden, mit denen die Mitarbeiter bereits umfangreiche Erfahrung haben. Die Ergebnisse sind dann entsprechend kritisch zu betrachten.

Testbewertung

Die Testbewertung kann auch Fallstricke legen, da sich Sicherheitslücken nicht unmittelbar in der Reaktion des Testobjekts zeigen, und die Testbewertung insbesondere bei komplexen Systemen zu falsch-negativen und falsch-positiven Ergebnissen führen kann.

Bei der Auswertung von Sicherheitstestergebnissen können diese Faktoren zwar nicht mehr beeinflusst werden. Die oben genannten Faktoren müssen jedoch vom Sicherheitstester berücksichtigt werden. Insbesondere bei Zwischenberichten und wenn andere Stakeholder Gebrauch von diesen Ergebnissen machen, ist auf diese Faktoren entsprechend hinzuweisen.

Sorgfaltspflichten bei der Dokumentation von Sicherheitsfehlern

Wie andere Fehler werden auch Sicherheitsfehler in Fehler- und Abweichungsberichten dokumentiert, die deren Vorkommen, Status und Art beschreiben [ISO 29119-3]. In der Regel werden dazu Bugtracking-Systeme genutzt. Im Gegensatz zu anderen Fehlern haben Sicherheitsfehler jedoch wegen ihrer potenziellen Schadensausmaße meist eine höhere Brisanz und werden daher oft mit einem höheren Schweregrad bewertet. Ihre Dokumentation muss deshalb besonders sorgfältig und präzise sein. Es kann notwendig sein, weitere Sicherheitstests zu erstellen und auszuführen, um den Umfang und das Ausmaß eines Sicherheitsfehlers genauer zu ermitteln. Dies kann helfen, verschiedene Möglichkeiten, wie eine Schwachstelle ausgenutzt werden kann, zu ermitteln, damit eine Fehlerbehebung umfänglich wirksam sein kann. Die erstellten Sicherheitstestfälle können im Anschluss dazu dienen, die umfängliche Wirksamkeit der Fehlerbehebung als Fehlernachtests zu bestätigen.

Werden die Merkmale von Sicherheitsfehlern nicht umfassend dokumentiert, kann dies zur Folge haben, dass daraus resultierende Risiken falsch bewertet werden. Ein Pufferüberlauf kann zu einem einfachen Absturz führen, kann aber häufig auch für eine Code Injection genutzt werden. Wird dies bei der Dokumentation nicht angegeben, können falsche Schlüsse bezüglich des Risikos, das aus einer Schwachstelle resultiert, gezogen werden. Letztlich kann entschieden werden, die Sicherheitslücke nicht zu schließen, mit ernsthaften Folgen für das Produkt oder eine Organisation.

7.2 Berichterstattung für Sicherheitstests

Die Ergebnisse der Testauswertung und des Testfortschritts werden in Sicherheitstestberichten dokumentiert. Die Testendekriterien und die Sicherheitsrisiken dienen als Bezugspunkt zur Messung des Testfortschritts. Zudem können die Ergebnisse der Testauswertung, die in Sicherheitstestberichten niedergeschrieben werden, eine Aktualisierung der Sicherheitsrisiken zur Folge haben und auch ganz neue einführen. Abbildung 7–1 veranschaulicht dies.

Dieser Abschnitt beschreibt zwei Formen von Sicherheitstestberichten: Zwischenberichte und Abschlussberichte. Zwar unterscheidet der Lehrplan [GTB CTAL ST 18] nicht zwischen diesen beiden Formen, dennoch gibt es Unterschiede, die sich durch den Vergleich mit [ISO 29119-3] ergeben.

Abb. 7–1 *Zusammenhang zwischen Testendekriterien, Sicherheitsrisiken und Sicherheitstestberichten während einer Testphase*

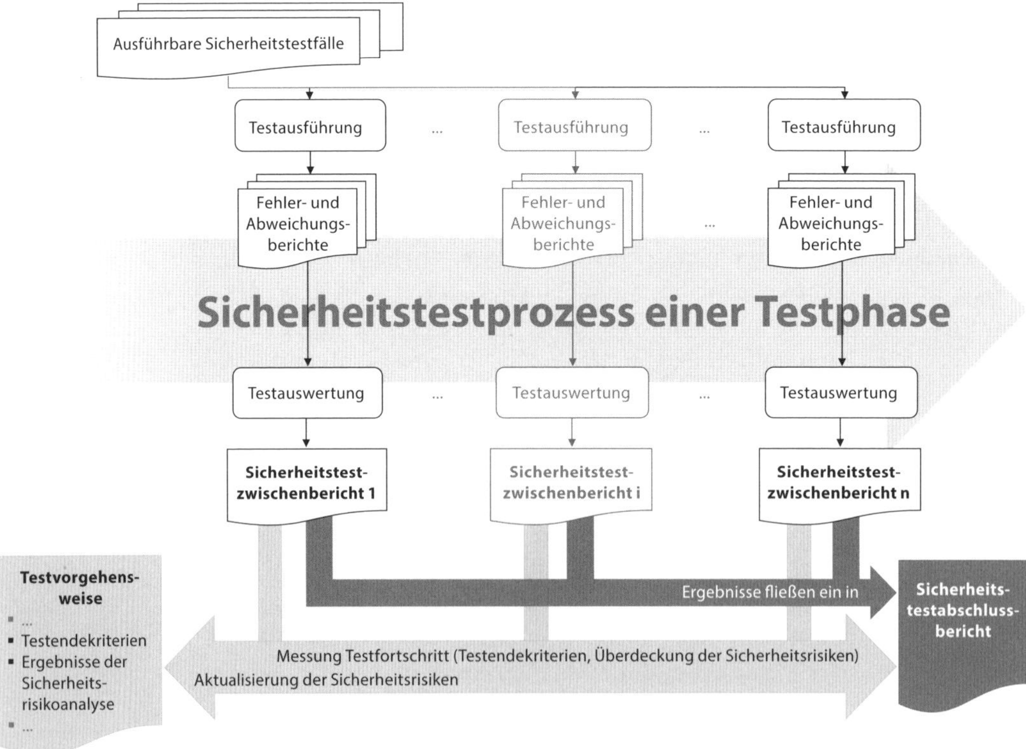

7.2.1 Abschlussbericht für Sicherheitstests

Gemäß [GTB Glossar 18] ist ein Abschlussbericht wie folgt definiert:

Definition: Testabschlussbericht

»Ein Testbericht, der eine Bewertung der entsprechenden Testelemente gegen Endekriterien liefert.« [GTB Glossar 18]

Die Abschlussberichterstattung dient der Dokumentation der Testergebnisse und vergleicht diese mit den Bedingungen, die für den Abschluss der Tests erreicht werden müssen. Testabschlussberichte können für ein gesamtes Projekt, einzelne Teststufen, Iterationen oder eine Menge von Iterationen in iterativ-inkrementellen Entwicklungslebenszyklen erstellt werden.

Die Inhalte des Abschlussberichts für Sicherheitstests

Im Folgenden werden die Abschnitte eines Testabschlussberichts nach [GTB CTAL ST 18] und [ISO 29119-3] gegenübergestellt und deren Inhalte beschrieben. Es sei erwähnt, dass sich Unterschiede teilweise daraus ergeben, dass die Testdokumentation nach [ISO 29119-3] nicht spezifisch für Sicherheitstests ist, sondern allgemein bleibt und nur geringfügig bzw. gar nicht auf Aspekte spezifischer Testarten wie Sicherheitstests, beispielsweise Genehmigungen, eingeht.

Tab. 7–1 *Gegenüberstellung der Inhalte eines Testabschlussberichts nach Lehrplan und ISO 29119-3*

Sicherheitstestbericht nach Lehrplan [GTB CTAL ST 18]	Entsprechung im Testabschlussbericht nach [ISO 29119-3]
1. Berichts-ID	Unique identification of document
2. Zusammenfassung	Summary of testing performed
a) Zusammenfassung für die Geschäftsführung	–
b) Wichtigste Erkenntnisse	–
3. Abweichungen	Summary of testing performed
a) Genutzter Testprozess	Summary of testing performed
b) Abweichungen vom geplanten Testprozess	Deviations from planned testing
c) Genutzte Methoden und Werkzeuge (Konfigurationen, Richtlinien)	
4. Umfassende Bewertung	
a) Auswertung des Überdeckungsgrades der Tests anhand der im Testkonzept angegebenen Kriterien	Test completion evaluation Test measures
b) Erläuterung für Elemente oder Features, die nicht getestet wurden	

→

Sicherheitstestbericht nach Lehrplan [GTB CTAL ST 18]	Entsprechung im Testabschlussbericht nach [ISO 29119-3]
5. Zusammenfassung der Ergebnisse	–
a) Zusammenfassung der Ergebnisse der Sicherheitstests	Test measures
b) Liste mit allen behobenen Sicherheitsschwachstellen und der Art ihrer Behebung	–
c) Liste mit allen nicht behobenen Schwachstellen	–
6. Auswertung	–
a) Auswertung der gewonnenen Testergebnisse und ihres Status anhand der Endekriterien	Test completion evaluation
b) Ermittelte Risiken (Klassifizierungen) und Schadensausmaß nicht behobener Sicherheitsschwachstellen	Residual risks
7. Zusammenfassung der Aktivitäten	–
–	Factors that blocked progress Lessons learned
8. Genehmigungen	–
–	Reusable test assets

1. Die **Berichts-ID** dient der eindeutigen Identifizierung und Referenzierbarkeit dieses Dokuments und kann neben einer Nummer auch den Titel, die Version oder das Freigabedatum enthalten.
2. Die **Zusammenfassung** enthält eine Kurzform des Berichts, unter anderem für das Management, sowie die wichtigsten Erkenntnisse, damit entsprechende Personenkreise, wie die Geschäftsführung, sich schnell einen Überblick über dessen Inhalte verschaffen können. Dazu zählt eine Übersicht der verbliebenen Sicherheitsrisiken, ggf. unter Verweis auf den Abschnitt »Auswertung« (s.u.). Zudem beschreibt sie die durchgeführten Testarten und Testobjekte und potenzielle Einschränkungen bei den durchgeführten Testaktivitäten. Derartige Einschränkungen können sich aus technischen Umständen ergeben, beispielsweise aufgrund der Beschränkungen oder Verfügbarkeit der Sicherheitstestumgebung, oder durch Fehler, die erst später festgestellt wurden. Auch können z.B. Performance-Probleme des Testobjekts die Aussagekraft von DoS-Tests abschwächen.
3. Der Abschnitt »Abweichungen« beschreibt die zu den geplanten Testaktivitäten auftretenden Abweichungen unter Verweis auf den genutzten Testprozess. Zudem werden die verwendeten Methoden

und Werkzeuge inklusive deren Konfigurationen genannt. An dieser Stelle kann auch auf die eingesetzte Sicherheitstestumgebung verwiesen und eventuelle Abweichungen zu dieser dokumentiert werden. Die [ISO 29119-3] sieht hier auch Verweise auf daraus resultierende Risiken vor, die im Abschnitt »Auswertung« (s.u.) beschrieben werden.

4. Eine **umfassende Bewertung** des Testabschlusses beschreibt, inwiefern die Kriterien für das Testende, die im Testkonzept dokumentiert sind, erreicht worden sind. Dies geschieht mithilfe der darin beschriebenen Testendekriterien und der Überdeckung der Sicherheitsrisiken durch Tests. Wo diese nicht erreicht wurden, sind deren Ursachen darzustellen und Gründe anzugeben, warum diese akzeptiert wurden und welche potenziellen Risiken daraus sowohl für weitere Tests, beispielsweise in folgenden Iterationen oder auf höheren Teststufen, als auch für das Gesamtprodukt resultieren. Es ist sinnvoll, hier auf den Abschnitt »Auswertung« (s.u.) und die darin beschriebenen Risiken zu verweisen. Zudem sind die nicht getesteten Elemente und Features zu benennen und die Gründe, warum diese nicht getestet wurden, zu erläutern. Dies kann organisatorische Gründe haben, weil die Implementierung eines Features nicht abgeschlossen, nicht rechtzeitig fertiggestellt oder nicht zum Testen zur Verfügung gestellt wurde, oder daran liegen, dass ein Feature schlicht nicht testbar war.
5. Die **Zusammenfassung der Ergebnisse** liefert zum einen eine qualitative Zusammenfassung der Sicherheitstestergebnisse, zum anderen benennt sie, welche Schwachstellen behoben worden sind, welche Maßnahmen dazu ergriffen worden sind und welche Schwachstellen nicht behoben worden sind. Nicht jede Schwachstelle wird durch technische Maßnahmen beseitigt. Organisatorische Maßnahmen können gezielt unterwandert oder umgangen werden (vgl. bspw. Kap. 6), wenn bekannt ist, zur Behebung welcher Schwachstellen sie getroffen worden sind. Zum anderen werden hier auch quantitative Ergebnisse in Form von Testmetriken, die in der Testphase gesammelt wurden, dargestellt. Dies können die Anzahl der erstellten und ausgeführten Testfälle, Fehlerzustände, Testüberdeckung oder auch der Ressourcenverbrauch sein (vgl. auch Abschnitt 2.7.4).
6. Die **Auswertung** betrachtet die Sicherheitstestergebnisse in Bezug auf den Testfortschritt und die Sicherheitsrisiken. Dafür werden die gewonnenen Testergebnisse hinsichtlich des Erreichens der Testendekriterien bewertet und deren Status dokumentiert. Bezugspunkt sind hier wieder die Testendekriterien. Besonders wichtig ist

bei der Auswertung der Testergebnisse die Bedeutung für die identifizierten Sicherheitsrisiken und deren Klassifikation, beispielsweise entlang bekannter Schwachstellen-Enumerationen wie CWE [MITRA 1] oder dem Common Vulnerability Scoring Systems CVSS [NIST 2] oder mit einer Risikomatrix, wie in Kapitel 1 veranschaulicht. An dieser Stelle ist auch das Schadensausmaß nicht behobener Schwachstellen zu dokumentieren.

7. Die **Zusammenfassung der Aktivitäten** beschreibt nicht nur die Ergebnisse der Sicherheitstestauswertung inklusive der sich daraus ergebenden Folgen für Sicherheitsrisiken, sondern auch angewandte Testentwurfstechniken, Erkenntnisse im Zusammenhang mit dem Aufbau oder der Benutzung der Testumgebung oder andere Erkenntnisse, die sich als Nebenprodukt der Testaktivitäten ergeben haben. Dazu gehören auch Faktoren, die den Testfortschritt behindert haben, und ergriffene Maßnahmen zur Minderung oder Beseitigung dieser Faktoren. Durch Analyse dieser Faktoren können Lessons Learned identifiziert werden und somit potenzielle Risiken und Verbesserungsvorschläge für spätere Tests dokumentiert werden.
8. Die für die Testausführung eingeholten **Genehmigungen** (vgl. auch Kap. 3) bilden den letzten Abschnitt des Sicherheitstestberichts und können auch als Anhang erscheinen.

Außerdem kann der Testabschlussbericht **eine Liste der wiederverwendbaren Testmittel** in einem Anhang beschreiben, die für andere Projekte oder Tests späterer Softwareversionen verwendet werden können. Dies können z. B. Testablaufspezifikationen oder Testdaten sein.

7.2.2 Sicherheitstestzwischenberichte

Definition: Testzwischenbericht

Ein Dokument, das die in einem definierten Berichtszeitraum durchgeführten Testaktivitäten beschreibt. (Übersetzung aus [ISO 29119-3])

Im Unterschied zu einem Testabschlussbericht liefert der Testzwischenbericht eine Beschreibung des aktuellen Testfortschritts für einen definierten Berichtszeitraum. Auch wenn die Testendekriterien noch nicht für den Testzwischenbericht erreicht sind, bieten Metriken Hinweise über den Testfortschritt. Gemessen am zeitlichen Verlauf kann hier auch eine Abweichung des Testfortschritts erkennbar werden, auch wenn dieser nicht unbedingt linear verläuft.

Beachten Sie, dass der Lehrplan [GTB CTAL ST 18] keine Unterscheidung zwischen Abschluss- und Zwischenberichten vornimmt. Die [ISO 29119-3] bietet hier jedoch einige hilfreiche Unterscheidungsmerkmale:

- **Berichtszeitraum**, auf den sich der Testzwischenbericht bezieht. Dies kann im Fall von iterativ-inkrementellen Entwicklungslebenszyklen ein einzelnes Inkrement sein. Testphasen in sequenziellen Entwicklungslebenszyklen sind in der Regel langlaufender und benötigen beispielsweise einen im Testkonzept definierten Zyklus für Testzwischenberichte.
- **Fortschritt gegenüber dem Testplan**, der im Berichtszeitraum erreicht worden ist. Dieser kann gegenüber den Testendekriterien dargestellt werden, z.B. mit Verweis auf den Abschnitt »Metriken«. Im Sicherheitstestbericht nach [GTB CTAL ST 18] würde dies dem Abschnitt »Auswertung der gewonnenen Testergebnisse und ihres Status anhand der Endekriterien« im Abschnitt »Auswertung« entsprechen.
- **Neue und geänderte Risiken**, die sich im Berichtszeitraum ergeben haben. Diese gehen aus der Auswertung der Sicherheitstestergebnisse hervor.
- **Geplante Tests** für den folgenden Berichtszeitraum

7.3 Wirksamkeit von Sicherheitstestberichten

Verschiedene Faktoren beeinflussen wesentlich die Wirksamkeit von Sicherheitstest(zwischen)berichten. Dazu zählen:

- Zeitpunkt des Berichts
- Inhalt des Berichts (darauf wurde bereits in den ersten beiden Abschnitten dieses Kapitels eingegangen)
- Empfänger des Berichts
- Abstimmung des Inhalts auf den Informationsbedarf der Empfänger

Diese Faktoren werden im Folgenden erläutert.

Zeitpunkt für Sicherheitstestzwischenberichte

Um einen guten Zeitpunkt zu bestimmen, wann Sicherheitstestberichte angelegt und zur Verfügung gestellt werden sollten, muss man das Risiko von Sicherheitslücken und deren Zeit für die Behebung und ggf. für die Entscheidungsfindung ermitteln. Es kann schwierig sein, das Risiko einer Schwachstelle zu ermitteln, wenn deren Einfluss auf die Schutzgüter nicht offensichtlich ist bzw. durch andere Schwachstellen beeinflusst wird. Unter Umständen müssen erst weitere Sicherheitstests durchgeführt werden, um entscheiden zu können, ob eine Schwachstelle behoben werden muss. Letztlich kann die Isolation des eigentlichen Fehlers, der zu einem Fehlerzustand führt, viel Zeit in Anspruch nehmen. All diese Faktoren sind zu berücksichtigen, um zu entscheiden, wann und wie oft Sicherheitstestberichte erstellt werden, auf deren Grundlage entschieden wird, welche Fehler behoben werden.

Die Zeitpunkte bzw. Berichtszeitzeiträume, für die Zwischenberichte zu Sicherheitstests geliefert werden, sollten bereits in der Sicherheitstestvorgehensweise des Projekts definiert werden. Bei iterativ-inkrementellen Entwicklungslebenszyklen bilden Inkremente eine gute Basis für Berichtszeiträume, da ein Inkrement einen definierten Lieferumfang und einen festen Zeitraum umfasst. Bei sequenziellen Entwicklungslebenszyklen müssen die Zeitpunkte für Zwischenberichte mithilfe anderer Kriterien bestimmt werden.

Steuer- und Datenerfassungsmechanismen

Sicherheitstestberichte sollten aufgrund ihrer Wichtigkeit zeitnah erstellt und den Stakeholdern zur Verfügung gestellt werden. Die den Testberichten zugrunde liegenden Informationen müssen also ohne oder mit möglichst geringem Zeitverzug zur Verfügung stehen, um die Berichterstattung und darauf aufbauende Entscheidungen nicht zu verzögern. Entsprechende Steuer- und Datenerfassungsmechanismen finden sich üblicherweise in Bugtracking-Systemen, die eine genaue und strukturierte Dokumentation von Fehlern ermöglichen. Diese müssen ggf. an die Erfordernisse von Sicherheitstestergebnissen, beispielsweise bezüglich der Zugangskonfiguration zur Gewährleistung der Vertraulichkeit oder der Einbeziehung von Risikoanalyseergebnissen, angepasst oder erweitert werden.

Dashboards

Mithilfe eines Dashboards können quantitative und statistische Auswertungen über die im Testkonzept definierten Testmetriken visualisiert werden und so Sicherheitstestberichte wesentlich effizienter erstellt werden.

Definition: Dashboard

»Eine Darstellung der dynamischen Messung der operationalen Leistung von Unternehmen oder Aktivitäten. Dazu werden visuelle Darstellungen der Metriken mittels Zeiger- oder Zählerinstrumenten genutzt, die an das Armaturenbrett eines Autos erinnern, so dass der Effekt von Ereignissen oder Aktivitäten leicht verstanden und zu operationalen Zielen in Beziehung gesetzt werden kann.« [GTB Glossar 18]

Solche Dashboards können auch genutzt werden, um Auswertungen von Sicherheitstestergebnissen unmittelbar organisationsinternen Stakeholdern zur Verfügung zu stellen und die dargestellten Informationen automatisiert oder semiautomatisiert an ihre Bedürfnisse anzupassen. Die Visualisierungsmöglichkeiten von Dashboards erlauben es, schnell festzustellen, wie der Testfortschritt voranschreitet und wie sich unter Berücksichtigung der Sicherheitsrisiken die Sicherheitslage darstellt. Unreflektiert eingesetzt bergen sie jedoch ein hohes Fehlsteuerungspotenzial. Farbliche Hervorhebungen können, insbesondere im Auslieferungszustand, ungeeignet für das Produkt oder die Sicherheitsrisiken konfiguriert sein und dazu führen, dass die Sicherheitslage besser oder schlechter dargestellt wird als sie es tatsächlich ist. Daraus können unangemessene Entscheidungen resultieren, die die Effizienz des Entwicklungs- und Testprozesses einschränken, zu inakzeptablen Sicherheitsrisiken führen, die unbemerkt bleiben, oder zu Verzögerungen bei der Produktauslieferung.

Sicherheitstestberichte dokumentieren zu definierten Zeitpunkten und nachvollziehbar den Verlauf der Sicherheitstests und können externen Stakeholdern, beispielsweise Kunden, Zulassungsstellen oder Aufsichtsbehörden, zur Verfügung gestellt werden.

Stakeholder und deren Anforderungen an Abschlussberichte

Abschlussberichte für Sicherheitstests unterscheiden sich prinzipiell erst einmal nicht von Abschlussberichten für andere Tests. Allerdings haben die Ergebnisse von Sicherheitstests, insbesondere dann, wenn Schwachstellen aufgedeckt worden sind, eine gewisse Brisanz. Daher sind Sicherheitstestergebnisse vertraulich zu behandeln. Durch die höhere Brisanz sind entsprechende Abschlussberichte häufig auch an höhere Managementebenen weiterzuleiten. Diese haben in der Regel andere Anforderungen an die Inhalte von Abschlussberichten als beispielsweise Testmanager. Die Bedürfnisse der Stakeholder, insbesondere externer Stakeholder, sind zu klären, vor allem dann, wenn man selbst Zulieferer ist.

7.4 Vertraulichkeit von Sicherheitstestergebnissen

Allein das Wissen, dass ein Produkt eine ausnutzbare Sicherheitslücke enthalten könnte, kann bereits zur Rufschädigung eingesetzt werden. Zudem können technische Details von Sicherheitstestergebnissen und Schwachstellen missbraucht werden. Der Zugang zu diesen Informationen kann es Mitarbeitern ermöglichen, Informationen über Sicherheitslücken zum persönlichen Vorteil zu verwenden, z.B. indem sie eine Schwachstelle aktiv ausnutzen, das Wissen über jene verkaufen oder es sogar an die Öffentlichkeit geben. Sicherheitstestergebnisse enthalten also sehr vertrauliche Informationen. Schwachstellen wurden möglicherweise deshalb nicht behoben, da sie nur schwierig oder mit hohem Aufwand ausgenutzt werden können und das Potenzial möglicher Angreifer als niedriger eingestuft wurde. Mit den Informationen aus Sicherheitstestberichten könnten sie jedoch trotzdem erfolgreich einen Angriff ausführen. Auch Informationen darüber, wie eine Sicherheitslücke geschlossen wurde, kann Angreifer unterstützen.

Sicherheitstester sollten daher die Sensibilität ihrer Testergebnisse im Blick haben, während sie den Personenkreis definieren, der auf sie zugreifen darf. Dieser sollte so groß wie nötig und so klein wie möglich sein. Jede Person, die auf die Ergebnisse der Sicherheitstests zugreifen kann, erhöht das Risiko, dass die Ergebnisse in falsche Hände geraten. Da Sicherheitstestergebnisse auf die Anforderungen der Empfängerrollen angepasst sein sollten, kann durch den entsprechenden Zuschnitt der Informationen auf den jeweiligen Empfänger das Risiko für den Verlust der Vertraulichkeit von sensiblen Informationen angemessen begegnet werden.

7.5 Was Sie in diesem Kapitel gelernt haben

- Dieses Kapitel beschäftigt sich mit der Auswertung von Sicherheitstests und ihrer Dokumentation in Sicherheitstestberichten. Abschnitt 7.1 erläutert, warum Sicherheitserwartungen und Abnahmekriterien mit der Veränderung des Umfangs und der Ziele eines Projekts angepasst werden müssen, auch wenn sie zu Projektbeginn festgelegt worden sind.
- Abschnitt 7.2 beschreibt die Inhalte von Sicherheitstestberichten in Form von Zwischen- und Abschlussberichten.
- Abschnitt 7.3 erläutert deren Wirksamkeit anhand der Kriterien Zeitpunkt, Inhalt und Empfänger sowie die Abstimmung des Inhalts auf den Informationsbedarf der Empfänger, damit Sicherheitstestberichte genau, verständlich und zweckmäßig für die Stakeholder sind.
- In diesem Zusammenhang wird auch die Wichtigkeit von Steuer- und Datenerfassungsmechanismen und die Nützlichkeit von Dashboards diskutiert, sodass die Ausgangsdaten für Sicherheitstestberichte zeitnah und präzise bereitgestellt werden können.
- Schließlich diskutiert Abschnitt 7.4 die Brisanz von Sicherheitstestberichten, weshalb es wichtig ist, diese vertraulich und sicher zu halten.

8 Sicherheitstestwerkzeuge

»Ein Mann, der recht zu wirken denkt,
muß auf das beste Werkzeug halten.«
Johann Wolfgang von Goethe,
Faust – Der Tragödie erster Teil, Vorspiel auf dem Theater

Sicherheitstests müssen wirtschaftlich sein und den aktuellen Stand der Technik berücksichtigen. Ohne den konsequenten Einsatz von Werkzeugen ist das nicht zu leisten. Ein Sicherheitstester muss daher wissen, welche statischen und dynamischen Testwerkzeuge ihm grundsätzlich zur Verfügung stehen. Außerdem muss er analysieren und darlegen können, welche Sicherheitstestwerkzeuge für den Sicherheitstest eines Systems eingesetzt werden sollten. Er muss sich dabei der Problematik der kontinuierlich notwendigen Aktualisierungen der Werkzeuge – sowohl beim Einsatz von Open Source als auch beim Einsatz kommerzieller Produkte – bewusst sein.

8.1 Typen und Funktionen von Sicherheitstestwerkzeugen

Viele gängige Sicherheitstestwerkzeuge haben sich aus frei zugänglichen Skripten, Skriptbibliotheken oder Durchführbarkeitsnachweisen für Exploits entwickelt. Ein typisches Beispiel ist der Netzwerkscanner Nmap, der sich seit seiner Erstveröffentlichung im Phrack-Magazin 1997 zum wahrscheinlich bekanntesten Netzwerkscanner gemausert hat und in keiner Sicherheitstest-Werkzeugkiste fehlt [Lyon 2008]. Auch durch diese historische Entwicklung bedingt gibt es für etliche Werkzeuge eine freie Community- sowie eine kommerzielle Version. Die damit verbundenen Herausforderungen bei der Werkzeugauswahl behandelt Abschnitt 8.2.2. Die beiden folgenden Abschnitte sind der Klassifizierung von Sicherheitstestwerkzeugen gewidmet.

8.1.1 Werkzeuge für dynamische Sicherheitstests

Eine einheitliche Taxonomie zur Einteilung von Sicherheitstestwerkzeugen gibt es derzeit nicht. Dies hängt vielleicht damit zusammen, dass Ziele und Anwendungsbereiche für Sicherheitstestwerkzeuge einem ständigen Wandel unterliegen. [GTB CTAL ST 18] teilt Sicherheitstestwerkzeuge einfach in die Kategorien »statisch« und »dynamisch« ein. [Wyk 07] unterscheidet Sicherheitstestwerkzeuge nach den Aktivitäten im Sicherheitstest, für die sie genutzt werden. Er nennt dabei vier Kategorien:

- **Portscanner** dienen dazu, Netzwerke und einzelne Zielsysteme aus der Ferne zu analysieren. Sie werden vorrangig zur Erforschung eines zu testenden Systems und dessen Interaktion mit der Außenwelt (vgl. Abschnitt 2.5.1) eingesetzt.
- **Vulnerability-Scanner** unterstützen ebenfalls die netzwerkbasierte Erforschung eines Systems, können dieses aber bereits auf Schwachstellen erproben. Hierzu nutzen sie Datenbanken, in denen bekannte Schwachstellen und Skripte zum optionalen Nachweis der Angreifbarkeit des Systems gespeichert sind. Manche Portscanner wie z.B. Nmap besitzen ebenfalls Vulnerability-Scanner-Funktionen [Weidmann 14].
- **Fuzz-Testing-Werkzeuge** (Application Scanner in [Wyk 07]) testen allgemein Applikationen auf typische Schwachstellen wie Pufferüberlauf-, XSS- oder andere Injection-Anfälligkeit. Diese Werkzeuge führen Blackbox-Tests nach einem Brute-Force-Prinzip durch. Sie können automatisch in jedem Regressionstest mitlaufen, ihr Wert sollte aber nicht überschätzt werden. Sie finden Fehler dadurch, dass sie große Mengen an Eingaben teils zufällig, teils nach vorgegebenen Mustern erzeugen. Sind die spezifischen Eingaben, die eine Injection triggern können, nicht dabei, werden Schwachstellen im Fuzz-Test übersehen.
- **Web Application Assessment Proxies** erlauben dem Sicherheitstester die Veränderung aller Daten zwischen einem Webbrowser und einem zu testenden Webserver. Dadurch kann er sowohl Angriffe auf den Server als auch auf den Client simulieren.

Die Kali-Linux-Werkzeug-Sammlung [Offensive Security 18] unterscheidet folgende Kategorien:

- Werkzeuge zur **Informationssammlung**, wie z.B. Portscanner.
- Werkzeuge zur **Schwachstellenanalyse** – hierunter fallen Vulnerability-Scanner und Fuzz-Testing-Werkzeuge.
- Werkzeuge für die **Ausnutzung von Schwachstellen** (Exploit). Sie werden vorrangig in der Angriffsphase eines Penetrationstests genutzt.
- Werkzeuge für den **Test drahtloser Verbindungen** wie WLAN oder Bluetooth.

- Werkzeuge zum **Test von Webapplikationen**. Die hierzu gezählten Werkzeuge können genauso in die Kategorie Schwachstellenanalyse oder auch Ausnutzung von Schwachstellen fallen.
- Werkzeuge für **forensische Analysen**. Diese dienen der nachträglichen Analyse, welche Spuren ein echter oder ein simulierter Angriff hinterlassen hat. Diese Werkzeuge werden auch von internen Sicherheitsteams in Firmen eingesetzt – z. B. um Innentäter zu überführen.
- Werkzeuge für den **Stresstest**. Im Zusammenhang mit Sicherheitstests dienen diese Werkzeuge dazu, DoS- und DDoS-Angriffe zu simulieren. Negative Auswirkungen auf das zu testende System sind beim Einsatz dieses Werkzeugtyps sehr wahrscheinlich.

Erfahrene Sicherheitstester stellen oft ihre eigene Werkzeugkiste mit den für sie wichtigsten und für ihre Bedarfe passend konfigurierten Werkzeugen zusammen und pflegen diese. [GTB CTAL ST 18] empfiehlt das sogar ausdrücklich.

8.1.2 Statische und dynamische Sicherheitstestwerkzeuge

Definition: Statischer Test

Das [GTB Glossar 18] bezeichnet den statischen Test als »Testen eines Arbeitsergebnisses, ohne dieses auszuführen«.

Statischer Test

Statische Codeanalysatoren z.B. können typische Programmierfehler oder Programmstellen, die als Schwachstelle ausgenutzt werden können, aufspüren. Einige solche Konstrukte sind bereits in den Kapiteln 3 und 4 beschrieben. Sie sollten daher so früh wie möglich im Lebenszyklus eingesetzt werden – idealerweise bereits während der Implementierung (vgl. Kap. 4). Neben den Codeanalysatoren gehören auch die meisten Werkzeuge für forensische Analysen in diese Kategorie.

Statische Analysewerkzeuge können immer dann eingesetzt werden, wenn Programmtexte, Skripte oder formale Konfigurationsdateien (wie z.B. CSS-Stylesheets) auf ihre Sicherheit hin bewertet werden sollen. Ihren vollen Wert entfalten sie allerdings, wenn sie in einen Prozessrahmen eingebettet werden. Ein solcher Rahmen trägt Sorge, dass Anforderungen und Systementwurf bereits Sicherheitsprinzipien berücksichtigen. Er definiert einzuhaltende Programmierrichtlinien und legt Maßnahmen fest, was bei deren Verletzung zu geschehen hat.

Abb. 8–1
Statische Analysen als Bestandteil eines Prozessrahmens

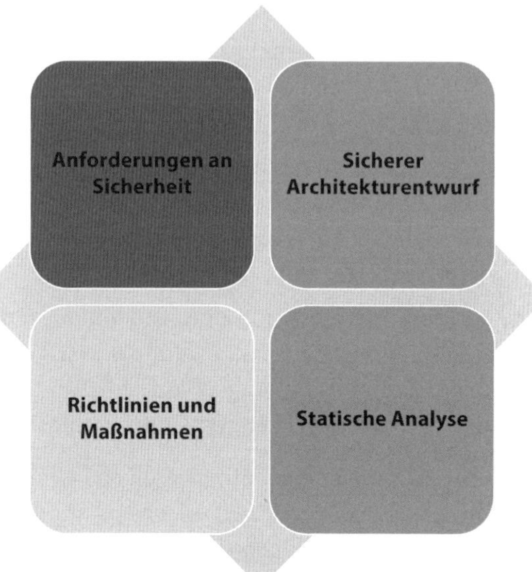

Dynamischer Test

Definition: Dynamischer Test

Unter einem dynamischen Test versteht man die »Prüfung des Testobjekts durch Ausführung auf einem Rechner«. [GTB Glossar 18]

Typische Vertreter dynamischer Testwerkzeuge sind Portscanner, Fuzz-Testing-Werkzeuge, Werkzeuge für die Ausnutzung von Schwachstellen und für den Test drahtloser Verbindungen sowie Werkzeuge für Stresstests.

Statische und dynamische Werkzeuge

Gerade im Sicherheitstest enthalten viele Werkzeuge gleichzeitig statische und dynamische Komponenten. Schwachstellenscanner für Webseiten sind ein typisches Beispiel dafür. Einerseits analysieren einige dieser Werkzeuge vorgefundene Skripte, HTML- und CSS-Code statisch auf typische Schwachstellen. Andererseits testen sie dynamisch über automatisierte Eingabeversuche eine Webseite auf Schwachstellen wie SQL-Injection oder XSS. Auch wird der vom Browser zu interpretierende HTML-Code auf vielen Webseiten von Skripten mindestens teilweise zur Laufzeit erzeugt und kann erst dann statisch analysiert werden. Die strikte Trennung in statische und dynamische Werkzeuge ist im Falle des Sicherheitstests daher manchmal schwierig.

8.2 Werkzeugauswahl

8.2.1 Analysieren und Dokumentieren von Sicherheitstesterfordernissen

Sicherheitstestwerkzeuge unterscheiden sich oft sehr stark in der angebotenen Funktionalität, den unterstützten Technologien, dem Geschäftsmodell und der Frequenz, mit der Updates zur Verfügung gestellt werden. Der Sicherheitstester muss Kriterien für die Auswahl seiner Werkzeuge detailliert dokumentieren und die möglichen Werkzeugalternativen sorgfältig recherchieren. Das sind zwei wesentliche Voraussetzungen dafür, dass die Werkzeugauswahl nachvollziehbar ist und bleibt.

Eine mögliche Dokumentationsform für eine nachvollziehbare Auswahl wird hier unter Verwendung der Nutzwertanalyse [Zangenmeister 14] demonstriert.

Exkurs: Nutzwertanalyse

Die Nutzwertanalyse kommt in Situationen zum Einsatz, in denen Produkte miteinander verglichen werden müssen, deren unterschiedliche Stärken und Schwächen nicht oder nur schwer quantifizierbar sind. Sie lässt sich in vier Schritte zusammenfassen:

1. Bestimmen der Auswahlkriterien und Auswahlalternativen. Die Auswahlalternativen sind hier die zur Auswahl stehenden Sicherheitstestwerkzeuge. Zum Beispiel könnte ein Fuzz-Testing-Werkzeug für den Test einer Webseite gesucht werden, die mit PHP-Skripten arbeitet. Dabei könnten die folgenden fünf (stark vereinfachten) Auswahlkriterien genannt werden:
   1. »Erkennt SQL-Injection«
   2. »Erkennt XSS«
   3. »Geringe Kosten«
   4. »Bietet grafische Oberfläche«
   5. »Update-Frequenz«

   Als Alternativen stehen die Werkzeuge A und B zur Auswahl.
2. Gewichtung der Auswahlkriterien mit Prozentwerten. Jedes Kriterium wird nun z.B. auf einer Skala von 1 (unwichtig) bis 5 (äußerst wichtig) bewertet. Die Summe der Gewichte aller Kriterien wird gebildet und jedem Auswahlkriterium darauf basierend ein Prozentwert zugeordnet. Im Beispiel könnten sich die folgenden Gewichte ergeben:

Tab. 8–1
Beispiel – Gewichtung von Auswahlkriterien

Auswahlkriterium	**Relevanz**	**Prozentwert**
Erkennt SQL-Injection	5	26%
Erkennt XSS	5	26%
Geringe Kosten	4	21%
Grafische Oberfläche	2	11%
Update-Frequenz	3	16%
SUMME	19	100%

3. Direkte Bewertung der Alternativen. Jede Alternative wird bezüglich jedes Entscheidungskriteriums »benotet«. Dabei können z.B. die in Deutschland üblichen Schulnoten von 1 – »sehr gut« bis 6 – »ungenügend« vergeben werden.

Tab. 8–2
Beispiel – Bewertung von Alternativen mit Schulnoten

Auswahlkriterium	Alternative A	Alternative B
Erkennt SQL-Injection	2	3
Erkennt XSS	1	2
Geringe Kosten	2	4
Grafische Oberfläche	6	1
Update-Frequenz	4	2

4. Zusammenfassung der Bewertungen und Ermittlung der Nutzwerte. Mithilfe der Prozentgewichtung der Auswahlkriterien werden im abschließenden Schritt die Noten für die Alternativen gewichtet und zu einer Gesamtnote (der Nutzwert) für jede Alternative zusammengezählt.

Tab. 8–3
Beispiel – Bestimmung des Nutzwertes der Alternativen

Kriterien	Gewicht	Note A gewichtet	Note B gewichtet
Erkennt SQL-Injection	26%	0,53	0,79
Erkennt XSS	26%	0,26	0,53
Geringe Kosten	21%	0,42	0,84
Grafische Oberfläche	11%	0,63	0,11
Update-Frequenz	16%	0,63	0,32
SUMME	100%	2,47	2,59

Im Beispiel würde die Wahl auf Alternative A fallen.

Bestimmung der Auswahlkriterien

Für die Erstellung der Liste der Auswahlkriterien und deren Bewertung sollten auf jeden Fall folgende Faktoren berücksichtigt werden:

- Die Lebenszyklusphase, in der das Werkzeug im Sicherheitstest eingesetzt werden soll – z.B. Entwicklungsphase oder Wartung
- Die gesamte Testbasis, inklusive Anforderungen und Sicherheitsrichtlinien [GTB CTAL ST 18]
- Die zu betrachtenden Schwachstellen und Sicherheitsrisiken
- Die zu testenden Technologien und Systemarten, inklusive der zu unterstützenden Skript- und Programmiersprachen.
- Einzuhaltende Programmierrichtlinien, Protokolle und Standards
- Die Lernkurve für Administration und Verwendung des Werkzeugs

Zur Beurteilung von Open-Source-Software und kommerziellen Anbietern kommen weitere Punkte hinzu. Diesen ist der letzte Abschnitt des Kapitels gewidmet.

8.2.2 Open-Source-Werkzeuge und kommerzielle Produkte

Bedingt durch die am Kapitelanfang angesprochene historische Entwicklung der Sicherheitstestwerkzeuge gibt es nach wie vor viele Open-Source-Sicherheitstestwerkzeuge. Neben den Vorteilen, diese Werkzeuge selbst anpassen und ihre Arbeitsweise leichter überprüfen zu können, müssen beim Einsatz von Open-Source-Werkzeugen zusätzliche Faktoren berücksichtigt werden.

Zusätzliche Faktoren für die Bewertung von Open-Source-Werkzeugen

- Der erforderliche Aufwand, bis das Werkzeug effektiv genutzt werden kann. Viele Open-Source-Werkzeuge sind hervorragend dokumentiert. Trotzdem ist eine intensive Beschäftigung mit dem Werkzeug notwendig, denn aktuelle Tutorials und Dokumentationen lassen sich nicht immer auf Anhieb finden. Oft lohnt sich eine intensive Suche in Benutzergruppen und Foren, um den vollen Funktionsumfang eines Werkzeugs in Erfahrung zu bringen und zu verstehen. Eine lebendige, aktive Community ist damit ein wesentlicher Erfolgsfaktor beim Einsatz des Open-Source-Werkzeugs und sollte ggf. bei der Nutzwertanalyse als Faktor mitberücksichtigt werden.
- Open-Source-Werkzeuge müssen manchmal plattformabhängig kompiliert werden. Der damit zusammenhängende Administrations- und Konfigurationsaufwand ist höher als bei proprietären Werkzeugen, da diese bereits in übersetzter und lauffähiger Form geliefert werden. Letzteres schränkt häufig allerdings die Einsatzfähigkeit von proprietären Werkzeugen auf wenige Plattformen ein.
- Für manche Sicherheitstestwerkzeuge gibt es zwei Varianten – eine Open-Source- und eine kommerzielle Variante. Erstere hat meistens einen begrenzten Funktionsumfang oder ist durch das Lizenzmodell so stark eingeschränkt, dass ein professioneller Einsatz nicht möglich ist.
- Insbesondere besteht die Gefahr, dass das Open-Source-Projekt – wie im Falle des Vulnerability-Scanners Nessus – eingestellt wird und nur noch als kommerzielles Produkt verfügbar ist. Eigene Weiterentwicklungen auf Grundlage des Open-Source-Produkts werden wesentlich aufwendiger, wenn die führenden Entwickler der Community ausscheiden und sich fortan auf die kommerzielle Weiterentwicklung des Produkts konzentrieren. Ihre Weiterentwicklungen stellen sie nicht mehr als Open Source zur Verfügung.
- Die Software muss aus einer vertrauenswürdigen Quelle stammen. Auch Open-Source-Software ist meist signiert. Für Quellcodes werden typischerweise MD5- oder SHA-Checksummen hinterlegt.

Alle Erweiterungen sollten nachweislich geprüft worden sein. Schließlich soll es nicht das Testwerkzeug sein, das Schadsoftware unbemerkt und ungewollt installiert und damit einem Angreifer Zugang zum System verschafft. Hilfreich sind hier Empfehlungen auf Webseiten von Organisationen wie der OWASP oder Sicherheitsbehörden wie dem BSI.

[GTB CTAL ST 18] nennt weitere Punkte, die teilweise genauso für Open-Source- wie für Closed-Source- bzw. proprietäre Werkzeuge gelten. Sie sind bereits in Abschnitt 8.2.1 genannt.

Zusätzliche Faktoren zur Bewertung von Anbietern proprietärer Werkzeuge

Eine aktive Community und Empfehlungen durch Organisationen spielen auch für proprietäre Werkzeuge eine wichtige Rolle. Darüber hinaus sollte ein Werkzeuganbieter eine gut verständliche und anwenderfreundliche, aktuelle Dokumentation bieten. Auch die Weiterentwicklung des Produkts sollte stets dem Stand der Technik entsprechen. Dazu gehören regelmäßige Updates und Patches und ein transparenter Umgang mit Sicherheitslücken des Produkts. Letztendlich kommt als finaler Faktor bei der Bewertung des Anbieters noch das liebe Geld hinzu: Welche Leistung bietet der Werkzeuganbieter zu welchem Preis? Die zu beurteilenden Leistungen sind hier noch einmal kurz zusammengefasst:

- Wie viele Lizenzen werden tatsächlich benötigt und was kosten diese?
- Was kosten Support und Wartung? Gerade diese Kosten bestimmen nach wenigen Jahren die Besitzkosten des Werkzeugs.
- Wie gut sind Hilfe, Dokumentation und direkter Support?
- Wie häufig werden Updates durchgeführt und wie »wartungsarm« sind diese? Für Sicherheitstester sind schnelle Reaktionen des Herstellers auf neue Bedrohungen und Technologieänderungen besonders wichtig, da er sonst ein Werkzeug nicht nachhaltig nutzbringend einsetzen kann.

In Bezug auf Support- und Wartungsverträge unterscheiden sich proprietäre Produkte oft nicht von Open-Source-Produkten, da dies Teil des Geschäftsmodells vieler professionell arbeitender Open-Source-Projekte ist. Dies lässt sich z.B. anhand der Linux-Distributionen Red Hat und Suse leicht nachvollziehen.

Grundsätzlich gilt: Egal ob Open Source, Eigenentwicklung oder proprietäres Produkt – letztlich zählen die »Total Cost of Ownership«. Dazu müssen alle Faktoren der Einführung und späteren Nutzung betrachtet werden. Dies ist aber Thema des Testmanagers [GTB CTAL TM 12] und wird darum hier nicht weiterverfolgt.

8.3 Was Sie in diesem Kapitel gelernt haben

Kapitel 8 widmet sich den Sicherheitstestwerkzeugen.

- Abschnitt 8.1 klassifiziert Testwerkzeuge für den Sicherheitstest und beschreibt deren Eigenschaften:
  - Statische Testwerkzeuge untersuchen Artefakte der Softwareentwicklung, ohne dass hierzu das zu testende Programm ausgeführt wird. Dynamische Testwerkzeuge werden im Test gegen ein laufendes System ausgeführt.
  - Damit statische Testwerkzeuge ihren vollen Nutzen entfalten, sollten ihr Einsatz und die zu prüfenden Regeln im Softwareentwicklungsprozess klar und verpflichtend definiert sein.
  - Gerade im Sicherheitstest enthalten viele Werkzeuge statische und dynamische Funktionalität. Schwachstellenscanner für Webseiten sind ein typisches Beispiel.
- Abschnitt 8.2 beschreibt, was bei der Auswahl von Testwerkzeugen für den Sicherheitstest unbedingt beachtet werden muss:
  - Die Auswahl für ein Sicherheitswerkzeug muss nachvollziehbar getroffen werden. Der Sicherheitstester muss daher Kriterien für die Auswahl seiner Werkzeuge detailliert dokumentieren und die möglichen Werkzeugalternativen sorgfältig recherchieren. Eine anerkannte Vorgehensweise, die das unterstützt, ist die Nutzwertanalyse.
  - Beim Einsatz von Open-Source-Werkzeugen muss deren Vertrauenswürdigkeit genau analysiert werden. Die Gesamtbetriebskosten müssen sorgfältig analysiert sowie Lizenzbedingungen und Funktionsumfang geprüft werden. Letzteres gilt umso mehr, wenn es eine kommerzielle Variante desselben Werkzeugs gibt.
  - Sicherheitsbedarfe ändern sich. Ein wichtiges Auswahlkriterium ist daher die Fähigkeit des Anbieters, sein Produkt stets auf dem Stand der Technik zu halten.

9 Standards und Branchentrends

»The nice thing about standards is that you have so many to choose from.«

Andrew Stuart Tanenbaum, 1981 im Vorwort von »Computer Networks«

Auch wenn es täglich neue Berichte über Sicherheitsvorfälle gibt, so ist das Thema Sicherstellung von IT-Sicherheit selbst mittlerweile so etabliert und reif, dass es in diesem Bereich bereits viele Standards und Branchentrends gibt. Sie umfassen jeweils bestimmte Best Practices und balancieren zwischen den beiden Extrema »hinreichend allgemein, dafür aber generisch anwendbar« und »sehr konkret, dafür aber häufig nicht passend«. Es ist in jedem Fall sinnvoll, die existierenden Normen, Standards und Branchentrends zu kennen, die Vor- und Nachteile ihrer Anwendung einschätzen zu können und die unterschiedlichen Einsatzimpulse wie z.B. regulative Vorgaben oder vertragliche Anforderungen und die sich jeweils daraus ergebenden Verbindlichkeiten beurteilen zu können.

9.1 Sicherheitsteststandards und Sicherheitsnormen

Deutschland: Land der Standards und Normen

Deutschland ist bekannt für seine Vielzahl an Normen und Standards; fälschlicherweise werden die Wurzeln beider Begriffe dann auch gerne hier gesehen, obwohl sie im Kontext der industriellen Revolution in England erstmals aufgekommen sind. Umso erstaunlicher dann, dass beide Begriffe bis heute fälschlicherweise häufig synonym verwendet werden, woran vermutlich auch die englische Übersetzung von Norm als »Standard« Mitschuld hat.

Norm und Standard sind keine Synonyme.

Im Folgenden ist eine Definition für eine Norm angegeben, wie sie insbesondere auch vom DIN, dem Deutschen Institut für Normung e.V. (DIN), verwendet wird:

»Eine Norm ist eine technische Beschreibung oder ein anderes Dokument, das für jedermann zugänglich ist und unter Mitarbeit und im Einvernehmen oder mit allgemeiner Zustimmung aller interessierten Kreise erstellt wurde.« [Voigt 18]

Um insbesondere die Anforderungen der »allgemeinen Zustimmung« zu realisieren, hat die Bundesrepublik Deutschland im Jahr 1975 mit dem DIN einen Vertrag abgeschlossen, wonach das DIN als einzige nationale Normungsorganisation anerkannt wurde.

In Deutschland gibt es nur ein einziges Normungsgremium: das DIN.

Die Normungsprozesse sowohl beim DIN als auch bei den meisten internationalen Organen orientieren sich dabei an den WTO-Kriterien für internationale Normungsorganisationen. Sie lauten insbesondere:

- **Offenheit**
  Normen werden in unabhängigen Normungsorganisationen durch die jeweiligen interessierten Kreise erarbeitet.
- **Konsens**
  Der Normungsprozess basiert auf Konsens; es werden keine bestimmten Interessenträger begünstigt oder seine Meinungen höher gewertet.
- **Ausgewogenheit**
  Die Teilnahme steht allen interessierten Kreisen offen und wird für alle interessierten Kreise angestrebt.
- **Transparenz**
  Der Normungsprozess steht allen interessierten Kreisen offen; Beschlüsse werden archiviert; Normungsaktivitäten sowie Entwürfe werden veröffentlicht und entsprechende Stellungnahmen geprüft und beantwortet.

Im Bereich der IT-Sicherheit ist die wohl bekannteste Norm, die diesen Normungsprozess durchlaufen hat, die ISO 27001 [ISO 27001].

Im Gegensatz zum schwergewichtigen Prozess der Normerstellung werden Standards durch ein temporär zusammengestelltes Gremium erstellt, in dem weder Konsens noch die Einbeziehung aller interessierten Kreise zwingend erforderlich sind.

Unterschieden wird hier noch zwischen Industriestandards, Defacto-Standards und herstellerspezifischen Standards.

- **Industriestandards** bedeuten, »*dass es sich im Laufe der Jahre durch die Praxis vieler Anwender und verschiedener Hersteller als technisch nützlich und richtig erwiesen hat, bei einer gewissen Problemstellung ein bestimmtes pragmatisches Regelwerk einzuhalten, ohne dass ein (inter)nationales Normungsverfahren durchgeführt wurde*« [IT-Wissen 18].

  Eine wichtige Quelle solcher praxiserprobten Industriestandards ist die Internet Engineering Task Force (IETF), die diesem Themenbereich gegenüber mit der folgenden Mission verbunden ist: »*We make standards based on the combined engineering judgement of our participants and our real-world experience in implementing and deploying our specifications«* [IETF 18a]. Eine Vielzahl wichtiger Industriestandards haben im IETF ihre Wurzeln (siehe hierzu auch einige Beispiele weiter unten).

- **De-facto-Standards**, die häufig aus einem Industriestandard hervorgegangen sind und deren Verbreitung und Akzeptanz so hoch sind, dass viele Anforderungen einer Norm erfüllt sind.
- **Herstellerspezifische Standards** als die schwächste Form der Standards, bei denen »*eine Vielzahl von Anwendern aufgrund mehrjähriger Erfahrungen die Erkenntnis gewonnen hat, dass es vorteilhaft ist, den firmenspezifischen Spezifikationen eines Herstellers zu folgen*« [IT-Wissen 18].

Es gibt viele Beispiele, bei denen ein De-facto-Standard aus einem Industriestandard hervorgegangen ist: Das bekannteste Transportprotokoll, das TCP-Protokoll (vgl. RFC 793 in [IETF 18a]), ist z.B. heute ein solcher De-facto-Standard.

Beispiel: OpenPGP

Für den Bereich der Informationssicherheit ist PGP ein solcher De-facto-Standard. Angefangen als herstellerspezifischer Standard des von Phil Zimmermann geschriebenen Programms »*Pretty Good Privacy*« (PGP) hat es sich über die Öffnung via der freien OpenGPG-Lösung als heutiger Industriestandard (OpenPGP) im Bereich der asymmetrischen Verschlüsselung von E-Mails etabliert (vgl. RFC 4880 unter [IETF 18a]).

Beispiel: OpenPGP

PGP: Ein herstellerspezifischer Standard, der zum De-facto-Standard gereift ist.

Die Verwendung von Normen und Standards ist häufig freiwillig. So können Privatpersonen frei entscheiden, ob sie für die Verschlüsselung ihrer E-Mails den OpenPGP-Standard verwenden oder nicht. Auch Firmen sind grundlegend erst einmal frei in ihrer Wahl, ob und wenn welche Normen und Standards sie anwenden.

Allerdings sind hierbei zwei wesentliche Ausnahmen zu berücksichtigen:

- **Vertragsanforderung**
  In Verträgen wird zur Sicherstellung bestimmter Anforderungen häufig die Einhaltung von Normen und Standards gefordert. So ist es bei großen Konzernen mit vertraulichen Daten durchaus üblich, dass bei der Verwendung von E-Mails in der entsprechenden Richtlinie (vgl. Abschnitt 1.2) die Einhaltung spezieller Verschlüsselungsstandards (z.B. OpenPGP) gefordert wird. In einem solchen Fall wird dieser ansonsten freiwillige Standard verbindlich für alle einen solchen Vertrag Unterzeichnenden.

- **In regulierten Branchen** (z.B. Versicherungen, Banken, Energiesektor) können staatliche Stellen – in der Regel die entsprechenden Aufsichtsbehörden – ebenfalls die Einhaltung von speziellen Standards und Normen einfordern.

Beispiel: VAIT

Freiwillige Standards: Durch regulatorische Vorgaben zur Verbindlichkeit

---

Beispiel: VAIT

Ein aktuelles Beispiel, wie eine ansonsten freiwillige Norm oder ein ansonsten freiwilliger Standard über ein Regulativ Verbindlichkeit erlangt, ist die seit 1.7.2018 geltende VAIT: In diesen »*versicherungsaufsichtlichen Anforderungen an die IT*« fordert die BaFin als Bundesanstalt für Finanzdienstleistungsaufsicht z.B. Folgendes:

> »*Das Unternehmen bleibt [...] verpflichtet, bei der Ausgestaltung der IT-Systeme (Hardware- und Software-Komponenten) und der dazugehörigen IT-Prozesse grundsätzlich auf gängige Standards abzustellen. Zu diesen zählen bspw. der IT-Grundschutz des Bundesamtes für Sicherheit in der Informationstechnik und der internationale Sicherheitsstandard ISO/IEC 2700X der International Organization for Standardization.*« [BaFin 18]

Entgegen der Benennung in diesem Zitat wird hier entweder die Einhaltung der Norm »ISO 27001« oder des Standards »BSI IT-Grundschutz« verbindlich von Versicherungen gefordert.

9.1.1 Die Vor- und Nachteile der Verwendung von Standards und Normen

Auch wenn der Anwendung von Standards und Normen meist etwas wenig Innovatives und eher Reaktives innewohnt – schließlich geht es mehr oder weniger um das Einhalten von Vorgaben, die andere gemacht haben –, birgt deren Befolgung häufig viele Vorteile.

- **Einheitliche Nomenklatur**
  Gerade im noch jungen Sicherheitsbereich gibt es häufig viele Synonyme und unklare Abgrenzungen der Begriffe untereinander. Normen und Standards helfen hier häufig, indem sie gerade im Sicherheitsbereich meist mit einem umfassenden Glossar unterfüttert sind. Speziell für Deutschland ist der BSI-Grundschutz-Standard hier von besonderer Bedeutung und zeigt mit dessen Glossar genau eine solche, zumindest innerhalb des Glossars konsistente Begriffswelt auf (vgl. [BSI Glossar 13]). Auch der De-facto-ISTQB®-Standard hat mit seinem noch umfangreicheren Glossar eine solche einheitliche Begriffswelt vorzuweisen [GTB Glossar 18].

Wiederverwendung von Expertenwissen
Nicht jedes Unternehmen kann sich den Luxus leisten, eine Heerschar von Sicherheitstestern und -experten für die Erarbeitung eigener Sicherheitsverfahren, Sicherheitsrichtlinien und Sicherheitsmaßnahmen einzustellen. Standards und Normen bieten hier einen hohen Wiederverwendungsgrad von Expertenwissen, sodass auch kleinere Unternehmen z.B. ein erfolgreiches Risikomanagement nach der Norm ISO 31000 [ISO 31000] aufsetzen können.

Gerade im Sicherheitsbereich ist dies von Vorteil, da die Vielzahl von Sicherheitsrisiken von Nichtexperten nur schwer vollständig erfasst werden kann. Hier helfen sowohl der BSI IT-Grundschutz als auch die ISO 27001 [ISO 27001] mit einer Vielzahl von vordefinierten Schwachstellenszenarien und möglichen konstruktiven Sicherheitsmaßnahmen.

Qualitätsbeleg
Sicher kann ein Informationssicherheitsmanagement auch ohne die ISO 27001 auskommen, und sicher ist ein Risikomanagement auch ungeachtet der ISO 31000 aufsetzbar. Die Frage, die sich dann aber insbesondere in der Kommunikation nach außen (z.B. für Marketingzwecke) stellt, ist die: Wie kann ein Unternehmen die entsprechend hohe Qualität des dann völlig eigenen Informationssicherheitsmanagements oder Risikomanagements glaubhaft belegen? Dies mag durch langatmige externe Gutachten sicher möglich sein, aber auch die werden sich als Gutachtenkriterien gerne wiederum an Standards und Normen halten. Normen und Standards helfen hier und schaffen Vergleichbarkeit. Wichtig ist aber für diesen Anwendungsfall meist noch eine unabhängige Audit-Instanz, die die Korrektheit der Behauptung, einem bestimmten Standard zu folgen, glaubhaft darlegen kann.

Eng in den Bereich des Qualitätsbelegs fällt auch der Vorteil der Minimierung von Haftungsrisiken: Verwendet ein Unternehmen Standards, belegt es damit, dass es sich an den allgemeinen Stand der Technik hält und somit wenigstens grobe Fahrlässigkeit ausschließen kann.

Hinweis: Wirtschaftlicher Nutzen

Die Vorteile der Verwendung von Normen und Standards lässt sich sogar volkswirtschaftlich messen:

»*Normung und Standardisierung tragen entscheidend zu dieser positiven wirtschaftlichen Entwicklung [der Bundesrepublik Deutschland, Anm. d. Autoren] bei, da durch die Festlegung auf gemeinsame Normen und Standards neue Märkte erschlossen werden können und Kosteneinsparungen in erheblichem Umfang ermöglicht werden. In einer Studie von K. Blind, A. Jungmittag und A. Mangelsdorf aus dem Jahr 2011 wurde der gesamtwirtschaftliche Nutzen der Normung anhand des Beitrags der Normung zum Wirtschaftswachstum untersucht und für den Zeitraum von 2002 bis 2006 auf einen Anteil von etwa 0,7% bis 0,8% des Bruttoinlandsprodukts bestimmt, was einem jährlichen Betrag von durchschnittlich 16,77 Mrd. Euro entspricht. Auch in anderen Ländern wurden ähnliche Studien durchgeführt, die auf Beiträge zwischen 0,2% (Kanada)/ 0,3% (Großbritannien) und 0,8% (Frankreich & Australien) kamen.*« [BMWi 17]

Nachteile der Anwendung von Standards

Trotz dieser signifikanten Vorteile können im Einzelfall auch einige Nachteile auftreten:

- **Falsche Standards**
  Bereits die Vielfalt verfügbarer Standards ist häufig verwirrend. Die meist gute Ordnung von Normen, die alleine durch die zentrale nationale Bereitstellung viel effizienter möglich ist, gilt für Standards meist nicht. Insbesondere bei herstellerspezifischen Standards ist gerade am Anfang ihrer Veröffentlichung nicht klar, für wie relevant sie vom Markt aufgenommen werden. Wird dann ein Sicherheitskonzept genau nach einem solchen Industriestandard ausgerichtet, so kann dies zu einer Sackgasse werden. Dieses Problem gilt teilweise auch für Normen, die gelegentlich den meist schnelllebigeren Standards hinterherlaufen. So feiert der De-facto-ISTQB®-Standard im Bereich des Testens bereits sein 15-jähriges Bestehen und hat erst im Jahr 2014 mit der entsprechenden Norm 29119 eine scheinbare Alternative erhalten. Beide Vorgaben haben allerdings eine hohe inhaltliche Übereinstimmung, die Besonderheiten der ISO 29119 liegen vielmehr in der »*eher integrativen Natur, der einige […] Standards zusammenführt und daher der Übersichtlichkeit der Standardlandschaft im Bereich des Softwaretestens dient*« [Wendland 14].

Falsche oder fehlende Anpassung
Es kommt in den seltensten Fällen vor, dass Standards und Normen direkt und zu 100 % übernommen werden können. Ist dies dennoch möglich, so ist das wiederum als Nachteil zu deuten, da die Forderungen dann offensichtlich so generisch sind, dass sie universell und damit automatisch eingehalten werden. Für die meisten Standards gilt allerdings das Gegenteil, da diese aufgrund der fehlenden Konsensanforderung häufig noch spezieller als Normen sind. Eine Anpassung der Anforderungen für einen spezifischen Kontext ist daher gerade im Sicherheitsumfeld mit seinen vielen verschiedenen Parametern (vgl. Forderung nach Ganzheitlichkeit aus Kap. 1) unumgänglich. Dieser Akt ist intellektuell höchst anspruchsvoll, um auf der einen Seite die Norm bzw. den Standard bestmöglich anzupassen, ohne allerdings auf der anderen Seite die Kernforderungen zu unterhöhlen.

Ein Beispiel ist die Forderung »*M 2.309 Sicherheitsrichtlinien und Regelungen für die mobile IT-Nutzung*« im BSI IT-Grundschutz. Dort heißt es u.a. »*Daten, die ein hohes Maß an Sicherheit verlangen (z.B. Angebote, Konstruktionsdaten, Wirtschaftsdaten des Unternehmens) sollten stets verschlüsselt auf dem mobilen IT-System abgelegt werden*« [BSI M 2.309 13]. Für einen konkreten Kontext bedarf er hier der weiteren Anpassung, was »*Daten mit einem hohen Maß an Sicherheit*« konkret sind und welche spezifischen Verschlüsselungsmethoden dann jeweils anzuwenden sind.

Fehlende Alleinstellungsmerkmale
Gerade im Marketingbereich kann eine zu hohe Sättigung der Anwendung eines Standards oder einer Norm wertmindernd wirken. So war jahrelang die Anwendung der ISO-Norm 9001 ein »*bedeutender Erfolgsfaktor […] vor allem in den produzierenden Unternehmen*« [Weindler 16]. 2016 konnten allerdings weltweit bereits über 1 Million Unternehmen ein solches Zertifikat vorweisen, die meisten davon in China und Italien [QZ 16].

Auch wenn die für die Sicherheit besonders relevante Norm ISO 27001 bereits seit einiger Zeit angewendet wird, ist dieses Risiko hier noch nicht absehbar: Im Jahr 2017 wurden in Summe in Deutschland gerade einmal 1339 erfolgreiche Zertifikate ausgestellt [ISO 17]. In Abbildung 9–1 ist die durchaus positive Entwicklung dieser Norm noch einmal dargestellt:

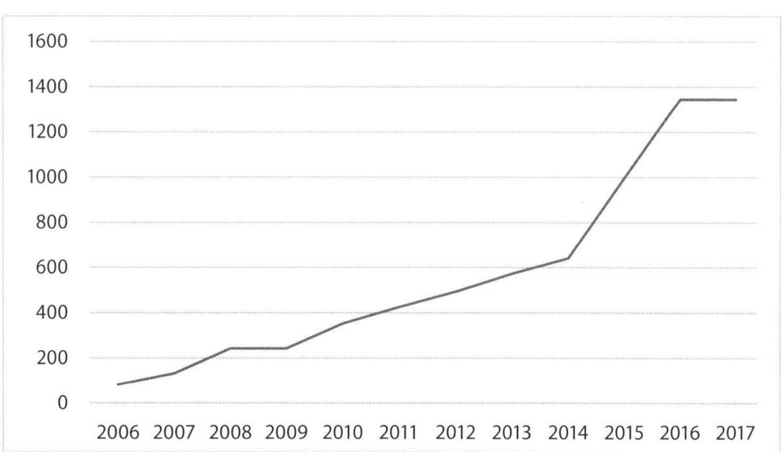

Abb. 9–1 *Anzahl ausgestellter ISO-27001-Zertifikate in Deutschland pro Jahr [ISO 17]*

9.1.2 Anwendungsszenarien von Standards und Normen

Grundsätzlich lassen sich wenigstens die folgenden zwei Motivationen für die Anwendung von Standards und Normen klassifizieren:

- **Freiwillige Anwendung**
  Eine beteiligte Partei erkennt aus eigenen Stücken die Vorteile der Anwendung eines Standards oder einer Norm, um wenigstens einen der oben genannten Vorteile erzielen zu können.
- **Regulatorische und gesetzgeberische Vorgabe**
  Eine beteiligte Partei muss einen entsprechenden Standard oder eine Norm anwenden, um gesetzeskonform zu sein.

Vorgaben: Wenn ein Kodex nicht effektiv genug ist.

Häufig folgen regulatorische und gesetzgeberische Vorgaben, wenn die Industrie freiwillig nicht genügend Selbstkontrolle zur Einhaltung solcher Standards und Normen aufbringt. In solchen Fällen beginnt die Industrie initial meist mit einem sogenannten Verhaltenskodex, also *»einer Selbstverpflichtung, bestimmten Verhaltensmustern zu folgen oder diese zu unterlassen und dafür Sorge zu tragen, dass sich niemand durch Umgehung dieser Muster einen Vorteil oder anderen einen Nachteil verschafft«* (Verhaltenskodex aus Wikipedia). So haben die meisten großen Unternehmen einen veröffentlichten Code of Conduct (englisch für Verhaltenskodex), in dem bereits freiwillige Maßnahmen zum Thema Sicherheit und Datenschutz hinterlegt sind.

Beispiel: Code of Conduct der Deutschen Telekom

Beispiel: Code of Conduct der Deutschen Telekom

Im Code of Conduct der Deutschen Telekom ist dem Thema Sicherheit und Datenschutz ein eigenes Kapitel gewidmet, in dem es u.a. heißt:

> »*Daher schützt die Deutsche Telekom Unternehmensdaten, Kunden-, Geschäftspartner-, Aktionärs- und Beschäftigtendaten mit allen zur Verfügung stehenden geeigneten und angemessenen technischen und organisatorischen Mitteln vor unberechtigtem Zugang, unbefugter und missbräuchlicher Verwendung, Verlust und vorzeitiger Vernichtung.*« [Telekom 17]

Beispiel: Code of Conduct der Württembergischen Gemeinde-Versicherung

Beispiel: Code of Conduct der Württembergischen Gemeinde-Versicherung

Andere Unternehmen inkludieren in ihren Verhaltenskodex explizit Sicherheitsstandards, wie z.B. die Württembergische Gemeinde-Versicherung a.G.: Dort heißt es u.a.:

> »*Zur Gewährleistung der Datensicherheit werden die erforderlichen technisch-organisatorischen Maßnahmen entsprechend dem Stand der Technik getroffen*«, was für die WGV ganz konkret ausgelegt wird als »*Weiterentwicklung in Richtung eines zertifizierbaren ISMS (Integriertes Sicherheitsmanagementsystem) im Sinne der ISO27001 bzw. der ISO27001 auf Basis IT-Grundschutz.*« [Brachmann 15]

Greifen diese Selbstverpflichtungen nicht effektiv oder schnell genug, so kann der Staat direkt oder über seine Regulationsbehörden die Einhaltung von Standards und Normen einfordern. Im Folgenden werden drei für die Industrie wesentliche solche regulatorischen Vorgaben aufgeführt:

- BSI-Gesetz (KRITIS)
- Datenschutz-Grundverordnung (DSGVO)
- Bankaufsichtliche bzw. versicherungsaufsichtliche Vorgaben an die IT (BAIT/VAIT)

9.1.2.1 BSI-Gesetz

Das BSI-Gesetz, häufig auch als IT-Sicherheitsgesetz bezeichnet, ist ein typisches Gesetz des Bundes, das aufgrund einer von der Politik als noch nicht hinreichend wahrgenommenen Effektivität von Selbstverpflichtungen entstanden ist: »*Dieses System der Selbstregulierung hat zwar zu einer spürbaren Erhöhung des Sicherheitsniveaus geführt. Ausgehend von den in der Praxis erzielten Erfahrungswerten ist jedoch nicht hinreichend sichergestellt, dass sich in den einzelnen Sektoren ein gleichwertiges und hinreichendes Schutzniveau für die eingesetzte In-*

formationstechnik herausbilden kann. Darauf zielen das IT-Sicherheitsgesetz und diese Verordnung.« [BMI 15]

Hintergrund war die Erkenntnis, dass die Sicherheit der IT für sogenannte kritische Infrastrukturen nicht nur eine Frage des jeweiligen Unternehmens ist, sondern evtl. sogar gesellschaftliche Auswirkungen haben könnte. Es handelt sich dem Gesetz nach hier um Systeme »*von hoher Bedeutung für das Funktionieren des Gemeinwesens [...], weil durch ihren Ausfall oder ihre Beeinträchtigung erhebliche Versorgungsengpässe oder Gefährdungen für die öffentliche Sicherheit eintreten würden*« [BMI 15].

Der Stand der Technik als einzuhaltende Regel

Das Gesetz selbst fordert keinen konkreten Standard, sondern lediglich die Einhaltung eines sogenannten Standes der Technik: »*Betreiber Kritischer Infrastrukturen sind verpflichtet [...] angemessene organisatorische und technische Vorkehrungen zur Vermeidung von Störungen der Verfügbarkeit, Integrität, Authentizität und Vertraulichkeit ihrer informationstechnischen Systeme [...] zu treffen. Dabei soll der Stand der Technik eingehalten werden.*« [IT-Sicherheitsgesetz, §8a]

Das Bundesamt für Sicherheit in der Informationstechnik (BSI), das mit der Umsetzung dieses Gesetzes beauftragt ist, sieht wenigstens drei Möglichkeiten für ein Unternehmen, zu belegen, dass die IT-Sicherheit entlang eines Standes der Technik eingehalten wird:

- Ein auf Basis der ISO 27001 [ISO 27001] erteiltes Zertifikat, das belegt, dass ein Informationssicherheitsmanagement entlang der ISO-Norm 27001 Anwendung findet
- Ein Zertifikat auf Basis des BSI-Grundschutzes
- Branchenspezifische Selbstverpflichtungen

Die einzelnen Branchen gehen hier unterschiedlich damit um. Während z.B. die Wasser- und Abwasserwerke, die allesamt als kritisch eingestuft werden, sehr früh einen eigenen für sie relevanten branchenspezifischen Standard hervorgebracht und vom BSI genehmigen lassen haben (vgl. [Marquardt & Terhart 17]), orientieren sich die großen Branchen wie z.B. die Versicherungswirtschaft und die Bankenwirtschaft am BSI-Grundschutz und der ISO -27001-Norm.

9.1.2.2 DSGVO

Die neue DSGVO

Eine zumindest entlang der Medien sehr weitreichende regulatorische Vorgabe ist die nach einer Übergangsfrist seit dem 25. Mai 2018 effektiv geltende Datenschutz-Grundverordnung (DSGVO, im englischen als General Data Protection Regulation (GDPR) bezeichnet). Die DSGVO ersetzt die aus dem Jahre 1995 stammende Richtlinie 95/46/EG zum Schutz natürlicher Personen bei der Verarbeitung personenbezogener

Daten. Entgegen einer Richtlinie, die von der EU vorgegeben und dann in jedem Land separat in gültiges Recht umgewandelt werden muss und darüber häufig noch Anpassungen erfährt, gelten Verordnungen direkt. Es ist den Mitgliedstaaten explizit untersagt, die Regeln einer Verordnung abzuschwächen oder weiter zu verschärfen. Damit ist die DSGVO gleichzeitig ein wichtiger Schritt in Richtung einer EU-weiten Vereinheitlichung des Schutzes personenbezogener Daten.

Die DSGVO-Verordnung bezieht sich ausschließlich auf personenbezogene Daten (vgl. auch Kap. 1), deren Definition im Übrigen nicht von der vorherigen Richtlinie abweicht:

> »Personenbezogene Daten« [sind] alle Informationen, die sich auf eine identifizierte oder identifizierbare natürliche Person (im Folgenden »betroffene Person«) beziehen; als identifizierbar wird eine natürliche Person angesehen, die direkt oder indirekt, insbesondere mittels Zuordnung zu einer Kennung wie einem Namen, zu einer Kennnummer, zu Standortdaten, zu einer Online-Kennung oder zu einem oder mehreren besonderen Merkmalen, die Ausdruck der physischen, physiologischen, genetischen, psychischen, wirtschaftlichen, kulturellen oder sozialen Identität dieser natürlichen Person sind, identifiziert werden kann.« (DSGVO, Artikel 4 [DSGVO 16])

Diese Definition entscheidet damit ganz wesentlich, für welche Bereiche innerhalb eines Unternehmens die DSGVO überhaupt gültig ist. Sie ist demzufolge z.B. nicht gültig für Katalogeinträge, bestehend aus Produktnummer, Foto, Beschreibung, Preis u.Ä. Auch Jahresabschlüsse, Unternehmensrisikoanalysen oder typische interne Controllingzahlen sind zwar sicher schützenswert, fallen aber nicht in den Bereich personenbezogener Daten, da sich diese Daten nicht auf eine natürliche Person beziehen.

Die Verordnung selbst basiert im Wesentlichen auf sieben Grundsätzen:

1. Prinzip »**Rechtmäßigkeit, Verarbeitung nach Treu und Glauben, Transparenz**«
   - **Rechtmäßigkeit der Verarbeitung**
     Dies bedeutet, dass der Besitzer der personenbezogenen Daten der Verarbeitung seiner Daten zustimmt. Das ist gleichzeitig die Grundlage für die Vielzahl von nötigen Unterschriften, die jeder Mensch heute überall leisten muss, sobald seine Daten verarbeitet werden. Beispiele hierfür sind Hotels (Name, Adresse, Übernachtungen), Cookies (Verarbeitung von Browserverläufen) und Social-Media-Applikationen.
   - **Verarbeitung nach Treu und Glauben**
     Dieser juristisch unbestimmte Rechtsbegriff zielt auf ein Machtgleichgewicht zwischen der datenverarbeitenden Stelle und dem

Betroffenen. Hieraus folgt z.B. der Vorrang der Direkterhebung, d.h., Daten einer Person sollen primär bei der Person direkt abgefragt werden, anstelle sie von anderer Stelle einzuholen.

- **Transparenz**
  Dieser Grundsatz soll im weiteren Sinne das Recht eines jeden Menschen auf informationale Selbstbestimmung garantieren. Es muss ihm daher klar sein, wer welche Informationen über ihn aus welchem Grund hat und wie diese verarbeitet werden. Die Transparenz erfordert ebenfalls, dass diese Datensammlungen und -verarbeitungen in »*klarer und einfacher Sprache abgefasst sind*« (DSGVO, Artikel 42 [DSGVO 16]).

2. Prinzip »**Zweckbindung**«
   Jegliche Erhebung von Daten muss bereits während der Erhebung den Zweck dem Betroffenen offenkundig darlegen. Werden beispielsweise persönliche Daten für den Abschluss einer Versicherung erhoben (Geburtsdatum, Adresse), so sind diese Daten nötig, um eine plausible Angebotserstellung und einen folgenden Vertrag ausstellen zu können. Die Informationen sind allerdings an diesen Zweck gebunden. Eine IT-Abteilung darf folglich diese Daten nicht für andere Zwecke wie z.B. das Testen von IT-Systemen verwenden, ohne den Betroffenen für diese Zweckerweiterung um Erlaubnis zu fragen.
3. Prinzip »**Datenminimierung**«
   Die erhobenen personenbezogenen Daten müssen dem Zweck angemessen und dafür erheblich sein. Die Erhebung darüber hinausgehender Daten ist demnach nicht erlaubt.
4. Prinzip »**Richtigkeit**«
   Entlang dieses Grundsatzes müssen personenbezogene Daten sachlich richtig und erforderlichenfalls auf dem neuesten Stand sein. Personenbezogene Daten, die im Hinblick auf die Zwecke ihrer Verarbeitung unrichtig oder unvollständig sind, müssen entlang dieses Grundsatzes gelöscht werden.
5. Prinzip »**Speicherbegrenzung**«
   Der Grund Speicherbegrenzung zielt darauf ab, dass personenbezogene Daten nur in einer Form gespeichert werden, die die Identifizierung der Person nur so lange ermöglicht, wie es für die Zwecke der Verarbeitung erforderlich ist. Sobald die Speicherung personenbezogener Daten für den Verarbeitungszweck also nicht mehr erforderlich ist, müssen die personenbezogenen Daten gelöscht oder eben die Identifizierung der betroffenen Person aufgehoben werden (z.B. durch Pseudonymisierung).

6. Prinzip »**Integrität und Vertraulichkeit**«
   Dieser Grundsatz ist die Grundlage sämtlicher Sicherheitsmaßnahmen und des Sicherheitstestens. Dem Grundsatz nach müssen personenbezogene Daten in einer Weise verarbeitet werden, die eine angemessene Sicherheit der personenbezogenen Daten gewährleistet. Sicherheit wird hier wiederum entlang des CIA-Konzeptes verstanden (vgl. Kap. 1). Ist das nicht erreicht, so sind entlang dieses Prinzips geeignete technische und organisatorische Maßnahmen zu treffen. Der Sicherheitstest ist also eine wichtige Methode, um die Einhaltung des Prinzips 6 »Integrität und Vertraulichkeit« über die Prüfung von Richtlinien und eingeleiteten Sicherheitsmaßnahmen hinaus durchzuführen und bei Befunden weitere Sicherheitsmaßnahmen zu motivieren.
7. Prinzip »**Rechenschaftspflicht**«
   Diesem Prinzip nach ist derjenige, der personenbezogene Daten verarbeitet, verantwortlich für die Einhaltung der anderen sechs Prinzipien und muss deren Einhaltung nachweisen können.

DSGVO: Erfolg von regulativen Vorgaben?

Der Erfolg der DSGVO ist umstritten. Abbildung 9–2 zeigt, welche wesentlichen Vor- und Nachteile Unternehmen in einer repräsentativen Umfrage in der DSGVO sehen (vgl. [Brand 18]).

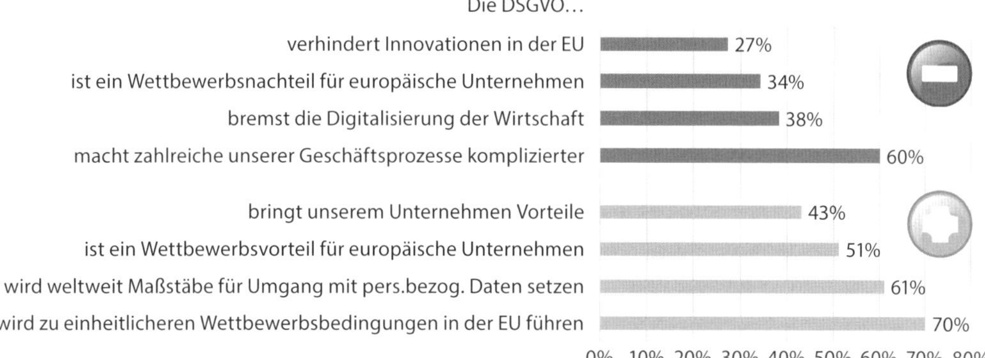

Abb. 9–2 *Einschätzung der Unternehmen bzgl. der Auswirkungen der DSGVO*

Diese Umfrage macht auf der negativen Seite deutlich, dass der Gegenpol zur Sicherheit häufig die Bequemlichkeit ist: Sicherheit, ganzheitlich wie in den vorherigen Kapiteln beschrieben verstanden, macht sicherlich einige Geschäftsprozesse komplizierter (vgl. 60 % in Abb. 9–2) und entschleunigt durchaus auch manche Digitalisierungsaktivitäten (38 %). Allerdings wiegen diese Nachteile umso schwerer, je uneinheitlicher die Sicherheitsvorgaben selbst sind (vgl. 34 % als Nachteil, wenn ein hoher Standard nur für Europa gilt, gleichzeitig aber 70 %, wenn in Europa alle dieselben Anforderungen zu erfüllen haben).

In jedem Fall hat die DSGVO dazu geführt, dass das Thema Datenschutz in allen Unternehmen aktiv behandelt wurde. Und für den Sicherheitstester ist der Grundsatz der »Integrität und Vertraulichkeit« ein weiterer Hebel, seine Tätigkeiten in den Unternehmen flächendeckend einsetzen zu können. Auch hier sollte sich der Sicherheitstester wiederum bestmöglich an etablierten Standards und Normen orientieren: Der Begriff »Stand der Technik« taucht in exakt dieser Form in der DSGVO allein fünf Mal auf. So steht im eher technischen Artikel »Privacy by Design« der DSGVO (vgl. [DSGVO 16]): »*Zudem kann bei der Auswahl von Vorkehrungen [zur Sicherstellung des Datenschutzes, Anm. d. Autoren] auch auf solche aus anderen Standards zurückgegriffen werden, etwa aus den der ISO-Normen. Im Einzelfall ist bei der Auswahl darauf zu achten, dass der Stand der Technik […] miteinbezogen [wird]*«.

9.1.2.3 BAIT/VAIT

In Deutschland dürfen Bank-, Finanzdienstleistungs- und Versicherungsgeschäfte nicht ohne staatliche Erlaubnis betrieben werden. Diese Erlaubnis umfasst den gesamten Lebenszyklus einer Unternehmung von der Gründung über den Betrieb bis hin zur Schließung (z.B. bei einer Insolvenz). Auf Basis des Kreditwesengesetzes und des Versicherungsaufsichtsgesetzes überwacht daher die Bundesanstalt für Finanzdienstleistungsaufsicht (BaFin) alle Banken und Versicherungen. Sie ist für die Überprüfung dieser Gesetze mit weitreichenden Ermittlungs- und Eingriffskompetenzen ausgestattet.

Mit der zunehmenden Etablierung von IT im Banken- und Versicherungsbereich hat sich die IT sukzessive als Schlüsselfaktor für die von der BaFin geforderte Funktionsfähigkeit und Stabilität hervorgetan. Damit ist die IT insgesamt und die Informationssicherheit als wichtige Eigenschaft im Besonderen in den Fokus der BaFin gerückt.

Als Aufsichtsbehörde hat sie daher im November 2017 und im Juli 2018 konkretisiert, wie eine IT im Banken- und Versicherungsbereich gestaltet sein muss. In den *Bankaufsichtlichen Anforderungen an die IT* (BAIT) (und vergleichbar in den *Versicherungsaufsichtlichen Anforderungen an die IT* (VAIT)) wird bereits in der Einleitung direkt die Wichtigkeit der Informationssicherheit (und damit indirekt auch die Wichtigkeit des Sicherheitstesters) betont:

> »Die Informationstechnik ist die Basisinfrastruktur für sämtliche fachlichen, aber auch alle nichtfachlichen Prozesse bei Banken. In einer globalisierten Finanzwelt, in der immer mehr Menschen digital bezahlen beziehungsweise Geld transferieren und in der viele Anleger ihre Geldanlage online bestreiten, haben IT-Governance und Informationssicherheit für die Aufsicht inzwischen den gleichen Stellenwert wie die Ausstattung der Institute mit Kapital und Liquidität.« [BaFin 17]

Weder die BAIT noch die VAIT sind neue Gesetze oder Anforderungen. In den Anforderungen werden lediglich »*gültige Gesetze interpretiert*« und »*die Aufsicht erläutert, was sie unter einer angemessenen technisch-organisatorischen Ausstattung der IT-Systeme, unter besonderer Berücksichtigung der Anforderungen an die Informationssicherheit sowie eines angemessenen Notfallkonzepts, versteht*« [BaFin 17].

BAIT und VAIT adressieren beide neun Felder.

Die BAIT und die VAIT sind inhaltlich sehr ähnlich und adressieren beide Anforderungen in neun Feldern (z.B. vom Feld »IT-Strategie« über »IT-Governance« bis zum Feld »IT-Betrieb«).

Auch diese Anforderungen verweisen wieder auf gängige Standards und Normen: »*Unternehmen bleiben verpflichtet [...] bei der Ausgestaltung der IT-Systeme (Hardware- und Software-Komponenten) und der dazugehörigen IT-Prozesse grundsätzlich auf gängige Standards abzustellen. Zu diesen zählen bspw. der IT-Grundschutz des Bundesamtes für Sicherheit in der Informationstechnik und der internationale Sicherheitsstandard ISO/IEC 2700X der International Organization for Standardization*« [BaFin 18].

Für den Sicherheitstester sind jeweils die Anforderungen im Feld »*4. Informationssicherheitsmanagement*« besonders relevant, da hier die vom Informationssicherheitsmanagement gemachten Vorgaben zur Informationssicherheit mit Prozessen zu unterfüttern sind, die die Phasen Planung, Umsetzung, Erfolgskontrolle sowie Optimierung umfassen. Der Sicherheitstester kann hier ganz wesentlich mit seinen Aufgaben und Fähigkeiten unterstützen.

9.1.3 Auswahl von Sicherheitsstandards und -normen

Die unterschiedlichen Anwendungsszenarien haben meist großen Einfluss darauf, welche konkreten Sicherheitsstandards und -normen in einem Unternehmen Verwendung finden.

In der freiwilligen Anwendung (siehe Selbstverpflichtung oben) besteht der größte Freiraum. Dieser wird in der Regel durch die konkrete Motivation (s.o.) für die Verwendung von Standards und Normen definiert und lässt sich für die Auswahl wie folgt durchdeklinieren:

- **Motivation »Nomenklatur«**
Hier wird faktisch nach der allumfassendsten, in sich konsistenten und zum aktuellen Sprachgebrauch dichtesten Vorgabe gesucht. Auch die Verbreitung spielt hier eine wichtige Rolle, da Nomenklaturen umso relevanter sind, je verbreiteter die dahinterstehenden Standards und Normen sind. Das ISTQB®-Glossar ist ein gutes Beispiel für einen Standard, der in vielen Unternehmen heute gerade wegen seiner konsistenten Nomenklatur Verwendung findet.

- **Motivation »Wiederverwendung von Expertenwissen«**
Hier ist weiterhin zu unterscheiden, ob man selbst dieses Expertenwissen wiederverwenden will oder ob man jemandem anderen – z.B. einem beauftragten Unternehmen – die Wiederverwendung nahelegen bzw. auferlegen möchte. Im ersteren Fall werden wieder eine hohe Nähe zum aktuellen Status quo sowie eine gewisse Relevanz gefordert. Für selbst auferlegte Vorgaben ist auch die Praktikabilität, d.h. das Erreichen der Vorgaben mit vertretbarem Aufwand und überschaubarem Zeitrahmen, wichtig.

  Im Falle der Delegation der Standard- bzw. Normeneinhaltung dominiert häufig ausschließlich die Relevanz der geforderten Vorgabe, da die Beauftragung meist ein Indiz dafür ist, dass im eigenen Haus nur noch wenig Expertise in diesem Bereich vorhanden ist. Daher findet sich heute in vielen Verträgen von ausgelagerten Softwareentwicklungs- oder Softwarebetriebsprojekten der Verweis auf den BSI-Standard BSI IT-Grundschutz [BSI Grundschutz 16]. Die Frage, ob der Standard für einen konkreten Anwendungsfall der richtige und effektivste ist, wird hierbei häufig zugunsten des guten Namens »BSI« und der damit verbundenen hohen Verbreitung dieser Standards beantwortet. Auch der vom BSI aktiv unterstützte Common-Criteria-Standard (vgl. Kap. 2 und [BSI 18a]) als etablierter und international anerkannter Kriterienkatalog für das Design, die Implementierung, Auslieferung und Wartung der Sicherheitsfunktionen von Produkten findet sich häufig in Verträgen an Dienstleister, ohne jedoch eine entsprechende Risikoanalyse und Machbarkeit zu untersuchen. Diese Vorgabe von möglichst bekannten Standards und Normen auf Basis fehlender Eigenexpertise ist häufig die Begründung für das teilweise schlechte Image solcher Vorgaben: Dies ist jedoch meist nicht den Standards selbst anzulasten, sondern den Auftraggebern, die die falschen Standards und Normen fordern.

- **Motivation »Qualitätsbeleg«**
  Auch hier dominiert in vielen Anwendungsfällen die Relevanz, da mit der Übereinstimmung zu einer eher unbekannten Norm oder einem eher unbedeutenden Standard kaum die eigene Qualität belegt werden kann. Hier kommen die unabhängig von den Fakten relevanten Faktoren Reputation (z.B. hoch für BSI und andere unabhängige Institutionen), Relevanz und Aktualität ins Spiel.

Dieser Zusammenhang ist noch einmal abstrakt in Abbildung 9–3 dargestellt: Demnach zählen die internen Faktoren von Standards und Normen bei der Auswahl umso mehr, je näher die Motivation für die Einführung bei der Wiederverwendung von Expertise im eigenen Haus angesiedelt werden kann.

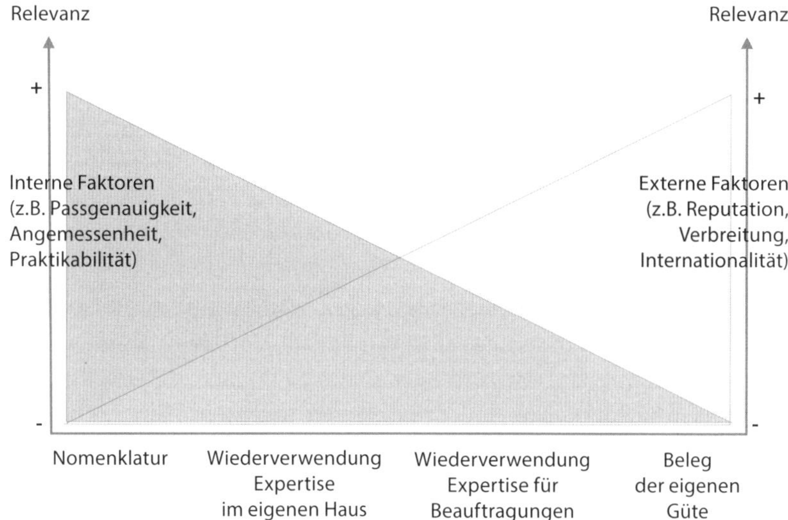

Abb. 9–3
Interne und externe Faktoren von Standards und Normen für die Auswahl

9.2 Anwenden von Sicherheitsstandards

Standards und insbesondere Normen haben eine höchst präzise Sprache. Diese ist notwendig, um Vorgaben, die absolut verpflichtend und in keiner Weise vor Ort zu interpretieren sind, von solchen Vorgaben zu trennen, die ggf. beim Vorliegen bestimmter Rahmenparameter erst noch angepasst oder auch völlig unterlassen werden können.

Präzision der Sprache in Standards und Normen

Diese Grundfrage nach dem Ermessensspielraum einer Vorgabe lässt sich sehr leicht im täglichen Gebrauch wiedererkennen. So kann die Anforderung nach einer regelmäßigen Passworterneuerung wenigstens in den folgenden drei Formen erfolgen:

- Das Passwort **muss** alle 3 Monate erneuert werden.
- Das Passwort **sollte** alle 3 Monate erneuert werden.
- Das Passwort **kann** alle 3 Monate erneuert werden.

Es wird offenkundig, dass die drei Verben müssen, sollen und können jeweils einen bestimmten Ermessensspielraum festlegen:

- **Muss**
  Diese Anforderung ist ohne jeglichen Ermessensspielraum umzusetzen. Wird dieser Anforderung nicht genüge getan, ist der Standard/die Norm nicht erfüllt.
- **Soll**
  Diese Anforderung erlaubt ein sogenanntes *intendiertes Ermessen*: In der Regel muss die Vorgabe so eingehalten werden. Bei untypischen Fällen oder aber bei begründbaren Sondersituationen kann allerdings ein eigenes Ermessen die Vorgabe verändern. In manchen Standards werden diese untypischen Fälle beispielhaft vorgegeben und es bleibt dem Anwender überlassen, zu prüfen, ob seine eigene Situation dazu passt. In strengeren Fällen erfolgt eine vollständige Liste der Ausnahmen, sodass die Regel mit den Ausnahmen wieder vollständig als Muss-Vorgabe interpretiert werden kann.
- **Kann**
  Hier hat der Anwender des Standards/der Norm ein relativ freies Ermessen, da die Forderung selbst weniger als Vorschrift, sondern eher als Ermächtigung, etwas so oder so tun zu können, aufgefasst wird. Kann-Anforderungen sind daher in den seltensten Fällen juristisch auswertbar, da die Nichterfüllung einer Kann-Anforderung meist innerhalb des Ermessensspielraum des Anwenders liegt. Wird eine Kann-Anforderung allerdings eingehalten, so ist dies in jedem Fall für die Erfüllung eines Standards/einer Norm positiv. Der Umkehrschluss gilt nicht zwangsläufig.

Die sorgfältige und bewusste Verwendung dieser Schlüsselworte ist sowohl auf der Seite, die einen Standard/eine Norm erstellt, als auch auf der anwendenden Seite relevant.

Für die anwendende Seite – und damit insbesondere für den Sicherheitstester – ist es insbesondere für Soll-Vorschriften zumeist hilfreich, eine Begründung für eine Entscheidung schriftlich zu hinterlegen. Hiermit kann die explizite Entscheidung, eine Anforderung nicht zu erfüllen, belegt werden. Sie unterscheidet sich damit deutlich von der impliziten Ablehnung, die kaum von einem Vergessen, Übersehen oder Ignorieren zu trennen ist.

Letzteres ist insbesondere im Sicherheitsbereich relevant, da die dort gemachten Forderungen häufig zusätzlichen Aufwand bedeuten und ggf. den Komfort einer IT-Nutzung einschränken (vgl. Kap. 1). Es ist daher gerade aus einer allgemeinen Projektsicht häufig ein Leichtes, Forderungen, die in diesen Bereichen besonders negativ wirken, aufgrund einer scheinbaren Nichtanwendbarkeit für irrelevant zu erachten. Aus einer Sicherheitssicht ist es aber gerade hier wichtig, die Gründe, die zur Nichterfüllung führen, stichhaltig aufzuführen. Dies ist insbesondere dann relevant, wenn Standards und Normen Teile von Verträgen und regulativen Vorgaben sind: Hier müssen die eigenen Ermessensspielräume und die Form, wie sie belegt werden, idealerweise im Vorfeld von beiden Parteien im Konsens festgelegt werden.

9.3 Branchen- und andere Trends

Die IT ist an und für sich schon eine extrem schnelllebige Branche: Hardware, Software, Infrastrukturkomponenten, alles erfährt mehrmals im Jahr Änderungen. Die Sicherheit von IT ist noch schnelllebiger, da selbst bei gleichbleibender IT fortwährend neue Angriffsvektoren entstehen, neue Schwachstellen aufgedeckt werden und neue Darreichungsformen (z.B. immer häufiger nur noch ergebnisorientiert als Service (»as a service«), häufig als XaaS bezeichnet) genutzt werden.

Es ist für den Sicherheitstester daher fundamental wichtig, sich fortwährend über Trends der IT und insbesondere von Sicherheitsaspekten zu informieren. Die Quellen hierfür sind vielfältig: Konferenzen, Messen, Ausstellungen, Magazine, Meetups, Webinare, Blogs, Podcasts, Newsletter, Kataloge, Flyer, Broschüren und so weiter. Alle diese Quellen sollten wenigstens bezüglich der folgenden vier Aspekte beleuchtet werden, um einen qualifizierten Umgang mit einer spezifischen Quelle zu ermöglichen:

- **Glaubwürdigkeit, Authentizität**
  Sicher gibt es viele Blogs, kollektive Wikis oder auch Tweets, über die Neuigkeiten rund um den Bereich Security kommuniziert werden. Der Wert einer Nachricht hängt allerdings nicht nur von der Nachricht selbst ab, sondern auch von demjenigen, der sie ausgibt. So ist eine Nachricht des BSI zu einer aktuellen Gefahrenlage aufgrund der Meldung unterschiedlicher Firmen ein und derselben Branche sicherlich glaubwürdiger als ein Tweet eines unbekannten Social-Media-Experten, der glaubt, etwas wahrgenommen zu haben.

- **Unabhängigkeit**
  Diese Eigenschaft ist losgelöst von der vorherigen Eigenschaft Glaubwürdigkeit/Authentizität und beschreibt, inwieweit Informationen neutral und unabhängig kommuniziert werden. Gerade im Sicherheitsbereich dominieren häufig Berichte von Antiviren-Herstellern, Beratungshäusern für Penetrationstests und Sicherheitsmanagementfirmen. Die vielen Statistiken und Umfragen können auch authentisch und glaubwürdig sein, es bleibt allerdings jeweils die Frage, ob die Nachricht unabhängig ist. Ein Antiviren-Hersteller lebt letztlich davon, dass Unternehmen Risiken sehen und die entsprechende Software als Sicherheitsmaßnahme etablieren. Vermutlich werden daher über solche Kanäle eher negative Nachrichten, die auf eine grundsätzliche Verwundbarkeit aller Systeme deuten, gestreut als positive Nachrichten, die über den Erfolg von z.B. organisatorischen Maßnahmen berichten.
- **Aktualität**
  Sicherheit lebt von tagesaktuellen Nachrichten: Ist eine Schwachstelle aufgedeckt und bereits eine entsprechende Schadsoftware bekannt, ein sogenannter Zero-Day-Exploit, so zählt jede Stunde, die eine Nachricht früher verbreitet wird. Gedruckte Bücher und Zeitschriften sind hier gegenüber den elektronischen Medien klar im Nachteil.
- **Detailtreue**
  Gerade der Sicherheitstester benötigt, um Neuigkeiten direkt für zukünftige Sicherheitstests wiederverwenden zu können, sehr viele Detailinfos. Diese sind meist weniger in managementlastigen Zeitschriften zu finden als in technikspezifischen Magazinen.

Die Vielzahl von Informationsquellen von Branchen und anderen Trends führt heute meist zu einer Informationsflut. Daher gilt es, die Trends bezüglich ihrer Relevanz einzustufen, was jeweils sehr individuell und kontextbezogen erfolgen sollte.

Als Grundlage kann hierbei eine Klassifikation der Vielzahl von Trends helfen. Für den Sicherheitstester sind vor allen Dingen folgende nicht in jedem Fall klar voneinander abgrenzbare Trendarten relevant. Auch die Einstufung eines Trends ist nicht fest definiert; vielmehr spielt hier die Expertise eines Sicherheitstesters eine wesentliche Rolle, um möglichst früh die Spreu vom Weizen zu trennen, also zu erkennen, welche Trends vermutlich die signifikantesten Auswirkungen auf einen konkreten Kontext haben und worüber er sich folglich informieren sollte (vgl. z.B. [Trend 18]):

Trendsignal
Hierunter werden bestimmte Neuigkeiten und Infos verstanden, die möglicherweise für die Auslösung von größeren Veränderungen verantwortlich sein könnten. Für den Sicherheitstester bietet sich hier die größte Chance, aufkommende Gefahren extrem frühzeitig zu erkennen. Gleichzeitig deutet das »möglicherweise« aber auch auf eine bestimmte Unschärfe hin: Es kann also durchaus sein, dass ein Trendsignal nichts Großes einleitet, sondern in der Praxis schlichtweg verpufft oder sich als Falschnachricht entpuppt. Ein mögliches aktuelles Trendsignal ist der aktuelle Trend rund um Quantencomputer und die damit erwarteten Möglichkeiten, bisher als sicher eingestufte Verschlüsselungsverfahren brechen zu können.

Mikrotrend
Hierunter wird eine kleine Veränderung bezeichnet, die meist kaum oder nur sehr regional beobachtbar ist. Für manche ist die intensive Beschäftigung mit der DSGVO ein reiner Mikrotrend im Geltungsbereich Europa.

Trend
Damit wird heute eine beobachtbare Veränderung verstanden, von der man für die Zukunft mit einem stetigen Verlauf rechnet. Als aktuellstes Beispiel hierfür kann der aktuelle Themenbereich der künstlichen Intelligenz aufgeführt werden.

Emerging Trend
Hierunter wird ein Trend verstanden, der aktuell gerade entsteht und durch viele Trendsignale gestützt wird. Er hat großes Potenzial, mehr als ein normaler Trend zu werden, die Zukunft ist allerdings noch relativ unsicher. Die Technik Blockchain (und ihre Auswirkungen auf Sicherheit) könnte ggf. hierunter verstanden werden.

Megatrend
Hierunter werden große Trends mit einer lang anhaltenden Dauer verstanden, die signifikante Veränderungen bewirken. Die Cloud und ihre professionelle Nutzung kann dieser Trendart zugeordnet werden.

Metatrend
Ein Metatrend bündelt mehrere Mega- bzw. normale Trends und fasst diese aufgrund gemeinsamer Ursachen und Effekte zusammen. Die Sicherheit an und für sich kann als Metatrend aufgefasst werden.

Der Zusammenhang und auch die Abgrenzung dieser unterschiedlichen Trendarten untereinander kann – in Anlehnung an das Trend-Wellenmodell des österreichischen Zukunftsinstituts [Trend 18] – wie in Abbildung 9–4 dargestellt werden:

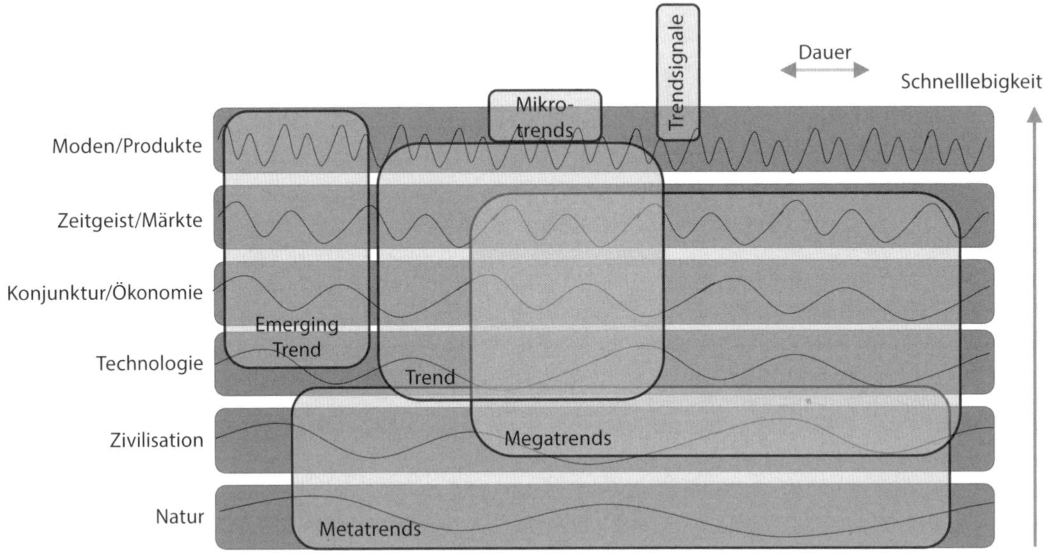

Abb. 9–4
Unterschiedliche Trends und ihre Domain, Dauer und Schnelllebigkeit

Der Sicherheitstester ist trotz einer guten Analyse aller Trends und einer für ihn sinnvollen Typzuordnung gut beraten, auch außerhalb der Trends nach neuen Angriffsszenarien, Abwehrmechanismen und Schwachstellen zu suchen. Die einseitige Fokussierung auf Trends kann zu folgenden blinden Flecken führen:

- Es besteht das Risiko, dass der eigene Kontext und die eigenen Rahmenbedingungen zunehmend ignoriert werden. Nicht jeder Trend ist für jeden Kontext gleich relevant.
- Es werden nur noch aktuelle Entwicklungen beobachtet, was zu einer reaktiven Grundeinstellung führt. Disruptive Ansätze eines Sicherheitstesters – auch ganz lokal im eigenen Unternehmen – werden in den seltensten Fällen durch Trendbeobachtungen entstehen.
- Trends werden heute sehr intensiv durch die Medien kommuniziert. Je häufiger ein Trend wiederholt wird, desto höher ist die Wahrscheinlichkeit, dass ein gewisser Erwartungseffekt eintritt und eine einzelne Beobachtung dann vorschnell und unreflektiert durch einen scheinbar über einen Trend vorhergesagten Prozess erklärt werden kann.

Als Letztes sei hier auf crowdbasierte Ansätze zur Bewertung und Zuordnung von bestimmten Trends hingewiesen. So bietet Google z.B. eine mögliche Referenz, um die Tragweite von etwaigen Trends abschätzen zu können. Google-Trends erlaubt es, über alle an Google gestellte Anfragen (und Antworten) Analysen über die Zeit durchführen zu können. In Abbildung 9–5 ist eine solche Analyse für den Begriff »Sicherheitstest« dargestellt:

Abb. 9–5
Google-Trend-Analyse für den Begriff »Sicherheitstest«

Diese auf ein Jahr durchgeführte Analyse lässt keine besonderen Trendeigenschaften erkennen. Der Begriff scheint damit entlang dieser Analyse keiner langfristigen Veränderung ausgesetzt zu sein und kann damit als etabliert angesehen werden. Genauso erlaubt Google allerdings auch das Erkennen von Trendsignalen, gemessen durch deutliche Spitzen in der Verwendung besonderer Begriffe.

Letztlich muss jeder Sicherheitstester sein eigenes Informationsnetzwerk aufbauen und intensiv pflegen. Neben den oben genannten Kriterien kommen hier sicherlich auch subjektive Präferenzen hinzu, etwa, ob jemand eher den direkten Austausch mit Menschen auf Messen und Konferenzen sucht, ob jemand eher visuell (Text) oder auditiv (Podcasts) Informationen aufnimmt oder ob jemand eher deutschsprachige oder englischsprachige Informationsquellen präferiert. In jedem Fall gilt: Ohne ein fortwährendes Sichten von Trends besteht eine große Gefahr, dass der Sicherheitstester wichtige Risiken übersieht, sie nicht mehr abtestet und auch keine konstruktiven Hinweise zur effizienten und effektiven Risikobehandlung machen kann.

9.4 Was Sie in diesem Kapitel gelernt haben

- In Abschnitt 9.1 wird das Konzept von Standards und Normen und deren Unterschied erläutert sowie beide jeweils mit Beispielen, insbesondere aus Deutschland, unterfüttert. Die verschiedenen Vorteile ihrer Anwendung werden ebenso beleuchtet wie Kriterien zu ihrer Identifikation und kontextbezogenen Selektion. Anschließend werden die zwei Grundmotivationen der Anwendung von Standards und Normen – »regulatorische Vorgaben« und »vertragliche Situationen« – aufgezeigt und mit konkreten Beispielen aus Deutschland verdeutlicht. Insbesondere für die regulatorischen Vorgaben werden drei für die deutsche Industrie relevante Beispiele aufgeführt und ihre Relevanz für den Sicherheitstester erläutert.
- In Abschnitt 9.2 wird auf die konkrete Lesart von Klauseln in Standards und Normen hingewiesen sowie der daraus jeweils folgende Ermessensspielraum erläutert, der wiederum wichtig für die Ausgestaltung von Sicherheitstests ist.
- In Abschnitt 9.3 wird auf die Wichtigkeit und Volatilität von (Branchen-)Trends hingewiesen sowie ein Raster aufgezeigt, entlang dessen die jeweils passenden Informationsquellen selektiert werden können, um bezüglich der Informationssicherheit jeweils auf dem Stand der Technik informiert zu sein. Abschließend wird die Notwendigkeit erläutert, dass jeder Sicherheitstester seinen eigenen Informationskatalog pflegt und für die fortwährende Aktualisierung seines Wissens aktiv nutzt, um möglichst früh wichtige Trends und ihre Auswirkungen auf den Sicherheitstest erkennen zu können.

Anhang

A Abkürzungen

ACL	Access Control List
AES	Advanced Encryption Strandard
ARP	Address Resolution Protocol
BaFin	Bundesanstalt für Finanzdienstleistungsaufsicht
BCM	Business Continuity Management
BSI	Bundesamt für Sicherheit in der Informationstechnik
CBC	Cipher-Block Chaining
CERT	Computer Emergency Response Team
CI	Code Injection
CIA	Confidentiality, Integrity, Availability
CM	Counter Mode
COTS	Commercial off-the-shelf
CVSS	Common Vulnerability Scoring System
CWE	Common Weakness Enumeration
DDM	Dynamic Data Masking
DDoS	Distributed Denial of Service
DIN	Deutsches Institut für Normung
DMZ	Demilitarisierte Zone
DNS	Domain Name System
DOM	Document Object Model
DoS	Denial of Service
DR	Disaster Recovery
DSGVO	Datenschutz-Grundverordnung
EAL	Evaluation Assurance Level
ECB	Electronic Code Book
EFQM	European Foundation for Quality Management
EICAR	European Institute for Computer Anti-Virus Research
ERP	Enterprise Resource Planning
ETSI	European Telecommunication Standards Institute
FTP	File Transfer Protocol

GPU	Graphics Processing Unit
GTB	German Testing Board
HSM	Hardware Security Module
HTML	Hypertext Markup Language
HTTP	Hypertext Transfer Protocol
ICMP	Internet Control Message Protocol
IDS	Intrusion Detection System
IETF	Internet Engineering Task Force
IP	Internet Protocol
IPS	Intrusion Prevention System
IR	Intension Response
ISMS	Informationssicherheitsmanagementsystem
ISO	International Organization for Standardization
ISP	Internet Service Provider
ISTQB®	International Software Testing Qualifications Board
KPI	Key Performance Indicator
LAN	Local Area Network
LDAP	Lightweight Directory Access Protocol
MD5	Message-Digest Algorithm 5
MiM	Man in the Middle
NIDS	Netz-basiertes Intrusion-Detection-System
NIST	National Institute of Standards and Technology
NTP	Network Time Protocol
NVD	National Vulnerability Database
OSI	Open System Interconnection
OWASP	Open Web Application Security Project
PAN	Personal Area Network
PCI	Payment Card Industry Data Security Standard
RBAC	Role-Based Access Control
ROP	Return Oriented Programming
RSA	Rivest, Shamir, Adleman
RUP	Rational Unified Process
SAMM	Software Assurance Maturity Model
SDL	Security Development Lifecycle
SHA	Secure Hash Algorithm

SMTP	Simple Mail Transfer Protocol
SSL	Secure Sockets Layer
SSO	Single Sign-on
STRIDE	Spoofing Identity, Tampering, Repudiation, Information Disclosure, Denial of Service and Elevation of Privilege
SUT	System under Test
TCP	Transmission Control Protocol
TGT	Ticket Granting Ticket
TLS	Transport Layer Security
TTCN	Testing and Test Control Notation
TTL	Time to Live
UDP	User Datagram Protocol
USB	Universal Serial Bus
VPN	Virtual Private Network
WAF	Web Application Firewall
WEP	Wired Equivalent Privacy
WLAN	Wireless Local Area Network
WTO	World Trade Organization
XSS	Cross-Site Scripting

B Literaturverzeichnis

[**Adrian et al. 15**] Adrian et al.: Imperfect Forward Secrecy – How Diffie-Hellman Fails in Practice, 2015; *https://weakdh.org/imperfect-forward-secrecy-ccs15.pdf*.

[**AFL 18**] American Fuzzy Loop (AFL), 2018; *http://lcamtuf.coredump.cx/afl/*.

[**BaFin 16**] Bundesanstalt für Finanzdienstleistungsaufsicht (BaFin): Solvency II, Jan. 2016; *https://www.bafin.de/DE/Aufsicht/VersichererPensionsfonds/Aufsichtsregime/SolvencyII/solvency_II_node.html*.

[**BaFin 17**] Bundesanstalt für Finanzdienstleistungsaufsicht (BaFin): BAIT: BaFin veröffentlicht Anforderungen an die IT von Banken, 06.11.2017; *https://www.bafin.de/SharedDocs/Veroeffentlichungen/DE/Meldung/2017/meldung_171106_BAIT.html*.

[**BaFin 18**] Bundesanstalt für Finanzdienstleistungsaufsicht (BaFin): Versicherungsaufsichtliche Anforderungen an die IT (VAIT). Rundschreiben 10/2018; *https://www.bafin.de/SharedDocs/Veroeffentlichungen/DE/Meldung/2018/meldung_180702_VAIT.html*.

[**BBC 17**] BBC: Thousands warned they may be victims of rogue webmaster, 2017; *https://www.bbc.com/news/technology-38663392*.

[**BDGS 18**] Bundesdatenschutzgesetz, z. B. in: Artikel IT & Digitalpolitik des Bundesministeriums des Innern: »Neukonzeption des Bundesdatenschutzgesetzes: Mit dem Datenschutz-Anpassungs- und Umsetzungsgesetz EU wird das Bundesdatenschutzgesetz an die Vorgaben des europäischen Datenschutzrechts angepasst«, online verfügbar unter: *https://www.bmi.bund.de/DE/themen/it-und-digitalpolitik/datenpolitik/bundesdatenschutzgesetz/bundesdatenschutzgesetz-node.html*.

[**Beck et al. 01**] Beck et al.: Manifest für Agile Softwareentwicklung, 2001; *https://agilemanifesto.org/iso/de/manifesto.html*.

[**Beeby 15**] Beeby, D.: Heartbleed bug crisis hit more government computers than previously disclosed. CBC News 2015; *https://www.cbc.ca/news/politics/heartbleed-bug-cyberattack-canada-government-departments-1.3355993*.

[**Bender 13**] Bender, E.: Umsetzungshilfen für kompetenzorientiertes Prüfen. nexus, 2013.

[**BKA 18**] Bundeskriminalamt (BKA): Internetkriminalität/Cybercrime, Feb. 2018; *https://www.bka.de/DE/UnsereAufgaben/Deliktsbereiche/Internetkriminalitaet/internetkriminalitaet_node.html*.

[**BMI 15**] Bundesministerium des Innern (BMI): Verordnung zur Bestimmung Kritischer Infrastrukturen nach dem BSI-Gesetz (BSI-Kritisverordnung – BSI-KritisV), 2015; *https://www.kritis.bund.de/SharedDocs/Downloads/Kritis/DE/BSI_Kritisverordnung_Final.pdf?__blob=publicationFile*.

[BMWi 17] Bundesministerium für Wirtschaft und Energie (BMWi): Die Rolle der Normung 2030 und Gestaltungsoptionen unter Berücksichtigung der technologiespezifischen Besonderheiten der IKT in der Normung und Standardisierung: Abschlussbericht, Projekt Nr. 70/15, 26.04.2017; *https://www.bmwi.de/Redaktion/DE/Publikationen/Studien/rolle-der-normung-2030.html.*

[Böck 17] Böck, H.: Datenleck bei der Deutschen Post. Zeit Online vom 5. Juli 2017; *https://www.zeit.de/digital/datenschutz/2017-07/kundendaten-deutsche-post-ungesicherte-datenbank.*

[Brachmann 15] Brachmann, K.: Konzeption und Umsetzung des CoC bei der WGV mit paralleler Zertifizierung des ISMS nach ISO 27001. WGV-Versicherungen, 24.11.2015; *https://docplayer.org/11480508-Konzeption-und-umsetzung-des-coc-bei-der-wgv-mit-paralleler-zertifizierung-des-isms-nach-iso-27001.html.*

[Brand 18] Brand, M.: Statistik der Woche: Die Deutschen und die DSGVO. In: Technology Review: Das Magazin für Innovation, vom 12.6.2018; *https://www.heise.de/tr/artikel/Statistik-der-Woche-Die-Deutschen-und-die-DSGVO-4075880.html.*

[Brandes 12] Brandes, C.: Agiles Testen – was ist das? SQ-Magazin, Ausgabe 23, Juni 2012.

[BSA 14] Business Software Alliance (BSA): Lizenzleitfaden. In: Oettinger, R.: Was ist eine Software-Lizenz?, Computerwoche vom 11.06.2014; *https://www.computerwoche.de/a/was-ist-eine-softwarelizenz,1913465.*

[BSI 12] Bundesamt für Sicherheit in der Informationstechnik (BSI): Leitfaden Informationssicherheit, IT-Gundschutz kompakt, 2012; *https://www.bsi.bund.de/DE/Themen/ITGrundschutz/ITGrundschutzKompendium/umsetzungshinweise/DER/Umsetzungshinweise_zum_Baustein_DER_2_3_Bereinigung_weitreichender_Sicherheitsvorfälle.html.*

[BSI 15a] Bundesamt für Sicherheit in der Informationstechnik (BSI): Cyber-Sicherheits-Umfrage 2015 – Cyber-Risiken, Meinungen und Maßnahmen, 2015; *https://www.bsi.bund.de.*

[BSI 15b] Bundesamt für Sicherheit in der Informationstechnik (BSI): Die Lage der IT-Sicherheit in Deutschland 2015. Bonn, 2015.

[BSI 16a] Bundesamt für Sicherheit in der Informationstechnik (BSI): Checklisten Handbuch IT-Grundschutz. Bundesanzeiger Verlag, Köln, 2016.

[BSI 16b] Bundesamt für Sicherheit in der Informationstechnik (BSI): Ein Praxis-Leitfaden für IS-Penetrationstests. Version 1.2, November 2016; *https://www.bsi.bund.de/SharedDocs/Downloads/DE/BSI/ Sicherheitsberatung/Pentest_Webcheck/Leitfaden_Penetrationstest.html.*

[BSI 17a] Bundesamt für Sicherheit in der Informationstechnik (BSI): IS-Penetrationstest und IS-Webcheck, 2017; *https://www.bsi.bund.de/DE/Themen/Cyber-Sicherheit/Dienstleistungen/ISPentest_ISWebcheck/ispentest_iswebcheck_node.html.*

[BSI 17b] Bundesamt für Sicherheit in der Informationstechnik (BSI): Die Lage der Informationssicherheit in Deutschland 2017. Bonn, 2017.

[BSI 17c] Bundesamt für Sicherheit in der Informationstechnik (BSI): Liste zertifizierter IT-Sicherheitsdienstleister in den Geltungsbereichen IS-Revision und IS-Penetrationstests, 2017; *https://www.bsi.bund.de/DE/Themen/ZertifizierungundAnerkennung/Stellen/IS_REV_PEN/IS_REV_Dienstleister/IS_REV_Dienstleister_node.html.*

[BSI 18a] Bundesamt für Sicherheit in der Informationstechnik: Anforderungen an Antragsteller zur IT-Sicherheitszertifizierung von Produkten, Schutzprofilen und Standorten: CC-Produkte, Version 3.2 vom 24.05.2018; *https://www.bsi.bund.de/SharedDocs/Downloads/DE/BSI/Zertifizierung/CC-Produkte.pdf?__blob=publicationFile&v=7.*

[BSI 18b] Bundesamt für Sicherheit in der Informationstechnik (BSI): Anforderungen an netzwerkfähige Industriekomponenten, 2018; *https://www.allianz-fuer-cybersicherheit.de.*

[BSI 18c] Bundesamt für Sicherheit in der Informationstechnik (BSI): BSI für Bürger, 2018; *https://www.bsi-fuer-buerger.de/BSIFB/DE/Home/home_node.html.*

[BSI 18d] Bundesamt für Sicherheit in der Informationstechnik (BSI): BSI-Leitfaden zur Einführung von Intrusion-Detection-Systemen, 2018; *https://www.bsi.bund.de/DE/Publikationen/Studien/IDS02/gr_index_htm.html?nn=6624308.*

[BSI 18e] Bundesamt für Sicherheit in der Informationstechnik (BSI): BSI TR-02102-1: Kryptographische Verfahren: Empfehlungen und Schlüssellängen. BSI, Mai 2018.

[BSI 200-1 17] Bundesamt für Sicherheit in der Informationstechnik (BSI): BSI-Standard 200-1: Managementsysteme für Informationssicherheit (ISMS), 2017; *https://www.bsi.bund.de/SharedDocs/Downloads/DE/BSI/Grundschutz/Kompendium/standard_200_1.pdf.*

[BSI 200-2 17] Bundesamt für Sicherheit in der Informationstechnik (BSI): BSI-Standard 200-2: IT-Grundschutz-Methodik, 2017; *https://www.bsi.bund.de/SharedDocs/Downloads/DE/BSI/Grundschutz/Kompendium/standard_200_2.pdf.*

[BSI 200-3 17] Bundesamt für Sicherheit in der Informationstechnik (BSI): BSI-Standard 200-3: Risikoanalyse auf der Basis von IT-Grundschutz, 2017; *https://www.bsi.bund.de/SharedDocs/Downloads/DE/BSI/Grundschutz/Kompendium/standard_200_3.pdf.*

[BSI B 1.13 14] Bundesamt für Sicherheit in der Informationstechnik (BSI): BSI IT-Grundschutzkataloge, Bausteine B 1.13 Sensibilisierung und Schulung zur Informationssicherheit, 2014; *https://www.bsi.bund.de/DE/Themen/ITGrundschutz/ITGrundschutzKataloge/Inhalt/_content/baust/b01/b01013.html.*

[BSI B 3.301 11] Bundesamt für Sicherheit in der Informationstechnik (BSI): BSI IT-Grundschutzkataloge, Bausteine B 3.301 Sicherheitsgateway (Firewall), 2011; *https://www.bsi.bund.de/DE/Themen/ITGrundschutz/ITGrundschutzKataloge/Inhalt/_content/baust/b03/b03301.html.*

[BSI EAL 18] Bundesamt für Sicherheit in der Informationstechnik (BSI): Evaluation Assurance Level (EAL), *https://www.bsi.bund.de/DE/Themen/ZertifizierungundAnerkennung/Produktzertifizierung/ZertifizierungnachCC/ITSicherheitskriterien/CommonCriteria/eal_stufe.html*; abgerufen am 14.11.2018.

[BSI G 0.39 11] Bundesamt für Sicherheit in der Informationstechnik (BSI): BSI IT-Grundschutzkataloge, Gefährdung G 0.39 Schadprogramme, 2011; *https://www.bsi.bund.de/DE/Themen/ITGrundschutz/ITGrundschutzKataloge/Inhalt/_content/g/g00/g00039.html.*

[BSI G 5.42 11] Bundesamt für Sicherheit in der Informationstechnik (BSI): BSI IT-Grundschutzkataloge, Gefährdung G 5.42 Social Engineering, 2011; *https://www.bsi.bund.de/DE/Themen/ITGrundschutz/ITGrundschutzKataloge/Inhalt/_content/g/g05/g05042.html.*

[BSI G 5.157 11] Bundesamt für Sicherheit in der Informationstechnik (BSI): BSI IT-Grundschutzkataloge, Gefährdung G 5.157 Phishing und Pharming, 2011; *https://www.bsi.bund.de/DE/Themen/ITGrundschutz/ITGrundschutzKataloge/Inhalt/_content/g/g05/g05157.html.*

[BSI Glossar 13] Bundesamt für Sicherheit in der Informationstechnik (BSI): IT-Grundschutz: Glossar und Begriffsdefinitionen, 2013; *https://www.bsi.bund.de/DE/Themen/ITGrundschutz/ITGrundschutzKataloge/Inhalt/Glossar/glossar_node.html.*

[BSI Grundschutz 16] Bundesamt für Sicherheit in der Informationstechnik (BSI): IT-Grundschutz, 2016; *https://www.bsi.bund.de/DE/Themen/ITGrundschutz/ITGrundschutzDownloads/Download_ Archiv/download_node.html.*

[BSI IT-GS 18] Bundesamt für Sicherheit in der Informationstechnik (BSI): IT-Grundschutz-Kompendium, Edition 2018; *https://www.bsi.bund.de/DE/Themen/ITGrundschutz/ITGrundschutzKataloge/Inhalt/_content/g/g05/g05042.html;* abgerufen am 29.07.2018.

[BSI M 2.158 13] Bundesamt für Sicherheit in der Informationstechnik (BSI): BSI IT-Grundschutzkataloge, Maßnahme M 2.158 Meldung von Schadprogramm-Infektionen, 2013; *https://www.bsi.bund.de/DE/Themen/ITGrundschutz/ITGrundschutzKataloge/Inhalt/_content/m/m02/m02158.html.*

[BSI M 2.309 13] Bundesamt für Sicherheit in der Informationstechnik (BSI): BSI IT-Grundschutzkataloge, Maßnahme M 2.309 Sicherheitsrichtlinien und Regelungen für die mobile IT-Nutzung, 2013; *https://www.bsi.bund.de/DE/Themen/ITGrundschutz/ITGrundschutzKataloge/Inhalt/_content/m/m02/m02309html.*

[BSI M 3.97 16] Bundesamt für Sicherheit in der Informationstechnik (BSI): BSI IT-Grundschutzkataloge, Maßnahme M 3.97 Schulung der Projektteams für die Software-Entwicklung, 2016; *https://www.bsi.bund.de/DE/Themen/ITGrundschutz/ITGrundschutzKataloge/Inhalt/_content/m/m03/m03097.html.*

[BSI M 4.177 13] Bundesamt für Sicherheit in der Informationstechnik (BSI): BSI IT-Grundschutzkataloge, Maßnahme M 4.177 Sicherstellung der Integrität und Authentizität von Softwarepaketen, 2013; *https://www.bsi.bund.de/DE/Themen/ITGrundschutz/ITGrundschutzKataloge/Inhalt/_content/m/m04/m04177.html.*

[BSI M 5.71 13] Bundesamt für Sicherheit in der Informationstechnik (BSI): BSI IT-Grundschutzkataloge, Maßnahme M 5.71 Intrusion Detection und Intrusion Response Systeme, 2013; *https://www.bsi.bund.de/DE/Themen/ITGrundschutz/ITGrundschutzKataloge/Inhalt/_content/m/m05/m05071.html.*

[BSI M 5.150 16] Bundesamt für Sicherheit in der Informationstechnik (BSI): BSI IT-Grundschutzkataloge, Maßnahme M 5.150 Durchführung von Penetrationstests, 2016; *https://www.bsi.bund.de/DE/Themen/ITGrundschutz/ITGrundschutzKataloge/Inhalt/_content/m/m05/m05150.html.*

[Bundesbank 15] Eröffnungsvortrag beim Bundesbank Symposium »Bankenaufsicht im Dialog«, Frankfurt am Main, 06.07.2015: Dr. Andreas Dombret, Mitglied des Vorstands der Deutschen Bundesbank.

[Cambridge 11] Cambridge Business English Dictionary, Cambridge University Press, 2011.

[Caneill & Gilis 10] Caneill, M.; Gilis J.-L.: Attacks against the WiFi protocols WEP and WPA, 2010; *https://matthieu.io/publications/*; abgerufen am 22.10.2018.

[CapGemini et al. 18] CapGemini, MicroFocus, Sogeti: World Quality Report 2018 – 2019, 10th Edition; *https://www.sogeti.com/globalassets/global/wqr-201819/wqr-2018-19_secured.pdf.*

[Carvalho et al. 14] Carvalho, M.; DeMott, J.; Ford, R.; Wheeler, D. A.: Heartbleed 101. IEEE security & privacy, 12 (2014), 4, S. 63-67.

[CC 12] Common Criteria for Information Technology Security Evaluation, Version 3.1, 2012.

[Chapman et al. 00] Chapman, D. B.; Cooper, S.; Zwicky, E. D.: Building Internet Firewalls. O'Reilly & Associates, 2000.

[Cisco 18] Cisco: Configuring IP Access Lists, 15.11.2018; *https://www.cisco.com/c/en/us/support/docs/security/ios-firewall/23602-confaccesslists.htm.*

[CISE 18] Computer & Information Science & Engineering (CISE): Obfuscated C Code, 2018; *https://www.cise.ufl.edu/~manuel/obfuscate/obfuscate.html.*

[Clement & Schreiber 13] Clement, R.; Schreiber, D.: Internet-Ökonomie: Grundlagen und Fallbeispiele der vernetzten Wirtschaft. Springer-Verlag, 2013.

[CMU 1] Carnegie Mellon University, Software Engineering Institute, CERT: CERT Secure Coding – Top 10 Secure Coding Practices; *https://wiki.sei.cmu.edu/confluence/display/seccode/Top+10+Secure+Coding+Practices.*

[CMU 2] Carnegie Mellon University, Software Engineering Institute: Digital Library; *https://resources.sei.cmu.edu/library/results.cfm?as_q=inmeta:gsataxonomyoutput~Secure%20Coding.*

[CMU 3] Carnegie Mellon University, Software Engineering Institute, CERT: CERT Secure Coding: SEI CERT Coding Standards für C, C++ und Android; *https://resources.sei.cmu.edu/library/asset-view.cfm?assetID=454220.*

[CMU 4] Carnegie Mellon University, Software Engineering Institute, CERT: SEI CERT Coding Standards; *https://wiki.sei.cmu.edu/confluence/display/seccode/SEI+CERT+Coding+Standards.*

[CMU 5] Carnegie Mellon University, Software Engineering Institute: Software and Tools; *https://www.sei.cmu.edu/publications/software-tools/index.cfm.*

[CMU 6] Carnegie Mellon University, Software Engineering Institute, CERT: Vulnerability Notes Database: Advisory and mitigation information about software vulnerabilities. *https://www.kb.cert.org/vuls.*

[COBIT 12] COBIT 5 for Information Security. ISACA Knowledge Center, USA, 2012.

[cpp 16] cpp: C++ standardisation: Website Cppreference.com with C++ reference, 2016; *http://en.cppreference.com.*

[Crispin 11] Crispin, L.: Using the Agile Testing Quadrants, 2011; *https://lisacrispin.com/2011/11/08/using-the-agile-testing-quadrants/.*

[DGVFM 08] Deutsche Gesellschaft für Versicherungs- und Finanzmathematik e.V. (DGVFM): Interne Risikomodelle in der Schaden- /Unfallversicherung. Herausgeber DAV (Deutsche Aktuarvereinigung) Arbeitsgruppe Interne Risikomodelle, Schriftenreihe Versicherungs- und Finanzmathematik, Band 35, Verlag Versicherungswirtschaft GmbH Karlsruhe, 2008.

[Diehl & Rosenbach 17] Diehl, J.; Rosenbach, M.: Onlinekriminalität: Angriffe zum Mieten. Der Spiegel, Ausgabe 49/2017.

[Dilts 93] Dilts, R.: Veränderung von Glaubenssystemen. Junfermann Verlag, 1993.

[DSGVO 16] Datenschutz-Grundverordnung, 2016/679 *https://dsgvo-gesetz.de/.*

[Eckert 18] Eckert, C.: IT-Sicherheit: Konzepte – Verfahren – Protokolle. De Gruyter, 2018.

[EICAR 18] European Institute for Computer Anti-Virus Research (EICAR): Testvirus, 2018; *www.eicar.org.*

[Eikenberg 18] Eikenberg, R.: Fernwartungs-Tool hatte Trojaner im Gepäck. Heise Security, 2018; *https://www.heise.de/security/meldung/Fernwartungs-Tool-hatte-Trojaner-im-Gepaeck-4111069.html.*

[ETSI 1] European Telecommunications Standards Institute (ETSI): ETSI'S Official TTCN-3 Homepage. *http://www.ttcn-3.org/.*

[ETSI 203 251 15] European Telecommunications Standards Institute (ETSI): ETSI 203 251: Methods for Testing & Specification; Risk-based Security Assessment and Testing Methodology, Final Draft, 2015; *https://www.etsi.org/deliver/etsi_eg/203200_203299/203251/ 01.01.01_50/eg_203251v010101m.pdf.*

[ETSI EG 203 251 16] European Telecommunications Standards Institute (ETSI): ETSI EG 203 251 V1.1.1: Methods for Testing & Specification; Risk-based Security Assessment and Testing Methodologies, 2016.

[ETSI TR 101 582 14] European Telecommunications Standards Institute (ETSI): ETSI TR 101 582: Methods for Testing and Specification (MTS): Security Testing; Case Study Experiences, 2014; *https://www.etsi.org/deliver/etsi_tr/101500_101599/101582/ 01.01.01_60/tr_101582v010101p.pdf.*

[ETSI TR 101 583 15] European Telecommunications Standards Institute (ETSI): ETSI TR 101 583 V1.1.1: Methods for Testing & Specification; Security Testing; Basic Terminology, 2015.

[EU 06] EU: European Commission Information System Security Policy C (06) 3602 Standard on Controls Against Malicious Code, 2006.

[EUDSG-VO 16] Verordnung (EU) 2016/679 des Europäischen Parlaments und des Rates vom 27. April 2016 zum Schutz natürlicher Personen bei der Verarbeitung personenbezogener Daten, zum freien Datenverkehr und zur Aufhebung der Richtlinie 95/46/EG (Datenschutz-Grundverordnung), 2016; *https://www.datenschutz-grundverordnung.eu/wp-content/uploads/2016/05/CELEX_32016R0679_DE_TXT.pdf.*

[Falter 16] Falter, T.: Wertemodell, Private communication, 1.10.2018.

[FAZ 05] Frankfurter Allgemeine Zeitung: Die Risikomodelle sind nicht sturmfest, 18.05.2005; *http://www.faz.net/aktuell/wirtschaft/unternehmen/risikomanagement-die-risikomodelle-sind-nicht-sturmfest-1227411.html.*

[Franz et al. 18] Franz, K.; Tremmel, T.; Kruse, E.: Basiswissen Testdatenmanagement. dpunkt.verlag, Heidelberg, 2018.

[Gamer 10] Gamer, T.: Dezentrale, Anomalie-basierte Erkennung verteilter Angriffe im Internet, KIT – Universität des Landes Baden-Württemberg und nationales Forschungszentrum in der Helmholtz-Gemeinschaft, Karlsruhe, 2010.

[Gierow & Böck 18] Gierow, H.; Böck, H.: Bundeshack: Hack auf Bundesregierung erfolgte über Lernplattform Ilias. Golem.de, 2018; *https://www.golem.de/news/bundeshack-hack-auf-bundesregierung-erfolgte-ueber-lernplattform-ilias-1803-133227.html.*

[Gleißner & Wolfrum 17] Gleißner, W.; Wolfrum, M.: Risikotragfähigkeit, Risikotoleranz, Risikoappetit und Risikodeckungspotential. Controller Magazin, Heft 6/2017, S. 77–84.

[Godefroid et al. 08] Godefroid, P.; Levin, M. Y.; Molnar, D. A.: Automated whitebox fuzz testing. NDSS, Vol. 8, 2008.

[Goos 06] Goos, G.: Vorlesungen über Informatik, Band 2. 4. Auflage, Springer-Verlag, 2006.

[Graves 70] Graves, C. W.: Levels of Existence: an Open System Theory of Values. Journal of Humanistic Psychology, 10 (1970), 2, S. 131-155.

[Großmann et al. 17] Großmann, J.; Schneider, M.; Viehmann, J.: Modellbasiertes Security-Testen. In: Spillner, A.; Winter, M.; Pietschker, A. (Hrsg.): Test, Analyse und Verifikation von Software – gestern, heute, morgen. dpunkt.verlag, Heidelberg, 2017, S. 57–80.

[Gruschka & Schneider 02] Gruschka, H.; Schneider, A.: Firewallsysteme – Ein elementarer Teil der Sicherheit in der Informationstechnik (IT) – Wozu werden sie benötigt, was können sie und wie werden sie eingesetzt?. Bayerischer Kommunaler Prüfungsverband, 2002; *http://www.bkpv.de/ver/pdf/gb 02/gruschka.pdf*; abgerufen am 02.10.2018.

[GTB CTAL ST 18] German Testing Board (GTB): Certified Tester Advanced Level Syllabus Sicherheitstester (Security Tester), Fassung 2016, Deutsche Übersetzung 2018, V1.0.

[GTB CTAL TM 12] German Testing Board (GTB): Certified Tester Advanced Level Syllabus Testmanager. Deutschsprachige Ausgabe, 2012; verfügbar unter: *https://www.german-testing-board.info/wp-content/uploads/2016/07/CTAL_Lehrplan2012_TM_Final_ Germ_V100.pdf.*

[GTB CTAL TTA 12] German Testing Board (GTB): Lehrplan Certified Tester Advanced Level Technical Test Analyst, 2012.

[GTB CTFL 11] German Testing Board (GTB): Certified Tester Foundation Level Syllabus, 2011.

[GTB CTFL 18] German Testing Board (GTB): ISTQB Certified Tester Foundation Level Syllabus, 2018; *https://www.german-testing-board.info/wp-content/uploads/2018/09/Lehrplan-Certified-Tester_ Foundation-Level_Version2018.pdf.*

[GTB Glossar 17] German Testing Board (GTB): ISTQB/GTB Standardglossar der Testbegriffe, Deutsch/Englisch, Version 3.11, 2017; *https://www.german-testing-board.info/wp-content/uploads/ 2016/06/ISTQB%C2%AE_GTB_Standardglossar-der-Testbegriffe-Deutsch-Englisch.pdf.*

[GTB Glossar 18] German Testing Board (GTB): ISTQB/GTB Standardglossar der Testbegriffe, Deutsch/Englisch, Version 3.2, 2018; *https://www.german-testing-board.info/wp-content/uploads/ 2018/09/ISTQB%C2%AE_GTB_Standard-glossar_der_Testbegriffe_ Deutsch_Englisch_V3_2.pdf.*

[Hackerboard 18] Hackerboard, *http://wiki.hackerboard.de/index.php/Social_Engineering*; abgerufen am 30.06.2018.

[Hadnagy 11] Hadnagy, C.: Die Kunst des Human Hacking. mitp, Rheinbreitbach, 2011.

[Hadnagy 14] Hadnagy, C.: Social Engineering enttarnt. mitp, Rheinbreitbach, 2014.

[Hägler & Tanriverdi 16] Hägler, M.; Tanriverdi, H.: SAP hatte jahrelang massive Sicherheitslücke. Süddeutsche Zeitung, 31.03.2016. *bit.ly/2x6uZ4c*; abgerufen am 12.09.2018.

[heise online 16] »Chef-Masche«: Kriminelle klauen wohl per Social Engineering 40 Millionen Euro, 18.06.2016; *https://www.heise.de/newsticker/meldung/Chef-Masche-Kriminelle-klauen-wohl-per-Social-Engineering-40-Millionen-Euro-3296847.html*; abgerufen am 30.06.2018.

[heise online 18] Sicherheitsprobleme beim besonderen elektronischen Anwaltspostfach: Jetzt ist auch das Anwaltsverzeichnis offline, 2018; *https://www.heise.de/newsticker/meldung/Sicherheitsprobleme-beim-besonderen-elektronischen-Anwaltspostfach-Jetzt-ist-auch-das-4024204.html.*

[Hessen-IT 18] Hessen-IT: Gefahren und Angriffe, 2018; *https://www.hessen-it.de/sicherheit.*

[Howard & LeBlanc 14] Howard, M.; LeBlanc, D.: Writing Secure Code. 2nd Edition, Microsoft Press, 2014.

[Howard & Lipner 06] Howard, M.; Lipner, S.: The Security Development Lifecycle. Microsoft Press, 2006.

[HPI 1] Hasso-Plattner-Institut: Datenbank für IT-Angriffsanalysen; *https://hpi-vdb.de/vulndb/.*

[HPI 18] Hasso-Plattner-Institut (HPI): IT-Sicherheit: Das sind die häufigsten Passwörter der Deutschen 2018. Hamburger Abendblatt, 18.12.2018; verfügbar unter: *https://www.abendblatt.de/ratgeber/article216041197/Passwoerter-2018-Die-haeufigsten-Passwoerter-fuer-E-Mail-Konten-in-Deutschland.html.*

[Huber 13] Huber, M.: Leitlinien: Gerüst, nicht Korsett. Österreichische Ärztezeitung Nr. 11/10.06.2013; *http://www.aerztezeitung.at/archiv/oeaez-2013/oeaez-11-10062013/leitlinie-richtlinie-bundesqualitaetsleitlinie-bqrl.html.*

[IEEE 14] IEEE Computer Society Center for Secure Design: Avoiding the Top 10 Software Security Design Flaws, 2014; *https://ieeecs-media.computer.org/media/technical-activities/CYBSI/docs/Top-10-Flaws.pdf.*

[IEEE 829] IEEE 829: Standard for Software and System Test Documentation, 2008.

[IEEE 15288] ISO/IEC/IEEE 15288: System- und Software-Engineering – System-Lebenszyklus-Prozesse, 2015.

[IETF 18a] Internet Engineering Task Force (IETF): Mission and Principles; *https://www.ietf.org/about/mission/*. Die jeweiligen Industriestandards der IETF sind verfügbar unter *https://tools.ietf.org/html*, gefolgt von der Standard-ID (z.B. für TCP unter *https://tools.ietf.org/html/rfc793*).

[IETF 18b] Internet Engineering Task Force (IETF): Transport Layer Security Protocol, 2018; *https://www.ietf.org.*

[IOCCC 19] IOCCC: The International Obfuscated C Code Contest, 2019; *https://www.ioccc.org/.*

[ISO 17] International Organization for Standardization (ISO): ISO Survey of certifications to management system standards – Full Results, 2017; *https://isotc.iso.org/livelink/livelink?func=ll&objId=18808772&objAction=browse&viewType=1*.

[ISO 12207] ISO/IEC/IEEE 12207: System und Software-Engineering – Prozesse im Lebenszyklus von Software, 2017.

[ISO 15408] ISO/IEC 15408: Information technology – Security techniques – Evaluation criteria for IT security. 3rd Edition, 2014.

[ISO 17961] ISO/IEC TS 17961:2013: Information technology – Programming languages, their environments and system software interfaces – C secure coding rules.

[ISO 25010] ISO/IEC 25010: 11: Systems and software engineering – Systems and software Quality Requirements and Evaluation (SQuaRE) – System and software quality models.

[ISO 27001] DIN EN ISO/IEC 27001:2017: Informationstechnik – Sicherheitsverfahren – Informationssicherheitsmanagementsysteme – Anforderungen. Beuth Verlag GmbH, 2017.

[ISO 27002] DIN EN ISO/IEC 27002:2017: IT-Sicherheitsverfahren – Leitfaden für das Informationssicherheits-Management. Beuth Verlag GmbH, 2017.

[ISO 27005] ISO/IEC 27005:2018-07: Informationstechnik – IT-Sicherheitsverfahren – Informationssicherheitsrisikomanagement. Beuth Verlag GmbH, 2018.

[ISO 27034] ISO/IEC 27034: Informationstechnik – IT Sicherheitsverfahren – Sicherheit von Anwendungen, 2011–2017.

[ISO 27034-1] ISO/IEC 27034-1: Information technology – Security techniques – Application security – Part 1: Overview and concepts, ISO/IEC 2011.

[ISO 29119-3] ISO/IEC/IEEE 29119-3: Software and systems engineering – Software testing – Part 3: Test documentation, 2013.

[ISO 29148] ISO/IEC/IEEE 29148: System- und Software-Engineering – Lebenszyklus-Prozesse – Anforderungsengineering, 2012.

[ISO 31000] ISO 31000:2018-02: Risikomanagement – Leitlinien. Beuth Verlag GmbH, 2018.

[ISO 31010] ISO 31010: 2010-11: Risikomanagement – Verfahren zur Risikobeurteilung. Beuth Verlag GmbH, 2010.

[IT-Sicherheitsgesetz] Gesetz zur Erhöhung der Sicherheit informationstechnischer Systeme (IT-Sicherheitsgesetz) vom 17. Juli 2015.

[IT-Wissen 18] Definition Std (Standard) in IT-Wissen; *https://www.itwissen.info/standard-STD-Norm.html*.

[Jackson 10] Jackson, C.: Network Security Auditing. Ciscopress, 2010.

[Janardhanudu & Wyk 05] Janardhanudu, G.; Wyk, K. van: White Box Testing. The Build Security In, 26. September 2005.

[Kamiske & Sommerhoff 18] Kamiske, G. F.; Sommerhoff, B.: EFQM zur Organisationsentwicklung. 2. Auflage, Hanser-Verlag, 2018.

[Kan 16] Kan, M.: Massive smart device botnet highlights the dangers of default passwords. PCWorld 2016; *https://www.pcworld.com/article/3127257/security/iot-botnet-highlights-the-dangers-of-default-passwords.html*; abgerufen am 23.10.2018.

[Kappes 07] Kappes, M.: Netzwerk- und Datensicherheit – Eine praktische Einführung. Teubner, Wiesbaden, 2007.

[Kersten et al. 08] Kersten, H.; Reuter, J.; Schröder, K.-W.: IT-Sicherheitsmanagement nach ISO 27001 und Grundschutz – Der Weg zur Zertifizierung. Vieweg, 2008.

[Kirch & Dawson 01] Kirch, O.; Dawson, T.: Linux – Wegweiser für Netzwerker. O'Reilly, 2001.

[Klipper 15] Klipper, S.: Information Security Risk Management. Springer-Verlag, 2015.

[Koblitz 94] Koblitz, N.: A Course in Number Theory and Cryptography. 2. Auflage, Springer-Verlag, New York, 1994.

[Korhonen 15] Korhonen, J.: Piracy prevention methods in software business. Bachelor's Thesis, University of Oulu, Department of Information, 2015.

[Kranig & Ehmann 18] Kranig, T.; Ehmann, E.: Erste Hilfe zur Datenschutz-Grundverordnung für Unternehmen und Vereine: Das Sofortmaßnahmen-Paket. Bayerisches Landesamt für Datenschutzaufsicht (Hrsg.). C.H.Beck, 2018.

[Lachnit & Müller 12] Lachnit, L.; Müller, S.: Unternehmenscontrolling. 2., überarbeitete und erweiterte Auflage, Springer Gabler, 2012.

[Leavitt 64] Leavitt, H. J.: Applied Organization Change in Industry: structural, technical and human approaches. In: Cooper, W.; Leavitt, H. J.; Shelly, M. W. I. (Hrsg.): New Perspectives in Organization Research. 1964, S. 55–71.

[Leipziger Volkszeitung 18] Verfassungsschutz-Leck: Kontrollgremium kritisiert IT-Sicherheit, 07.05.2018; *http://www.lvz.de/Region/Mitteldeutschland/Verfassungsschutz-Leck-Kontrollgremium-kritisiert-IT-Sicherheit.*

[Lockheed 05] Lockheed Martin Corporation: C++ Coding Standards, AIR Vehvile, 2005; *http://www.stroustrup.com/JSF-AV-rules.pdf.*

[Lueg 18] Lueg, C.: Jede Stunde rund 343 neue Android-Schadprogramme in 2017. GData Blog vom 20.02.2018; *https://www.gdata.de/blog/2018/02/30489-jede-stunde-rund-343-neue-android-schadprogramme-in-2017.*

[Lyon 2008] Lyon, G.: NMAP Network Scanning. Insecure.com LLC, 2008.

[Marquardt & Terhart 17] Marquardt, U.; Terhart, L.: Branchenspezifischer Sicherheitsstandard Wasser/Abwasser. DVGW energie | wasser-Praxis Nr. 8/2017; *https://www.dvgw.de/medien/dvgw/sicherheit/1708-ewp-branchenstandard-it-sicherheit-wasser-abwasser.pdf.*

[Microsoft 10] Microsoft Cooperation: Simplified Implementation of the Microsoft SDL), 2010; *http://www.microsoft.com/sdl.*

[Microsoft 19] Microsoft Cooperation: Secure DevOps, 2019; *https://www.microsoft.com/en-us/securityengineering/devsecops*

[Miller et al. 90] Miller, B. P.; Fredriksen, L.; So, B.: An empirical study of the reliability of UNIX utilities. Communications of the ACM, 33 (1990), 12, S. 32–44.

[Minich 16] Minich, S.: Malware, Viren und Trojaner – Das Schädlings-ABC, 2016; *https://www.heise.de/download/blog/Malware-Viren-und-Trojaner-Das-Schaedlings-ABC-3356219.*

[MISRA 95] MISRA: MISRA Report 1-8, Nuneaton, England, 1995; *https://www.misra.org.uk/Publications.*

[MISRA 08] MISRA: MISRA C++. Nuneaton, England, 2008.

[MISRA 13] MISRA: Guidelines for the Use of the C Language in Critical Systems, 2013.

[Mitnick 11] Mitnick, K.: Die Kunst der Täuschung. mitp, Rheinbreitbach, 2011.

[MITRE 1] MITRE: CWE – Common Weakness Enumeration: A Community-Developed List of Software Weakness Types; *http://cwe.mitre.org/.*

[MITRE 2] MITRE: Authorization Bypass Through User-Controlled Key. MITRE Common Weakness Enumeration; *http://cwe.mitre.org/data/definitions/639.html*; abgerufen am 23.10.2018.

[Mottok et al. 16] Mottok, J.; Merk, J.; Falter, T.: A Multi Dimensional View of the Graves Value Systems Model on Teaching and Learning Leading to a Students-Centered Learning. IEEE EDUCON 2016, Abu Dhabi, 2016.

[Muniz 13] Muniz, R.: How to fire a sys admin. In: Spotlight on IT-Series Nr. 191 der Spiceworks-Community, 2013; *https://community.spiceworks.com/security/articles/3034-how-to-fire-a-sys-admin-when-it-pros-go-rogue.*

[NIST 01] National Institute of Standards and Technology (NIST): Federal Information Processing Standards Publication 197, Specification for the Advanced Encryption Standard (AES), NIST, 2001.

[NIST 1] National Institute of Standards and Technology (NIST): National Vulnerability Database; *https://nvd.nist.gov/.*

[NIST 2] National Institute of Standards and Technology (NIST): NVD – Vulnerability Metrics; *https://nvd.nist.gov/vuln-metrics/cvss.*

[NIST FIPS 140-2 02] National Institute of Standards and Technology (NIST): FIPS 140-2: Security Requirements for Cryptographic Modules, 2002.

[NIST SP 800-30 02] National Institute of Standards and Technology (NIST): Risk Management Guide for Information Technology Systems, 2002; *https://nvlpubs.nist.gov/nistpubs/Legacy/SP/nistspecialpublication800-30.pdf.*

[NIST SP 800-63a 17] National Institute of Standards and Technology (NIST): NIST Special Publication 800-63A, Digital Identity Guidelines, Enrollment and Identity Proofing Requirements, 2017.

[NIST SP 800-115 08] National Institute of Standards and Technology (NIST): Technical Guide to Information Security Testing and Assessment. NIST Special Publication 800-115, NIST, 2008.

[Northcutt 09] Northcutt, S.: Security Controls, 2009; *https://www.sans.edu/cyber-research/security-laboratory/article/security-controls.*

[Offensive Security 18] Kali Linux Tools Listing. Offensive Security; *https://tools.kali.org/tools-listing*; abgerufen am 24.10.2018.

[Oliveira et al. 18] Oliveira, D. S. et al.: API Blindspots: Why Experienced Developers Write Vulnerable Code, 2018.

[OWASP 10] The Open Web Application Security Project (OWASP): OWASP Secure Coding Practices, Quick Reference Guide, 2010; *https://www.owasp.org/images/0/08/OWASP_SCP_Quick_Reference_Guide_v2.pdf.*

[OWASP 11] The Open Web Application Security Project (OWASP): Authorization form, 2011; *https://www.owasp.org/index.php?title=Authorization_form.*

[OWASP 14] The Open Web Application Security Project (OWASP): Testing Guide 4.0, Release, 2014; *https://www.owasp.org/images/1/19/OTGv4.pdf.*

[OWASP 15] The Open Web Application Security Project (OWASP): XPATH Injection, Stand 15.04.2015; *https://www.owasp.org/index.php/XPATH_Injection.*

[OWASP 16a] The Open Web Application Security Project (OWASP): OWASP Secure Coding Practices Checklist, 2016; *https://www.owasp.org/index.php/OWASP_Secure_Coding_Practices_Checklist.*

[OWASP 16b] The Open Web Application Security Project (OWASP): OWASP Testing Guide V4, Table of Content, 2016, verfügbar unter: *https://www.owasp.org/index.php/OWASP_Testing_Guide_v4_Table_of_Contents.*

[OWASP 16c] The Open Web Application Security Project (OWASP): Security by Design Principles, 2006-2016; *https://www.owasp.org/index.php/Security_by_Design_Principles.*

[OWASP 17a] The Open Web Application Security Project (OWASP): LDAP Injection Prevention Cheat Sheet, Stand 11.09.2017; *https://www.owasp.org/index.php/LDAP_Injection_Prevention_Cheat_Sheet.*

[OWASP 17b] The Open Web Application Security Project (OWASP): OWASP Secure Coding Practices – Quick Reference Guide, 2017; *https://www.owasp.org/index.php/OWASP_Secure_Coding_Practices_-_Quick_Reference_Guide.*

[OWASP 17c] The Open Web Application Security Project (OWASP): Top 10-2017 Application Security Risks, 2017; *https://www.owasp.org/index.php/Top_10-2017_Application_Security_Risks.*

[OWASP 18] The Open Web Application Security Project (OWASP): Secure Coding Cheat Sheet, 2018; *https://www.owasp.org/index.php/Secure_Coding_Cheat_Sheet.*

[OWASP 19] The Open Web Application Security Project (OWASP): Software Assurance Maturity Model (SAMM), 2018; *https://SAMM.org*, 2018.

[Paulus 11] Paulus, S.: Basiswissen Sichere Software. dpunkt.verlag, Heidelberg, 2011.

[PCI 16] Payment Application Data Security Standard, Version 3.2, 2016.

[Pitchfo 14] Pitchfo, M.: Sicher programmieren – aber wie?, elektroniknet.de, 2014; *https://www.elektroniknet.de/embedded/sicher-programmieren-aber-wie-108479.html*; abgerufen am 30.09.2018.

[PR 13] Programming Research (PR): High Integrity C++, Coding Standard Version 4.0, Programming Research Ltd, Surrey, United Kingdom, 2013.

[QZ 16] QZ-Online.de Portal für Qualitätsmanagement: ISO-Zertifizierungen nehmen weltweit zu, 08.12.2016; *https://www.qz-online.de/news/normen-richtlinien/artikel/weltweite-iso-zertifizierungen-2198392.html.*

[Recht 18] Recht, G. (Hrsg.): Bundesdatenschutzgesetz. Merseburg, 2018.

[RFC 41] RFC 41: The Kerberos Network Authentication Service (V5); *https://tools.ietf.org/html/rfc41*; abgerufen am 15.10.2018.

[RFC 2828] RFC 2828: Internet Security Glossary; *http://www.rfc-archive.org/getrfc.php?rfc=2828;* abgerufen am 30.6.2018.

[Riedel 17] Riedel, M.: Die Verschwiegenheit bewahren: Novelle des § 203 Strafgesetzbuches. Blogeintrag der DATEV vom 16.10.2017; *https://www.datev-blog.de/2017/10/16/paragraph-203/.*

[Rish 01] Rish, I.: An empirical study of the naïve Bayes classifier. In: Proceedings of Workshop on Empirical Methods in Artificial Intelligence (IJCAI), Seattle, WA, USA, August 2001, S. 41-46.

[Roebuck 12] Roebuck, K.: Data Masking: High-impact Strategies – What You Need to Know: Definitions, Adoptions, Impact, Benefits, Maturity, Vendors. Emereo Publishing, Dayboro, 2012.

[Rost & Glass 11] Rost, J.; Glass, R. L.: The Dark Side of Software Engineering: Evil on Computing Projects. Wiley-IEEE Computer Society Press, 2011.

[Rounak et al. 13] Rounak, S.; Srivastava, H. K.; Gupta, S.: Performance Based Comparison Study of RSA and Elliptic Curve Cryptography. International Journal of Scientific & Engineering Research, 4 (2013), 5.

[Ruef 07] Ruef, M.: Die Kunst des Penetration Testing. 1. Auflage, C&L Computer und Literaturverlag, 2007.

[Sachsen 18] Polizei Sachsen: »Achtung – geänderte Bankverbindung!« – Betrug bei Rechnungsstellung per E-Mail; *https://www.polizei.sachsen.de/de/44606.htm*; abgerufen am 30.6.2018.

[SANS 1] SANS Institute: Securing Web Application Technologies [SWAT] Checklist; *https://software-security.sans.org/resources/swat.*

[SANS 11] SANS Institute: CWE/SANS TOP 25 Most Dangerous Software Errors, 2011; *https://www.sans.org/top25-software-errors.*

[SANS 13] SANS Institute: SANS Consensus Policy Resource Community: Server Malware Protection Policy, 2013.

[Schäfer 05] Schäfer, G.: Sabotageangriffe auf Kommunikationsinfrastrukturen: Angriffstechniken und Abwehrmaßnahmen. Praxis der Informationsverarbeitung und Kommunikation, 28 (2005), 3, S. 130–139.

[Schindler 00] Schindler, W.: A Timing Attack against RSA with the Chinese Remainder Theorem. CHES 2000, LNCS 1965, Springer-Verlag, 2000, S. 109–124.

[Schmidt 14] Schmidt, J.: Der GAU für Verschlüsselung im Web: Horror-Bug in OpenSSL. Heise Security, 2014; *https://www.heise.de/security/meldung/Der-GAU-fuer-Verschluesselung-im-Web-Horror-Bug-in-OpenSSL-2165517.html.*

[Schmitz 17] Schmitz, P.: Was ist ein Intrusion Detection System (IDS). Vogel IT-Medien GmbH, 2017; *https://www.security-insider.de/was-ist-ein-intrusion-detection-system-ids-a-612870.*

[Schneider 17] Schneider, K.: Banken wähnen sich in trügerischer Sicherheit. Handelsblatt vom 15.03.2017; verfügbar unter: *https://www.handelsblatt.com/technik/it-internet/cebit2017/it-angriffe-banken-waehnen-sich-in-truegerischer-sicherheit/19511106.html.*

[Schneier 99] Schneier, B.: Attack trees. Dr. Dobb's Journal 24.12.1999.

[Schneier 15] Schneier, B.: Secrets & Lies. 15th Anniversary Edition, Wiley, 2015.

[Schulz 06] Schulz von Thun, F.: Miteinander reden 1: Störungen und Klärungen. Allgemeine Psychologie der Kommunikation. Rowohlt, 2006.

[Schwan 17] Schwan, B.: Schwere Sicherheitslücke: root ohne Passwort mit macOS High Sierra. heise online, 2017; *https://www.heise.de/mac-and-i/meldung/Schwere-Sicherheitsluecke-root-ohne-Passwort-mit-macOS-High-Sierra-3903707.html*, abgerufen am 23.10.2018.

[Spiegel 17a] Spiegel Online: Hacker erbeuten Daten von bis zu 143 Millionen US-Bürgern. Spiegel Online vom 08.09.2017; *http://www.spiegel.de/netzwelt/netzpolitik/hackerangriff-auf-equifax-kriminelle-erbeuten-daten-von-etwa-143-millionen-us-buergern-a-1166659.html.*

[Spiegel 17b] Spiegel Online: Equifax-Chef tritt nach Datenklau zurück. Spiegel Online vom 26.09.2017; *http://www.spiegel.de/wirtschaft/unternehmen/equifax-chef-tritt-nach-datenklau-zurueck-a-1170013.html.*

[Spillner & Breymann 16] Spillner, A.; Breymann, U.: Lean Testing für C++-Programmierer – Angemessen statt aufwendig testen. dpunkt.verlag, Heidelberg, 2016.

[Spillner & Linz 19] Spillner, A.; Linz, T.: Basiswissen Softwaretest. 6. Auflage, dpunkt.verlag, Heidelberg, 2019.

[Stanek 09] Stanek, W. R.: Windows Server 2008 Administrator's Pocket Consultant. 2nd Edition, Microsoft Press, 2009.

[Steffens 18] Steffens, T.: Auf der Spur der Hacker – Wie man die Täter hinter der Computer-Spionage enttarnt. Springer-Verlag, Berlin, 2018.

[Sutter & Alexandrescu 05] Sutter, H.; Alexandrescu, A.: C++ Coding Standard. Addison Wesley, Upper Saddle River, USA, 2005.

[Telekom 17] Deutsche Telekom AG: Code of Conduct, 2017; *https://www.telekom.com/de/konzern/compliance/code-of-conduct.*

[Tipon & Krause 07] Tipon, H. F.; Krause, M.: Information Security Management Handbook. 6th Edition, Auerbach Publications, 2007.

[Trend 18] Zukunftsinstitut Trend: Megatrends und ihre Wirkung. Zukunftsinstitut Österreich GmbH, 2018; *https://www.zukunftsinstitut.de/artikel/megatrends-und-ihre-wirkung/.*

[Voigt 18] Voigt, K.-I: Definition von Norm. In: Gabler Wirtschaftslexikon, Feb. 2018; *https://wirtschaftslexikon.gabler.de/definition/norm-39791/version-263192.*

[Wang & Battiti 06] Wang, W.; Battiti, R.: Identifying Intrusions in Computer Networks with Principal Component Analysis. In: Proceedings of the First International Conference on Availability, Reliability and Security (ARES), Vienna, Austria, April 2006, S. 270–279.

[Watson et al. 14] Watson, G.; Mason, A.; Ackroyd, R.: Social Engineering Penetration Testing: Executing Social Engineering Pen Tests, Assessments and Defense. Elsevier, Syngress, Waltham, USA, 2014.

[Weidman 14] Weidman, G.: Penetration Testing. A Hands-On Introduction To Hacking. No Starch Press, 2014.

[Weindler 16] Weindler, G.: Praxisratgeber ISO 9001:2015. Steinbeis-Edition, Stuttgart, 2016.

[Wendland 14] Wendland, M.-F.: Teststandardfamilie: Einblick in den ISO 29119 <Software Testing Standard>. In: Objektspektrum – Online-Themenspecial Testing, 2014; *https://www.sigs-datacom.de/uploads/tx_dmjournals/wendland_OS_Testing_2014.pdf.*

[Westernhagen 18] Westernhagen, O. von: Webstresser.org: Forscher beobachten vorübergehenden Rückgang von DDoS-Attacken. Heise Security, 2018; *https://www.heise.de/security/meldung/Webstresser-org-Forscher-beobachten-voruebergehenden-Rueckgang-von-DDoS-Attacken-4038708.html.*

[WhiteHat Security 14] WhiteHat Security: Security Statistics Reports, 2014; *https://info.whitehatsec.com/rs/whitehatsecurity/images/statsreport2014-20140410.pdf.*

[Whittaker & Thompson 04] Whittaker, J. A.; Thompson, H. H.: How to Break Software Security: Effective Techniques for Security Testing. Pearson/Addison Wesley, 2004.

[Windhorst & Pirzer 12] Windhorst, I.; Pirzer, B.: Managementsysteme für Informationssicherheit: Marktübersicht, Vorgehensmodell, Handlungsempfehlungen. Fraunhofer Research Institution Aisec, 09/2012; *https://www.aisec.fraunhofer.de/content/dam/aisec/Dokumente/Publikationen/Studien_TechReports/deutsch/ISMS_Softwaresysteme_ISO27001.pdf.*

[Winter et al. 16] Winter, M.; Roßner, T.; Brandes, C.; Götz, H.: Basiswissen modellbasierter Test. Aus- und Weiterbildung zum ISTQB® Foundation Level – Certified Model-Based Tester. dpunkt.verlag, Heidelberg, 2016.

[Woll 18] Woll, J.: DSGVO-Studie: Wenige glauben, dass Daten jetzt besser geschützt sind. Winfuture-Magazin, 19.06.2018; *http://winfuture.de/news,103722.html.*

[Wyk 07] Wyk, K. van: Penetration Testing Tools. US-CERT, 2007; *https://www.us-cert.gov/bsi/articles/tools/penetration-testing-tools/penetration-testing-tools*; abgerufen am 24.10.2018.

[Yang & Jayakumar 14] Yang, J. L.; Jayakumar, A.: Target says up to 70 million more customers were hit by December data breach. Washington Post, 10.01.2014.

[Zangenmeister 14] Zangenmeister, C.: Nutzwertanalyse in der Systemtechnik. Zangenmeister & Partner, 2014.

[Zeller 02] Zeller, A.: Software-Metriken. Lehrstuhl Softwaretechnik Universität des Saarlandes, Saarbrücken, 2002; *http://www.st.cs.uni-saarland.de/edu/se2/metriken.pdf.*

[Zhivich et al. 05] Zhivich, M.; Leek, T.; Lippmann, R.: Dynamic buffer overflow detection. In: Workshop on the evaluation of software defect detection tools, Vol. 2005.

Index

Franz • Tremmel • Kruse

Basiswissen Testdaten- management

Aus- und Weiterbildung zum Test Data Specialist Certified Tester Foundation Level nach GTB

2018
208 Seiten, Festeinband
€ 32,90 (D)

ISBN:
Print 978-3-86490-558-2
PDF 978-3-96088-440-8
ePub 978-3-96088-441-5
mobi 978-3-96088-442-2

Ohne Daten ist Testen nicht möglich. Benötigt werden Ein- und Ausgabedaten, Zustandsdaten und ein Testorakel.

Die Autoren geben einen praxisorientierten Überblick über das systematische Testdatenmanagement und den Testdatenmanagementprozess sowie konkrete Anregungen und Hilfen für die effiziente Bereitstellung von Testdaten.

Die allgemeingültig beschriebenen Artefakte des Testdatenmanagements werden abschließend mit einem Beispiel für projektbezogene Testdatenartefakte und einem Beispiel für eine Testdatenrichtlinie unterlegt.

Das Buch orientiert sich am Lehrplan zum »Certified Tester Foundation Level Test Data Specialist« nach GTB (German Testing Board) und eignet sich mit einem ausführlichen Glossar und Kontrollfragen mit Lösungshinweisen gleichermaßen für das Selbststudium wie als Begleitliteratur zu den entsprechenden Schulungen.

»Die Lektüre von ›Basiswissen Testdatenmanagement‹ kann man nur jedem ans Herz legen, der in irgendeiner Form mit Testdaten in Berührung kommt.«

SQ-Magazin

dpunkt.verlag
www.dpunkt.de